新编中国史

魏晋南北朝史

分裂与融合的时代

张鹤泉 著

中信出版集团 | 北京

图书在版编目（CIP）数据

魏晋南北朝史：分裂与融合的时代 ／张鹤泉著，--
北京：中信出版社，2017.10（2025.1 重印）
ISBN 978-7-5086-7035-5

Ⅰ.①魏… Ⅱ.①张… Ⅲ.①中国历史－魏晋南北朝时代 Ⅳ.① K235

中国版本图书馆 CIP 数据核字（2016）第 284119 号

著作财产权人：© 三民书局股份有限公司
本书中文简体字版由三民书局股份有限公司授权中信出版集团股份有限公司在中国境内
（台湾、香港、澳门地区除外）独家出版。
本书中文简体字版禁止以商业用途于台湾、香港、澳门地区散布、销售。
版权所有，未经著作财产权人书面授权，禁止对本书中文简体字版之任何部分以电子、机械、影印、录音或其他方式复制或转载。

魏晋南北朝史：分裂与融合的时代
著者：张鹤泉
出版发行：中信出版集团股份有限公司
　　　　（北京市朝阳区东三环北路 27 号嘉铭中心　邮编　100020）
承印者：河北鹏润印刷有限公司

开本：880mm×1230mm　1/32　　印张：16.75　　字数：355 千字
版次：2017 年 10 月第 1 版　　印次：2025 年 1 月第 10 次印刷
书号：ISBN 978-7-5086-7035-5
定价：94.00 元

版权所有·侵权必究
如有印刷、装订问题，本公司负责调换。
服务热线：400-600-8099
投稿邮箱：author@citicpub.com

目录

自 序 ix

第一篇 三国时期

第一章 董卓之乱与东汉末年割据势力的混战 3
第一节 东汉末年的变乱和地方势力的发展 3
第二节 董卓之乱 6
第三节 割据势力的混战 9

第二章 曹操统一北方 13
第一节 曹操在北方军事势力的发展 13
第二节 官渡之战 16

第三章 赤壁之战与三国鼎立局面的形成 21
第一节 赤壁之战 21
第二节 三国鼎立局面的初步形成 25

第四章 曹魏政权的建立及其统治 27
第一节 曹魏政权的建立 27
第二节 实行有利于统治的各项制度 28
第三节 社会经济的恢复和发展 36
第四节 曹魏的衰亡 39

第五章　蜀汉政权的建立及其统治　　43
第一节　刘备建国　　43
第二节　夷陵之战　　46
第三节　诸葛亮治蜀、平定南中与北伐曹魏　　48
第四节　蜀汉的衰亡　　57

第六章　吴国的建立及其统治　　59
第一节　吴国的建立　　59
第二节　征伐山越　　61
第三节　实行屯田制　　63
第四节　江南经济的发展及东吴对外的交流　　65
第五节　江南大族势力的扩张　　71
第六节　吴国的衰亡　　75

第二篇　西晋、东晋与十六国

第七章　西晋的统一及其统治　　81
第一节　灭吴之战与统一全国　　81
第二节　政治、军事与法律制度的制定与实施　　84

第八章　户调式的实施与世家大族经济势力的发展　　95
第一节　户调式的实施　　95
第二节　世家大族经济势力的发展　　99

第九章　西晋的衰亡　　103
第一节　统治集团的腐朽　　103

第二节　八王之乱　　　　　　　　　　　　　*106*
　　第三节　西晋灭亡　　　　　　　　　　　　　*111*

第十章　东晋建国与偏安江南　　　　　　　　*115*
　　第一节　东晋建国　　　　　　　　　　　　　*115*
　　第二节　南、北世家大族矛盾的缓和　　　　　*120*
　　第三节　王敦之乱　　　　　　　　　　　　　*123*
　　第四节　苏峻之乱　　　　　　　　　　　　　*125*

第十一章　东晋北伐与淝水之战　　　　　　　*129*
　　第一节　祖逖北伐　　　　　　　　　　　　　*130*
　　第二节　庾亮、庾翼和殷浩的北伐　　　　　　*132*
　　第三节　桓温北伐　　　　　　　　　　　　　*134*
　　第四节　淝水之战　　　　　　　　　　　　　*138*

第十二章　北方人民的南迁与社会经济的发展　*145*
　　第一节　北方人民的南迁和侨立州郡　　　　　*146*
　　第二节　土断的实行　　　　　　　　　　　　*149*
　　第三节　江南经济的发展　　　　　　　　　　*152*

第十三章　东晋的衰亡　　　　　　　　　　　*157*
　　第一节　淝水之战后东晋的政局　　　　　　　*157*
　　第二节　孙恩、卢循之乱　　　　　　　　　　*160*
　　第三节　桓玄篡位　　　　　　　　　　　　　*168*
　　第四节　刘裕专权与东晋灭亡　　　　　　　　*171*

第十四章　五胡十六国在北方的统治　　177
　　第一节　五胡十六国概况　　177
　　第二节　十六国前期各国　　182
　　第三节　前秦统一中国北方　　203
　　第四节　十六国后期各国　　215
　　第五节　五胡十六国时期的北方社会　　238

第三篇　南北朝时期

第十五章　南朝政权的更替　　247
　　第一节　刘宋的兴亡　　247
　　第二节　南齐的兴亡　　250
　　第三节　梁朝的建立与侯景之乱　　253
　　第四节　陈朝的兴亡　　257

第十六章　南朝的政治统治　　263
　　第一节　宋文帝改革和元嘉之治　　263
　　第二节　宋文帝北伐和宋魏战争　　265
　　第三节　刘宋、南齐典签的设置　　268
　　第四节　梁武帝的统治方略　　269
　　第五节　寒人典掌机要　　273

第十七章　社会等级结构、寺院经济与社会经济　　277
　　第一节　社会的等级结构　　278
　　第二节　寺院经济的发展　　285
　　第三节　农业、手工业和商业的恢复与发展　　288

第十八章　南朝的户籍检括与赋役制度　　297
  第一节　检括户籍　　297
  第二节　赋役制度　　300

第十九章　北魏建国与统一北方　　303
  第一节　鲜卑拓跋氏建国的历程　　303
  第二节　太武帝统一北方　　306

第二十章　孝文帝迁都洛阳与改制　　313
  第一节　孝文帝迁都洛阳　　313
  第二节　孝文帝改制措施的实行　　318
  第三节　孝文帝迁都洛阳后的施政方略　　321

第二十一章　均田制度与赋役制度　　325
  第一节　均田制的实行　　326
  第二节　赋税制度的制定及实施　　331

第二十二章　北魏社会经济与寺院经济的发展　　333
  第一节　社会经济的恢复与发展　　334
  第二节　寺院经济的发展　　345

第二十三章　北魏职官的设置与社会等级结构　　349
  第一节　职官的设置与改革　　350
  第二节　社会等级结构　　354

第二十四章　北魏的分裂与衰亡　　359
  第一节　统治阶级的腐朽　　360

第二节　六镇之乱与河北之乱　　　　　　　　　　　*364*

　　第三节　河阴之变与北魏的分裂　　　　　　　　　　*368*

第二十五章　北齐、北周的对峙与北周统一北方　　*373*

　　第一节　北齐的建立及其统治　　　　　　　　　　　*374*

　　第二节　北周的建立及其统治　　　　　　　　　　　*378*

　　第三节　北周统一北方　　　　　　　　　　　　　　*382*

　　第四节　北周的衰亡　　　　　　　　　　　　　　　*383*

　　第五节　北方地区的民族融合　　　　　　　　　　　*386*

第四篇　魏晋南北朝时期的文化与社会生活

第二十六章　玄学的发展与佛教、道教的传播　　*391*

　　第一节　玄学的发展　　　　　　　　　　　　　　　*392*

　　第二节　佛教的传播　　　　　　　　　　　　　　　*395*

　　第三节　道教的发展　　　　　　　　　　　　　　　*403*

第二十七章　史学、文学与艺术的发展　　*409*

　　第一节　史学的发展　　　　　　　　　　　　　　　*410*

　　第二节　文学的发展　　　　　　　　　　　　　　　*414*

　　第三节　艺术的繁荣　　　　　　　　　　　　　　　*422*

第二十八章　服饰、饮食、居室与交通工具　　*435*

　　第一节　服　饰　　　　　　　　　　　　　　　　　*435*

　　第二节　饮食习惯　　　　　　　　　　　　　　　　*444*

　　第三节　大族庄园与民宅　　　　　　　　　　　　　*450*

  第四节　车、舆、辇与骑乘　　　　　　　　　*453*

第二十九章　节日与娱乐　　　　　　　　　*461*
  第一节　节日与节日活动　　　　　　　　*461*
  第二节　娱乐活动　　　　　　　　　　　*464*

附　录　　　　　　　　　　　　　　　　　　*471*
  大事年表　　　　　　　　　　　　　　　*472*
  帝系表　　　　　　　　　　　　　　　　*496*
  注　释　　　　　　　　　　　　　　　　*505*
  参考书目　　　　　　　　　　　　　　　*515*

自 序

魏晋南北朝是中国历史上一个重要时期。从整体局面来看，这个历史时期无疑是一个分裂的时代。在东汉末年的动乱之后，开始出现魏、蜀、吴三国鼎立的局面。在西晋的短暂统一之后，又出现了南方东晋政权与北方十六国少数民族政权的对峙。东晋灭亡后，南方先后建立了宋、齐、梁、陈四个政权；在北方，于代北崛起的北魏王朝，至北魏太武帝时，统一了北方的广大地区。这样，又出现了北魏政权与南朝政权的对立。在北魏统治一百多年后，北方发生了分裂。东部建立东魏、北齐政权，西部则建立了西魏、北周政权。在北方的军事对峙中，北周最后战胜北齐，统一中国北方。后来外戚杨坚篡夺北周政权，建立隋朝，接着又灭掉南方陈朝政权，结束了分裂局面，实现了南北统一。尽管分裂是这个时期的整体特点，但是社会并没有停滞不前，还是表现出发展的趋势，在政治、经济、文化诸方面都具有明显的时代特点。

这个时期实行了诸多不同于前代的制度。曹魏建国时，中央政府开始有了尚书台、中书机构和门下机构的设置，并在国家的政治事务中发挥重要作用。西晋以后，这些机构仍继续完善。东晋、南朝基本上沿袭西晋的制度。北魏政权建立后也模仿晋制和南朝官制，建立了胡汉杂糅的官制。孝文帝改革后，则改行与南朝大体相同的官制。实际上，魏晋南北朝时期设置的中枢机构，正处于从两汉"三公九卿"制过渡到隋唐"三省六部"制的历史阶段。另外，曹魏时期也开始实行"九品中正"制，以确保政府官员的来源。可是，在九品中正制实行时，世家大族的势力也在不断地发展。这些世家大族不仅在任官上具有优先权，还控制了各地方中正官的任职，进而操纵人才的品级和选举，经过西晋至南北朝的发展，逐渐形成"上品无寒门，下品无势族"的局面。不过，随着门阀制度的腐朽，九品中正制暴露的弊病也越来越多，隋朝建立后，终于废止了这种选举制度。

由于东汉末年以来的战乱破坏，魏晋以后，各政府都实行了相应的田制，来保证农业的发展。三国时期，魏、蜀、吴三国面对大量人口流散、死亡，大片土地荒芜的局面，通过推行屯田制，让劳动力和土地能够妥善结合。屯田制的实行，不但解决了军粮的供给问题，也有利于农业生产的恢复。曹魏的屯田制在其统治后期开始废除，东吴的屯田制则在西晋灭吴后才完全消失。西晋时期，国家在原来屯田制的基础上推行占田制，让劳动力与土地能够更有效地结合，对农业生产起到推动的作用。西晋灭亡后，占田制并未立即废止，东晋、南朝以及北方十六国都有实行这种田制的踪迹。北魏时期，国家开始推行均田制。均田制规定了授田的数量和土地的还授方式，保证了自耕农生产的稳定。东魏、北齐和西魏、北周依然在实行均田制，只是授田的数量与具体的做法略有改变。北魏以来实行的均田制影响了隋唐田制，实际上，隋唐时期推行的均田制，正是发端于北魏的均田制。

汉代兵农合一的征兵制，在魏晋南北朝时期遭到破坏，开始朝兵农分离的方向发展。曹魏时期，国家开始实行世兵制，为服兵役者单立户籍，形成所谓的兵户。这些兵户称为世兵，社会地位很低，只能世世代代为兵。西晋、东晋、南朝，虽然还有其他的士兵来源，但是世兵制一直存在，还是保证士兵来源的主要方式。北魏建国初期由于实行部落兵制，因此军队主要由拓跋鲜卑人组成。不过，在北魏发展过程中，由于对兵员的大量需求，依然实行兵户制，并成为士兵的重要来源。在西魏、北周实行府兵制后，原来的世兵制开始被打破。当时充当府兵者很多是来自均田上的农民，因此府兵制开始与均田制结合，逐渐形成兵民合一。从曹魏时期开始出现的兵民分离制度，至此又逐渐退出历史舞台。

魏晋南北朝时期的社会阶层是复杂的。在复杂的社会阶层中，有两个阶层对社会有明显的影响：一为世家大族，二为不同类别的依附人口。从世家大族的情况来看，这个社会阶层当是在东汉后期开始出现，至魏晋南北朝时期，世家大族所具有的特征更为明显化。这些世家大族植根于乡里社会，但是由于他们在仕宦和文化上的优越、特殊地位而成为具有很强影响力的家族。在东晋时期，世家大族势力是东晋政权的支持力量。实际上，东晋政权的建立，正是南迁的北方世家大族与江南世家大族联合支持的结果。因此，东晋世家大族在政治上的影响力也就达到了顶峰。南朝时期，世家大族的门第已经固定化，世、庶之间存在天渊之别，难以逾越。在北方，北魏孝文帝定族姓后，北方的世家大族的影响力也日益强大。不过，这些世家大族长期养尊处优，因而也日益走向腐朽和没落。

不同类别的依附人口也在这个时期对社会产生了明显的影响。自东汉以来，依附性的客阶层地位日益卑微化，这是依附关系逐渐发展的重要表现。西晋国家规定品官占田荫客制后，国家实际承认私人荫庇依附民已经合法化。当时国家官员、世家大族、地方豪民都占有数量众多的依附民。至南北朝时，由于寺院经济的发展，控制寺院经济的寺院主既是大土地所有者，也是寺院财富的拥有者。这些寺院主将投靠他们的劳动者变为他们的依附民，更使依附人口增多。国家的编户以不同的方式沦为依附民，以及国家与各大势力对依附民的争夺，都是这个时期的重要特点。这一特点是观察中国中古社会特征不可忽视的重要历史因素。

魏晋南北朝时期的战争与动荡，固然对社会经济的发展有所影响，但当时的社会经济并未因此停滞不前，依然有较大的发展，最明显的就是江南经济的发展。永嘉之乱以后，众多的北方人口南迁，不仅使江南人口增加，也将北方先进的农业技术带到南方。当地农民与南渡的北方农民共同耕耘，江南地区的粮食产量明显增加。三吴一带成为粮食的主要产区，有"今之会稽，昔之关中"之说。襄阳地区也是粮食的重要产地。生产的发展促使了东晋、南朝商业的活跃。由于商业的发展，这一时期出现了建康、京口、山阴、寿春、襄阳、江陵、番禺等一些大型商业都会。隋唐时期，国家经济重心能够南移，正是以这一时期经济的发展为基础的。

魏晋南北朝时期的分裂局面并未阻碍文化的发展，反而使文化领域出现异常活跃的景象。这个时期玄学开始出现,并影响了一大批士人;佛教也得到广泛的传播,在社会上层和下层拥有数量众多的信奉者;道教被改造为适应统治者和世家大族需要的宗教,在社会中产生了很大的影响。当时的史学、文学和艺术呈现出繁荣的景象。这段时期乐舞也有明显的发展,中原地区原来盛行的华夏雅乐逐渐衰落,龟兹乐、西凉乐取代了原来雅乐的地位。与此同时,南方的清商乐舞也传播到北方。当时乐舞因此逐渐形成南北融合的局面,出现了一种具有崭新民族风格特点的乐舞。

民族大融合是魏晋南北朝时期社会发展的重要特点之一。从西晋末年开始,匈奴、鲜卑、羯、氐、羌等少数民族先后进入中原,并建立政权。内迁的少数民族贵族在建立政权的过程中,不同程度地实行民族压榨和军事掠夺的措施,对汉人进行残酷的屠杀。不过,中原地区高度发展的经济和文化,也势必让少数民族原有的社会制度面临不相适应的矛盾,迫使他们或迟或早地走上"变夷从夏"的道路。这种"变夷从夏"的措施让内迁的少数民族与汉人的联系密切起来。这种趋势的出现,也是北魏时期民族大融合的开端。北魏时期,民族融合进一步发展。拓跋鲜卑的势力向中原发展后,人口很少的鲜卑人反受人口众多的汉人包围。汉人的先进文化对鲜卑人产生重大的影响。孝文帝在政治、经济、文化、语言和生活习俗上的改革,加速了民族大融合的进程。北方地区民族大融合,固然对国家政权的汉化措施起到推动作用,但是长期以来,汉族和少数民族在生产上的结合,则是民族大融合实现的基础。北魏、北周和北齐都实行均田制,更促进了受田的各族人民在生产上的密切联系,推动了各民族的融合。经过十六国、南北朝长期的历史过程，这些少数民族已经与汉民族完全融合。因此，到了隋唐时期，就再也找不到这些内迁少数民族活动的记载了。民族大融合的实现使汉族接受了其他少数民族的新鲜成分，所以在经济、文化上不仅没有衰落，反而变得更加兴盛，充满活力。北方民族大融合的实现，正是强盛的隋唐大帝国出现的重要影响因素之一。

  本书的写作宗旨，既要说明魏晋南北朝时期历史发展的整体趋势，也要对当时的社会生活，以及影响后世的重大历史事件、典章制度和文化宗教等做扼要的阐述，进而展示这一历史时期丰富多彩的内容。然而，要写作一部涉及魏晋南北朝时期政治、经济、文化和社会生活方方面面的著作是有诸多困难的。一方面是由于这段历史本身的纷乱和复杂；另一方面，也受到我本人对这段历史研究视野的限制。然而，值得庆幸的是，先学们对这段历史做了诸多的研究，他们的研究成果为本书的写作提供了很好的借鉴。本书在写作过程中努力参考和吸收诸位先学和同行的研究成果，正是在这个基础上，本书才得以完成。尽管我力求能够较好地展示出这一历史时期复杂、多变的面貌，可是，由于为学术功力所限，多有不尽如人意之处，所以，希望读者提出批评意见，使我能够获得诸多的宝贵启示。

2009 年 12 月

第一篇

三国时期

第一章

董卓之乱与东汉末年割据势力的混战

董卓之乱是东汉末年军阀混战局面出现的始端。这种混战局面使统一的东汉朝陷入分裂,社会经济遭到破坏,人民生活困苦不堪。但在群雄的混战中,逐渐形成了比较大的割据势力,也出现了几个较大的割据区域。

第一节 东汉末年的变乱和地方势力的发展

东汉一代,地方社会秩序呈现不稳定的趋势。最明显的表现,就是各地方不断出现小规模的农民起义。早在汉安帝时,沿海各郡出现了被称为"海贼"的张伯路起义;在勃海郡(今河北沧州市南部,治南皮)、平原郡又出现了刘文河、周文光的起义。此后,《后汉书》中便不断出现"海贼""盗贼""妖贼"的记载。汉桓帝延熹

图1-1 记载张角起兵的曹全碑（局部）

八年（165），勃海郡盖登等人自称太上皇帝来号令民众，起义具有一定的规模。汉灵帝光和七年（184）二月，巨鹿郡人张角自称黄天，将其所领导的部众分为三十六方，头戴黄巾，在同一天共同起义。张角所领导的黄巾起义，实际上是太平道教的反抗活动。在起义前，张角曾经在巨鹿郡宣传太平道教，在十多年的时间里，信教的徒众已达数十万人，多半分布在青、徐、幽、冀、荆、扬、兖、豫等地区。张角不满足单纯的传教，将道徒按军队组织编制起来，设置三十六位将军统领他们，并声称"苍天已死，黄天当立，岁在甲子，天下大吉"[1]，向民众宣传东汉的统治崩溃在即，新的朝代将取而代之。经过这些酝酿和部署之后，大规模的反抗形势渐趋成熟。终于在光和七年二月，头着黄巾的农民在七州二十八郡同时举行起义。

黄巾起义让东汉朝廷大为震惊，汉灵帝下诏各州郡，命令其组织防卫。东汉王朝首先力图加强首都洛阳的防守力量。外戚何进受命为大将军，将兵屯守洛阳都亭，部署守备，并在洛阳附近增设了八关都尉，又"远征三边殊俗之兵"[2]，对黄巾各部先后发动进攻。各支黄巾军在当年就被东汉政府镇压下去了。

黄巾起义失败后带来的重要影响，就是使一些地方势力试图自立的趋势增长。在镇压黄巾起义后不久，由于皇甫嵩立下赫赫战功，信都县令阎忠因而规劝他背离东汉朝廷，选择自立的道路，防止危害自身，但是阎忠的建议遭到皇甫嵩拒绝。这说明东汉官员中已有人认为朝政无法挽救，应该在地方上发展自己的势力。

实际上，在镇压黄巾起义的过程中，部分地方豪强的私家武装已由隐蔽转向公开，其实力也大大地加强了。一些州郡官吏亦扩充势力，与东汉王朝保持若即若离的关系。特别是，东汉王朝为了防范农民军和加强对州郡的控制，将一些重要地区的州刺史改为州牧。汉灵帝让宗室刘焉任益州牧，太仆黄琬任豫州牧，宗正刘虞任幽州牧。显然，东汉王朝是选择有名望而又可靠的宗室和其他的列卿、尚书充任这些州牧。这样做的结果，正如《后汉书·刘焉传》说："州任之重，自此而始。"权力加重的州牧可以通过才望来稳定地方秩序而忠于东汉王朝。但一旦州牧利用这种权力来发展个人的势力，就会走向与东汉王朝的愿望相反的方向。东汉末年，东汉王朝改设州牧的做法不但没有加强中央的控制，反而使一些拥有武装势力的军事集团按地区集中起来，更便于实行割据，地方割据状态因而开始显露出来。

第二节　董卓之乱

大规模的黄巾起义失败后，东汉统治集团内部的外戚与宦官斗争又日趋激烈。中平六年（189），汉灵帝病故，其子刘辩即位，称为少帝。外戚何进任大将军，掌握洛阳的军事大权。何进为巩固地位，起用了一批名士，著名的代表人物就是担任八校尉的袁绍。何进杀掉统率西园八校尉军的宦官蹇硕，并准备实行清除宦官的计划，但遭到何太后反对。何进因而采纳袁绍等人的建议，召各地的猛将率兵进入洛阳，以此威慑宫廷中的宦官，并州牧董卓便因此被何进秘密召入洛阳。但在董卓大军抵达之前，洛阳宫中宦官已杀死何进。听到这个消息，袁绍立刻率军发动政变。他命令部下焚烧洛阳宫城宫门，攻入宫城，对宫中无胡须者，无论少长全部杀掉。一时洛阳城中大乱，当夜，少帝刘辩与陈留王刘协逃离宫城。他们逃至洛阳北面的邙山，恰好遇到董卓率领的军队。董卓于是拥少帝与陈留王进入洛阳。

董卓（138—192）是凉州人，陇西豪强。董卓所在的凉州与南匈奴、羌族邻近，因此，东汉王朝派遣了众多的军队在这里驻屯。驻屯的士兵大多数狞猛残忍，骁勇善战。董卓对这些士兵采取怀柔的政策，使他们完全听命于他，形成凶残的凉州军人集团。他凭借这支武装，成为赫赫有名的人物。他曾经随从皇甫嵩讨伐黄巾军，后与皇甫嵩意见不合，违抗朝廷的命令，纠合部下返回凉州。汉灵帝死前，董卓出任并州牧，驻军河东（今山西运城一带，治安邑），静观时局的变化。

董卓进京后，废少帝刘辩，立陈留王刘协为献帝，吞并何进兄弟和执金吾丁原的军队，尽揽东汉朝政。为了笼络人心，他还为陈蕃、窦武理冤，恢复他们和被害党人的官爵，任用当时名士周珌、伍琼、郑太、荀爽等人。董卓的做法只是外示宽宏，实际上，他和他的凉州军人集团非常凶残。他居相国显位，命其部下在洛阳城中大肆抢掠，城中贵族、官僚、富豪之家的财物都被抢掠一空，称为"搜牢"。他的军队经过洛阳城郊，适逢二月，正是祭社之时，百姓会于社下，军士将男人全部杀光，取其车牛，把男人的头挂在车辕上，掠夺妇女、财物，唱歌而归。他还派部下抢掠洛阳城中的妇女，将她们全部分给部下做妻妾或奴婢。他和他的部下对宫中的公主和宫女也不放过，将她们抢掠奸淫。董卓的穷凶极恶引起中原士人的恐惧与愤慨。董卓为了使朝廷官员顺从他的意志，将他不满意的官员尽行驱逐，袁绍、曹操等人都被董卓逼走。董卓的专权、洛阳的混乱，使各地的分裂割据活动迅速扩大。州郡牧守招兵买马，各树旗帜，准备讨伐董卓。初平元年（190），勃海太守袁绍联络他的从弟后将军袁术、冀州牧韩馥、豫州刺史孔伷、兖州刺史刘岱、陈留太守张邈、广陵太守张超、河内太守王匡、山阳太守袁遗、东郡太守桥瑁、济北相鲍信等起兵讨伐董卓。讨伐董卓的关东诸侯推袁绍为盟主，率军进屯洛阳周围。袁绍军屯河内（今河南沁阳），孔伷军屯颍川（今河南许昌），韩馥军屯邺，袁术军屯南阳，张邈、刘岱、桥瑁军屯酸枣（今河南延津），但这些讨董卓的联军各有各的打算，无法集中力量打击董卓。

董卓觉得在洛阳长期抵御关东的讨伐联军，形势对他不利，为了躲避关东军的兵锋，避免并州黄巾军截断后路的危险，他便挟持汉献帝西迁长安，并驱迫洛阳一带百姓西行。在离开洛阳前，董卓军大肆烧掠，使洛阳周围房屋荡尽，一空如洗。对于董卓的逃离，只有曹操率军追击，但为董卓军所败。其他联军毫无斗志，只是试图扩大势力，尔虞我诈，相互吞并，因此很快就土崩瓦解了。

　　董卓退居关中后，分兵守险。他自任太师，号称尚父，驻郿坞，其高与长安城相同，积财物于其中。董卓又废弃五铢钱，改铸没有花纹图案、没有轮廓的小钱，搞得物价腾贵，钱币不行。此外，董卓还实行严刑峻法，杀人时先断舌凿眼，然后或斩去手足，或用锅镬烹煮。随着董卓西迁的长安官员，在董卓的淫威下，朝不保夕，担心大祸临头，因此迫切想要除掉董卓。司徒王允联络董卓的爱将、义子吕布，杀死董卓。但是，董卓的部将李傕、郭汜、樊稠、张济等人怀着强烈的复仇之心，进攻长安。他们杀入长安城中，与吕布军在城中展开巷战，吕布战败，逃出长安城，奔往关东。李傕等人杀死王允，挟持汉献帝。这些凉州将领因为利益分配不均，又在长安附近相互攻伐，附近居民或死亡或逃散。长安城完全陷于无秩序状态，几乎成为空城。关中地区遭到极大破坏，行旅断绝，人烟稀少。

独夫董卓

　　董卓掌握朝权后不可一世，文武百官遇到董卓，都要通名报姓拜于车下，董卓根本不予还礼。他又在离长安二百多里的郿县，修建他的私人城堡，取名曰"万岁坞"。其城墙修得跟长安城一样高，把从洛阳等地搜刮来的大量金银财宝和粮食积藏在城中，其中储藏的粮食就足够吃上三十年。董卓扬言说：

"我的大业如果成功,整个天下都是我的;即便不成,我守在坞中也可享受一辈子了。"有一次他离开长安去郿坞时,朝臣们在西出长安的城门外为他置酒饯行,董卓一改往日的狰狞面目,畅怀痛饮。酒过三巡,董卓突然起身,神秘地对在场的人说:"为了给大家助酒兴,我将为各位献上一个精彩的节目,请欣赏!"说完,击掌示意,狂笑不已。他令人把诱降捕获的反叛士兵和百姓数百人押上来,当着众多大臣的面施以酷刑:先割去舌头,然后或砍其手足,或剜其双目,或放在大锅里烹煮。受刑未死之人,在宴席桌案下挣扎哀号,文武百官无不被眼前的惨景惊得浑身发抖,都拿不住筷子,唯董卓坐在那里狂饮自如,像是在自得其乐。

第三节　割据势力的混战

董卓之乱后,各军事集团在北方相互攻伐、吞并,混乱的战局日甚一日。经过五六年的兼并过程,全国逐渐形成许多割据区域。

袁绍(约154—202)是北方最大的割据势力。他起兵讨伐董卓之时,任勃海太守,乘董卓西迁长安之机,准备抢占冀州。冀州原为韩馥所占,时任冀州牧。袁绍逼迫韩馥出让冀州,韩馥无奈,将冀州印绶交给袁绍。当时人说:"冀州虽鄙,带甲百万,谷支十年。"[3]足见冀州是兵强粮足之地。袁绍以冀州为基础发展其势力,先后占据青州、并州,又与幽州的公孙瓒对抗,最后攻灭公孙瓒,占据北方冀、青、并、幽四州。袁绍占据的北方四州,是具有战略形势的要地。这一地区的北面有乌桓、鲜卑等少数民族，可以为用；南部有黄河作为天然屏障，进可以战，退可以守。

袁绍的高祖袁安，为汉司徒，"自安以下四世居三公位，由是势倾天下"[4]。显然，袁绍是一个家世显赫的世家子弟。袁家的门生故吏遍天下，因此袁绍在政治上有很大的号召力。这些优势使袁绍成为北方实力最强的军事割据集团。

公孙瓒是占据幽州的割据势力。他原是辽西令支（今河北迁安）人，杀幽州牧刘虞后，尽有幽州之地。公孙瓒试图在北方扩大其势力，因而与袁绍战事不断，成为袁绍在北方的劲敌。但是公孙瓒治州无方，他"恃其才力，不恤百姓，记过忘善，睚眦必报，州里善士名在其右者，必以法害之"[5]。因此，在与袁绍的军事对抗中，接连失利。建安四年（199），袁绍军进攻公孙瓒，公孙瓒兵败被杀，幽州为袁绍所占。

袁术是袁绍的从弟。当袁绍据有青、冀二州时，袁术也据有户口数百万、手工业比较发达的南阳郡。袁术的野心很大，想做皇帝。他对袁绍做盟主很不服气，兄弟之间的关系紧张。袁术远交幽州的公孙瓒，企图颠覆袁绍在河北的统治势力。袁绍也联络荆州的刘表来牵制袁术。初平三年（192），袁术和公孙瓒配合，向曹操和袁绍进攻，被曹操和袁绍击败。于是袁术南奔寿春（今安徽寿县），占据扬州，并于建安二年（197）称帝，不久病死。

刘表据有荆州之地，占地数千里，甲兵十多万。刘表采取对皇帝"不失供职"、在地方保境安民的政策，所以自初平元年（190）到建安十三年（208）刘表去世，近二十年间，中原和关中地区迭遭变乱，民不聊生，荆州却比较安定，很多北方人逃难到荆州依靠刘表。

徐州先为陶谦所占。陶谦杀曹操父亲曹嵩,曹操为报父仇,连年攻打徐州。以后陶谦病死,刘备代之。后吕布又占据徐州。吕布自关中东奔后,袭据曹操的兖州,后又攻打徐州,占据徐州。但是最后为曹操所灭。

除此之外,公孙度占有辽东;韩遂、马腾占有关右;刘焉死后,其子刘璋继续占有巴蜀;孙坚攻刘表败死后,其子孙策逐步占有江东;刘备(161—223)辗转依附于曹操、吕布、袁绍,最后投奔于刘表。

第二章

曹操统一北方

曹操在北方先后消灭吕布、袁术的割据势力,击走刘备,又将汉献帝迁往许都,形成"挟天子以令诸侯"之势。最后,与河北最强的割据势力袁绍在官渡决战,以少胜多,击败袁绍,进而平定北方地区。

第一节　曹操在北方军事势力的发展

曹操(155—220)是沛国谯(今安徽亳州)人。父曹嵩为宦官曹腾养子,所以曹操家族与宦官有关系。曹腾有别于专横贪残的宦官,曾经举荐一些名流,但曹操家族与四世三公的袁氏、杨氏相比又算不上名门世族。无论如何,曹操的家世对他以后的社会活动产生了一定的影响。

曹操二十岁时被举孝廉，为郎官，担任洛阳北部尉。曹操政治地位的上升，与他参与平定黄巾农民反抗有密切关系。黄巾起义爆发后，曹操由议郎升任骑都尉，与皇甫嵩和朱儁一起讨伐黄巾军。由于在讨伐战争中立下军功，当年就升任济南相，升迁很快。到中平五年（188），汉灵帝设置西园八校尉，曹操任八校尉之一的典军校尉，成为东汉皇室核心武装的将领。

董卓率军入洛阳后，曹操逃出洛阳，回到乡里纠合五千人参与了以袁绍为盟主的讨董卓联军，但为董卓所败。之后曹操又派夏侯惇到扬州再募得四千人，但募兵叛变，只余五百人，一再收拾，才拥有一支千人的军队。这时曹操的军队兵力单薄。初平三年（192），青州黄巾军百万人进攻兖州，兖州刺史刘岱战死，曹操继领兖州牧。他在济北诱降黄巾军三十余万、男女百万余口，精选其中精锐者，改编到他的军队中，号称青州兵。一些地方豪强如李通、任峻、许褚、吕虔、李典等人，也先后率领宗族、宾客、部曲来追随曹操，曹操的兵力才日益强大。

建安元年（196），曹操迎奉汉献帝都于许县（今河南许昌东），受封为大将军，转任为大司空，取得了"挟天子以令诸侯"的地位。但是，曹操在军事上所处的地位，还面临相当大的困难。在建安元年前后，占据南阳的是张绣，占据荆州的是刘表，占据扬州的是袁术，占据徐州的先是刘备，后是吕布，军事上都对曹操构成威胁。

建安二年（197），曹操为了解除对许都的威胁，率军征讨张绣，但出师不利，大败而归。建安三年（198）春，曹操再征张绣。刘表派军援救张绣，曹操军队腹背受敌，又害怕河北袁绍出兵南下偷袭许都，只好退兵。建安四年（199），张绣听从谋士贾诩的劝告，归降曹操。曹操非常高兴，封张绣为列侯，食邑两千户，因此解除了来自南阳的军事威胁。

吕布从关中退出后，与曹操争夺兖州。兵败后又退到了徐州依附刘备，再趁刘备出击袁术之时，占据徐州，并凭借徐州与曹操对抗。吕布占有徐州后，与北方的袁绍对曹操形成前后夹击之势。假如曹操与袁绍开战，曹操必然会腹背受敌，两线作战。曹操的谋臣郭嘉向曹操建议，趁袁绍北击公孙瓒之时，东击吕布。曹操听取谋臣的建议，决定先取吕布。建安三年九月，曹操进攻吕布。十月初，曹操军队攻取彭城（今江苏徐州），进围下邳（今江苏睢宁西北）。曹操引沂水、泗水灌城，吕布被迫投降。曹操下令绞死吕布。

袁术在扬州与吕布联姻，但与吕布的关系时好时坏。建安二年，袁术称帝，遣使请吕布送女完婚，最后为吕布拒绝。袁术大怒，发步骑数万，七道进攻吕布，为吕布击败。九月，曹操趁机东征袁术，袁术败走淮南。袁术在淮南遇到天旱地荒，士民冻馁，极其狼狈，技穷势竭。袁术害怕寿春不守，打算通过徐州、青州投奔袁绍。曹操遣军截击，袁术不能通过，呕血死于路上。袁术残部被孙策收编。

建安元年，吕布袭取徐州时，刘备来许都投靠曹操，深得曹操的器重。刘备随曹操攻下吕布，被任命为左将军。这时许都正酝酿反曹操的政变，刘备同参与其事的汉车骑将军董承、长水校尉种辑等有往来。凑巧曹操派刘备率兵堵击袁术北上，刘备到达下邳，立即反抗曹操。建安五年（200），董承等人反曹操的阴谋败露，曹操诛杀董承、种辑等人，随即率军东征刘备。曹操很快将刘备击溃。

刘备被迫从徐州逃往青州，又到河北投靠袁绍去了。

在官渡之战前，经过数次军事打击，袁术、吕布败亡，张绣投降，刘备战败逃走，只有刘表盘踞荆州。刘表只想自守一方，是一个根本没有"四方志"的人。只要曹操不进犯荆州，刘表是绝不会举兵进攻许都的。因此，曹操取得的这些军事胜利，基本清除了黄河以南的割据势力，许都四面被包围的形势得到了扭转。由于曹操夺取了这些局部的军事优势，他所处的局面越来越有利了。

第二节 官渡之战

建安四年（199）八月，袁绍消灭公孙瓒后，自恃地广兵强，准备进攻许都。曹操听到袁绍南攻许都的消息，先进军黎阳（今河南浚县东北）。九月，曹操又分兵屯守官渡（今河南中牟东北），以抵御袁绍军队。

在参战的军队数量上，曹操军队明显少于袁绍军队。袁绍集中在河北前线的兵力，约有"精兵十万，骑万匹"[1]。曹操集结在官渡一带的军队最多不超过四万人。袁绍粮食储备充足，而曹操却缺乏粮草。

袁绍进攻的目的是直捣许都，劫夺汉献帝。这样就迫使曹操不能不派兵堵截，从而可以凭借占优势的兵力与曹操军队决战，最后彻底消灭曹操军队。袁绍兵多粮足，本应该采取持久作战的计划，可是他急于取胜，急攻曹军。建安五年正月，袁绍发表了声讨曹操罪状的檄文。二月，袁绍将军队主力开抵黎阳黄河北岸。官渡之战开始。

官渡之战的主要战役有三：一是白马（今河南滑县东）之战，二是延津（今河南延津北）之战，三是官渡主力决战。

袁绍军队驻扎在黎阳，派大将颜良围攻驻守白马的东郡太守刘延。曹操为解白马之围，自官渡率军北上，虚张声势，伪装要从延津渡河北上袭击袁绍军队的后方，引诱袁绍分兵西来迎敌。曹操却立即掉转兵力，兼程赶往白马，掩袭围困白马的袁军，斩杀颜良，解了白马之围，迁白马军民沿黄河向西撤退。

曹操从白马撤退后，袁绍从黎阳渡河追击，在延津南与曹操军遭遇。曹操以辎重诱敌，乘袁绍军队贪婪抢夺辎重之时，突然袭击，斩杀袁绍的名将文丑，大败袁军。

白马、延津战役后，曹操还军官渡。袁绍则将军队主力从黄河北岸推进到黄河南岸。同年七月，又将主力继续推进到阳武（今河南原阳东南），到八月，又进到官渡，大军依沙堆为屯，东西数十里。曹操军队也深沟高垒，坚守官渡阵地。从八月到十月，曹、袁两军在官渡相持了两三个月。袁绍兵多势强，曹操兵少势弱，曹操军队的处境非常艰苦。

袁绍十万大军逼近官渡后，军队的后方补给线很长，军粮的运输和供应也遇到困难。九月间，袁绍军运粮车数千辆送军粮到官渡。曹操听从谋士荀攸的建议，趁袁绍军运粮车辆快到官渡时，派部将徐晃前往偷袭，将几千车的军粮全部烧光。

到十月，袁绍重新从河北运军粮一万多车，将这些军粮囤集在官渡大营北面四十余里的乌巢（今河南延津东南），派大将淳于琼统军队万余人驻守乌巢。袁绍谋士许攸投降曹操，将袁绍军粮囤集在乌巢的情况报告给曹操,建议曹操趁夜偷袭。曹操听从许攸意见,亲自挑选精兵五千,打着袁军旗号,放火烧粮。

夜袭乌巢

　　官渡之战进入相持阶段后,曹操军乏粮尽,袁绍的谋士许攸建议袁绍趁曹军兵乏粮缺、士气低落之际,派兵偷袭许都。袁绍非但不听许攸的好主意,反而把许攸责骂了一顿。许攸贪图钱财,袁绍又没满足他,他便愤愤不平,转而投奔曹操。曹操闻讯,非常高兴,光脚出迎,拉着许攸的手笑道:"您这一来,我有希望获胜了。"许攸坐定后直接问道:"袁绍兵力强大,您打算怎么对付他?军中粮草还有多少?"曹操笑着回答说:"大概还够用上一年吧!"许攸也微笑着说:"恐怕不见得吧!"曹操又说:"那用半年总该够吧!"许攸听罢,拂袖而起,边走边说:"我诚心诚意投奔您,您却不跟我说实话,真让我失望!"曹操仍堆着笑脸说:"别见怪,刚才跟您开玩笑呢!其实军中的粮食只能维持一个月了。还请您告诉我该怎么办?"许攸说:"我倒是有一计,能让袁军在三天之内不战自破,不知您是否想听?"曹操大喜过望,连忙说:"快请说吧!"许攸说:"袁绍现有粮草、军械一万多车,全都囤积在乌巢,由淳于琼率兵把守。但淳于琼乃一介武夫,一个十足的酒鬼!您可派一支精锐部队,连夜偷袭,放火烧粮。我保证不出三天,袁军自败。"曹操立刻率精兵,到达乌巢,放火烧掉了袁绍的粮仓。

当袁绍得知曹操出击淳于琼军时，只调遣了几千骑兵去援救乌巢。他却派大将张郃、高览率领重兵进攻曹操在官渡的阵地。曹操率领军队经过苦战，杀死淳于琼，大败袁军，将袁绍的存粮万余车全部烧掉。这个消息传到官渡前线，张郃、高览见大势已去，都投降了曹操。袁绍军队大溃，曹操指挥军队乘胜追击，共击杀袁绍军士卒八万人左右，袁绍仓皇逃走。

官渡之战中，曹操克服对自身不利的局面，以少击众，以劣势对优势而获胜，与他的军事指挥才能有密切关系。曹操吸纳部下的正确意见，对战局有通盘的考虑，并利用袁绍轻敌的弱点诱其深入，与袁军主力在官渡相持，避免正面作战，坚守阵地近半年。当曹操看到袁绍大军粮草补给上的困难后，抓住战机，勇出奇兵，烧掉袁军粮草，因而扭转劣势，最后击败袁绍。官渡之战是曹操统一中国北方的关键性战役。

袁绍在官渡战败后，回到邺，于建安七年（202）夏呕血而死。袁绍立其幼子袁尚继承他的位置。由于袁绍舍长立幼，造成袁谭和袁尚的矛盾，相互攻击。建安九年（204），曹操利用袁氏兄弟之间的矛盾，占领邺。次年，攻杀袁谭，平定冀州。后又攻取并州，斩袁绍外甥高幹。袁尚、袁熙兄弟逃奔三郡乌丸。建安十一年（206），曹操进军征伐三郡乌丸，出卢龙塞，东至柳城（今辽宁朝阳西南），胡汉降者二十余万。袁尚、袁熙又逃往辽东。辽东太守公孙康杀袁尚、袁熙，传首曹操。至此，曹操占有冀、青、幽、并四州，征服乌桓。曹操自命为冀州牧，从此河北便成为其根据地，邺城则作为军事基地。曹操稳定地控制住了中原地区。

第三章

赤壁之战与三国鼎立局面的形成

孙权与刘备联军在赤壁以少胜多，战胜南下的曹操大军。赤壁之战后，曹操、孙权、刘备三大势力相抗衡，三国鼎立的局面初步形成。

第一节 赤壁之战

曹操消灭袁绍势力，统一了大半个北方。刘表占据的荆州，孙权占据的江东，马超、韩遂占据的关中和陇右，还在曹操的控制之外。因此，曹操在基本统一北方之后，准备消灭南方的割据势力，进而统一全国。

占据荆州的刘表，在东汉末年的太学生运动中，号为"八俊"之一。刘表出任荆州牧后，采取保境安民的政策，在他控制的近二十年时间，虽然中原和关中地区战乱迭起，但荆州很安定。《后汉书·刘表传》载："于是开土遂广，南接五领，北据汉川，地方数千里，带甲十余万。"在北方割据势力混战时期，只有荆州没有受到破坏。

官渡之战后，曹操亲自征讨刘备。刘备在建安六年（201）遂南奔刘表。刘表欲利用刘备抵御曹操，请他屯军在樊城（今湖北襄阳北）。樊城在汉水北，与襄阳隔水相望，是荆州的北方门户。刘备在当地招募士兵，他的军队数量有所增加。

建安十三年（208），曹操率军南征刘表。八月，刘表病死，刘表少子刘琮继立。九月，当曹操进军到新野（今河南新野）时，刘琮瞒着刘备，投降曹操。刘备仓促南奔江陵。江陵是军资囤积的军事重镇，曹操唯恐为刘备所占有，派轻骑以一昼夜三百里的速度追赶刘备，在当阳击溃刘备军。刘备与诸葛亮、张飞、赵云等数十骑逃脱，遇关羽水军，渡过汉水（亦称沔水），又与刘表长子刘琦水军会合，同往夏口，打算与孙权联合抗曹。

孙权（182—252）占据江东，经历了其父孙坚（155—192）和其兄孙策（175—200）两代人的经营。孙坚，富春（今浙江富阳）人。东汉末，孙坚随朱儁平定黄巾军，立军功封侯，任长沙太守。在割据势力的混战中，孙坚依附袁术，进攻刘表，为刘表部下黄祖射死。孙坚长子孙策领孙坚残部为袁术所用。兴平二年（195），孙策渡江作战，占据江东大片地方，有兵二万余人，马千匹。袁术称帝，孙策与袁术分裂。袁术病死，其残部投靠孙策，孙策统一江东。建安五年（200），孙策遇刺身亡，弟孙权继位。孙权对长江以北的中原局势持观望态度，竭力向长江以南发展。

除了占有江东之外，还占据了今福建、广东以及湖南的大部分地区。孙权占据江东形成一股势力后，也恐怕曹操吞并江东。当刘备派诸葛亮到柴桑（今江西九江西南）见孙权商议抗曹之事时，孙权采纳鲁肃、周瑜建议，决定抵御曹操。孙权任命周瑜、程普为左、右都督，鲁肃为赞军校尉，率军三万与刘备军会合，共同抗曹。

在战前，曹操集中的军队号称八十万，实际只有二十二万至二十四万。其中有七八万人是从刘琮那里接收来的荆州降兵，军心不稳。曹操所率的十多万人的军队，因长期作战，已经疲惫不堪。长江一带还流行疾疫，传染到曹操军中。曹操所率的北军虽然擅长骑射，但不善于水战。由于曹操军队向荆州推进的速度很快，补给线太长，使粮草供应产生困难。这些都使曹操军事上的原有优势转化为劣势，对曹操的作战很不利。

曹操军队占领江陵后，水陆两军自江陵沿长江东下，到达赤壁（今湖北蒲圻北，在长江南岸；一说今湖北嘉鱼东北），与孙刘联军相遇。初次交锋，便对曹军不利，曹操将军队向北岸撤退，屯军于乌林（今湖北洪湖东北）。周瑜等则将军队泊于南岸。

周瑜部将黄盖发现曹操水军舰船首尾相接，建议用火攻。于是，周瑜军取蒙冲斗舰数十艘，满载干柴，用油灌其中，外面包以帷幕，上竖旗帜，由黄盖率领，向曹操水营进发。先通报曹操，黄盖前来投降，在行驶至曹军军营二里处，顺风放火。这一天东风很紧，火烈风猛，船往如箭，使曹操水军舰船同时起火。火势蔓延，还烧及岸上的曹操军营，火光冲天。周瑜的江东军主力看到北岸火起，立即向曹军猛烈冲杀。曹操军队士兵溺死的、烧死的、被杀的不计其数。曹军防线全面崩溃。曹操带领败兵由华容道（今湖北潜江南，一说在今湖北监利北）撤退，退至江陵。曹操留下曹仁、徐晃守江陵，乐进守襄阳，然后北归。

火烧赤壁

赤壁之战刚开始，由于曹军士兵多是北方人，不识水性，一上船就晕船呕吐，曹军就把战船用铁链连在一起，铺上木板，船身就稳定多了。然而这样一来，战船的目标很大，行动不便。东吴将领黄盖看到这个情况，向统帅周瑜建议："现在敌众我寡，宜速战速决。我们可以利用连环战船难以解开的弱点，用火攻对付曹军。"于是，周、黄二人进行了周密的策划。几天后，黄盖派人给曹操送去密信，表示愿意投降曹军。曹操疑虑重重，口头许诺，如果黄盖肯定投降，会给以重赏。一天，天气回暖，刮起了东南风，当天晚上，黄盖带领一批兵士分乘十条大船，驶在前面，后面跟随着一批船只。船队到了江心，扯满了风帆，像箭一样驶向江北。曹军水寨的将士听说东吴的大将来投降，便纷纷挤到船头看热闹。没想到东吴船队离北岸不到两里的距离，前面十条大船突然同时起火。火借风势，风助火威。十条火船闯进曹军水寨。一眨眼工夫，曹军的战船和军营便成为一片火海。

第二节　三国鼎立局面的初步形成

赤壁一战，曹操大败，统一全国的希望落空。但曹操将战略据点收缩在襄阳、樊城一带，也消除了从南部对许都的威胁。经过一段时间的准备，建安十六年（211），曹操率军向关中进军，讨伐割据势力马超、韩遂。在一年内，击败马超、韩遂。建安二十年（215），曹操又进军汉中，击败了长期占据汉中的张鲁，最后夺取汉中，并迁徙汉中居民八万人到洛阳、邺城。

赤壁之战后，刘备占据半个荆州，成为他发展势力的基础。在建安十六年，刘备率军进入益州，逐步消灭了占据益州的割据势力刘璋。建安二十四年（219），刘备又从曹操手中夺取汉中，并命关羽从荆州向曹操发起进攻，震动许都。但关羽被孙权袭杀，解除了对曹操的威胁。

孙权则巩固了江东根据地，还使地盘扩大，占有了荆州东部江夏（今湖北省东南部）等郡，政权更加稳定。建安二十四年，孙权派部将吕蒙偷袭刘备大将关羽，尽有荆州之地。三国鼎立的局面至此基本形成。

三国鼎立局面的出现，固然有军事的因素，但也应看到东汉末年经济区的形势。北方的中原无疑是最早形成的经济区，这一经济区的历史悠久，农业、手工业和商业都很发达，但东汉末年割据势力的混战，使这一地区的经济受到了极大破坏。因此，依靠中原地区的经济实力，不能够为统一全国的军事行动提供全面的经济保证，这样也就无力消灭南方的势力。长江上、下游地区是开发较晚的经济区。但到东汉时期，由于人口的增加，农业发展的速度很快，物资生产达到了勉强自给的程度，这正是刘备、孙权能够割据一方的经济保证。因此，出现魏、蜀、吴三国鼎立的局面，与当时经济区的发展状况有很大的关系。

第四章

曹魏政权的建立及其统治

曹操在统治后期，积极准备建国。曹操死后，其子曹丕正式建国，国号魏。曹魏建国前后，实行了一系列有利于统治的政治制度和经济措施。曹魏国家改革了官制，实行了九品中正制、屯田制、世兵制。这些制度的实行，使曹魏政权得到巩固，也使社会经济得到恢复和发展。

第一节 曹魏政权的建立

曹魏建国是在曹丕（187—226）称帝之后。但在曹丕之前，曹操已经开始实行建国的措施。建安十三年（208），曹操废掉太尉、司徒、司空三公官制，设置丞相、御史大夫，自己担任丞相。这样就由曹操总揽了国家的军政大权，汉献帝成为傀儡皇帝。建安十八年

(213),曹操又立为魏公,加九锡,建立魏的宗庙社稷。建安二十一年(216),曹操又晋爵为王。东汉政权实际上已经转移到曹操手中,汉献帝只是徒有名号而已。

建安二十五年,即魏黄初元年(220),曹操病死,其子曹丕继位为魏王。同年十月,汉献帝让位于曹丕,曹丕称皇帝。由于曹操、曹丕称魏王,因此国号为魏。曹丕改元为黄初(220—226),追尊曹操为武帝。至此,曹魏政权完全取代了东汉政权。

曹丕在位期间实行了一系列有利于统治的措施。诸如,下令开始恢复使用五铢钱;严格限制外戚干政,不允许官员向皇太后上奏国事,也不准外戚担任辅政官员;还在黄初五年(224),开始设置太学,并制定了考试《五经》的方法;等等。曹丕的这些做法,使曹魏国家的统治局面更趋于稳定。

第二节 实行有利于统治的各项制度

一、改革官制

曹魏在建国的过程中,非常留意官制的建设。建安时期,曹操在中央官制方面实行了一些改革,他改司徒为丞相,或者称为相国,改司空为御史大夫。曹丕称帝后,又将相国改为司徒,御史大夫改为司空,奉常改为太常,郎中令改为光禄勋,大理改为廷尉,大农改为大司农。司徒、司空、太尉为三公。太常以下,属于九卿一类官员。魏文帝曹丕以后,三公一般不参与国政。

曹操还将尚书台移置于外朝，直接隶属于丞相，改变了东汉时期尚书台为皇帝直接控制的状况。因此，外朝台阁制度开始形成。建安十八年（213）十一月，曹操开始设置尚书台，以荀攸为尚书令，梁茂为尚书仆射，毛玠等五人为尚书，即五曹尚书（吏部曹、左民曹、客曹、五兵曹、度支曹）。五曹尚书共有二十三曹郎。各曹尚书分管各自的行政事务，尚书令、尚书仆射总领各曹尚书。

曹丕称帝后，又改曹操设置的秘书令为中书令，同时设置了中书监。以秘书左丞刘放为中书监，秘书右丞孙资为中书令，掌管机要。到魏明帝曹叡时，中书监、中书令"号为专任，其权重矣"[1]。曹丕还设置了通事郎，凡尚书奏事，都需经通事郎才可以上奏皇帝，具有控制上书皇帝的权力。入晋，改通事郎为中书侍郎。

在地方官的设置上，规定了州、郡、县三级地方官制，改变了秦汉以来的郡、县两级地方官制。州在汉代为监察区，州的长官为刺史，只是负责监察地方的监察官。东汉末年，刺史改称州牧，加重权力，发展成为管辖郡、县的地方行政官。曹魏沿用东汉末年的做法，将州作为地方的最高行政区，州的长官或称牧，或称刺史。国家还为一些州刺史加将军号，使他们兼任都督职，称为都督诸州军事，"任重者为使持节都督，轻者为持节"，还有假节者。[2]因此，他们控制的地区就被称为都督区，即军事镇戍区。不加将军号的刺史被称为"单车刺史"。曹魏实行的三级地方行政制度，对维持地方社会秩序起到了积极的作用。

第四章　曹魏政权的建立及其统治

二、实行九品中正制

东汉末年，由于战乱频仍，士人、庶人多无法安居乡里，不得不脱离乡土，流徙他地。战争也使东汉的基层乡里组织遭到破坏，政府无法准确考核士人的出身里爵和道德才能，过去建立在乡里组织之上的乡举里选的制度因而难以进行。曹操为了保证人才的来源，三次发布求贤令，强调"唯才是举"。曹操要求下属将那些不齿于名教但"高才异质"或"有治国用兵之术"的人士，与那些亲附自己的大族子弟一起加以拔用。曹操的求贤令是他选举人才的标准，但要实现这个标准，须有具体的办法、制度来保证。九品中正制，也就是九品官人法便由此创立。《宋书·恩幸传序》说："汉末丧乱，魏武始基，军中仓卒，权立九品，盖以论人才优劣，非为世族高卑。"表明九品中正制为曹操首创。曹丕为魏王时，尚书陈群又进一步完善九品中正制。

九品中正制的主要内容，是将人才分为九品，然后按品的高低，任以官职。中正是将人物区分为九品的执行者。国家在州、郡都设置大小中正。州中正也称都中正，郡中设小中正，也称为中正。担任中正的人是诸府公卿和台省郎吏中的贤能者。中正要将其负责地区的人士分为九品。中正还要决定人才品级的升降。吏部根据中正所定的品级来决定是否给予官职以及所给官职的高低。

九品中正制开始实行时收到了一些积极的效果。由于对士人评定品级的权力为国家设置的中正掌握，中正能够采择舆论，按照人物品行的优劣来决定品级，因此改变了由少数名士把握人物品评的局面，多少选拔了一些人才，也斥退了一些不才之人，国家的官僚机构因而有了一定的人才来源。但是，九品中正制实行一段时间后，弊端也随之而来。在正始年间（240—249），一些地方出现了中正干预吏部铨选之权的情况。吏部放弃了铨选的职责，全凭中正的评定，甚至品级的升降也全由中正来决定。如此一来，谋求高品者竞相奔走于中正之门，营私舞弊。政府虽然对中正严厉责难，甚至以法律约束，也起不到明显的效果。九品中正制原来是要按才能品选人才，却变成由中正来决定人才的高下。中正大多是由本州郡的官宦世家担任，因此他们定为上品的，自然是世族名门。这样也就开始出现"下品无高门，上品无贱族"[3]的状况。九品中正制成为世族把持选举、操纵政治的工具。

三、实施屯田制

曹魏政权建立的过程中，在经济上也实行了一些必要的措施，主要为屯田制的推广。

东汉末年，黄巾起义以及各割据势力的混战，使社会经济受到极大破坏。户口大量损耗，人民流徙逃散，劳动力严重缺乏，农业生产难以持续。粮食奇缺，粮价昂贵，人民死于饥馑者不计其数。不但农民无粮，就是军队也缺粮饷，无法作战。在这种严峻的形势下，必须先解决粮食问题。曹操在迎汉献帝到许都后，于建安元年（196）采取枣祗、韩浩等人的建议，开始屯田。曹操攻破汝南（今河南平顶山、安徽阜阳一带，治新息）、颍川黄巾军，获得了大批的劳动人手和耕牛农具，乃"募民屯田许下"[4]。

曹魏屯田据点在各地分布很广。在今河南境内的有：许县、颍川、洛阳、小平、荥阳、原武、弘农、河内、汲郡、梁国、南阳。在今山西境内的有：河东、上党。在今河北境内的有：魏郡、巨鹿、列人。在今山东境内的有：阳平、顿丘。在今陕西境内的有：长安。在今甘肃境内的有：上邽。在今安徽境内的有：汝南、宋县、谯郡、芍陂、皖城、沛国。

曹魏屯田既有军屯，也有民屯。军屯在边境和军事要地，民屯则遍及全国郡县。军屯用士兵轮番屯种，民屯则募民为屯田客耕屯。军屯大体上以营为单位，民屯则以屯为单位。军屯以六十人为一营，"且田且守"；民屯由五十人为一屯，由屯田司马来掌管。

管理军屯的是司农度支校尉。司农度支校尉于黄初四年（223）开始设置，秩级比二千石，掌管诸军屯田，并归各地的军事长官管辖。

管理民屯的机构，中央设有大农，后改称大司农；在郡设置典农中郎将、典农校尉；在县设置典农都尉，来管理屯田事务。诸典农官与郡守、县令不相统属，直接属于大司农。典农中郎将、典农校尉可以直接向中央呈报情况，因而可以同郡守一样，派出上计吏。

民屯上的劳动者为屯田民，也称为屯田客，实际上他们是国家的佃客。他们被编制成军队组织的形式，耕种国家的土地。屯田客以分谷制的方式向国家缴纳地租。所谓分谷制（当时称为分田之术），就是屯田客向国家缴纳地租的比例。国家规定，凡是用官牛的，国家得六分，屯田客得四分；用私牛的，国家得五分，屯田客得五分。这种分成取租的办法保证随着生产力的提高，可以使国家获得日益增多的地租，但屯田客则不能够全部占有增产所得粮食，因此是有利于国家却对屯田客不利的分配办法。国家对屯田客的盘剥很重。

屯田客名义上是招募而来，但实际上是被强制束缚在土地上不能自由迁移。屯田客的生活很痛苦，很难维持温饱的生活，衣不蔽体、食不果腹的情况十分常见。因此在屯田区，经常出现屯田客逃亡的事情。

不过，屯田客一般不负担另外的劳役，生活又有一定的保障，他们可以在屯田区安心生产。国家保证为屯田客提供耕牛和种子，还在屯田区兴修水利，这些都有利于农业生产和提高粮食产量。因此屯田制虽然是国家盘剥人民的一种方式，但是对短期内恢复农业生产，进而促进北方经济的恢复和发展，仍起到积极的作用。

曹魏统治后期，屯田制逐渐开始遭到破坏。国家迫切需要军粮的问题已经逐渐解决，社会逐渐趋于安定，因而屯田制的推行开始不受重视。国家对屯田客的盘剥也在加重。在推行屯田制之初，采取四六分和中分的做法，但后来持官牛者，官得八分，屯田客得二分；持私牛或无牛者，官得七分，屯田客得三分，使屯田客不能够安心在土地上生产，生产的积极性大为削弱。一些官员甚至驱使屯田客从事其他的劳役或者经商，使屯田客荒废了农田耕作，严重妨碍农业生产。同时，大土地所有制也迅速发展，这对国家屯田制的影响很大。一些大土地所有者侵吞国家屯田的土地。比如大官僚何晏等人一起分割洛阳野王典农部桑田数百顷。这样屯田制就很难维持下去。咸熙元年（264），"是岁，罢屯田官以均政役，诸典农皆为太守，都尉皆为令长"[5]，曹魏国家推行的屯田制，至此停止实行。

第四章　曹魏政权的建立及其统治　　33

四、实行世兵制

曹魏国家为了保证有固定的兵员应付战争，还实行了世兵制度。世兵制度也称为士家制度。

在两汉，国家实行征兵制。兵役的征发是建立在稳定的小农经济基础上的。小农是国家徭役的承担者，也是国家兵员的来源。但是到曹魏，由于战乱，小农经济受到破坏，小农大量流散，实行征兵制已经很困难。因此，曹魏国家必须因时制宜，在兵役的征发上采取特殊的措施。

曹魏世兵制的确立经历了一个过程。这个过程就是实现兵农分离。初平三年（192），曹操在兖州受降黄巾军三十万、家属百余万口后，挑选其中精锐，组成青州兵。青州兵直到曹操病逝都还存在，历时二十八年，可见青州兵是一个自成编制、与众有别的特殊集团。由于青州兵是从受降的黄巾降户中选拔的，充任青州兵的义务自然就落到一部分特定的人身上，这实际上成了兵民分离的最初尝试。曹操将青州兵集团的做法推广到全军时，就逐渐开始制度化。建安九年（204），曹操攻克袁氏的大本营邺城，平定冀州后，开始将将士的家属迁移到邺城一带聚居，集中管理。兵民分离之制至此完全确立，世兵制度形成。

曹魏的世兵制，一是兵农分离。世兵有独立的户籍，兵和民各立户籍，户籍有别。世兵的身份明显低于国家的一般编户，要解除世兵的身份必须要有皇帝的诏令。国家对世兵实行"人役居户，各在一方"[6]的"错役"制度。这是将世兵的家属作为人质，防止世兵逃亡。二是世兵终身为兵。世兵身份还要父死子继，兄终弟及，世代为兵。为了不使世兵与一般编户混杂，国家规定世兵的妻子在丈夫死后改嫁，或者世兵的女儿出嫁，都只能够嫁给世兵。如果世兵逃亡，他的妻子和儿女要被没为官奴婢或者被处死。

曹魏的世兵除了要为国家充当士兵外，还要服挽船、养马、鼓吹等特殊的徭役。世兵中的妇女和儿童以及没有轮代的男子，也要为国家耕田和服徭役。

曹魏的世兵、郡县民和屯田民三者有明确的区分。曹魏国家注意保持他们各自承担义务的稳定性，不随意打乱这种界限，以求稳定国家的统治秩序。因此，曹魏世兵主要是依靠本阶层自身人口的增殖来补充。

曹魏的世兵制度实际上是国家以东汉地方豪强组织私人部曲的方式来组织国家的军队，因此这种制度是依附关系在国家军队组织上的体现。世兵制度一方面表现出国家对兵户的严格控制，使他们成为世业的职业兵阶层；另一方面，在特殊的历史时期，也是国家兵源的保证。所以世兵制的实行对稳定曹魏国家的统治具有积极意义。

士家子赵至

赵至的先祖由于战乱沦为士家，士家子弟要世代当兵，社会地位极为低贱。为了改变自己的出身，十三岁的赵至学习十分刻苦。十四岁时赵至到洛阳游于太学，希望得到名士嵇康的知遇，而免去士家的身份。随后又到山阳寻找嵇康，无果而回到家乡。眼看要到十六岁当兵的年龄了，如果再不能得到名士提携的话，赵至将终身是一个士家子。然而在当时士家子逃亡，父母是要受到惩罚的。为了使自己的父母不受牵连，十五岁时赵至装疯逃亡，但仍被家人追回。由于赵至在家乡人的眼中是一个疯子，官府也不再把他当回事儿。就在赵至十六岁时，终于跑到邺城见了嵇康。赵至后来改名赵浚，只身到辽西郡，成为良民，并在辽西郡担任上计吏。一次他因公事来到洛阳，在大街上与老父不期而遇。这时赵至的老母已亡，父亲害怕影响他的仕途没告诉他，叮嘱他千万不要回家，否则赵至还要变为士家子，全家人包括他自己多年的辛苦就白费了。太康时，赵至被幽州刺史辟为部从事，到洛阳才知道老母已经去世很多年了。赵至远走异乡的志向就是要光宗耀祖，赡养父母，然而现实却是有家不能归，母亲去世多年，又不能到坟前祭奠。赵至顿时号愤恸哭，由于伤心过度，吐血而卒，时年三十七岁。

第三节 社会经济的恢复和发展

一、农业的恢复和发展

东汉末年的战乱，给北方地区的经济发展带来了重大的破坏。洛阳在董卓西迁时被烧掠一空，宫室化为灰烬，街道尽是蒿草，一片荒凉。在董卓死后，其部下相互混战，长安死者集尸相枕。两三年间，关中地区不见人迹。青州地方农民流散，荒无人烟。徐州男女被杀数十万人，成为人烟稀少的地方。各地方人口锐减。

汉桓帝永寿年间（155—158）有户 10 677 960，有口 56 486 856，这是东汉户口的最高数字。但是至西晋平吴之后（280），总计有户 2 459 804，有口 16 163 863。户不到东汉的四分之一，口不到东汉的三分之一。这是经过半个世纪的恢复后的数字，三国时期户口数要比这个数字少得多。《三国志·魏书·张绣传》称"天下户口减耗，十裁一在"，杜恕上书称"今大魏奄有十州之地……计其户口不如往昔一州之民"[7]。可见当时户口损失极为严重。由于户口大量损耗，劳动力大量缺少，自然使生产力受到严重的破坏。

在曹魏建国前后，统治者非常注意恢复国家的经济，努力改善东汉末年以来北方经济发展的恶劣环境。

在农业生产上，国家除了推行屯田制之外，还在各地兴修了不少渠堰堤塘。曹操为了出击乌桓，于建安七年至十二年（202—207），在清水南端开凿了白沟，在清水北端依次开凿了平虏渠、泉州渠和新河。曹操等人还在中原地区开凿了利漕渠、白马渠、鲁口渠、成国渠、车箱渠等。在河淮地区陆续修建了广漕、贾公、讨虏、淮阳、百尺等渠。成国渠和临晋陂"溉舄卤之地三千余顷，国以充实焉"[8]。淮阳、百尺等渠"上引河流，下通淮颍，大治诸陂于颍南颍北，穿渠三百余里，溉田二万余顷"[9]。芍陂可灌溉土地二万顷；郑陂既成，"比年大收，顷亩岁增"[10]。曹魏对水利的兴修，不仅有利于交通和漕运，也直接有利于农业的发展。

此时在农业生产工具方面也有改进。东汉时期，农业生产中已经出现了翻车。曹魏时，马均改进翻车，引低处的水浇灌园圃，有利于灌溉。在农业生产技术上，开始广泛推广耧犁耕作下种法。耧犁也称耧车，在播种时，由牲畜牵引，后面有人扶着，可以同时完

图 4-1　马均改良的翻车模型

成开沟和下种两项作业。这种耕作方法推广到了边远的地区。比如皇甫隆为敦煌太守时，就在敦煌改进水利灌溉，还制作耧犁耕作。"岁中率计，所省庸力过半，得谷加五，西方以丰。"[11]

由于实行屯田、兴修水利和改进农业生产技术，中原地区的农业逐渐恢复和发展起来。农作物的产量明显增加。旱田的亩产量可以达到亩收十余斛，水田的亩产量可以达到亩收数十斛。各地方的残破面貌得到改观。魏文帝、明帝时，洛阳周围土地被开垦的数量很多。关中地方的人口逐渐增多，恢复了丰饶的景象。战乱时到辽东避难的青州农民，都纷纷渡海返回原地。淮河流域的农业发展也很明显。在这一带屯田点分布很广，屯田客在这里"且田且守"，屯田的收获，除了生活必需的之外，每年可以储备粮食五百万斛。农业生产的发展也带动了副业生产，北方的养蚕业、家畜和家禽的饲养都呈现发展的趋势。

二、手工业和商业的恢复

手工业生产也开始恢复。经过一段时间的严重破坏后，中原地区的纺织业逐渐恢复生产。马均改进了织绫机，既可以节省工时，又能够织出非常美丽的绫锦。官营手工作场的纺织技术很高。魏明帝时，以绛地交龙锦、绛地绉粟罽、蒨绛、绀青、绀地句文锦、细班华罽、白绢赏赐倭国女王，足见可以生产的丝织品的种类很多。在冶铸业方面，韩暨改进水排，"因长流为水排，计其利益，三倍于前"[12]，利用水力鼓风的技术得到推广，黄河南北的冶铁都加以采用。曹魏国家设置司金中郎将、监冶谒者等专官管理官营冶铸业。

在农业和手工业发展的影响下，商业开始复苏。国家减轻关津的重税。魏文帝时又恢复使用五铢钱。洛阳成为北方的商业中心，不仅国内的商人来这里从事商业活动，西域胡商也远道到这里开展贸易。邺城也多有商人往来，城中商品交换活跃，是比较繁华的大都市。

第四节　曹魏的衰亡

黄初七年（226），魏文帝曹丕病死，子曹叡即位。曹叡统治时期，是曹魏国家全盛的时期。景初三年（239），魏明帝曹叡病死，他的养子曹芳才八岁，即位为帝，由大将军曹爽和太尉司马懿辅政。

司马懿（179—251）出身于河内温县（今河南温县）的世家大族，曾在曹操丞相府任主簿。曹丕禅代汉献帝后，司马懿官至抚军将军、录尚书事。曹丕死，司马懿又与陈群、曹真、曹休共同受遗诏，辅佐曹叡。由于魏明帝曹叡直接控制朝廷大权，并且曹真、曹休的地位和声望又高于司马懿，所以司马懿不能对曹魏政权产生太大的影响。曹真死后，司马懿开始掌握对蜀汉战争的指挥大权。当时曹魏的军事活动主要是与蜀汉的战争，因此司马懿掌握了曹魏的军事实权。司马懿在与诸葛亮的对峙中，采取以守为攻的策略，使诸葛亮病死五丈原，迫使蜀军退兵。司马懿因而获得了很高的声望。后来司马懿又率军消灭了在辽东割据三世的公孙渊（238），进一步提高了他在政治、军事上的威望。

曹芳即位后，虽然由曹真之子曹爽和司马懿共同辅政，但实际权力为曹爽控制，司马懿则改任太傅，被排挤在朝廷实际大权之外。曹爽任命他的弟弟曹羲为中领军，控制禁军，又任命心腹何晏、邓飏、丁谧、毕轨、李胜等人掌管枢要。曹爽牢牢地控制了曹魏国家大权。司马懿对曹爽的排挤表现出谦让的态度，甚至以装病来掩饰自己的实际企图。但是他暗中与曹爽对抗，以其子司马师代夏侯玄为中护军，以亲信蒋济为太尉。曹氏与司马氏的矛盾和斗争开始表面化。

正始十年（249）正月初六，魏帝曹芳与大将军曹爽离开洛阳，前往高平陵（距洛阳南九十里）扫墓。司马懿以迅雷不及掩耳之势发动政变，完全控制了洛阳，迫使郭太后下令免除曹爽等人职位，关闭洛阳各城门。司马懿又同太尉蒋济一起率军出屯洛水浮桥，切断了洛阳与高平陵的交通。在这种形势下，司马懿派人送奏章给少主曹芳，列举曹爽兄弟的罪状，要求罢免曹爽兄弟的官职。曹爽完全被司马懿孤立，进退无路，只好同意放弃大权。司马懿很快就将曹爽、曹羲、曹训、丁谧、邓扬、何晏、毕轨、李胜等人斩首，并诛及三族，这次政变史称"高平陵事变"。司马懿诛杀曹爽等人后，实际控制了曹魏的军政大权。不久，司马懿又杀扬州刺史王凌和楚王曹彪。

嘉平三年（251），司马懿病故，其子司马师继续控制曹魏的军政大权。嘉平六年（254），司马师诛杀忠于曹魏政权的太常夏侯玄、中书令李奉、皇后父光禄大夫张缉，废魏帝曹芳，立高贵乡公曹髦为帝。正元二年（255），司马师又诛杀反对司马氏专权的镇东大将军毌丘俭。同年司马师病故，其弟司马昭继承了司马师的全部地位和权力，继续控制曹魏的全部大权。甘露二年（257），征东大将军诸葛诞在寿春反对司马氏专权。司马昭亲自率军征讨，诸葛诞兵败被杀。甘露五年（260），魏主曹髦对司马昭专权十分愤慨，亲率宫中士兵讨伐司马昭。司马昭命其心腹中护军贾充的部下成济刺杀曹髦，立曹奂为帝。司马昭晋位为相国，增封二郡，并加九锡。咸熙元年（264），司马昭晋封晋王。咸熙二年（265），司马昭建天子旌旗，仪仗乐舞也与皇帝相同，将世子改称为太子。司马昭没有来得及称帝，就在同年八月死去。司马昭死后，太子司马炎继立为晋王。司马炎就在当年代魏称帝，建元泰始，曹魏灭亡。

第五章

蜀汉政权的建立及其统治

刘备建立了蜀汉政权,但在夷陵之战后刘备病故,巩固蜀汉政权是由诸葛亮进行的。诸葛亮采取了有效的政策发展蜀汉的经济,平定了南中叛乱,并北伐曹魏。诸葛亮的措施使弱小的蜀汉政权能够持续存在和发展,但是他病故后,后主刘禅昏庸,政治腐败,最后蜀汉还是被曹魏消灭。

第一节 刘备建国

赤壁之战后,刘备占据荆州四郡,即武陵(今湖南常德)、长沙、桂阳(今湖南郴州)、零陵,后又向孙权借得江陵。建安十四年(209),刘备在刘表长子刘琦病死后,自称荆州牧。但刘备实际上只控制四郡之地,北部的南阳郡、章陵郡为曹操所控制,东部的江夏郡、南郡（今湖北荆州）则为孙权占据。刘备依然受到北面曹操、东面孙权的威胁。经过赤壁之战后，荆州也受到很大的破坏，刘备要在荆州立稳脚跟仍有很多困难。因此，他必须向西发展，攻取益州。

东汉末年，汉灵帝任命宗室刘焉担任益州牧。由于刘焉实行宽惠的措施，益州暂时出现稳定的局面。刘焉在上任时，很多亲戚故旧随他一同入川，形成了一个政治集团；他又招收在益州的南阳、三辅流民数万人，组成了东州兵，成为他控制益州的军事依靠。由于刘焉的政治集团与益州的地方势力发生很大的冲突，地方上纷纷起兵企图推翻其统治。犍为太守任岐和校尉贾龙便联合起兵，反抗刘焉。刘焉死后，其子刘璋继立，但益州地方势力的反抗没有停止。当地的大吏赵韪率兵数万进攻刘璋，东州兵殊死作战才击败赵韪。可是东州人与益州地方势力之间的矛盾更加深了。除此之外，刘璋父子集团与信奉五斗米道、占据汉中的张鲁也存在矛盾。建安十六年（211），刘璋听说曹操要派军进攻张鲁，害怕曹操乘机攻蜀，便派法正前往江陵请刘备率军入川相助。

建安十六年，刘备率领数万军队进入益州。刘璋迎刘备于涪城，请刘备进攻汉中的张鲁。刘备的军队到达葭萌后，就屯兵不进，驻军在葭萌达一年之久。次年，回军进围成都。建安十九年（214），刘备攻克成都，刘璋投降。刘备获取了"殷盛丰乐"的益州地方。刘备还将刘璋的下属法正、董和、黄权、李严等人收为自己的部下，获得了众多人才。

在刘备占领成都时，曹操的军队攻克汉中，张鲁投降曹操。曹操军队直接威胁刘备。为保证益州的安全，刘备率军进攻汉中。建安二十四年（219），刘备击斩曹操留守汉中的大将夏侯渊，占据汉中，使益州的防务得到进一步的巩固。至此，刘备除占有荆州西部的四郡外，又尽有巴、蜀、汉中之地。这一年秋天，刘备自称汉中王。

在刘备攻取汉中时，镇守荆州的关羽自江陵北伐，进攻樊城。关羽利用汉水暴涨的时机，淹没樊城守将曹仁的部下于禁等七军，迫使于禁投降。许昌以南不少地方起义响应关羽，关羽威震华夏，吓得曹操想要迁都。为改变被动局面，曹操利用刘备和孙权在荆州问题上的矛盾，遣使前往江东，结好孙权，拆散孙刘联盟。孙权派将领吕蒙偷袭江陵。关羽又被曹操所派救兵徐晃击败，退守当阳附近的麦城（今湖北当阳东南）。最后关羽被孙权部将擒获斩首，孙权尽有荆州之地。荆州归吴和关羽的败亡，使刘备的势力被限制在汉中、巴、蜀和南中四郡，控制的地域狭小。

吕蒙偷袭荆州

赤壁之战后，刘备占领荆州大部。建安二十四年（219），刘备派荆州守将关羽攻打樊城。驻扎在陆口的东吴大将吕蒙向孙权上书："关羽征讨樊城而多留防守的部队，必定是担心我们谋取他的后方。我时常患病，请以我要治病为名，分派一部分兵力回建业。关羽听到这一消息后，必定撤走留守后方的部队，尽数开往襄阳。那时我们的大部队从水路昼夜逆流而上，袭击蜀军，则南郡可得，而关羽也就可以擒获了。"于是吕蒙假装病重，孙权就公开召吕蒙回建业。关羽信以为真，将南郡的留守部队开赴樊城。孙权得知此事，立刻派吕蒙起兵攻打荆州。吕蒙将精兵全部埋伏在大船船舱之中，让人穿着一般衣服装作百姓的模样摇橹，船中坐着的人都打扮成商人的模样，昼夜兼程，骗过烽火台上防守的蜀兵，把船靠了岸。到了半夜，躲在船舱里的士兵一拥而出，占领了荆州城。吕蒙又派人说服了南郡、公安的守军。吕蒙进据城中，尽得关羽和其他将士的家眷，对他们进行安抚劝慰。关羽多次派人打听消息，吕蒙都厚待关羽派来的人。关羽的使者回到关羽军中后，将士们私下里互相探问，都知道家中安然无恙，所受的待遇比过去更好，全军将士遂失去斗志。关羽自知势孤力穷，于是逃往麦城。孙权派兵埋伏在关羽必经的道路上，将他抓住。于是吕蒙平定了荆州。

建安二十五年（220），曹丕称帝。次年，刘备也在成都称帝。刘备以诸葛亮为丞相，许靖为司徒，设置百官。他以兴复汉室为己任，故国号仍然为汉。由于刘备政权只占有益州一州之地，所以又称为蜀汉。在三国中，蜀汉地少人寡，是势力最弱的国家。

第二节　夷陵之战

刘备在成都称帝后，准备讨伐孙权，夺回荆州，并替关羽报仇。蜀汉君臣对这个问题分为主战和主和两派。诸葛亮是主张维持吴蜀联盟的，但他知道刘备主战很坚决，不敢极言劝阻。一部分将领为了立功，并迎合刘备急于为关羽复仇的心理，坚决主张与孙权开战。因为刘备执意要战，所以主战派占了优势。

蜀章武二年（魏黄初三年，吴黄武元年，222），刘备亲自率领大军大举攻吴，沿长江，出巫峡，收复东吴所占的巫县（今重庆巫山北）、秭归（今湖北秭归），大军浩浩荡荡直赴江陵。刘备以冯习为大督，张南为前部督，并联合武陵的少数民族首领出兵相助。刘备又命令黄权为镇北将军，在长江北岸驻军，防御曹魏军队。刘备亲率主力越过夷陵（今湖北宜昌东）进驻猇亭（今湖北宜都北）。因此这次战争被称为"夷陵之战"，也称为"猇亭之战"。

从巫峡到夷陵有六七百里，江岸两侧高山峻岭耸立，地形非常复杂。如果战争失利，前有敌兵，后无退路，这是兵家的大忌。可是，刘备却要凭借这种不利的地形，来同东吴作战。刘备军队主力抵达夷陵后，从巫峡的建平起，直到夷陵，数十万大军舍舟上岸，在江南岸，立屯数十，处处结营，"树栅连营七百余里"[1]，把军队布置得极其分散。

孙权向刘备请和不成，就任命陆逊为大都督，率领朱然、潘璋、宋谦、韩当、徐盛等将领以及士兵五万人，进行抵抗。两军对峙，从年初到六月。陆逊收缩兵力，退出巫峡以东的崇山峻岭地带，坚守不战。刘备军自兴师东下，行军已经有七八个月之久，将士疲惫不堪，又遇上夏季的炎热，水军也上岸驻扎。这给陆逊实行火攻提供了极好的机会。同年闰六月，陆逊向蜀军发起攻势，命将士各执一火把，全力出击，斩杀蜀军大将张南、冯习。刘备退保马鞍山（今湖北宜昌西北六十里），陆逊指挥吴军四面围攻，斩杀蜀军近万人。刘备趁黑夜突出重围，退回秭归，又从秭归退回白帝城（今重庆奉节东）。陆逊纵兵追击，连破蜀军四十余营，蜀军"舟船器械，水步军资，一时略尽。尸骸漂流，塞江而下"[2]。黄权所领的江北蜀军，因为归路被阻断，不得不投降曹魏。

夷陵之战，陆逊以少胜多，大败蜀军，遏制了蜀汉势力向东发展。蜀汉夷陵之战惨败，元气大伤，因而使蜀汉的发展及与曹魏的抗争走上了艰难的道路。

刘备败退白帝城后，于章武三年（223）四月，病死在白帝城西的鱼复县永安宫。刘备子刘禅继帝位。刘备临死前诏丞相诸葛亮从成都来受遗命，命他辅助后主刘禅。诸葛亮以丞相身份辅政，力图恢复吴蜀联盟。他主动派邓芝出使东吴，东吴与蜀汉重新结好，再度形成吴蜀联盟的局面。

第三节 诸葛亮治蜀、平定南中与北伐曹魏

一、诸葛亮治蜀

刘备蜀汉政权的建立是在诸葛亮协助下实现的。刘备死后，诸葛亮又任丞相兼领益州牧，辅助后主刘禅，"政事无巨细，咸决于亮"[3]。诸葛亮为巩固蜀汉政权，实现了他"鞠躬尽瘁，死而后已"的愿望。

诸葛亮注重发展蜀国的经济。在农业上，他充分利用巴蜀有利的生产条件。自古以来，巴蜀地区土地肥美，沃野千里。这里生长繁茂的山林竹木，粮食产量很高。蜀汉建国后，这里依然是开垦的农田广阔，灌溉的沟洫相连，"黍稷油油，粳稻莫莫"[4]。诸葛亮实

行"务农殖谷，闭关息民"[5]的方针，使农民安心农业生产。为促进农业的发展，诸葛亮大力兴修水利灌溉农田，继续维护李冰开凿的都江堰，征调壮丁一千二百余人守护都江堰的水利设施，还设置了堰官进行专门管理。因此，成都平原一带"水旱从人，不知饥馑，沃野千里，世号陆海"[6]。农业生产出现兴盛的景象。诸葛亮还在汉中组织屯田，设置督农管理屯田。汉中屯田减轻了农民供应和转运军粮的负担。虽然连年对外用兵，但军粮不曾匮乏，可见诸葛亮的屯田收到了实际的效果，有助于农业生产的发展。粮食生产的发展带动了纺织业的兴盛。蜀地的纺织业在两汉时期就很发达，特别是织锦业尤为兴盛。蜀国立国后，织锦业更是"百室离房，机杼相和"[7]。蜀国出产的锦美且多，因此，诸葛亮曾以川马、蜀锦作为与东吴交聘的礼物。曹魏和东吴两国都从蜀国购买大量的锦。在蜀国灭亡时，蜀库中存有"锦绮彩绢各二十万匹"[8]，足见蜀锦不仅产量很多，也是蜀国财政的重要保证。

蜀国煮盐业也十分发达。蜀地富有盐井。左思《蜀都赋》说，成都"家有盐泉之井"，"火井沉荧于幽泉，高焰飞煽于天垂"。临邛县遍布盐井，一斛井水可以煮盐五斗。刘备建立蜀国后，设置盐府校尉，也称司盐校尉，掌管煮盐业，以王连担任此职，又以吕乂、杜祺、刘幹等任盐府典曹都尉。诸葛亮治蜀，依然重视对煮盐业的管理，"利入甚多，有裨国用"[9]。

由于诸葛亮措置得宜，蜀国的商业很活跃。左思《蜀都赋》说，成都"市廛所会，万商之渊。列隧百重，罗肆巨千。贿货山积，纤丽星繁。……贾贸墆鬻，舛错纵横。异物崛诡，奇于八方"。实际上成都成为聚集大批富商大贾的商业大都会。《钱录》中所收蜀汉钱有直百、直百五铢、传形五铢和为字钱等。铸币种类的繁多正是蜀汉商业活跃的一个标志。蜀国出产的锦大量销售到魏、吴两国，可见蜀国的对外贸易也很发达。

不过，蜀国经济虽然得到很好的发展，但与曹魏和东吴相比，在经济上还是最弱的国家。刘备称帝时，蜀国所统户二十万，口九十万。直到蜀国末年，也不过户二十八万，口九十四万，战士十万二千，吏四万。足见蜀汉国力之弱。可是，尽管蜀国地窄人少，国势弱小，但诸葛亮在发展经济上采取了恰当的措施，使蜀国政权能够支撑将近半个世纪，长期与曹魏在军事上形成对抗。

诸葛亮在施政上以"内修政理"为方针。他注意严明法令。为此，他和法正、刘巴、李严、伊籍等人，共同制定了《蜀科》。陈寿《诸葛亮集目录》中有《法检》上下篇和《科令》上下篇。这些科令都是执法的依据。诸葛亮在执法的过程中，"科教严明，赏罚必信，无恶不惩，无善不显"[10]，使臣民不可以无功劳而获取爵位，不能够因家世显贵就避免刑罚，因此使赏罚公允，臣民都心存感激。诸葛亮不仅自己身体力行，还以此劝告后主刘禅，要他"不宜偏私，使内外异法"[11]。诸葛亮公正执法，为部下和后继者做出了表率。后来继承诸葛亮位置的蒋琬、费祎、董允等人也都是如此。

诸葛亮执法不仅公正，还很严格。他对蜀国初立之时法令松弛的局面予以整肃。为使蜀国的统治秩序达到稳定，诸葛亮反复申明严格执行法令的必要性，即使对位高权重的大臣也是如此。李严与诸葛亮同是受刘备遗诏辅助后主刘禅的重臣。在诸葛亮北伐时，李严主持军粮的运输，时逢雨季，道路难行，军粮接济不上，因此李

图 5-1 直百五铢

严通知诸葛亮退军。蜀军退回汉中后,李严又称军粮充足,不应该退军。诸葛亮上表刘禅,贬谪李严,不再叙用。因为诸葛亮赏罚得当,虽严而人心服。比如李严和廖立在贬谪地听到诸葛亮的死讯,都痛心得流下眼泪。

诸葛亮在用人上,对蜀地的地方势力和外来势力采取同等对待的态度。蜀汉政权的官员是由外来势力与当地势力共同组成的,因此公正地对待这两个势力的成员,是政权稳定的保证。诸葛亮对外来势力有政绩者,一般都加以提拔重用。对蜀中势力同样如此,诸如李恢、张翼、张嶷、张裔、马忠等当地人才,诸葛亮也都任以要职。对于违法的外来人士和蜀中人士,都给予严厉处罚。诸葛亮的策略减少了外地势力与蜀中势力的隔阂,调和了统治力量之间的矛盾。

诸葛亮在施政上的这些做法，保证蜀汉政权在政治上收到了由乱到治的效果。蜀中称"吏不容奸，人怀自厉，道不拾遗，强不侵弱，风化肃然也"[12]。

二、平定南中

今天四川南部、云南和贵州一带，在三国时称为南中。当时这里居住着许多少数民族，统称为"西南夷"。他们主要从事农耕，也兼营畜牧。部分西南夷与汉人杂处，同巴蜀地区的经济联系很密切。刘备占据蜀中后，先后任用邓方、李恢担任庲降都督，统治南中，并任用很多西南夷地区的夷汉豪强做本地的守令丞吏。蜀章武三年（223），刘备病死，后主刘禅新立，由于大败于吴，蜀汉政权的统治不太稳定，南中的反蜀活动开始扩大。益州郡（今云南晋宁东）的大姓雍闿执益州太守张裔，投靠东吴，攻永昌（今云南保山）不下，便拉拢益州大姓孟获到各地造谣煽动，挑拨生事。南中牂牁郡（今贵州凯里西北）的太守朱褒和越巂郡（今四川西昌）的叟族首领高定也同时起兵反叛。南中反蜀汉政权的力量集结起来，直接威胁蜀汉的后方。

蜀建兴三年（225），诸葛亮经过一年时间稳定了国内统治局面后，亲自率军进兵南中。诸葛亮将南征军队分为三路：他自己向越巂郡进攻，马忠进军牂牁郡，李恢直指益州郡。这时，高定的部下杀死雍闿，孟获取代雍闿。诸葛亮所率军队攻杀了高定，马忠的军队也平定了牂牁郡。李恢率领的中路军南至盘江，与诸葛亮军"声势相连"，诸葛亮军随即渡过泸水（今金沙江）。孟获南有李恢的迎击，北有诸葛亮的追击，被包围在南盘江上游一带。不久，三路大军在滇池会合，活捉孟获。诸葛亮为彻底降服孟获，使蜀汉的后方稳定，"乃赦获使还，合军更战。凡七虏七赦，获等心服，夷、汉亦思反善"[13]。诸葛亮在春天出兵，五月，渡过泸水，到秋天，南中的越巂郡、益州郡、永昌郡和牂牁郡就全部平定了。十二月，诸葛亮的军队返回成都，用兵十分神速。

诸葛亮平定南中后，对南中的治理用当地人而不用外地人，大量起用少数民族上层分子。他改益州郡为建宁郡，任命李恢为太守，并领交州刺史；用吕凯为云南太守，王伉为永昌太守。他在当地不留兵，也不留粮。诸葛亮还吸收原来与蜀汉政权保持距离的少数民族上层首领到中央政府，给予他们较高的政治待遇。如建宁的爨习官至领军将军，孟获官至御史中丞，朱提的孟琰官至虎步监。诸葛亮的这些做法笼络了南中少数民族的上层，减少了民族隔阂，使南中成为蜀汉的稳定后方。因此，南中之战削弱了西南地区地方豪强的势力，也进一步打破了这个地区的闭塞局面。

诸葛亮平定南中后，不仅解除了蜀汉政权的后顾之忧，并且南中还是蜀汉国家军备的重要来源。蜀汉军国之所用，很多出自南中，"军资所出，国以富饶"[14]。南中提供给蜀汉的物资有金、银、丹漆、耕牛和战马。南中还为蜀汉提供了众多的士兵，"移南中劲卒青羌万余家于蜀，为五部，所当无前"[15]。建兴十一年（233），诸葛亮任命马忠为庲降都督，将治所由牂牁的平夷（今贵州任怀境内）南移至建宁味县（今云南曲靖境内），蜀汉政权对南中的控制更加巩固了。

三、北伐曹魏

蜀建兴五年（227），诸葛亮率军进驻汉中，准备北伐曹魏。诸葛亮六次出兵与曹魏作战，其中五次进攻，一次防御。建兴六年（228），诸葛亮第一次出兵北攻祁山（今甘肃礼县祁山堡），准备先夺取陇右，然后以高屋建瓴之势，夺取长安。陇右的天水郡（郡治冀，今甘肃甘谷东）、南安郡（郡治桓道，今甘肃陇西西南）、安定郡（郡治临泾，今甘肃镇原东北）三县吏民也纷纷起兵，反魏附蜀。诸葛亮以马谡为先锋。但马谡是一位言过其实、没有实战经验的将领。当马谡率军抵达街亭（今甘肃秦安东北）时，遇到魏军大将张郃率领的主力，寡不敌众，只好舍水上山。张郃切断蜀军的水源，蜀军大乱，被杀得大败。街亭之战虽是曹魏和蜀汉军队的一次小的接触，蜀军的损失也不算多，但挫伤了士兵的锐气，诸葛亮只好退兵汉中。曹魏又收复了安定等三郡。诸葛亮追究街亭战败的责任，杀马谡，越级提拔王平为讨寇将军，并上书请自贬三级，以右将军行丞相事。

同年夏、秋季，曹魏大举攻吴。冬季，诸葛亮趁曹魏关中空虚，率军出大散关（今陕西宝鸡西南），包围陈仓（今陕西宝鸡西）。蜀军进攻二十多天，不能占领陈仓。因粮草已尽，只好退兵。魏将王双带兵追击，被诸葛亮击斩。建兴七年（229）春天，诸葛亮派将领陈式进攻阴平（郡治阴平，今甘肃文县西）、武都（郡治下辨，今甘肃成县西北）二郡。魏将郭淮率军截击，诸葛亮亲自率军直逼建威，郭淮只好退军。蜀军攻占阴平、武都。后主刘禅又任命诸葛亮为丞相。蜀建兴八年（230）八月，魏将曹真由斜谷（今陕西眉县西南）、司马懿由西城（今陕西安康西北），张郃由子谷（今陕西西安南），三路大军同时进军，准备攻取汉中。诸葛亮率军屯守。适逢大雨，山阪峻滑，栈道断绝，魏军行军困难，只好退兵。蜀建兴九年（231）二月，诸葛亮又率军北攻祁山。魏军统帅曹真病重，魏主曹叡派司马懿都督关中诸军，西援祁山。司马懿驻精兵于上邽（今甘肃天水），坚守不战。诸葛亮求战不得，移军向卤城（今甘肃天水与甘谷之间）。司马懿尾随而来，又掘营驻守不战。六月，诸葛亮粮尽退兵，魏大将张郃率军追击，在木门（今甘肃天水西南）被蜀军伏兵射杀。以后两年中，诸葛亮修整军队，制作木牛流马，积粮积谷于斜谷，准备再次进军。蜀建兴十二年（234），诸葛亮动员了十万大军，由斜谷道北抵郿县（今陕西眉县东北），驻军在长安以西百余里的五丈原。司马懿率魏军二十万驻扎在渭水南北，堵击蜀军。他采取历来方针，筑营防守，不肯会战。诸葛亮也做长久之计，在渭水南分出一部分兵力经营屯田。两军对峙了一百多天。这一年八月，诸葛亮在渭南的郭氏坞病死，终年五十四岁。诸葛亮死，蜀军只好退兵汉中。

诸葛亮的巧思发明

蜀汉丞相诸葛亮一生擅长巧思发明，曾构思并指导改进弓弩使之连射，以铁为矢，矢长八寸，一弩可发射十矢。蜀建兴九年（231），诸葛亮围攻祁山时，开始利用木牛运送粮草。木牛"方腹曲头，一脚四足，头入领中，舌著于腹"，能装载很多粮草；一天多者能行数十里，一般也能行二十里。三年后又制造流马作为运输工具，每匹马能载米二百多斤。

诸葛亮在他生命的最后八年中，六次出兵与曹魏作战，表现出了卓越的军事才能。诸葛亮治军法令严明，对军队严格训练，指挥若定，因此取得了一些战役的胜利，但最后仍不能够取得北伐的胜利。

从曹魏的情况来看，在曹军与蜀军的对抗中，一般能够凭借关陇战场地形的险要、易守难攻的有利条件，采取以逸待劳的策略，使蜀军后备不继，越来越疲弱，很难有所进展。从诸葛亮伐魏的方针来看，诸葛亮进攻曹魏，名义上是要兴复汉室，但实际上是要维持蜀汉政权的存在和号召力，因而他采取以攻为守的策略。诸葛亮之所以采取这种方略，是因为他充分注意到曹魏的经济和军事力量明显强于蜀汉。在这种情况下，诸葛亮知道要使偏隅一方、力量弱小的蜀汉政权能够存续，只有在军事上先发制人，采取攻势，这样才能够使蜀汉政权不至于坐以待毙。所以诸葛亮在北伐时采取了持重的方针，反对冒进。《三国志·蜀书·魏延传》说："（魏）延每随亮出，辄欲请兵万人，与亮异道会于潼关，如韩信故事，亮制而不许。延常谓亮为怯，叹恨己才用之不尽。"诸葛亮鉴于蜀汉力量的对比，在军事上采取持重的方针是符合实际情况的。但是诸葛亮采取这种北伐的方针，就使蜀军很难击败曹魏。不过最重要的是，曹魏和蜀汉全部力量的对比，以弱小的蜀国战胜强大的魏国是很难实现的。诸葛亮个人的才能只能够影响局部的战役，不能够扭转国力悬殊所决定的战争发展趋势。

第四节 蜀汉的衰亡

蜀汉后主统治前期，诸葛亮辅政，内修农战，严明法令，外伐曹魏，以攻为守，取得了一些成就。诸葛亮死后，蒋琬继任丞相。蒋琬死后，费祎接任。他们都能够秉承诸葛亮既定的方略，注意保持蜀汉政权的稳定，也能够有效地抵御曹魏的进攻。蜀延熙七年（244），曹魏派曹爽率领六七万大军，从骆谷道（今陕西周至西南）攻入汉中。蜀将王平所率守卫汉中的军队不满三万人，屯据兴势山（今陕西洋县北），抵御魏军。费祎率军增援汉中守军，曹爽不敢久战，仓皇退军，士卒损失甚多。

蜀延熙十六年（253），秉政的费祎被曹魏的降人郭修暗杀。蜀汉的兵权落入姜维手中。姜维原是曹魏天水冀县（今甘肃甘谷南）人，为郡参军。诸葛亮第一次出祁山时，姜维归附蜀汉，逐渐升为征西将军、卫将军等职，曾与蒋琬同驻汉中，后又与费祎共录尚书事。姜维常想大举攻魏，但被费祎阻止。费祎生前，姜维曾多次攻魏，但都无功而还。费祎死后，姜维任大将军。蜀延熙十九年（256），姜维发动一次较大规模的攻魏战役，为曹魏大将邓艾击败，将士"星散流离，死者甚众"[16]。对姜维屡次对外用兵，蜀国吏民非常不满。

蜀景耀元年（258）以后，蜀汉政权开始受到后主刘禅宠信的宦官黄皓操纵。当时相继担任尚书令掌权柄者为陈祗、董厥、樊建等。陈祗与黄皓相互勾结，互为表里，董厥、樊建、诸葛瞻也无法约束黄皓。因此黄皓得以窃弄权力，败坏政事。黄皓与姜维的矛盾尖锐，想罢黜姜维，用与他朋比为奸的右大将军阎宇掌握兵权。姜维因黄皓的势力枝叶交错，唯恐被害，只好要求到沓中（今甘肃舟曲西）屯田，不敢返回成都。蜀汉政权内部的矛盾逐渐激化。

蜀汉后期，对曹魏的屡次用兵使得国力虚耗。因为宦官的专权，国家政治日益腐败。加上刘备、诸葛亮时期选拔的人才大多数已经亡故，使得人才奇缺。国内各种矛盾都很尖锐，人民生活困苦不堪。东吴薛珝出使蜀汉，"经其野，民皆菜色"[17]。蜀汉国家已经到了百姓疲惫不堪、军队战斗力非常低下的程度，国家统治很难维持下去了。因此曹魏秉权者司马昭说蜀国"师老民疲，我今伐之，如指掌耳"[18]。

魏景元四年，即蜀炎兴元年（263），司马昭分别派遣钟会、邓艾率大军十八万人伐蜀。钟会由斜谷入汉中，迫使姜维退守剑阁。邓艾率领三万余人自狄道（今甘肃临洮）进军，以奇兵克复阴平、江油，度险而进，又进占涪县，攻杀诸葛亮之子诸葛瞻于绵竹（今四川德阳）。邓艾大军直逼成都。后主刘禅接受谯周建议，投降邓艾，蜀汉至此灭亡。从刘备称帝，到后主刘禅降魏止，蜀汉前后共历四十三年。

第六章

吴国的建立及其统治

孙权称帝后，东吴正式建国。东吴建国后，采取联蜀抗曹的方针。在国家统治上，征伐山越，扩大了兵员，又实行领兵制、屯田制，都有利于政权的巩固。在东吴统治期间，江南的社会经济得到恢复和发展，江南的大族势力也发展起来，这成为以后东晋在江南能够立足和发展的基础。孙吴统治末年，孙皓昏暴，失去民心，无法与西晋抗衡，最后亡国，西晋实现了统一。

第一节 吴国的建立

赤壁之战，孙权和刘备的联军大败曹操，打消了曹操吞并江南的企图，使孙权的政权更加巩固，也使孙权的势力逐步在荆州拓展。在刘备西入巴蜀时，孙权派遣鲁肃屯兵陆口（今湖北嘉鱼西南），与刘备镇守荆州的大将关羽对峙。在刘备占据巴蜀、汉中后，孙权命鲁肃、吕蒙收取长沙、零陵、桂阳三郡。建安二十四年（219），关羽率军北攻防守襄樊的曹操部将曹仁。此时鲁肃已死，孙权以吕蒙代替鲁肃。吕蒙在孙权的支持下以武力袭取荆州，大破关羽，尽占荆州之地。

孙权还向南发展势力。早在建安十五年（210），孙权便派将领步骘进兵岭南，招附了盘踞岭南达二十年之久的士燮兄弟。东南半部都被孙权控制。

孙权在江南建国，除了可以凭借军事力量拓展疆土外，江南地区的社会发展也为其创造了条件。东汉时期，江东乃至江南的人口持续增长。荆州地区由西汉的三百五十余万人，增长到东汉的六百二十余万人；扬州人口由西汉的三百二十余万人增长到东汉的四百三十余万人。东汉末年，又有人口流入江南。建安十八年（213），自庐江、九江、蕲春、广陵（今江苏扬州）一次渡长江，迁移到江南的人口就有十余万户。人口的增长对江南的开发无疑起到重要的作用。

东汉时期，江南的农耕技术也持续改进。西汉江南沿海一带还是火耕水耨，东汉时江南一些地区开始铸作田器，使用牛耕。牛耕方法逐渐从黄河流域推广到长江流域乃至珠江流域。中原的水利灌溉事业也推广到江南会稽一带。汉顺帝时，会稽郡守马臻在会稽和山阴两县（今浙江绍兴）界修镜湖，筑塘蓄水，堤塘周长四百五十里，可以灌溉农田九千余顷。因此东汉末年，江南地区的农业生产均呈现发达的景象。左思《吴都赋》称，吴郡地区处处是膏田，遍地是耕牛，水稻一年再熟，桑蚕一年八熟。

江南的名宗大族也在经济发展的基础上形成。在吴郡所属城邑几乎都出现了强宗大族。"吴郡有顾、陆、朱、张四姓,三国之时,四姓盛焉。"[1]这四族都是在东汉末年形成的。除四姓外,还有陈、桓、吕、窦、公孙、司马、徐、傅八族。《吴都赋》说,这些强宗大族"富中之甿,货殖之选。乘时射利,财丰巨万。竞其区宇,则并疆兼巷;矜其宴居,则珠服玉馔"。江南大族不仅有经济力量,还有军事力量,"皆有部曲,阻兵仗势,足以建命"[2]。这些名门大族势力成为东吴政权的支柱。

孙权实力的强大、江南经济的发展和大族势力的形成都为东吴建国创造了基础。魏黄初三年,即蜀章武二年(222),孙权自称吴王,建年号为黄武元年。吴黄武八年(229),孙权称帝,以建业为都城,改元黄龙。孙权与蜀汉订立同盟,中分天下。

第二节 征伐山越

山越是秦汉时期南越的后裔,也有学者认为是岭南各族人民的总称。山越分布的地区广泛,扬州、荆州、交州都有山越,范围东及于海,西达湘水,北抵长江,南到交州,山区无不为山越所居。他们依阻山险,不纳租赋,"其幽邃民人,未尝入城邑,对长吏,皆仗兵野逸,白首于林莽"[3]。这些山越很多已经汉化,或者正处在汉化中。由于山越是为了逃避汉人的迫害而退居山地,血缘纽带具有很大的作用,所以有时也被称为宗部或宗人。东吴时的宗部和山越,基本上是同一部族的不同称谓。山越人种植谷物,在出铜铁的地方还能够自铸甲兵,而其日常生活大体同于汉人。

东吴在江南扩张势力，遇到了山越人的顽强反抗。山越人的反抗不但是吴国统治者严重的后顾之忧，也使吴国的兵员补给遇到很大的困难。建安八年（203），孙权派征虏中郎将吕范平定鄱阳（今江西波阳）、会稽的山越，派荡寇中郎将程普讨伐乐安的山越，派建安都尉太史慈平海昏（豫章属县）山越，"以别部司马黄盖、韩当、周泰、吕蒙等，守剧县令长，讨山越，悉平之"[4]。在同一年，南部都尉贺齐镇压了建安等处洪明、洪进等山越的反抗。此后，贺齐又平定上饶、歙等地的山越。嘉禾三年（234），孙权派诸葛恪率军大举进攻丹阳山越，又命他捕获所有山越人。诸葛恪对山越人的作战不同于以往，他将平民集中起来，屯聚在一起，隔断他们与居住在山中的山越人的联系，刈除山越人所种的庄稼，迫使山民出山觅食，然后派士兵将他们捕捉。经过三年围困，十万山越人出山投降。孙权称赞诸葛恪"元恶既枭，种党归义，荡涤山薮，献戎十万"[5]。这是东吴对山越规模最大的一次用兵。

孙权对投降的山越人采取"强者为兵，羸者补户"[6]的措施。比如贺齐镇压建安山越后，"料出兵万人"[7]。全琮在丹阳、吴会镇压山越，领东安太守，"数年中，得万余人"[8]。钟离牧在建安、鄱阳、新都三郡镇压山越，迫使"贼帅黄乱、常俱等出其部伍，以充兵役"[9]。张承在长沙镇压山越，"得精兵万五千人"[10]。诸葛恪平定丹阳山越，得十万人，"自领万人，余分给诸将"[11]。东吴以山越人为兵，见于记载的前后达十余万人，实际上东吴军队的精锐主要就是由山越人组成的。山越人成为国家编户的数量更多。所以平定山越对东吴政权的稳定是很有帮助的。

山越人出山是在东吴国家军事压迫下实现的，"枉取民人，愁扰所在"[12]，所以山越人对东吴统治者的做法并不满意，从未停止过反抗。丹阳、鄱阳的山越人在当地"攻没城郭，杀略长吏，处处屯聚"[13]。直到东吴统治末年，永安山越施但等人聚众数千人起义，打到建业时，人数达到万人。尽管东吴统治者对山越人采取的措施，使山越人经历了一个痛苦的过程，但是客观上加速了山越人经济文化的发展，使山越人与汉人日趋融合，对江南地区的开发起到了积极的作用。

第三节　实行屯田制

东吴政权为了保证军粮的供给，并增加政府的财政收入，在统治地区也实行屯田。东吴开始实行屯田，当在建安七年（202），也就是孙权掌政不久。开始屯田的地区仅限于江东一隅，后来伴随东吴政权的逐步强化，也逐步扩大到长江中下游一带。屯田地点大体上分布在长江沿岸和新建立的郡县地区。东起吴郡，西至夷陵，长江沿岸几千里之间，屯田点连绵不断。

东吴的屯田有民屯和军屯的区别。《三国志·吴书·诸葛恪传》说"其从化平民，悉令屯居"，说的是民屯情况。《三国志·魏书·满宠传》说，青龙三年"春，权遣兵数千家佃于江北"，则是军屯的情况。东吴在各郡设置农官管理屯田。这些农官有典农校尉、督农校尉、屯田校尉、典农都尉和监农御史。校尉是郡一级的农官，都尉是县一级的农官。典农校尉管理军屯，屯田校尉管理民屯。军屯上的生产者为屯田卒，平时务农，战时为兵，没有徭役负担,"不给他役,使春惟知农,秋惟收稻,江渚有事,责其死效"[14]。民屯上的生产者为屯田客,以务农缴租为主,不负担兵役和徭役。屯田卒和屯田客,大多数来自山越人和从北方迁徙到江南的流民。

在东吴屯田上生产的人户很多。吕蒙任庐江太守"别赐寻阳屯田六百人"[15];孙权遣校尉陈勋"将屯田及作士三万人,凿句容中道"[16];赤乌年间,新都都尉陈表、吴郡都尉顾承"各率所领人会佃毗陵,男女各数万口"[17],足见各屯田点上的屯田卒和屯田客数量之多。

在孙权统治时期,东吴的屯田事业非常发达,但后来渐趋遭到破坏。孙休统治时,东吴国家对于屯田客的盘剥日益加重,"取屯田万人以为兵"[18],原来不充兵的屯田客开始服兵役。军屯上屯田卒的生活困苦不堪,无以为生。孙皓统治时,陆凯上疏说:"今之战士,供给众役,廪赐不赡。"[19]因为盘剥的加重,一些屯田兵民不得不转徙改业。此外,东吴的军屯是使用私人部曲屯垦国有土地,时间一长,部曲的拥有者就不愿意使用他们去屯垦国有土地,以致"良田渐废,见谷日少"[20]。这些部曲拥有者将部曲从农业转向商业,以增加自己的财富,因此东吴的屯田就很难维持了。在晋灭吴前夕,东吴政权基本上将屯田全部废弃了。

东吴政权实行屯田,前后近七十余年,持续的时间比曹魏的屯田时间还要长久。屯田对巩固东吴政权起到重要的作用。因为东吴的屯田点大多都分布在长江沿岸和南方比较落后的地区,所以屯田解决了东吴的军粮问题,同时也为江南地区的初步开发打下了良好的基础。

第四节 江南经济的发展及东吴对外的交流

一、江南经济的发展

在东吴政权统治下，江南地区的经济获得发展。因为大批北方人民南下，带来先进的农业生产技术，加上东吴政权实行屯田制，大大地扩大了江南的耕地面积，使江南地区的农业生产得到发展。左思《吴都赋》称，江南一些地方"其四野，则畛畷无数，膏腴兼倍，原隰殊品，窳隆异等"。特别是太湖沿岸和钱塘江以东的三吴地区，农业的发展更为迅速。永兴（今浙江萧山）地方精耕细作的稻田，一亩可产米三斛。

东吴政权为防止水灾和利用水利资源，很重视兴修水利。孙权在黄龙二年（230），筑东堤以遏巢湖。赤乌十三年（250），修建堂邑涂塘（今瓦梁堰）。孙权围绕首都建业，也修筑了很多水利工程，重要的水利工程有：赤乌四年（241），孙权凿东渠，阔五丈，深八尺，以泻玄武湖水，注入秦淮河中。赤乌八年（245），在修建句容中道时，又开凿破冈渎，截断秦淮河，使秦淮河和破冈渎连接起来，引破冈渎水通云阳（今江苏镇江）。这条水路成为以后南朝转运的主要内河航道。后来，东吴还开凿了从云阳到长江的水道，"丹徒水道，入通吴会"[21]，已经初具江南运河的规模。

东吴的手工业有很大发展。在纺织业中，东吴出产的"八蚕之锦"是可称道的，诸暨、永安一带丝质很好，是御丝取给之处。但更值得一提的是东吴生产的葛布和麻布。东吴是葛布和麻布生产最发达的地方。左思《吴都赋》说："蕉葛升越，弱于罗纨。"蕉葛是细好的葛布,升越是精致的越布。这就是说,蕉葛和升越要比罗纨还要柔软精细。可见东吴出产的这些麻布是十分精致的。东吴东观令华核上疏说:"通令户有一女,十万家则十万人。人织绩一岁一束,则十万束矣。使四疆之内,同心勠力,数年之间,布帛必积。"[22]足见葛布和麻布生产在东吴纺织业中占有重要的地位,是国家财政的重要来源。

东吴煮盐和矿产采冶业也很发达。东吴出产的盐多为海盐。人们利用优越的自然条件,"煮海为盐"[23]。东吴大将朱桓死后,家无余财,孙权"赐盐五千斛,以周丧事"[24]。孙权能够赏赐臣下大量的盐以供丧费,可见东吴盐的产量之多。东吴设有司盐校尉,专门管理盐业生产。东吴境内的矿产也很丰富,铜铁采冶业呈现发展趋势。一些山越人居于深山,已经能够开采铜铁矿,"自铸甲兵"[25]。钟山地方铜的出产量很多,因此东吴将领朱异赋弩说:"南岳之干,钟山之铜,应机命中,获隼高墉。"[26]会稽郡的铜镜制造很发达,一直保持东汉以来的传统。东吴政权在产铁之郡设置冶令或冶丞,以管理冶铸。

东吴的瓷器制造也日渐成熟。根据近年来考古发现,在东吴时期的墓葬中,陆续发现随葬的瓷器,主要有瓶、壶、碗、盘、洗、谷仓、井、灶、灯、鸡笼、猪圈等。在天玺元年(276)的墓葬中,出土了青瓷谷仓罐,谷仓罐的造型和施釉非常精致。[27]与汉代的釉陶相比,东吴的青瓷烧制技术已经有了很大的进步。

东吴的造船业有了重大发展,在三国中占据领先地位。《吴都赋》形容东吴的大船说:"弘舸连舳,巨槛接舻。飞云盖海,制非常模。叠华楼而岛跱,时仿佛于方壶。"《三国志·吴书·贺齐传》

图 6-1　近年出土的东吴青瓷

称东吴大将贺齐所乘战船,"雕刻丹镂,青盖绛襜,干橹戈矛,葩瓜文画。弓弩矢箭,咸取上材。蒙冲斗舰之属,望之若山"。在长江中的大船有的上下五层,有的可乘两三千人,说明东吴造船技术的进步。东吴在建安郡的侯官(今福建福州)、临海郡的横屿船屯(今浙江平阳)、广州的番禺(今广东广州)设置了规模庞大的造船手工作坊,以大量罪人从事造船生产。在建安侯官还设置了典船都尉,以监督罪人造船。东吴造船数量很多,在吴主孙皓降晋时,晋将王濬还接收东吴"舟船五千余艘"[28]。

东吴农业和手工业的发展,加上长江中下游一带河汊湖泊纵横交错,交通便利,带动了商业的活跃。东吴首都建业是新兴的大都会,城中设有大市、东市,也称为建康大市、建康东市。在这些市中,"开市朝而并纳,横阛阓而流溢。混品物而同廛,并都鄙而为一"[29],商业活动非常兴盛。在建业城中,"富中之甿,货殖之选。乘时射利,财丰巨万。竞其区宇,则并疆兼巷;矜其宴居,则珠服玉馔"[30],集中了众多积聚巨万财富的大商人。东吴各郡县治所不仅是政治和征税的集中地,也是地域贸易的集中地。商业的兴盛,使东吴要铸造所需要的货币。嘉禾五年(236),孙权下令铸大钱,一当五百,命吏民输铜,计铜给值,并制定了防止盗铸的法令。赤乌元年(238),孙权又令铸当千大钱,但由于钱值太贵,不便于流通,于赤乌九年(246)废止。东吴政权铸造的大钱只是一种辅助性的货币,江南地区商品交易中,多使用绢、布和盐作为交换的中介。东吴货币的使用情况,说明三国时期自然经济开始占据主导地位,东吴局部地区的商业活跃不能够改变交换经济衰落的面貌,因此东吴商业的发展还是有限度的。

二、对外的贸易往来

经济的发展促进了东吴与曹魏、蜀汉国家之间的互市活动。魏黄初二年（221），魏文帝遣使，"求雀头香、大贝、明珠、象牙、犀角、玳瑁、孔雀、翡翠、斗鸭、长鸣鸡"[31]。东吴同意给予曹魏使臣要求互市的珍宝，以此换取中原的战马。东吴与曹魏的互市一直不曾间断。晋代曹魏以后，东吴与晋的互市也不间断地进行。

东吴和蜀汉之间的互市也经常进行。东吴黄武二年（223），蜀汉以马二百匹、锦千端以及地方特产送与东吴，"自是之后，聘使往来以为常。吴亦致方土所出，以答其厚意焉"[32]。东吴与蜀汉的互市，主要以地方特产和珍宝换取蜀汉出产的马和锦等物品。

东吴经济的发展也促进海外贸易的活跃。黄龙年间，东吴就派使臣到林邑（今越南中南部）、扶南（今柬埔寨）诸国，各国也派遣使者到东吴来。赤乌六年（243），扶南王范旃派遣使者供献乐人和当地特产。在范寻为扶南王时，东吴"遣中郎康泰、宣化从事朱应，使于寻国"[33]。东吴与林邑、扶南的贸易往来很频繁，当地出产的吉贝、贝齿、金属、沉香木、象牙、翡翠、玳瑁等特产经常传入东吴。康泰、朱应出使扶南时，遇到中天竺使臣陈宋，他们向陈宋询问天竺的风俗和物产情况，使东吴与天竺也有了经济上的联系。而朱应、康泰的出使，不只抵达扶南，所经历的国家甚多。《南史·海南诸国传序》称："其所经过及传闻，则有百数十国。"据康泰《扶南土俗》记载，东吴与蒲罗中国、优钹国、横跌国、北攄国、马五洲、薄叹洲、耽兰洲、巨延洲、滨那专国、斯调国、乌文国、林阳国等国都有往来。[34]

东吴与大秦（罗马帝国）也有经济上的联系。东汉桓帝延熹九年（166），大秦王安敦派遣使臣自日南向东汉献象牙、犀角、玳瑁等物，这是两国之间的直接交往。此后，大秦商人"往往至扶南、日南、交趾"[35]。黄武五年（226），自称秦论的大秦商人来到交趾，交趾太守吴邈将秦论遣送至建业。孙权向秦论询问大秦的风土人情，秦论向孙权做了详细的介绍。孙权送给秦论山越男女各十人，并"差吏会稽刘咸送论，咸于道物故，论乃径还本国"[36]。康泰《吴时外国传》称："外国称天下有三众：中国为人众，秦为宝众，月氏为马众也。"[37]又说："从加那调州乘大伯舶，张七帆，时风一月余日，乃入秦，大秦国也。"[38]因为东吴与大秦存在直接经济往来，东吴人才会有这样清楚的认识。

东吴与外国的交流是相当发达的，商业贸易也非常繁荣，远远超过以前的时代。东吴与海外诸国的贸易活动的发展也为东晋、南朝与海外的联系创造了良好的条件。

东吴政权在与海外的联系中，还抵达了夷洲。黄龙二年（230），孙权派将军卫温、诸葛志率领军队万余人，"浮海求夷洲及亶洲"[39]。一些学者认为夷洲就是今天的台湾。《临海水土志》称："夷洲在临海东南，去郡二千里。土地无雪霜，草木不死。四面是山，众山夷所居。"[40]夷洲原住民高山族内部已经分成一些部落，"此夷各号为王，分画土地，人民各自别异"[41]。当地居民已能从事农业生产，不过他们的生产技术还很落后，生产工具全部是石器。他们也从事纺织生产，"能作细布，亦作班文布，刻画其内，有文章，以为饰好也"[42]。居民的社会组织还很落后，《临海水土志》载："呼民人为'弥麟'，如有所召，取大空材，材十余丈，以着中庭。又以大杵，旁舂之，闻四五里，如鼓，民人闻之，皆往驰赴会。"[43]因此当地居民的社会组织还处于没有阶级分化的原始社会阶段。

卫温、诸葛志到达夷洲后，东吴开始与高山族正式接触，这是大陆与台湾联系的开始。从此以后，大陆与台湾在经济和文化方面的联系逐渐密切起来。

第五节　江南大族势力的扩张

东吴政权是依靠江南大族的支持建立起来的，因此东吴政权对大族的政治、经济利益采取保护的措施，实行了一些有利于大族势力发展的制度。

东吴政权实行复客制度。"客"即大族的客户或佃户，"复"即免除他们的一切负担，实际上是免除大族的负担。孙权曾下令："故将军周瑜、程普，其有人客，皆不得问。"[44]东吴政权还常用复客来赏赐文武官员。吕蒙之子吕霸袭爵，孙权"与守冢三百家，复田五十顷"[45]。守冢就是一种复客。潘璋之妻住在建业，孙权"田宅、复客五十家"[46]。东吴的一些复客存在于江东大族田庄中的宗人或族人，除此之外，还有赏赐给大族的山越人。孙权曾将从会稽新安县捕获的山越人赏给将领陈表作为复客。孙吴政权还将郡县中的编户民赐给大族。蒋钦在战场上病死，孙权"以芜湖民二百户、田二百顷，给钦妻子"[47]，芜湖农民被赏赐给将领家属后就成为复客。陈表任新安都尉，"料正户赢民"[48]，作为复客，正户也是郡县编户民。实际上东吴的复客正是大族的佃客。复客制的实行助长了大族对土地和人口的兼并。

东吴政权在将领中实行世袭领兵制，将领所领士兵是世袭的。比如鲁肃死，鲁淑嗣，鲁淑死，其子鲁睦"袭爵，领兵马"[49]。无子也可以由其弟承袭领兵。蒋钦病死，子蒋壹领兵，蒋壹战死无子，由其弟蒋休领兵。士兵可以传给其子或其弟。

东吴国家实行的世袭领兵制是在江南大族皆有部曲的基础上产生的。东吴将领大多数都是名宗大族，国家依靠他们率领部曲打仗，诸如朱桓出于以忠武著称的吴郡朱氏，"部曲万口，妻子尽识之"[50]。名宗大族任国家将领，打仗用的是自己的部曲，在他死后，士兵当然由他的儿子率领。孙权将名宗大族的世袭领兵权扩大到所有的将领中，世袭领兵制也就形成了。

士兵可以由领兵将领世袭，因此不论士兵来自何处，一经成为将领的部属，便成为将领的部曲家兵，由将领世袭，随将领行动。在世袭领兵制下，越来越多的士兵成为将领的私人部曲。部曲都携带家属，以户存在。部曲之子世袭为部曲。部曲在身份地位上与名宗大族的徒附和复客没有多大的差别，只是在用途上存在区别。东吴的将领大多数是大族，因此世袭领兵制确保了大族依附人口的来源。

东吴实行的复客制和世袭领兵制使大族获得很多依附人口，在扩大经济势力上，取得了人口上的保证。东吴统治末年只拥有户五十二万多，口二百三十万，这与其辽阔的统治地域很不相称。出现这种情况，主要是因为大族、官僚将国家编户变为他们的私人依附人口，分割了国家控制的人口。因此，东吴大族控制的私人依附人口占有相当的数量。

东吴政权在政治上给予大族特权，竭力笼络江南大族。东汉后期，吴郡顾、陆诸族颇有影响。陈琳《檄吴将校部曲文》称："及吴诸顾、陆旧族长者，世有高位，当报汉德，显祖扬名。"[51] 东吴政权建立前后，顾、陆、朱、张四大姓的势力发展起来，因此孙权留意于保证吴郡顾、陆、朱、张等大族的政治地位，实行"外仗顾、陆、朱、张"[52] 的措施。孙权称吴王后，亲自到后庭拜见顾雍老母，任用顾雍为丞相平尚书事。顾雍为丞相达十九年之久。陆氏一族，前后在朝为官的有二相、五侯、将军十余人。在周瑜、鲁肃、吕蒙死后，孙权最信任的将领就是陆逊，封拜陆逊为上大将军，顾雍死后，又任陆逊为丞相。在吴蜀联盟恢复后，孙权给刘禅和诸葛亮的书信，都要请陆逊过目，"有所不安，便令改定，以印封行之"[53]。东吴军队在皖城大败曹休，有人建议吴军应该长驱直入，进取寿阳，占据淮南。孙权征求陆逊意见，陆逊认为不可行，孙权也就作罢，足见陆逊在孙吴政权中的影响。陆逊子陆抗任大司马、荆州牧。孙皓在位时，陆逊族子陆凯任左丞相。而朱桓也受孙权的重用，先后任濡须督、拜前将军、领青州牧、假节，让他领部曲万口。顾、陆、朱、张四姓子弟担任郡县守令的更多，《三国志·吴书·朱治传》称："公族子弟及吴四姓多出仕郡，郡吏常以千数。"实际上吴国的政治为吴郡四大姓长期操纵。

江南大族在政治上的特殊地位使他们名声显赫。吴郡顾、陆、朱、张更是闻名于世的望族。《世说新语·赏誉》载吴四姓旧目说："张文、朱武、陆忠、顾厚。"可见吴郡四大姓已经形成独特的家风，而为当时人们熟知。除四大姓外，吴郡尚有八族。陆机《吴趋行》说："属城咸有士，吴邑最为多。八族未足侈，四姓实名家。"[54]

图 6-2　世家大族生活图漆盘

八族就是陈、桓、吕、窦、公孙、司马、徐、傅八姓。[55]在会稽郡有孔、魏、虞、谢四族。《世说新语·赏誉》称晋时"会稽孔沈、魏颉、虞球、虞存、谢奉,并是四族之俊,于时之杰"。会稽四族就是在东吴时兴起的。《吴都赋》称"其居则高门鼎贵,魁岸豪杰。虞魏之昆,顾陆之裔",左思将会稽虞、魏二族与吴郡顾、陆并称,足见虞、魏二族声望之高。其中虞翻"少好学,有高气"[56],闻名于东吴。

江南大族利用他们的特殊地位和特权，进一步在经济上发展自己的势力。顾、陆等大姓所立屯邸甚多，公然违反国家法令，招纳流亡人口。《世说新语·政事》载吴郡太守在顾、陆大姓的屯邸中，"检校诸顾、陆役使官兵及藏逋亡……罪者甚众"。这些大族还占有大量私有的土地，拥有丰厚的家产。他们拥有的田庄分布在各地，"僮仆成军，闭门为市，牛羊掩原隰，田池布千里"[57]。显然江南大族具有雄厚的经济实力，使他们可以数代享有望族的声誉，长期保持高门的社会地位，直到南朝陈亡，他们的社会地位还没有下降。

第六节 吴国的衰亡

自孙权黄武元年（222）在江东建国，历会稽王孙亮、景帝孙休、末帝孙皓三朝的统治。孙权统治时，采取"限江自保"的方略，使东吴政权得到巩固。但孙权个人存在诸多的缺点。他沉湎于酒，饮酒成风，开了以后东吴君臣酗酒成风的先河。他又刚愎自用，不能够纳谏，因此他在处理国家重要事务时出现不少的失误。到孙权晚年，统治集团内部的矛盾开始逐渐激化。这表现在皇位继承权的争夺上。孙权曾立长子孙登为太子，但孙登先孙权而亡。孙权又立孙和为太子，封孙和弟孙霸为鲁王。孙权宠爱孙霸，孙霸想夺取太子的地位。在拥立太子的问题上，朝臣分为两大派：陆逊、诸葛恪、顾谭、朱据、滕胤、施绩、丁密等人拥护太子孙和；步骘、吕岱、全琮、吕据、孙弘等人支持孙霸。孙权害怕身后酿成大乱，就废太子孙和，迫使孙霸自杀，立九岁的少子孙亮为太子。在两派朝臣的斗争中，一些人阿谀逢迎，结党营私，败坏了开国初年积极进取的风气。

神凤元年（252），孙权病死，孙亮即位，改元建兴，由孙权生前安排好的大将军诸葛恪辅政。诸葛恪是诸葛瑾的长子，他年轻的时候就为孙权所器重，陆逊死后，诸葛恪代替陆逊领兵。诸葛恪辅政后，"息校官，原逋责，除关税，事崇恩泽，众莫不悦"[58]，可见他开始试图使国内的矛盾得到缓和，也要使统治阶层的矛盾得到一些缓解。但由孙权废太子而引起的统治上层矛盾还是没有消除。诸葛恪本来应该着力整顿内政，解决矛盾，可是他却轻易地发动对曹魏的战争。建兴二年（253），诸葛恪征发近二十万士兵，围攻曹魏合肥新城。从四月围攻到八月，"攻守连月，城不拔。士卒疲劳，因暑饮水，泄下流肿，病者大半，死伤涂地"[59]。诸葛恪不得已，只好退兵。退兵时，"士卒伤病，流曳道路。或顿仆坑壑，或见略获，存亡忿痛，大小呼嗟"[60]。由于对曹魏战争失利，"由此众庶失望，而怨黩兴矣"[61]。东吴宗室孙峻趁机杀死诸葛恪，他自己以丞相身份辅政。太平元年（256），孙峻死，其从弟孙綝辅政。太平三年（258），孙綝废孙亮，拥立孙权第六子孙休为帝，即景帝。东吴政权内部的斗争，使国家的统治力量大为削弱。

孙休做皇帝六年，于永安七年（264）病死。丞相濮阳兴、左将军张布等拥立故太子孙和子孙皓为皇帝。这时蜀汉刚刚灭亡，原来的三国鼎立变为魏、吴对峙的局面，东吴西部和北部都受到曹魏军队的威胁。吴帝孙皓认为有长江天险足以屏蔽东吴，因此他修建宫殿，穷尽技巧，功役费用以亿计。他粗暴骄盈，滥施酷刑，对不顺从他的臣下"或剥人之面，或凿人之眼"[62]，刑罚之酷烈，令人发指。他还贪酒好色，在与群臣宴饮时，孙皓"无不竟日，坐席无能否，率以七升为限，虽不悉入口，皆浇灌取尽"[63]。在饮酒时，还对违背他旨意的臣下，随意加以处罚，甚至杀戮。常侍王蕃"沉醉顿伏。皓疑而不悦，轝蕃出外。顷之请还，酒亦不解。蕃性有威严，行止自若，皓大怒，呵左右于殿下斩之"[64]。孙皓后宫宫女甚多，"后宫数千，而采择无已"[65]。孙皓荒淫暴虐，"昵近小人，刑罚妄加，大臣大将，无所亲信，人人忧恐，各不自保"[66]，这就使东吴上下离心，完全失去了支持的力量。

东吴国内的社会冲突也在加剧。在蜀汉灭亡后，东吴为了加强长江的防务，补充需要的兵力，取消原来屯田客不服兵役的规定，开始抽调民屯的屯田客万人充兵。屯田客负担的加重，不仅使粮食的收获量减少，也使一些屯田客"父子相弃，叛者成行"[67]。孙皓拥有一支庞大的军队，军队人数达二十三万，而东吴的人口只有二百三十万，已经到了平均十人负担一名士兵的程度，因此他又利用各种名目增加税收，结果弄得"民力困穷，鬻卖儿子，调赋相仍，日以疲极"[68]，国内人民生活困苦不堪。交州的吕兴、永安的施但、广州的郭马先后率农民反抗。施但率领一万多人的反抗队伍甚至攻打到距离建业三十里的地方。东吴境内的社会冲突已经激化到无法调和的程度。

天纪三年（279），晋军分六路大举攻吴。晋龙骧将军王濬率水军顺长江而下，吴军望风投降。次年三月，王濬水军抵达建业。孙皓开城投降，东吴灭亡。从孙权黄龙元年（229）称帝开始，到孙皓天纪四年（280）降晋，东吴存在了五十一年。如果从孙坚、孙策和孙权在江东的经营算起，时间就更长了。

第六章 吴国的建立及其统治　77

第二篇

西晋、东晋与十六国

第七章

西晋的统一及其统治

晋武帝司马炎发动攻吴战役，消灭吴国，实现了全国的统一。西晋灭吴前后，在政治和法律上实行了一些有利于巩固国家统治的制度和措施。在职官的设置上，中央的尚书台、中书机构和门下省占据重要位置。西晋对宗王进行分封，同时又实行宗王出镇的措施。在灭吴后，又罢除了郡国兵。晋武帝实行的这些措施和制度，目的在于加强中央集权的统治。但这些制度和措施的实行也隐藏着祸患，尤其是宗王出镇的措施。另外，晋武帝颁行《晋律》，强化了国家统治，也影响了南朝和北朝法律的制定。

第一节 灭吴之战与统一全国

咸熙二年（265）年底，司马炎在洛阳南郊设坛，柴燎告天，举行禅位礼,魏帝曹奂退位。司马炎即皇帝位,国号为晋,定都洛阳,改元泰始。司马炎称帝后,封曹奂为陈留王,追封司马懿为宣帝,司马师为景帝,司马昭为文帝,司马氏宗室皆封为王。

司马炎称帝后,最重要的事务就是统一全国,所以他积极为平吴做准备。他任命近臣羊祜为都督荆州诸军事、卫将军,出镇襄阳,与东吴守将陆抗对峙。羊祜在荆州大力收买东吴人心,熟悉东吴国情,积极准备伐吴。由于羊祜经略荆州有功,晋武帝将他升为征南大将军、开府仪同三司。羊祜以为"伐吴必藉上流之势"[1]。他举荐大司农王濬任益州刺史。晋武帝为王濬加龙骧将军号,任监益州诸军事,"密令修舟楫,为顺流之计"[2]。王濬修造大量的战船,有的"大船连舫,方百二十步,受二千余人。以木为城,起楼橹,开四出门,其上皆得驰马来往"[3]。晋武帝又任东莞王司马伷为镇东大将军、都督徐州诸军事,出镇下邳。司马伷在徐州"镇御有方,得将士死力,吴人惮之"[4]。

晋武帝为征伐东吴,曾与羊祜秘密商议。中书令张华、度支尚书杜预等人赞成出兵攻伐东吴。咸宁二年(276),羊祜上疏晋武帝,阐明灭吴的方略,疏中说:"今江淮之难,不过剑阁;山川之险,不过岷汉;孙皓之暴,侈于刘禅;吴人之困,甚于巴蜀。而大晋兵众,多于前世;资储器械,盛于往时。今不于此平吴,而更阻兵相守,征夫苦役,日寻干戈,经历盛衰,不可长久,宜当时定,以一四海。"[5]但羊祜的平吴之策,尚书令贾充、秘书监荀勖"固谏不可"[6],群臣也"多以为不可"[7]。晋武帝对羊祜上疏中的平吴主张颇为赞同,采纳了他的主张。咸宁四年(278),羊祜病死,晋武帝任杜预为都督荆州诸军事,对东吴做出进攻的态势。咸宁五年

82　魏晋南北朝史:分裂与融合的时代

（279），杜预与王濬上表晋武帝请求伐吴。晋武帝下诏："兵兴以来，八十余年。戎车出征，罔有宁岁。死亡流离，伤害和气。朕每恻然悼心，思戢兵静役，与人休息。……今孙皓犯境，夷虏扰边。此乃祖考之遗虑，朕身之大耻也。故缮甲修兵，大兴戎政，内外劳心，上下勠力。以南夷句吴，北威戎狄。然后得休牛放马，与天下共飨无为之福耳。"[8] 晋武帝任张华为度支尚书，掌管漕运粮饷，主持伐吴大计。十一月，晋武帝命镇军将军、琅邪王司马伷率军队数万，从涂中进军；安东将军王浑率军出江西；建威将军王戎率军攻武昌；平南将军胡奋出夏口；镇南大将军杜预出江陵，派参军樊显、尹林、邓圭、襄阳太守周奇等率众循江西上；龙骧将军王濬、广武将军唐彬率领巴蜀之众，沿江而下，分兵进军。东西各路军队总共二十余万人。晋武帝任命贾充为大都督，假黄钺，"总统六师"[9]，以冠军将军杨济为副统帅，驻扎襄阳。

太康元年（280）年初，各路晋军所向披靡。杜预军攻克江陵，胡奋军攻克江安。王浑军在进军中遭遇东吴丞相张悌、大将军孙震等人率领的数万军队，晋军斩敌首七八千级，"吴人大震"[10]。王濬、唐彬等率军连克长江沿岸东吴险隘，沿江东下。东吴在长江要害处以铁索横截江面，又将一丈多长的铁锥暗置江中，拦截晋军船只。王濬事先做好数十大筏，上面竖立草人，披甲持杖。他先让善泅水的士兵随筏先行，遇到江下面的铁锥，铁锥就随筏而去。他又制作长十余丈、大数十围的火炬，浇灌上麻油，船行遇到铁索，火炬燃烧，很快便将铁索熔化。东吴的防御设施无法阻挡晋军水师的前进。王濬大军顺流而下，势如破竹，很快攻克武昌，直指建业。三月，王濬率大军八万人攻至石头城下。吴主孙皓听说王濬军队"旌旗器甲，属天满江，威势甚盛，莫不破胆"[11]，只好"素车白马，肉袒面缚，衔璧牵羊，大夫衰服，士舆榇"[12]，率太子孙瑾等二十一人，到王濬营门前请降，东吴灭亡。西晋伐吴战役大获全胜。

西晋灭吴后，"收其图籍，克州四，郡四十三，县三百一十三，户五十二万三千，吏三万二千，兵二十三万，男女口二百三十万"[13]，对东吴地方牧守以下官员不做变动，一仍其旧，废除东吴的苛政，稳定了东吴的民心。西晋灭东吴，结束了自汉献帝初平元年（190）董卓之乱后延续了九十年之久的分裂割据局面，国家又归于统一。

第二节 政治、军事与法律制度的制定与实施

一、国家职官的设置

西晋建立后，开始实行有利于国家统治的职官制度。晋武帝在中央设置了"八公"。"八公"包括太宰、太傅、太保、太尉、司徒、司空、大司马、大将军。这种"八公"是将古代的三公、汉代的三公以及在过去不同时期设置的大司马、大将军混合而成的制度。晋武帝即位之初，以安平王司马孚为太宰，郑冲为太傅，王祥为太保，义阳王司马望为太尉，何曾为司徒，荀𫖮为司空，石苞为大司马，陈骞为大将军。当时称"八公同辰，攀云附翼者也"[14]。"八公"任职者"皆萧然自放，机尔无为"[15]，其地位虽然很高，但实际权力并不大。

为管理国家政事，西晋还设置了尚书台。尚书台是承袭曹魏的制度，设有尚书令、尚书仆射、六曹尚书、尚书左、右丞以及尚书郎等职。设置两位尚书仆射时，则称为尚书左仆射、尚书右仆射。西晋时，六曹尚书的设置多有变化。西晋初，六曹尚书包括吏部、三公、客曹、驾部、屯田、度支六曹，无兵曹。太康年间（280—289），六曹尚书有吏部、殿中、五兵、田曹、度支、左民六曹，无驾部、三公、客曹。六曹尚书下设三十五曹郎。尚书左、右丞则为固定的设置。尚书左丞掌台内禁令，宗庙祠祀，朝仪礼制，选用署吏，急假兼纠弹之事；尚书右丞掌台内库藏庐舍，凡诸器用之物及赈济的租布，刑狱兵器，登录远道文书章表奏事。

西晋还设置中书监、中书令，其下设中书侍郎四人，这也是承袭曹魏的制度。中书监和中书令掌管起草诏令、国家的重要文书及机要之事，"多为枢机之任"[16]。中书监、中书令和尚书令号为宰相之任，国家重视中书之官"居喉舌之任，则尚书之职，稍以疏远"[17]。

西晋也设置侍中、散骑常侍、散骑侍郎。上朝时侍中居左，散骑常侍居右，"备切问近对，拾遗补阙"[18]。侍中、散骑常侍、散骑侍郎还"共平尚书奏事"[19]。

此外，西晋还设置太常、光禄勋、卫尉、太仆、大鸿胪、宗正、大司农、将作大匠等卿官掌管庶务，并承袭旧制，置廷尉"主刑法狱讼"[20]。

在武职方面，西晋规定"大司马、大将军、太尉、骠骑、车骑、卫将军、诸大将军，开府位从公者为武官公"[21]，设置的将军职衔有骠骑、车骑、卫将军、伏波、抚军、都护、镇军、中军、四征（征南、征北、征东、征西）、四镇（镇南、镇北、镇东、镇西）、龙骧、典军、上军、辅国将军等，同时，还设置了众多的杂号将军。西晋国家为保证对屯驻在首都的中央军队的控制，设置了中军将军，统二卫、前、后、左、右、骁卫等营兵，晋怀帝改中军将军为中领军；设置护军将军，又称中护军；设左卫将军、右卫将军、骁骑将军、游击将军。"及晋，以领、护、左右卫、骁骑、游击为六军"[22]。晋武帝重视兵官，"故军校多选朝廷清望之士居之"[23]。西晋为控制地方，承袭曹魏制度，设置了都督诸州军事，"及晋受禅，都督诸军为上，监诸军次之，督诸军为下"[24]。都督诸州军事是西晋派往各地方负责军事镇戍的中央职官。除了司州外，西晋也陆续在各州都设置了都督诸州军事，"太康中，都督知军事，刺史理人，各用人也。惠帝末，乃并任，非要州则单为刺史"[25]。都督诸州军事镇戍的地区称为都督区。

　　西晋在地方实行州、郡、县三级行政制度。平吴之后，西晋在全国设置了司、冀、兖、豫、荆、徐、扬、青、幽、平、并、雍、凉、秦、梁、益、宁、交、广，凡十九州；设郡国一百七十三个。州设刺史，属官有别驾、治中从事、诸曹从事等，又有主簿、门亭长、录事、记室书佐、诸曹佐、守从事、武猛从事等，凡吏四十一人，卒二十人。边州或有山险、濒近寇贼羌夷之州，又置弓马从事五十余人。徐州又置淮海，凉州置河津，各州置都水从事各一人。荆州又置监佃督一人。凉、益为重州，置吏八十五人，卒二十人。郡设太守，因河南郡为京师洛阳所在地，另称为尹。各王国设内史，其职与郡太守相同。郡太守属官有主簿、主记室、门下贼曹、议生、门下史、记室史、录事史、书佐、循行、干、小史、五官掾、功曹史、功曹书佐、循行小史等。郡国户口不满五千户的，置职吏五十人，散吏十三人；五千户以上的，则设职吏六十三人，散吏二十一人；万户以上的，设职吏六十九人，散吏三十九人。大县设县令，小县设县长，属官有主簿、录事史、主记室史、门下书佐、干、游徼、议生、循行功曹史、小史、廷掾、功曹史、小史书佐干、户曹掾史干、法曹门干、金仓贼曹掾史、兵曹史、吏曹史、狱小史、狱门亭长、都亭长、贼捕掾等。各县设置方略吏四人，洛阳县设置六部尉。

西晋在基层设置乡、里。各县五百户以上都设置乡，三千户以上置二乡，五千户以上置三乡，万户以上置四乡。乡置啬夫一人。各乡不满千户的，置治书史一人；千户以上置史、佐各一人，正一人；五千五百户以上，置史一人，佐二人。县一般百户置里吏一人。在地广人稀的地方，可根据情况设置里吏，但里中不能少于五十户。

为了加强对少数民族的控制，西晋设置护羌、夷、蛮等校尉。晋武帝置南蛮校尉于襄阳，置西戎校尉于长安，置南夷校尉于宁州。元康年间（291—299），以凉州刺史兼任护羌校尉，雍州刺史兼西戎校尉，荆州刺史兼南蛮校尉。又设护匈奴、羌、戎、蛮、夷、越中郎将，"或领刺史，或持节为之"[26]。后又设平越中郎将，治广州，主护南越。

西晋设置的中央和地方职官，是为了强化中央集权的统治，但随着世家大族势力的增长，国家设官分职也要顾及他们的利益，因此使官署、属官和兼职都明显增多，官员众多，机构臃肿，以致国家机器运行迟缓，毫无生气可言。

二、分封制度的实施与宗王出镇

泰始元年（265），晋武帝开始分封诸侯王。他封子弟为王者二十七人，"以郡为国"[27]，将封国分为三个等级，有户二万者为大国，有户一万者为次国，有户五千者为小国。大国可以有军队五千人，次国有军队三千人，小国有军队一千五百人。另外还有公国和侯国，"公、侯邑万户以上为大国，五千户以上为次国，不满五千户为小国"[28]。

在晋武帝所封的诸侯国中，平原、汝南、琅邪（今山东临沂）、扶风（今山西宝鸡市北部，治郿县）、齐（今山东淄博）为大国，梁、赵、乐安、燕、安平、义阳为次国。小国封地在兖州的有任城、东平国，在豫州的有沛、谯国，在冀州的有高阳、中山、常山国，在并州的有太原、西河国，在秦州的有陇西国，在梁州的有广汉国，在平州的有辽东国，在青州的有东莱、济南、勃海国，在徐州的有彭城、下邳国。从晋武帝到晋怀帝，尽管封国情况有变化，有的封国变为郡，有的郡变为封国，但封国总数保持在三十个左右。

晋武帝开始分封时，大部分受封的诸侯王没有去封国，留在京城洛阳。直到咸宁三年（277），卫将军杨珧与中书监荀勖奏请晋武帝，使诸侯王就国，"诸公皆恋京师，涕泣而去"[29]。实际上从西晋开始分封到咸宁三年共十二年时间，晋武帝的分封措施并没有完全落实。

西晋的封国"法同郡县，无成国之制"[30]，诸侯王在封国内只得衣食租税，并不能够统治国民。诸侯王所食的户调田租，也不是全部数量，户调为三分之一，田租为二分之一。王国的相（后改为内史）由国家任命，与太守无异，王国的官员不能够掌握地方政权。

西晋设置十九州，一百七十三郡。晋武帝分封诸侯国的地方只有二十八个郡，其所占地区与西晋控制的全部国土相比，真是微乎其微。

晋武帝分封的主要目的是欲使诸侯王国能够藩卫中央政府，但分封王国的状况很难实现这一目的。因此晋武帝末年刘颂上疏说："臣之愚虑，以为宜早创大制，迟回众望，犹在十年之外，然后能令君臣各安其位，荣其所蒙，上下相持，用成藩辅。如今之为，适足以亏天府之藏，徒弃谷帛之资，无补镇国卫上之势也。"[31]明确指出了分封制实行过程中的弊端。晋武帝为了加强宗室的权势，使宗王能起到维护司马氏政权的作用，实行了宗王出镇的措施。

西晋建国前后，晋武帝陆续使诸侯王出任都督诸州军事。从泰始元年到泰始十年（265—274），先后有汝阴王司马骏、太原王司马辅、太原王司马瓌都督豫州诸军事，济南王司马遂、梁王司马肜、高阳王司马珪、彭城王司马权都督邺城守诸军事，扶风王司马亮、汝阴王司马骏都督雍凉州诸军事，东莞王司马伷都督兖州诸军事、徐州诸军事（后改封琅邪王），随王司马政、下邳王司马晃都督沔北诸军事。宗王出镇的这些地方都是国家统治的重要地区。

咸宁三年（277），晋武帝要求诸侯王就国，但出任都督诸州军事的诸侯王，大多数镇戍的地方不在封国内。因此晋武帝使这些任都督的诸侯王"各徙其国使相近"[32]，也就是移封就镇。晋武帝在世时严格实行了这一措施，使宗王的都督诸州军事任职变为长期

第七章　西晋的统一及其统治

的。西晋的豫州、冀州、雍凉州和青徐州，从西晋建国到西晋末年，基本上都是由司马氏宗王出任都督。宗王出镇地方，不仅扩大了他们的权势，也加强了他们对地方的控制。

三、罢除州郡兵

西晋建国后承袭曹魏制度，在各州郡设置州郡兵。在地方州郡置兵始于曹操统治的后期，当时丞相主簿司马朗建议："今虽五等未可复行，可令州郡并置兵，外备四夷，内威不轨，于策为长。"[33] 至魏明帝太和年间（227—233），曹魏控制的十二州中，沿边的八州都有州兵的设置，在一些郡也设置了郡兵。西晋建国初，晋武帝以都督诸州军事兼领刺史职，或者为刺史加将军号，来统领州郡兵。除了京师洛阳所在的司州外，其他各州都设置了州兵。因此在西晋平吴之前，州郡兵是一支重要的武装力量。

太康元年（280），西晋平吴后，晋武帝开始整顿军事事务。太康三年（282），晋武帝"罢刺史将军官"[34]，开始实行刺史不加将军号、不领兵的制度。没有将军号、不领兵的刺史所领州，称为轻州。晋武帝又使都督诸州军事不再兼领刺史职，"都督知军事，刺史治民，各用人"[35]。他还使凉州、雍州和荆州刺史不再兼任校尉职，"诏以军州始分"[36]。晋武帝实行这些兵民分离措施时，又于太康三年罢除了州郡兵。他下诏："今赖宗庙之灵，士大夫之力，江表平定，天下合之为一。当韬戢干戈，与天下休息。诸州无事者罢其兵，刺史分职，皆如汉氏故事。"[37] 只在大郡置武吏百人，小郡置武吏五十人。

晋武帝罢除了州郡兵，但并不是在州郡都不设兵。太康六年（285），晋武帝以梁、益州为重州，二州刺史均加将军号，则此二州又有州郡兵的设置。边远的交州则一直保留州兵。

晋武帝罢除州郡兵，并不是要削弱国家的武力，因为西晋的主要军事力量是集中在首都洛阳附近的中军，在各地方屯驻的由都督诸州军事统领的外军也是很强的武装力量。平吴后罢除州郡兵，在一定程度上可以减轻人民的负担，随着户调式的实行，可以增加承担赋役的丁口。

四、《晋律》的颁行

早在司马昭任晋王时，"患前代律令本注烦杂，陈群、刘邵虽经改革，而科网本密"[38]，他命贾充主持，由郑冲、荀𫖮、荀勖、羊祜、王业、杜友、杜预、裴楷、周雄、郭颀、成公绥、柳轨、荣邵等人参与，制定律令。泰始四年（268），新律修成，晋武帝将其颁行全国。因《晋律》修成于泰始年间，所以又称"泰始律"。

《晋律》的修成基本依照汉《九章律》，又在《九章律》基础上增加十一篇，共有二十篇，六百二十条，二万七千六百五十七字。《晋律》二十篇目录为刑名、法例、盗律、贼律、诈伪、请赇、告劾、捕律、系讯、断狱、杂律、户律、擅兴、毁亡、卫宫、水火、厩律、关市、违制、诸侯。《晋律》的内容"礼律并重"，因此其体例和内容都比较严谨、完善。卫宫律加强了对皇室和专制国家的保护；违制律规定了官吏渎职罪的惩罚条例，确保国家的统治效能；诸侯律是针对国家实行的分封制而制定的，要求各诸侯国、宗室和世族集团服从皇权，所以诸侯律是维持君臣上下关系的保证。律学家张斐、杜预还为《晋律》作了注解，将科释律，防止一科二律。

贾充制定新律的同时又撰《晋令》四十篇，有户、学、贡士、官品、吏员、俸廪、服制、祠、户调、佃、复除、关市、捕亡、狱官、鞭杖、医药疾病、丧葬、杂（三篇）、门下散骑中书、尚书、三台秘书、王公侯、军吏员、选吏、选将、选杂士、宫卫、赎、军战、军水战、军法（六篇）、杂法（二篇）等令。晋令与汉令、魏令存在明显的差别，它以令设教，违令有罪才入律，使律令分离。令不再作为律的补充形式，独立为教令法，解决了自汉律以来，因律令混杂而相互矛盾的现象。

《晋律》和《晋令》加在一起共有六十卷，二千九百二十六条，十二万六千三百余字，与七百余万字的汉律相比已经大为精简了。

另外，贾充等人还撰有《晋故事》三十卷。"故事"[39]是一种新的法律形式。它是当时制书、诏诰等法律文书的汇编。《晋故事》将前代的事例，即习惯法，编为成文法，主要内容是百官行事及处分的规程。

《晋律》用刑较宽，删除了《魏律》苛秽的条目，相对减轻了动辄获罪、轻重无情的弊病。《晋律》将死刑分为三种，即枭、斩、弃市。髡刑分为髡钳五岁刑加笞二百、四岁刑、三岁刑、二岁刑。赎刑分为赎死刑、赎五岁刑、赎四岁刑、赎三岁刑、赎二岁刑。赎金可以用黄金，也可以兼用绢。另外还有夺爵、除名、禁锢、徙边、罚金、杂抵罪、没为奚奴等处罚。皇室的亲、故、贤、能、功、贵、勤、宾八种人拥有特权，他们犯罪可以议减刑甚至免罪。

《晋律》的颁行有利于国家维护统治秩序，适应于安定的统一帝国的需要。《晋律》对于后世也产生了重要的影响，它综合了汉、魏以来律令的长处，律文严密、简明，所以直接影响南北朝的法律。南朝基本上承用《晋律》，北朝初年的律令大多数也取自《晋律》。

第八章

户调式的实施与世家大族经济势力的发展

西晋平吴后，实行户调式。户调式包括三方面的内容，即占田制、户调制、品官占田荫客制。这是西晋政府解决土地占有的制度，也是国家赋税征收的制度，同时也是对于官员荫客的限制。这一制度的实行，保证了不同社会等级对土地的占有，尤其是对编户农民更是如此。此制的实行也使西晋政府有了固定的赋税征收规定。西晋世家大族已经形成，它们势力在发展，对于社会的影响也越来越大，成为支配社会运作的重要阶层。

第一节　户调式的实施

太康元年（280），晋武帝平吴之后，开始推行户调式。西晋实行户调式，是适应经济状况的需要。早在曹魏时期便实行屯田制,有使用士兵的军屯,也有使用屯田客的民屯。到曹魏统治后期,民屯开始被破坏。曹魏咸熙元年(264),司马昭"罢屯田官,以均政役,诸典农皆为太守,都尉皆为令长"[1]。这一措施使屯田客转变成为国家郡县的编户民。这个过程是逐步实现的。泰始二年(266),西晋又下令"罢农官为郡县"[2],民屯上的屯田客基本上都变成国家的编户了。民屯的废除和屯田客身份的改变,促使西晋政府需要在土地占有以及征收田租赋税上,采取相应的措施。

自曹魏到西晋初年,因战争的影响,当时存在许多荒芜的土地和逃亡的人口。曹魏时推行屯田制,使农业发展取得了良好的成果,但荒地和流亡人口的问题依然很严重,"地有余羡,而不农者众"[3],"天下千城,人多游食"[4]。西晋初年,晋武帝多次下诏鼓励各地开垦荒地。王宏任汲郡(今河南新乡一带,治汲县)太守,"督劝开荒五千余顷"[5],羊祜镇襄阳,"垦田八百余顷"[6],足见当时荒地之广。西晋初年,国家严重缺乏劳动力,在平吴之后,户数也只有二百四十五万户,相当于两汉时期的四分之一。西晋政权想要稳定政权,增加税收,就必须开垦更多荒地,将游离土地的劳动人口固定在土地上,因此在田制和赋税制度上,需要采取有益于统治的措施。

曹魏统治以来,豪势之家大量占有私有土地的情况不断发展,"旧大族田地有余,而小民无立锥之土"[7]。西晋初年,这种情况还很严重,国家需要对私人占有土地做必要的限制。豪势之家还占有众多的依附人口。中山王司马睦募徙国内八县"受逋逃、私占及变异姓名、诈冒复除者七百余户"[8]作为佃客,为晋武帝禁止,将他贬为县侯。显然晋武帝已看出私人大量占有依附人口不利于国家的统治。

晋武帝在平吴后颁行了户调式，试图解决土地、人口以及赋税问题。户调式包括占田制、品官占田荫客制和户调制。

占田制规定了诸侯的刍藁田数量。《晋书·食货志》载："国王公侯，京城得有一宅之处。近郊田，大国田十五顷，次国十顷，小国七顷。城内无宅城外有者，皆听留之。"

占田制也规定了编户民所占土地的数量。《晋书·食货志》载："男子一人占田七十亩，女子三十亩。其外丁男课田五十亩，丁女二十亩，次丁男半之，女则不课。"男子占田七十亩、女子占田三十亩这两个数字，当来自曹魏屯田客所耕田亩面积的规定，因为西晋占田制与曹魏的屯田制有相承的关系。西晋规定占田面积是农民可以实行耕作的田亩面积，不是假定的指标。课田为占田的一部分，是缴纳田租的土地。

品官占田荫客制，包括对官员所占土地和荫客数量的规定。从官员应按品级占田的情况来看，《晋书·食货志》载："其官品第一至于第九，各以贵贱占田，品第一者占五十顷，第二品四十五顷，第三品四十顷，第四品三十五顷，第五品三十顷，第六品二十五顷，第七品二十顷，第八品十五顷，第九品十顷。"

户调制是对农民应该承担的户调规定。《晋书·食货志》载："丁男之户，岁输绢三匹，绵三斤，女及次丁男为户者半输。其诸边郡或三分之二，远者三分之一。夷人输賨布，户一匹，远者或一丈。"户调又规定了男女负担户调的年龄。《晋书·食货志》载："男女年十六已上至六十为正丁，十五已下至十三、六十一已上至六十五为次丁，十二已下六十六已上为老小，不事。"国家还规定了田租的征收额，《晋故事》："凡民丁课田，夫五十亩，收租四斛，绢三匹，绵三斤。凡属诸侯，皆减租谷亩一斗，计所减以增诸侯；绢户一匹，以其绢为诸侯秩；又分民租户二斛，以为侯奉。其余租及旧调绢，二户三匹，绵三斤，书为公赋，九品相通，皆输入于官，自如旧制。"[9]这就是说，西晋的田租和户调是一户以一丁计，按户征收。征收租调时，官员事先要将缴纳租调的户按照贫富分为九等，按等定数。《晋故事》所载"凡民丁课田，夫五十亩，收租四斛，绢三匹，绵三斤"，则是租调的平均指标。西晋确定的这种征收租调的办法，也称为"九品混通"。

西晋户调式的实行，是为了通过田租、户调的调整尽可能地加强对农民的控制，强化中央的统治。就占田制来看，不是准许农民有权占有法令上所规定的田亩，占田农民也不可能只占田而不耕作。实际上，实行占田制使农民获得了小块可耕作的土地，在这些土地上，他们的耕作意愿极高，"河滨海岸，三丘八薮，耒耨之所不至者，人皆受焉。农祥晨正，平秩东作，荷锸赢粮，有同云布"[10]。

西晋国家规定诸侯应占的刍藁田和官吏按品级占田的数额，在法令上限制了贵族官僚的占田数量。不过，在西晋国家实行占田制时，并没有追回贵族官僚侵占的土地，还规定一品官可占田五十顷，九品官也能够占田十顷，实际上这是对豪门权势之家利益的保护。然而，此制对于抑制兼并还是起到了作用。在占田制颁行后，贵族官员强占土地过限的情况受到限制。比如少府夏侯承"取官田，立私屋"[11]，被御史中丞傅咸弹劾而免官。蓝田令张辅惩处西州大姓庞宗，"夺宗田二百余顷"[12]。

西晋政府实行占田制的目的，是要将劳动力和土地妥善结合在一起，而占田制实行后，确实收到了积极的效果。当时很多地方的荒地得到开垦，能够抑制豪强，使力役均平。《晋书·食货志》称："是时天下无事，赋税平均，人咸安其业而乐其事。"社会经济得到恢复，出现了"牛马被野，余粮栖亩，行旅草舍，外间布闭"[13]的景象。太康年间（280—289），人口剧增，很多流亡人口归籍，获得了土地。太康三年（282），西晋户数上升到三百七十七万，与两年前初行占田制相比增加了一百三十余万户。户口的增加扩大了国家的赋税来源，使国家的财政收入明显增多。太康年间，"世属升平，物流仓府，宫闱增饰，服翫相辉"，以致到永宁初年，在洛阳"尚有锦帛四百万，珠宝金银百余斛"[14]。占田制的实行，明显促进了西晋社会经济的发展。

第二节　世家大族经济势力的发展

西晋世家大族经济势力的发展，与其扩大对私有土地的占有关系密切。继承汉魏，世家大族占有私有土地有了很大的发展空间。依西晋占田制规定，官员可以按官品高低占有土地，一位九品官员就可以占有十顷土地，而一位农民只能够占有七十亩土地，二者相差甚多，至于高品官员可以占有的土地数量就更惊人了。因此占田制的规定就为官员大量占有私有土地开辟了道路。西晋官员按品级还可以获得菜田，《晋书·职官志》记载：太宰、太傅、太保等诸公以及位从公官品第一者，"给菜田十顷，田驺十人"；特进等品秩第二者，"菜田八顷，田驺八人"；光禄大夫、尚书令等，"给菜田六顷，田驺六人"。一些官员还能够得到厨田的赏赐。如晋武帝曾赐予大司马陈骞"厨田十顷，厨园五十亩，厨士十人"[15]，赐给太保卫瓘"厨田十顷，园五十亩"[16]。西晋这些做法使官员在土地占有上享有更多特殊优惠的待遇。在西晋政府这些政策之下，世家大族对私有土地的占有明显发展起来。如石崇有"水碓三十余区，苍头八百余人，他珍宝货贿田宅称是"[17]；幽州刺史王濬"并广占山泽，引水灌田"[18]。一些豪门大姓不仅侵占民田，而且还敢染指官田。尚书令裴秀"占官稻田"[19]；立进令刘友、前尚书山涛等"各占官三更稻田"[20]。豪门大姓大土地私有制的发展，成为其扩大经济势力的基础。

西晋世家大族经济势力的发展还有劳动力的保证。西晋政府公布的户调式中包括品官占田荫客制。《晋书·食货志》载：

> 又各以品之高卑荫其亲属，多者及九族，少者三世。宗室、国宾、先贤之后及士人子孙亦如之。而又得荫人以为衣食客及佃客，品第六已上得衣食客三人，第七第八品二人，第九品及举辇、迹禽、前驱、由基、强弩、司马、羽林郎、殿中冗从武贲、殿中武贲、持椎斧武骑武贲、持鈒冗从武贲、命中武贲武骑一人。其应有佃客者，官品第一第二者佃客无过五十户，第三品十户，第四品七户，第五品五户，第六品三户，第七品二户，第八品第九品一户。

"衣食客""佃客"都是依附人口。实际上品官占田荫客制是西晋对不同品级官员占有依附人口数量的规定，承认了官员占有依附人口的特权。品官占田荫客制规定官员可以公开合法占有的依附人口的数量是很少的，因而能够在一定程度上限制官宦大族对依附人口的占有。不过，西晋政府规定可以占有的依附人口不适应官宦大族占有大量土地的情况，因此荫庇依附人口的数量远远超过法令的规定，荫客制的限制很难有效执行。西晋赋予官员具有荫客的特权，却促使了依附关系的发展，因此在世家大族土地上的主要生产者是依附人口。这些依附人口除了有衣食客、佃客外，还有被称为客户、田客、部曲、门生的依附民。豪门大族还役使奴隶在其土地上生产。豪门大族拥有的奴隶，一般被称为奴婢、苍头、僮仆等。

一些世家大族采取田庄的形式进行生产经营。如石崇拥有金谷园、"河阳别业"。金谷园中"有清泉茂林、众果竹柏、药草之属，金田十顷，羊二百口，鸡猪鹅鸭之类，莫不毕备。又有水碓、鱼池、土窟，其为娱目欢心之物备矣"[21]；王戎"广收八方，园田水碓，周遍天下"[22]。这种多种经营田庄的大量存在，是世家大族经济发展的体现。

世家大族的发展是西晋社会经济恢复的反映。世家大族经济的发展促进了社会内部依附关系的进一步强化，各种依附人口增多，而随着经济势力的增长，他们在地方的势力也不断滋长，影响力越来越大。

第九章

西晋的衰亡

　　西晋政权的建立依靠世家大族的支持。西晋统治者立国之始就陷入腐化堕落之中。晋武帝司马炎死后，统治集团内部的矛盾越来越尖锐，使宫廷内部争夺权力的斗争发展成为宗王之间的军事斗争。"八王之乱"爆发，中原地区陷入一片混乱。内战使西晋的国家实力大大削弱。"八王之乱"不久，刘渊、石勒入主中原，西晋的首都洛阳很快在外族的进攻下被攻克。不久，逃往长安的晋愍帝也被刘曜俘虏，西晋灭亡。

第一节　统治集团的腐朽

　　晋武帝凭借司马氏新贵族集团取代了曹魏政权。这个贵族集团在形成的时候就表现出对财富和权力的贪欲。晋武帝为获得这个

图 9-1 西晋贵族使用的青瓷香熏

集团的支持,尽量满足他们的要求,疯狂的占有欲弥漫在统治阶层中。在西晋取代曹魏,进而又统一全国后,统治集团的贪欲之心进一步膨胀,表现出异常的贪婪、奢侈、腐败和残暴。

　　晋武帝虽为开国之君,但在政治上缺少作为,反而贪财好利,追求荒淫的生活。他为获取更多的财利,竟然不惜以卖官来达到这一目的。当时人刘毅批评晋武帝说："桓、灵卖官，钱入官库；陛下卖官，钱入私门。以此言之，殆不如也。"[1]足见晋武帝对财利的追求，已经达到十分贪婪的程度。

晋武帝的生活也极为腐败，为满足淫欲，他拼命扩大后宫。泰始九年（273），他下诏采择公卿以下女子，以备六宫，"采择未毕，权禁断婚姻"[2]。这一次，司徒李胤、镇军大将军胡奋、廷尉诸葛冲等许多世族官员之女，都被选入宫。灭吴之后，他又选孙皓妓妾五千人入后宫，"自此掖庭殆将万人。而并宠者甚众，帝莫知所适，常乘羊车，恣其所之，至便宴寝"[3]。晋武帝的生活已糜烂至极。

西晋朝廷中的官员也纷纷仿效，追求荒淫生活的风气甚盛。他们的饮食极尽奢侈。比如太尉何曾日食万钱，"犹曰无下箸处"[4]；其子何劭更甚，竟然日食二万。侍中王济以人乳饲猪蒸炖，味道甚美，盛于琉璃器皿中，供馔晋武帝。他们极力占有丰厚的财富，贪婪的程度达到极点，又喜炫耀豪华的排场。石崇与王恺比富就是典型的事例。《晋书·石苞传附石崇传》载："恺以饴澳釜，崇以蜡代薪。恺作紫丝布步障四十里，崇作锦步障五十里以敌之。崇涂屋以椒，恺用赤石脂。"王恺以高二尺的珊瑚树出示给石崇，石崇将它击碎，王恺以为石崇嫉妒，极为恼怒，石崇"乃命左右悉取珊瑚树，有高三四尺者六七株，条干绝俗，光彩曜日，如恺比者甚众"。这些官僚贪婪占有财富的欲望，使他们莫不嗜钱如命，欲壑难填。鲁褒作《钱神论》加以讽刺。文中说："洛中朱衣，当途之士，爱我家兄，皆无已已。执我之手，抱我终始，不计优劣，不论年纪，宾客辐辏，门常如市。谚曰：'钱无耳，可使鬼。'凡今之人，惟钱而已。"[5]对官僚贵族无限的金钱欲望给予辛辣的讽刺。对于西晋统治集团这种奢侈、糜烂的生活,一些清醒的士人甚为忧虑。傅咸上书称:"奢侈之费,甚于天灾。……今者士广人稀而患不足,由于奢也。"[6]可见统治集团的奢侈风气已经给社会带来了极大的危害。

在统治集团追求荒淫生活、穷极奢侈享受的同时,他们又大谈玄学来为他们贪婪、无耻的行径辩解,声称自然为体,名教为用,自然为名教之本,这样就将尊显的达官与清高的名士集于一身。因此使朝廷官员崇尚和醉心于清谈,"皆雅崇拱默,以遗事为高"[7]。清谈的盛行,让误国的空气弥漫朝野上下。

第二节 八王之乱

太熙元年(290),晋武帝司马炎病死,次子司马衷即皇帝位,就是晋惠帝。晋惠帝是一个白痴。他在华林园听到蛤蟆叫,就问左右的人,这是为官鸣叫,还是为私鸣叫。左右的人敷衍他说,在官地叫,就是为官,在私地叫,则是为私。在天下大乱后,百姓饿死者众,他却说:"何不食肉糜?"[8]真是痴呆至极。这样的糊涂皇帝自然无法掌管朝政。晋惠帝之妻贾后(名南风)是西晋开国功臣贾充的女儿。贾后心狠手辣,"妒忌多权诈",权势欲极强。她为了让她的家族垄断政权,试图除掉当政的杨骏。

杨骏是晋武帝继后杨氏的父亲,弘农(今河南三门峡市一带)大族。他专权好利,至晋武帝末年,权势更重,与其弟杨珧、杨济,号称三杨。晋武帝死,惠帝初立,尊杨皇后为太后,杨骏以太尉、都督中外诸军事、侍中、录尚书事，总揽朝政。杨骏大权独揽，贾后与晋宗室都极为不满。永平元年（291），贾后与掌管禁军的楚王司马玮合谋，杀杨骏及其弟杨珧、杨济和杨氏党羽，皆夷三族，之后改元元康。杨太后被废后，囚之于金墉城，次年饿死。

贾后除掉杨骏，开始出现悍妇控制白痴皇帝的局面。可是，由于汝南王司马亮被任命为太宰，卫瓘为太保，共同辅政，使贾后很难专权。汝南王司马亮和卫瓘与楚王司马玮又存在矛盾。司马玮因杀杨骏有功，控制禁军，威胁司马亮和卫瓘的地位，他们企图遣宗室诸王归封国，夺司马玮的兵权。司马玮联合贾后，使晋惠帝下诏，诛杀司马亮和卫瓘。司马亮和卫瓘既死，贾后又诬称司马玮伪造诏书，杀戮大臣，将其处死。楚王司马玮死，朝中大权尽归贾后。

贾后依靠族兄贾模、内侄贾谧和母舅郭彰把持了朝政。为稳固控制朝政，她起用名士张华为司空，大族裴頠为尚书仆射，裴楷为中书令，王戎为司徒，让他们共掌机要。因贾谧与他们同心辅政，国家政局出现七八年的相对稳定，但宫廷中的斗争并没有停止。

在晋惠帝即皇帝位后，立他唯一的儿子司马遹为太子，但司马遹是惠帝后宫谢氏所生。贾后在稳操朝政大权后，因司马遹非其亲子，决定要废掉太子。元康九年（299），贾后诬陷太子司马遹要杀害惠帝和她自己，废太子为庶人，将他囚于金墉城，次年将其杀害，后谥为愍怀太子。

在贾后废弃太子残酷斗争的背后隐藏着更大的权力之争。贾后为巩固她的地位，在元康六年（296）征召赵王司马伦入京，成为禁军将领。司马伦因谄事贾后，掌握了禁军和朝政，被视为贾氏

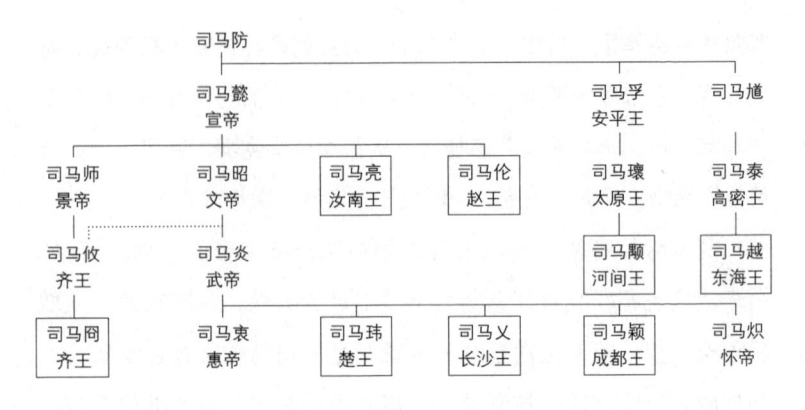

```
                        司马防
                          │
              ┌───────────┴───────────┐
              │                       │
            司马懿                   司马孚          司马馗
            宣帝                     安平王
    ┌─────────┼─────────┬─────────┐    │             │
    │         │         │         │    │             │
  司马师    司马昭    司马亮    司马伦  司马瓌       司马泰
  景帝      文帝      汝南王    赵王    太原王       高密王
    ┆         │                       │             │
    ┆         │                     司马颙         司马越
  司马攸    司马炎                   河间王         东海王
  齐王      武帝
    │    ┌────┬────────┬────────┐      │             │
    │    │    │        │        │      │             │
  司马冏 司马衷 司马玮 司马乂   司马颖           司马炽
  齐王   惠帝   楚王   长沙王   成都王            怀帝
```

"八王之乱"的八王关系表

一党。贾后杀害太子司马遹后，禁军对贾后的行为非常不满。赵王司马伦揭露真相，趁机与梁王司马肜等一起举兵废杀贾后，并杀张华、裴頠，贾谧及其党羽也都被处斩。赵王司马伦自封为相国、都督中外诸军。永康二年（301），赵王司马伦又废晋惠帝，自立为帝。这样，宫廷政变转化为司马氏皇族之间争夺政权的斗争，最后演变为"八王之乱"。

"八王之乱"的八王为汝南王司马亮（司马懿四子）、楚王司马玮（晋武帝五子）、齐王司马冏（其父司马攸为司马昭子，后过继给司马师）、赵王司马伦（司马懿九子）、成都王司马颖（晋武帝十六子）、河间王司马颙（司马孚之孙）、长沙王司马乂（晋武帝六子）、东海王司马越（高密王司马泰次子）。实际上卷入"八王之乱"的不只是这八王，因事变的发生与此八王关系最大，唐人编《晋书》将他们合为一传，因此通称为"八王之乱"。

赵王司马伦称帝不久，永宁元年（301），出镇许昌的镇东大将军齐王司马冏传檄成都王司马颖（出镇邺）、河间王司马颙（出镇关中）等人，联合起兵声讨赵王司马伦。赵王司马伦出兵迎战，战斗规模不断扩大，战场也从洛阳、长安发展到黄河南北的广大地区。三王联军击败司马伦的军队，攻入洛阳，斩司马伦等，晋惠帝复位。齐王司马冏任大司马、都督中外诸军事，入朝辅政，掌握大权。但司马氏诸王为争夺权力和地位，矛盾十分尖锐。太安元年（302），战事又起，河间王司马颙联合长沙王司马乂，举兵进攻司马冏。司马冏兵败被杀，晋惠帝任用司马乂为太尉、都督中外诸军事，掌握朝政。

河间王司马颙联合司马乂起兵的本来目的，是企图在司马乂进攻齐王司马冏时，借司马冏之手除掉司马乂，然后将司马乂被杀之事传檄四方，最后讨灭司马冏，废掉晋惠帝，立成都王司马颖为帝，他自己做宰相。但没有料到事情的结果则是司马乂杀掉司马冏，并掌握了朝政大权。因此，太安二年（303），司马颙又联合成都王司马颖进攻司马乂。司马颙命都督张方率领精兵七万，自函谷关向洛阳推进。司马颖调动大军二十余万人，由前锋都督陆机率领，渡河南向洛阳。司马乂能够指挥的洛阳军队也有数万人。三王集结的军队人数在三十万以上。这是"八王之乱"以来动员军队人数最多的一次。司马乂固守洛阳，屡败司马颖军，斩获六七万人。但双方毕竟兵力悬殊，司马颖和张方收缩对洛阳的包围，使司马乂陷入困境，洛阳统治集团内部开始分裂。东海王司马越勾结部分禁军拘禁司马乂，将他交给司马颙部将张方，张方用火将司马乂活活烤死。

第九章 西晋的衰亡

成都王司马颖既杀司马乂，于永兴元年（304），被命为皇太弟、都督中外诸军事、丞相，仍居于邺，遥控朝政。河间王司马颙为太宰，仍居长安。司马颖居功自傲，政务废弛，大失人心。因此东海王司马越率领洛阳禁军，拥戴晋惠帝，出兵讨伐司马颖。司马越与司马颖军在荡阴（河南汤阴西南）会战，司马越战败。司马颖军俘获惠帝，司马越逃回封国。河间王司马颙趁机派部将张方率军占领洛阳。这时，安北将军王浚、司马越弟东瀛公司马腾，又联合进攻司马颖，进占邺城。司马颖挟持晋惠帝出奔洛阳，占据洛阳的张方强迫晋惠帝和司马颖前往长安。司马颖到长安后为司马颙削去皇太弟封号，立豫章王司马炽为皇太弟。司马颙又任都督中外诸军事。

永兴二年（305），东海王司马越又起兵，西攻河间王司马颙。次年，司马越兵攻入长安，司马颙逃往太白山。司马越迎晋惠帝还洛阳，任太傅、录尚书事，大权尽落他手中。成都王司马颖在前往邺城的路上被擒获，在邺被缢杀。随后司马越毒杀晋惠帝，立晋武帝第二十五子豫章王司马炽为帝，即晋怀帝，同时又召河间王司马颙入洛阳，于途中杀司马颙。至此，"八王之乱"结束。从永平元年（291）贾后杀杨骏开始，至光熙元年（306），司马越杀晋惠帝、立晋怀帝为止，内乱共历时十六年。

"八王之乱"是统治阶级内部为争夺权力的大混战。在长达十六年的内乱中，西晋诸宗王相互残杀，危害极大，生灵涂炭，大量人口在战祸中死亡。赵王司马伦之乱，"自兵兴六十余日，战所杀害仅十万人"[9]。长沙王司马乂与成都王司马颖部将陆机在洛阳鹿苑交战，"机军大败，赴七里涧而死者如积焉，水为之不流"[10]。

东海王司马越部将祁弘率鲜卑兵攻河间王司马颙，"大掠长安，杀二万余人"[11]。战祸波及的地区无处不被烧杀洗劫，人民流离失所，或死或亡，使北方的生产受到极大破坏。

在"八王之乱"中，司马氏宗王骨肉相残，可以说是自掘坟墓，使西晋统治集团的力量消耗殆尽，直接削弱了西晋国家的统治，促使西晋国家崩溃早日来临。

第三节　西晋灭亡

光熙元年（306）十一月，皇太弟司马炽即皇帝位，是为晋怀帝。晋怀帝是晋武帝最小的儿子，他即位后试图要有一番作为，希望改变西晋的统治现状。但晋怀帝缺乏统治经验，同时又受制于东海王司马越，因此没有办法扭转险恶的政局。

晋怀帝即位的第二年，即永嘉二年（308），匈奴贵族刘渊在平阳（今山西临汾西北）称帝，国号汉。羯人石勒和汉人王弥都以刘渊为共主，形成了共同反晋的力量。

刘渊，字符海，是南匈奴单于于扶罗之孙，左贤王刘豹之子。曹操分匈奴为五部后，刘豹为左部帅。刘豹死后，刘渊继之。太康末年，刘渊改任北部都尉，杨骏辅政时，为五部大都督。东瀛公司马腾、安北将军王浚进攻成都王司马颖时，刘渊以助司马颖抗击司马腾、王浚为由，回到匈奴部众所在的左国城（今山西离石北）。永安元年（304），刘渊被推为大单于，不久称汉王，有众五万。司马腾派兵镇压，结果兵败，刘渊势力日益发展。

第九章　西晋的衰亡　　111

石勒，羯族人，曾被卖到茌平（今山东茌平西）为耕奴，放免后与王阳等十八人起义。石勒与魏郡汲桑取得了联系，部下多牧人。成都王司马颖部下公师藩起兵时，石勒与汲桑率部众投靠他。公师藩败后，石勒随汲桑攻邺，杀司马腾。汲桑被晋军击杀后，石勒投奔刘渊。石勒广收胡人部众，至永嘉三年（309），石勒的军队发展到十万人以上，在河北一带活动。

王弥，山东东莱人，世吏二千石。永兴三年（306），东莱刘伯根起兵，王弥参军，担任刘伯根的长史。刘伯根被镇压后，王弥转入长广山一带活动。他在青、徐、兖等州连败晋兵，进逼洛阳。在王弥打到襄城时，颍川、襄城、汝南、南阳、河南等郡的并州流民数万家烧城杀官，响应王弥。王弥的部众不断扩大。

刘渊获得石勒、王弥等人的支持，于是逐渐攻取洛阳周围的郡县。永嘉四年（310），石勒从河北渡河出襄阳，连续攻占了长江以北堡壁三十多所。洛阳处于包围之中，粮食供应极为困难。晋怀帝传羽檄征调四方军队来保卫京城，但各方镇自顾不暇，不能发兵来救。因为洛阳危急，执掌大权的东海王司马越以讨伐石勒为名，率领甲士四万人和大批朝臣，试图东驻项城（今河南项城南），避难自全。但永嘉五年（311），司马越抵达项城后，忧惧病死。襄阳王司马范、太尉王衍等奉司马越灵柩还葬东海，被石勒军追及。石勒以骑兵将晋军包围，放箭射之。晋军将士自相践踏，王公以下及士卒被杀死者十多万人，王衍及晋宗室四十八王，都被石勒俘虏。石勒焚烧司马越灵柩，夜晚推倒屋墙压死王衍。司马越带出的晋军主力全部被歼。

晋怀帝在洛阳苦苦支撑。这年六月，匈奴贵族刘曜与石勒、王弥等联军攻陷了洛阳，晋怀帝被掳至平阳，不久被害。刘曜等破洛阳时纵兵烧杀抢掠。宫殿官府都被烧尽，王公百姓被杀者有三万余人，洛阳全部化为灰烬。

洛阳被攻破后，刘曜进略长安。晋臣贾疋、曲允、阎鼎等聚众十余万，多次击败刘曜军。刘曜不得不停止进攻长安，驱掠关中男女八万余口，退往平阳。永嘉六年（312）八月，贾疋等人拥立秦王司马邺（晋武帝孙）为皇太子，次年四月，晋怀帝死讯传到长安，皇太子司马邺即皇帝位，就是晋愍帝。这时长安受到很大破坏，人口稀少，房屋被毁，遍地荆棘，全城公私车辆只有四乘。晋愍帝为了得到关中地方豪强的支持，为坞壁、坞垒的主帅加银印青绶和将军号。依靠关中地方势力的支持，晋愍帝的政府勉强维持了四年，局面没有任何改观，人民生活更加困苦。建兴四年（316），刘曜军再次攻入关中，进围长安，使长安城中粮食消耗殆尽，粮食一斗价值黄金二两，城中人口死亡大半。太仓中只有面饼数十枚，磨屑为粥供晋愍帝食用。十一月，长安城被攻破，刘曜掳晋愍帝，送至平阳，西晋灭亡。第二年，晋愍帝在平阳被杀，琅邪王司马睿在江南建立政权，史称东晋。

第十章

东晋建国与偏安江南

东晋建国是一个复杂的历史过程。晋元帝司马睿要在江南立足，既要依靠南迁的北方世家大族，也要获得江南世家大族的支持。然而在这个过程中，东晋政权既要与江南世家大族缓和关系，也要平息反对势力的叛变，其中最重要的是王敦之乱和苏峻之乱。东晋政权正是在不断地缓和内部矛盾的过程中，维持偏安江左的局面。

第一节 东晋建国

东晋王朝是司马睿（276—323）在王导（276—339）的辅佐下建立的。司马睿是司马懿曾孙，他的祖父是琅邪王司马伷，晋武帝时所封，其父司马觐袭封。司马觐死后，司马睿袭其父封爵。晋惠帝时,"八王之乱"发生,北方变乱的局面出现。司马睿与琅邪大族王导深相结交,王导知道天下已乱,因而劝司马睿早归封国。成都王司马颖败东海王司马越于荡阴时,司马睿就逃至下邳(今江苏睢宁西北)。永嘉元年(307),晋怀帝任司马睿为安东将军、都督扬州江南诸军事、假节镇建邺(晋武帝改"业"为"邺"),司马睿开始了对江南的经营。

西晋以来,江南是各种社会矛盾交织的地方。社会各阶层之间的矛盾和南北民族矛盾交织在一起,形成了复杂的政治局面。

西晋灭吴之后,江东的世家大族没有随东吴政权的灭亡而消失,其经济基础一点也没有动摇。西晋政权对江东大族采取了笼络的措施,但这些世家大族到洛阳任官的人数并不多。一些大族不甘心东吴政权的失败,凭借所具有的经济实力,在地方扩大其影响,因此他们在江南的潜在势力和社会地位依然有举足轻重之势。在北方的变乱发生之后,江东的世家大族采取徘徊观望的态度,寻找自保其利益的办法。

晋惠帝统治时期(290—306),江南地区的社会矛盾也开始尖锐。太安二年(303)五月,在长江和沔水之间爆发了义阳蛮张昌领导的流民反抗。张昌别帅石冰率部众攻下扬州,进破江州(治豫章,今江西南昌),声势浩大。八月,张昌在江夏战败,但石冰等仍然率领部下在扬、徐一带活动。石冰的义军严重地威胁了江东世家大族的利益。江东大族义兴的周玘联络江东大族,推东吴四郡之首的顾秘为都督扬州九郡军事,动员江东大族的私人武装与政府军一起讨伐石冰。广陵郡之寒族陈敏也率兵参与镇压,先率军攻入建邺。石冰战败被杀,起义力量被平定下去。

永兴二年（305），陈敏收兵占据历阳（今安徽和县），趁中原战乱，举兵反晋，自称扬州刺史。陈敏向南略有江州，向东占据吴越之地，又自称都督江东军事、大司马、楚公。他企图建立割据江东的新政权，所以礼召江东大族和名士。为组成官署，他任命江东首望顾荣等四十余人为将军和郡守。但江东大族以陈敏为"仓部令史，七第顽冗，六品下才"[1]，又是江北人，不愿拥戴他做江东之主。永嘉元年（307），江东大族周玘、顾秘、甘卓等，共同起兵，攻杀陈敏。

在陈敏试图割据江东之时，吴兴人钱璯也起兵讨伐陈敏。陈敏败亡，东海王司马越任命钱璯为建武将军，令他率军救援洛阳。钱璯军抵达广陵，听说刘聪攻逼洛阳，不敢进军，却在广陵举兵反晋，杀晋度支校尉陈丰。永嘉四年（310），钱璯自称西平大将军、八州都督，率兵渡过长江，进攻义兴。周玘又联合大族私人武装，击灭钱璯。

以周玘为代表的江东世家大族平定石冰、陈敏和钱璯的反叛，不仅稳定了江南的政局，也表现出他们在控制江南形势上具有很大的力量，所以司马睿要立足江东就必须依靠江东大族。

自西晋末年以来，江东大族受到流民起义以及试图占据江南的割据势力冲击，同时也感觉到北方胡族活动对他们的威胁，因而他们开始改变对司马睿的方针，放弃了对司马睿初镇江左时不予理睬的态度。王导认识到江东大族的意向，向司马睿建议："顾荣、贺循，此土之望，未若引之以结人心。二子既至，则无不来矣。"[2] 司马睿请王导拜访顾荣、贺循，对他们礼遇有加，于是顾荣、贺循应命而至，"由是吴会风靡，百姓归心焉。自此之后，渐相崇奉，君臣之礼始定"[3]。从此南北世家大族集团开始了合作。

除了江东大族，东晋政权之所以能够建立，还因为获得了随司马睿南下的北方大族，也就是侨姓大族的支持。以王导、王敦为首的琅邪王氏是拥立司马睿的主力。王敦都督江扬荆湘交广六州军事，在长江中游掌握重兵；王导从任安东司马内史到担任丞相，在朝内辅助司马睿。因此有"王与马，共天下"[4]之说。从江北南渡的侨姓大族还很多，诸如汝南周凯、范阳祖逖、太原温峤、高平郗鉴、彭城刘隗、勃海刁协、济阴卞壸、汝南应瞻、琅邪刘超、颖川钟雅、河东郭璞、河南庾亮、谯国桓彝、太原王承、颖川荀崧、南阳范坚范汪、琅邪诸葛恢、陈留蔡谟、陈郡殷浩、平阳邓攸、陈郡袁瓌、陈国谢鲲等，史称"洛京倾覆，中州士女，避乱江左者十六七"[5]。王导劝司马睿"收其贤人君子，与之图事"[6]。王导协助司马睿搜罗南渡的士人，不仅使他们舍弃了忧虑之心，安下心来，而且使他们为司马睿服务，逐步奠定了建国的基础。

司马睿依仗南渡的世族，又尽量招引江东大族，建立起侨姓大族和江东大族的联合政权。他用"顾荣为军司马，贺循为参佐，王敦、王导、周颛、刁协并为腹心股肱，宾礼名贤，存问风俗，江东归心焉"[7]。司马睿在王导协助下，还设置学校，建置史官，制定制度，使东晋粗具立国规模。

"王与马，共天下"

琅邪王司马睿镇守建邺，原以为到这里会受到隆重的欢迎，可没想到江南有名望的大士族嫌司马睿地位低，根本没把他放在眼里，到建邺一个多月，一个也不来拜见他。司马睿很着急，要他的好友琅邪王导想办法。王导也知道要想在江南站住脚，没有这些大士族的支持是不可能的。王导就把堂兄扬州刺史王敦请到了建邺，王导对他说："琅邪王仁义德行虽厚，但名望还不够大，你现在威望名声已经很高了，应该帮一帮琅邪王才对。"正值三月上巳，司马睿出外郊游，观看人们的修禊活动，乘着肩舆，摆着全副仪仗，而王敦、王导等大族名士都骑马跟随。吴人纪瞻、顾荣悄悄地前来观看，见王敦、王导等人竟如此恭敬司马睿，都大吃一惊，于是相继在路边施礼拜迎。王导因而再向司马睿献策说："现在天下丧乱，神州大地四分五裂，建国大业才刚刚开始，正是需要人才的时候。顾荣、贺循是当地有声望的大族名人，要好好结交他们，以收揽人心。如果这两人到了，其他的人没有不来的。"司马睿于是就派王导亲自去造访贺循、顾荣，两人都应召而至。从这以后，江南大族纷纷拥护司马睿，司马睿在建邺也就站稳了脚跟。司马睿登基以后，为了感谢王导、王敦兄弟的大力扶持，拜王导为尚书，掌管朝内的大权，即民间流传的"王与马，共天下"。

建武元年（317），司马睿在建康（因避晋愍帝司马邺讳，改建邺为建康）开始称晋王。司马睿从永嘉元年（307）移镇此地到称王，经过了整整十年的时间。在这十年间，因采取了适当的措施和政策，他在江南站稳了脚跟。司马睿称王后，用王敦为大将军，王导领中书监、录尚书事，刁协为尚书左仆射，周𫖮为吏部尚书，贺循为太常，等等。次年，即大兴元年（318）三月，晋愍帝司马邺的死讯传至建康，司马睿改称皇帝，是为元帝，东晋王朝于是建立起来。

第二节　南、北世家大族矛盾的缓和

东晋政权是依靠北方大姓和江南大姓的共同支持才建立起来的，但侨族大姓与江南大姓之间存在矛盾。这种矛盾首先表现在对经济利益的分割上。自中原的变乱发生后，众多的北方大姓迁移到江南。他们带着自己的宗族、乡里、宾客和部曲到达江南后，迫切需要解决土地问题。自东吴割据江南以来，这里的土地大部分为江南大族所有。如果北来的世家大族再向同一地区发展，显然要损害江南大族的利益，因此江南大族必然要强烈反对北来大族的做法。在经济利益分割上的冲突，使侨姓大族与江南大族之间的矛盾不断发展，迫使东晋新政权不能不解决这个矛盾。

虽然东晋政权需要依靠北方大族和江南大族的共同支持，但主要依靠的力量还是北方大族，因此在东晋政权中，北方大姓大多居于显位，而江南大姓只是徒具虚名，并无实权。如贺循只担任太常，纪瞻和陆晔也只任侍中而已。司马睿重用北方世家大族，争取他们来辅佐帝业的做法，自然要引起江南大族的不满。因为在江南大族的眼中，南渡的北方大族不过是一群丧家南徙的流浪难民，但他们在东晋政权中能够居于江南大族之上，驾驭江南大族，这种状况是江南大族非常难以忍受的。所以在东晋政权内部表现出南北地域上严重的派别斗争。

早在司马睿称帝以前，部分江南大族与北方大族的矛盾已开始表面化。司马睿为拉拢江南大族，曾任周玘为吴兴太守。周玘治理吴兴颇有成效，司马睿另立义兴郡来表彰周玘的功劳，但司马睿对周玘也心存疑忌，对他在地方上的势力和影响力深感不安。周玘又被北方大族刁协所轻慢，使他愤怒不已。因此周玘与王恢等人合谋，准备起兵，推江南大族的代表执政。后事机泄露，司马睿并不处置周玘，只是略示轻视之意，使周玘忧愤而死。周玘临死时对儿子周勰说："杀我者，诸伧子，能复之，乃吾子也。"[8]

因吴人对北方大族的怨恨，周勰又暗中联系吴兴郡功曹徐馥等，以讨伐王导和刁协为名，准备起兵。他们要奉周勰叔父周札为主，周札以为徐馥等贸然起兵，胜算很少，将事情告发。周勰发动的武装反叛完全失败。可是司马睿认识到义兴周氏在江南的势力，并不穷究其事，还同过去一样对待周勰。

"强龙难压地头蛇"

"三定江南"中为东晋保有吴地的义兴周玘，宗族武装十分强大，在江南地区享有相当高的威望，功高震主。司马睿对他提防有加，周玘不仅官位原地不动，而且还要看刁协的脸色，心情无比郁闷，便与东莱王恢密谋造反，要杀掉骑在头上的北方佬。王恢遂与流亡在淮泗的流民首领夏铁等勾结，让夏铁打头阵，周玘以三吴之众相应。不巧夏铁的行动被临淮太守蔡豹发觉，夏铁被杀。王恢畏罪逃奔周玘，周玘杀王恢灭口，将王恢的尸体埋在猪圈中。司马睿知道后不动声色，下令征调

第十章 东晋建国与偏安江南　　121

周玘入建康任镇东司马,行至中途,又改授建武将军、南郡太守。当周玘南行到达芜湖,司马睿复命他返回建康,改任军咨祭酒。周玘终于明白司马睿是在故意戏弄他,忧愤而死。周勰对父仇刻骨铭心,暗地里联络族人及吴地世族,招兵买马,准备与司马氏政权一决高下,但由于周勰的叔叔周札告密而失败。不过因为周氏宗族在吴地势力最大,司马睿害怕激起吴地大族的反抗,最终也没有"穷治"此案。周勰失志归家,经常对人说:"人生几时,但当快意耳!"因酒色过度卒于家中。

不过江南大族与北方大族之间的矛盾,发展到像周玘父子这样采取武装反抗的地步,让司马睿以及南渡的北方大族不能不感到害怕。他们知道仅仅依靠笼络的政策,无法使江南大族完全顺从。因此司马睿不得不将过去的一味笼络而改为多方面的分化,以达到使江南大族自相削弱的目的。对于拥有武装的义兴周氏、吴兴沈氏,则通过离间的手法,制造他们之间的矛盾。北方大族王敦就千方百计拉拢吴兴沈充,与沈充关系甚密。他承诺如果沈充同意与王敦共灭周氏,王敦将使沈充扩大势力。因此王敦制造借口,诬称周札叔侄企图叛乱,派沈充诛灭周氏。义兴周氏覆灭,沈充与王敦勾结更深。后来王敦反叛东晋,沈充也参与叛乱。王敦失败,沈充也被杀。江南周、沈两大姓就在东晋政权的分化政策和内讧中同归于尽。

东晋政权意识到江南大族与北方大族矛盾的根源,在于其经济利益受到侵犯,因此为长久计,东晋政权必须在经济上对江南大族做出让步,也就是不能够过多地侵犯江南大族的经济利益。这样,北方大族开始转向东土，也就是浙、闽地区的开发，不只在太湖流域一带求田问舍，使江南大族在太湖流域的经济利益受到了照顾。而这时会稽一带的世家大族，如孔、魏、虞、谢四姓，尚远不及太湖流域的顾、陆、朱、张以及吴兴的丘、沈诸族，因而以王、谢为首的南渡北方大族率领其宗族、宾客、部曲纷纷向浙东会稽一带发展，进而又向温、台一带拓展其势力。北来的林、黄、陈、郑、詹、丘、何、胡八大姓则流寓闽地一带。南北世家大族开始从经济上划分了各自的范围，相互之间不再侵犯，这使他们之间激化的矛盾得到了一定程度的缓和。江南大族的经济利益获得保障，也就不再采取对抗的态度，转而支持东晋政权的存在。

第三节　王敦之乱

东晋时期，从区域上来看，荆、扬二州是国家的经济和军事重心。两州的户口数占江南的一大半。以军事形势而论，扬州被视为内户，荆州则被视为外阃。虽然扬州为京畿，是东晋国家政治统治的中枢，但长江上游的荆州屯集重兵，凭借军事力量又有可能控制长江下游，因而出现了荆扬之争。东晋最早出现的荆扬之争，始自王敦之乱。

王敦（266—324）是王览之孙，娶司马炎女襄城公主为妻。晋怀帝时，王衍将王敦推荐给东海王司马越，司马越任他为青州刺史，后转为扬州刺史。司马睿初镇江东时，王敦与王导共同辅助司马睿。王敦经营长江上游，讨灭流民杜弢的反叛后，任都督江扬荆湘交广六州军事、江州刺史，镇武昌。王敦掌握了长江上游的军队，私自任命将官，专擅荆州一带的企图日益彰显。司马睿称帝后，又晋升王敦为征南大将军、侍中、大将军，其权位更重。晋元帝畏惧王氏势力的逼迫，信用刘隗、刁协等人，疏远王导。王敦上疏为王导申述，与司马睿的矛盾加深。

大兴四年（321），晋元帝为了防范王敦，做了必要的军事部署。他任命戴渊为征西将军、都督兖豫幽冀雍并六州诸军事，刘隗为镇北将军、都督青徐幽平四州诸军事，各率万人，分驻合肥、泗口（今江苏淮安西南），名义上为讨伐石勒，实际上是要防备王敦。晋元帝还释放扬州地区沦落为奴的北方流民，将他们组成军队，充实中央军的力量。

永昌元年（322），王敦以诛刘隗为名，于武昌起兵。晋元帝急召刘隗、戴渊还卫京城，用陶侃领江州，甘卓领荆州，各率军队，攻打王敦后方，但王敦大军已经抵达建康。王敦入据石头城，刘隗、戴渊、周颛等反攻王敦皆告失败。王敦杀了戴渊、周颛、刁协，刘隗逃奔石勒。王敦自任丞相、都督中外诸军事、录尚书事，还镇武昌。晋元帝司马睿于这一年忧愤而死，其子司马绍即位，是为晋明帝。王导受晋元帝遗诏辅政。

王敦虽在武昌，但大权在握。他以王导为尚书令、司徒，兄王含为荆州刺史，官员罢免和改任的有上百人。太宁元年（323），王敦移镇姑孰（今安徽当涂），自领扬州牧，以王含都督扬州江西诸军事，从弟王舒、王彬、王邃分别为荆州、江州、徐州刺史。王敦"既得志，暴慢愈甚，四方贡献多入己府，将相岳牧悉出其门"[9]。这时，王敦已经病重，但急于篡夺皇帝位，因而准备再举兵东下。

太宁二年（324）六月，晋明帝用王导为大都督、假节、领扬州刺史；丹阳尹温峤为中垒将军，与卞敦守石头城。又征兖州刺史刘遐、徐州刺史王邃、豫州刺史祖约等，入卫京师。七月，王敦病重不能领兵，以王含为帅，率水陆将士五万人，突进至秦淮河南岸。温峤烧朱雀桥，退守北岸，阻挡王含军。苏峻、刘遐等大败王含军。王敦听说王含军败，焦虑而死。王含父子逃往荆州，荆州刺史王舒将他们沉于长江。王敦叛乱被平定。

王敦之乱主要是南渡的北方大族间矛盾的一次爆发，表面上看来是长江上游地方的军事力量与长江下游中央的军事力量之争，但实际上反映出一些北方大族凭借其势力，不愿意受到皇权的约束，甚至要左右皇帝的意志。在东晋门阀政治充分发展的形势下，东晋皇权是软弱无力的。在王敦之乱后，虽然王敦、王含败亡，但琅邪王氏仍然是数一数二的世家大族。王导以司徒晋位太保，王舒迁湘州刺史，王舒子王允后为江州刺史，王导从弟王彬为度支尚书，王彬子王彪后为尚书令。王氏在朝廷官位不衰。东晋政权需要门阀大族的支持，因此对王氏大族不得不做出最大的让步。

第四节　苏峻之乱

东晋政权解除王敦在长江上游的军事威胁后不久，又发生了历阳内史苏峻的叛乱。

苏峻是长广掖县（今山东莱州）人，仕郡为主簿，十八岁时被举为孝廉。中原战乱，百姓流亡，苏峻在本县纠集数千家，筑垒自保，被推举为坞主，后率领数百家渡海南奔，在东晋任官。因在平王敦之乱中立功，苏峻被任命为使持节、冠军将军、历阳内史，威望逐渐提高。苏峻拥有精兵万人，武器精良，东晋让他担任防守江北的重任。随着苏峻权势日大，野心也与日俱增。他对大族庾亮、卞壶等执掌朝政，深为不满，抱怨没有任用他执政。

太宁三年（325），晋明帝病死，其子司马衍即帝位，是为晋成帝。成帝年幼，王导与外戚颍川大族庾亮辅政。咸和二年（327），庾亮发现苏峻愈加骄横，打算削夺他的兵权，所以内调他任大司农。苏峻拒不应召，联合祖约，以讨庾亮为名，举兵南渡长江。次年春天，苏峻军攻入京城，尚书令卞壶、丹阳尹羊曼等人皆战死。庾亮率军与苏峻战于建康建阳门，又被苏峻击败，庾亮等侥幸逃脱。苏峻攻建康时，因风放火，城内各官寺被火烧尽。城破之时，又纵兵抢掠，东晋大库中存有的二十万匹布、五千斤金银、亿万钱、万匹绢全数被掠走。苏峻既占建康，分兵转战吴县（今江苏苏州）、海盐、嘉兴、余杭，又攻陷宣城，声势浩大。

东晋的边防，上游在荆襄，下游在淮南，苏峻起兵反晋，实际是淮南的方镇对抗中央，因此东晋政权不得不依靠长江上游荆襄的力量来平定叛乱。江州刺史温峤联合荆州刺史陶侃，并推陶侃为盟主，与庾亮等共同举兵进攻苏峻。陶侃部将杨谦与温峤、庾亮一起在石头城攻打苏峻。苏峻战死，其弟苏逸代领其部众。咸和四年（329），晋军攻斩苏逸等，收复建康。祖约投奔石勒，但全家都为石勒所杀。至此，苏峻之乱被平定。

苏峻是"单家"出身，他开始任官时不过是郡主簿，因此只是一般庶族。与苏峻联合的祖约虽为范阳旧族，但其声望远在庾、卞诸族之下。因此，这次东晋的内乱只是庶族反对执政的世家大族的内争。

苏峻之乱被平定后，陶侃返回荆州，由江陵移镇巴陵（今湖南岳阳）。温峤返回江州，出镇武昌。庾亮请求外镇，出任豫州刺史，镇芜湖（今安徽芜湖）。王导仍然执掌东晋朝廷大政。这种格局的出现，使东晋政权得以转危为安，有了数十年比较安定的统治，能够偏安于江南。

第十一章

东晋北伐与淝水之战

　　东晋建国后一直将北伐中原视为重要问题。重要的北伐有祖逖北伐，庾亮、庾翼和殷浩北伐，以及桓温北伐。在这些北伐中，只有祖逖北伐取得的成效最大。可是这些北伐最后都因不同的原因而失败了。

　　东晋在统治集团内部相对稳定以后，又开始面临北方前秦的进攻。前秦苻坚在统一北方之后，倾全国之力对东晋发动进攻。虽然苻坚动员了数量众多的军队，但东晋以寡击众，大败苻坚的前秦军队。淝水之战，东晋的胜利，使南北继续保持对峙的局面，但北方因前秦的失败，又陷入新的分裂之中。

第一节　祖逖北伐

东晋建立之初，入主中原的少数民族不断扩大势力。匈奴人刘聪扩张到晋南、豫北和关中一带；羯人石勒南进江汉失败，退而北据襄国，在河北一带经营。刘聪、石勒对汉人非常仇视，他们在北方大加杀戮，激起汉人的坚决反抗。汉人或建立坞壁以自保，或相互联合，以少击众，坚持反抗。如李矩的军队收复洛阳，击败刘聪大军，使刘聪气愤至极，发病而死。北方的纷乱形势对东晋北伐收复失地非常有利。但东晋统治集团内部充满各种矛盾和斗争，削弱了统治的力量，也牵制了北伐。此外，晋元帝司马睿也无意收复北方，只有范阳人祖逖坚持要求率军收复失地。

祖逖（266—321），字士稚，范阳旧姓，世代为二千石官。祖父祖武曾任上谷太守。祖逖年少时，州郡举孝廉、秀才，为司州主簿。京城洛阳大乱时，祖逖率宗亲乡党数百家，避难到淮泗地方。祖逖到达泗口时，司马睿时镇建邺，用他任徐州刺史，又征为军咨祭酒，徙居京口（今江苏镇江）。祖逖怀有振兴晋室之志，招募一些宾客义徒，请求司马睿让他北伐。这时司马睿正在拓定江南，并不准备北伐。但在祖逖的坚决要求下，司马睿任祖逖为奋威将军、豫州刺史，只"给千人廪，布三千匹"[1]，不给兵器，也不给士兵，让祖逖自己招募士兵。建兴元年（313），祖逖率领原来追随他流徙南下的部曲数百家渡过长江。史载，祖逖中流击楫而誓曰："祖逖不能清中原而复济者，有如大江！"[2] 祖逖先在江阴（今江苏淮安西南）起铁冶，铸造兵器，陆续招募到两千多人，进屯雍丘（今河南杞县），多次派兵进攻石勒军。

祖逖沉重打击石勒军，连连获胜。中原坞主、地方武装归附祖逖的人越来越多。黄河以南力量强大的坞主有李矩、魏浚、郭默等，他们经过祖逖的说服，都愿意受他指挥，因此黄河以南的地方都被收复。石勒因祖逖的力量日益强大，请求通使交市。祖逖不回信答复，而听任互市，收利十倍，因此公私丰赡，士卒和战马日益增多。黄河北岸坞壁间的人民对祖逖也都非常支持，只要石勒一有军事行动，他们就立即将情况报告给祖逖。在这种形势下，石勒的军队不敢贸然向黄河以南开进。

　　在祖逖将北方的局面刚刚打开，正在积蓄、准备力量向黄河以北推进，扫清河朔时，东晋统治阶级内部的矛盾却尖锐起来。晋元帝司马睿与王敦对抗，内乱一触即发。晋元帝派戴渊为征西将军、都督兖豫等六州诸军事、司州刺史，镇合肥，防备王敦，祖逖也受戴渊的节制。祖逖认为戴渊是吴人，有才望而无宏图远见，但他拼力斩除荆棘，收复的河南地方却要归戴渊这样的人来管辖，因此心怀忧愤。祖逖又听说王敦与刘隗、戴渊等人的矛盾日益加深，知道东晋将有内乱，因而北伐大业很难成功。大兴四年（321），祖逖感愤发病而死，时年五十六岁。豫州百姓听到祖逖病故的消息，如丧父母，在谯、梁间立祠纪念他。不久，王敦之乱爆发，祖逖收复的淮河、汉水以北的失地，又全部被石勒攻占。

　　祖逖的北伐在东晋的几次北伐中取得的成就最大，这正是祖逖矢志不渝尽全力收复中原失地的结果。只是由于祖逖身死之后，后继无人，他收复的黄河以南的土地才得而复失。

第二节 庾亮、庾翼和殷浩的北伐

在平定苏峻之乱后，庾亮自以为这次内乱是由他引起的，于是要求出任豫州刺史，出镇芜湖。陶侃死后，庾亮晋位征西将军、都督江荆豫益梁雍六州诸军事，领江荆豫三州刺史，镇武昌。这时石勒刚死不久，庾亮认为已经有了恢复中原的机会。

庾亮辞去豫州刺史之职，将此职交与征虏将军毛宝担任，使他与西阳太守樊峻一起领精兵一万戍守邾城；以陶称为南中郎将、江夏相，率领部曲五千人入沔中；以其弟庾翼为南郡太守，镇江陵；以武昌太守陈嚣为辅国将军、梁州刺史，出子午谷。庾亮还派遣偏师伐蜀，擒蜀荆州刺史李闳等，押送建康。庾亮自率大军十万，移镇襄阳，作为各路军队的后援。

庾亮在军事上做了安排后，上书晋成帝准备北伐。朝臣多不同意庾亮意见。郗鉴认为军事物资准备不充分，不可以大举出兵。蔡谟以为北伐是以我之短攻敌所长，不可贸然北进，只有划江而守为上策。只有王导支持庾亮，主张北伐。这时，石虎派将军樊安率五将军攻邾城，毛宝、樊峻都战死。庾亮只好放弃北伐的计划，忧愤发病，于咸康六年（340）病死。

庾亮死后，晋成帝用其弟庾翼假节、都督江荆司雍梁益六州诸军事、安西将军、荆州刺史，代庾亮出镇武昌。庾翼很有才干，他常以灭胡为己任。晋康帝即位后，建元元年（343），庾翼上书要求北伐。他曾遣使东约前燕慕容皝、前凉张骏，定期出兵。庾翼的主张只有庾翼兄庾冰和桓温等人赞成，大多数朝臣则反对。但庾翼锐意北伐，他上表任桓宣为都督司雍梁三州及荆州四郡诸军事、梁州刺史，前往丹水（河南、陕西之间），桓温为前锋小督、假节，率军入临淮（今江苏盱眙）。庾翼本来打算进驻襄阳，但唯恐朝廷不允许，托言先至安陆。他从武昌至夏口后，上表要求徙镇襄阳。东晋朝廷同意庾翼的要求，并任庾冰为都督荆江益梁等七州诸军事、江州刺史，镇武昌，为庾翼后援。

庾翼有部众四万，到达襄阳后，大会僚佐，陈兵誓众。他派桓宣在丹水攻后赵将李黑，但桓宣战败，被贬官，随即惭愤病死。建元二年（344），晋康帝和庾冰都相继病故，庾翼只好由襄阳退还夏口，但他还修缮兵器，囤粮积谷，准备再次举兵。永和元年（345）七月，庾翼病死。庾氏兄弟的北伐都以失败告终。

在庾氏兄弟北伐之后，坚持北伐的是殷浩。殷浩是豫章太守殷羡的儿子，年轻时就很有名气，善于玄谈，时人将他比之于管仲、诸葛亮。桓温平定蜀地后，威名大振。这时，会稽王司马昱执政，辅佐晋穆帝。殷浩负有盛名，朝野皆服，因此司马昱将殷浩引为心腹，参与朝政，来与桓温相抗衡。

永和五年（349），后赵石虎死，桓温、褚裒等人都准备乘机北伐。东晋任褚裒为征北大将军、征讨大都督，率军北伐。褚裒在代陂被后赵将李农大败，褚裒败退广陵，后惭愤而死。褚裒虽败，但东晋任用殷浩为中军将军，都督扬豫徐兖青五州诸军事，进军北伐。永和八年（352），殷浩以规复中原为己任，率军自寿春进发。殷浩所领安西将军谢尚与苻健的将领张遇战于许昌，谢尚大败，死者一万五千人，谢尚败退淮南，殷浩也退屯寿春。

殷浩败退后，准备再次举兵。王羲之给殷浩写信，劝他停止北伐，以长江自保。但殷浩执意出兵。这时，桓温占据荆江八州，所

第十一章　东晋北伐与淝水之战　　133

有的人力、物力都归他所有，朝廷无法调用，因此殷浩北伐受到桓温很大的牵制。殷浩在作战上并没有出众的才能，很难控制北伐作战的复杂局面。永和九年（353），殷浩又率军七万，自寿春北伐，准备进驻洛阳，修复园陵。殷浩所用的羌将姚襄叛变，在山桑（今安徽蒙城北）袭击殷浩，杀伤万余人。殷浩败逃至谯城，武器、辎重全部丢失。桓温听说殷浩北伐失败，上疏要求将殷浩发配到荒远之地。朝廷将殷浩废为庶人，徙于东阳之信安县（今浙江衢州衢江区）。数年后，殷浩病死于发配之地。

庾氏兄弟和殷浩的北伐都在刚刚出兵或出兵不久就归于失败，收效甚微。他们北伐多怀有个人目的，特别是殷浩北伐，是要抵制桓温势力的发展，因此北伐就更难以取胜，而北伐的失败却成了可以诋毁、加害政敌的口实，这种北伐毫无成就可言。

第三节　桓温北伐

永和元年（345），出镇荆州的庾翼病死，东晋朝廷以桓温任都督荆司雍益梁宁六州诸军事、荆州刺史，接替庾翼。长江上游的军政大权集于桓温一身。次年，晋穆帝用司马睿少子司马昱辅政，荆、扬之间又形成分争对立的局面。

桓温（312—373），谯国龙亢（今安徽怀远西北）人，其父桓彝渡江后仕至散骑常侍、宣城内史，死于苏峻之乱。桓温娶晋明帝女南康公主为妻，任驸马都尉，后迁至徐州刺史，又代庾翼镇荆州。桓温有雄才，立志要收复中原，同时还试图通过军事上的胜利来提高他的威望。永和二年（346），桓温上表朝廷，要求伐蜀。这时，成汉的李势骄淫不理国事，统治集团内部矛盾重重。桓温率益州刺史周抚、南郡太守谯王司马无忌等人，在这年年底出兵进攻蜀地。桓温军沿江而上，直指成都。李势战败投降，成汉灭亡。桓温平蜀后威名日盛。

桓温试图乘机要求北伐，几次上表朝廷，但朝廷害怕桓温北伐成功，更无法控制，故意将桓温的建议搁置起来。后褚裒、殷浩北伐均告失败，因此朝廷再也无法阻止桓温北伐。永和十年（354）二月，桓温率步骑四万，发江陵水军，自襄阳入均口（今湖北丹江口市西），步兵自淅川趋武关，以攻前秦苻健。又命梁州刺史司马勋出子午道，为另一路。桓温军攻上洛（今陕西商洛），俘获前秦荆州刺史郭敬，又在蓝田大败苻健军，进军灞上（今陕西西安东）。当地居民都牵牛担酒欢迎桓温军。年长者感动地流泪说："不图今日，复见官军。"[3] 桓温军取得胜利，迫使苻健退保长安，深沟自固，不敢交战。

桓温进军关中时，由于运输困难，没有多带粮食。原来估计关中春麦成熟，可以割取以作军粮，但苻健早已将春麦收割，实行坚壁清野。桓温的北伐军在粮食供应上遇到了很大的困难。后桓温军在白鹿原与苻健大将苻雄交战，晋军战败，死者万人。桓温只好退兵。

永和十二年（356），羌族酋长姚襄入据许昌，进攻洛阳。东晋朝廷晋封桓温为征讨大都督、都督司冀二州诸军事，委以专征之任，再次出兵北伐。桓温从江陵进军，与姚襄在伊水交战，击溃姚襄。姚襄逃往平阳，洛阳守将周成开城投降。桓温进驻洛阳原太极殿前，又移据金墉城，迁三千余家于江汉之间。桓温又命毛穆之、陈佑、戴施等人戍守洛阳。在对洛阳草草修缮后，桓温上表朝廷，要求还都洛阳，并主张将永嘉之乱后迁徙到江南的北人，全部北迁到河南。南迁的世家大族已经在江南广占田土，兴置田庄，自然不愿意北迁，纷纷对桓温的建议提出异议，所以桓温要求复都洛阳的建议只好作罢。

"树犹如此，人何以堪！"

东晋永和十二年，桓温从江陵第二次北伐，行经金城，看见自己年轻任琅邪太守时栽种的柳树都已十围了，心头思绪万千，自己多年北伐没能成功，感叹说："树尚且如此，人哪能不老！"手握枝条，泪流满面。于是渡过淮河、泗水，踏入北方境内。桓温同诸僚属登上楼船，放眼远眺中原，感慨地说："致使神州沦陷，百年间变成废墟，王衍等人不能不负责任！"袁宏说："天运有兴有废，哪是诸人的过失！"桓温变色动容对同僚说："听说刘表有头千斤重的大牛，咀嚼豆子多于常牛十倍，可是负重行远，还不如一头瘦牛，曹操进入荆州后，把它杀了犒劳军士。"话的意思是把袁宏比作大牛，要杀了他。诸人听了都大惊失色。北伐大军见桓温收复中原的意志如此坚定，遂英勇奋战，收复了洛阳。

自桓温留将领戍守洛阳后，洛阳为东晋所控制，但前燕慕容氏的势力不断向南发展，洛阳时刻都在前燕的威胁之下。升平三年

（359），慕容儁派军进攻东阿。东晋派泰山太守诸葛攸带兵二万迎敌，结果大败。东晋又命谢万至下蔡（今安徽凤台），郗昙至高平（今山东金乡西），应战前燕军队。谢万毫无军事才能，又心高气盛，当他进兵援救洛阳时，郗昙因病退还彭城，而谢万却误认为前燕军太强，迫使郗昙退军，因此他仓皇逃跑，部众也都狼狈逃散。谢万、郗昙败退后，许昌、颍川、谯、沛诸城相继被前燕攻占，对洛阳形成包围之势。兴宁三年（365），慕容恪攻占洛阳，守将沈劲被俘，不屈而死。

太和四年（369），桓温自兼徐兖二州刺史。四月，桓温自姑孰率兵五万北伐。六月，北伐大军抵达金乡（今山东金乡）。因夏季气候干旱，水位低落，运输粮食给养的航道不畅通，五万大军无法北进。桓温令冠军将军毛穆之凿巨野泽三百里，引汶水汇于清水。桓温自清水引舟船入黄河，进至枋头（今河南浚县内）。桓温又派建威将军檀玄从陆路进军，在黄墟（今河南杞县东南）击溃前燕征讨大都督、下邳王慕容厉的二万军队。前锋邓遐、朱序又在林渚（今河南郑州东北）击败前燕将领傅颜的军队。军事形势的发展对东晋非常有利。枋头距离前燕国都邺城只有二百里路程。前燕君臣非常恐慌，他们向前秦王朝求救，请求前秦从洛阳出兵，牵制晋军北进，同时又做好准备，出奔龙城（今辽宁朝阳）。为抵御晋军，前燕国主慕容暐派慕容垂为南讨大都督，率军五万南进。

桓温到达枋头后却不敢直趋邺城。到九月时，北方继续缺水，开凿的运河水位低落，接近干涸，舟船不能航行。桓温在进兵之初，曾命豫州刺史袁真进军谯、梁，直达荥阳，命他打开荥阳的石门（即汴口），将黄河水引进蒗荡渠下注汴渠，沟通淮、泗水运，

第十一章　东晋北伐与淝水之战　　137

使水军能由此水路退至淮水。虽然袁真攻克了谯、梁，却不敢向荥阳进兵，打不开石门。慕容垂命其弟慕容德率领精兵一万五千人，加强对石门的防御。因前燕增兵守石门，袁真更打不开石门，水运道路受阻。桓温悬军深入，粮草已竭，只好退兵。在退兵时，桓温军因无法走水路，只能将船舰焚毁，丢弃兵器、辎重，改走陆路。桓温军由东燕（今河南延津东北），经仓垣（今河南开封东北），步行七百余里，退至襄邑（今河南商丘西）。慕容垂率骑兵八千人跟踪追击。慕容德在襄邑西南先埋伏精兵四千人，与慕容垂夹击桓温军。桓温军大败，士卒死亡三万多人。东晋收复的淮河以北的失地又全部丧失。

桓温前后十多年致力于北伐，但由于统治阶级内部荆扬之争的持续和扩大，其北伐受到牵制。桓温试图利用北伐作为他集权的手段，也使北伐受到不利的影响。由于这些因素的制约，桓温北伐很难获得胜利，南北统一的希望也难以实现。

第四节　淝水之战

宁康元年（373），桓温病死。东晋以谢安（320—385）任司徒，执掌朝政。桓温弟桓冲任都督江荆梁益等州诸军事、荆州刺史，镇江陵；谢玄为广陵相、兖州刺史监江北诸军事，后又加号冠军将军，加领徐州刺史，镇广陵。由于北方前秦势力的强大，面对强敌，东晋统治阶级内部的矛盾暂时缓和了，因此东晋政权处于相对稳定的时期。在谢玄镇守广陵时，他招募了一批劲勇之士，诸如刘牢之、何谦、诸葛侃等，每战必胜，号称北府兵，是东晋的劲旅。

前秦统一北方后，苻坚试图消灭东晋，统一全国。在伐晋问题上，前秦统治集团内部意见很不一致，大多数人不赞成对东晋用兵。苻坚的同母弟征南大将军苻融、太子苻宏、中山公苻诜等人，都持反对意见。朝会后，苻坚留下苻融单独商议。苻融申述了不可伐晋的原因，并让苻坚重视已故丞相王猛的遗言。苻融强调不可以伐晋的主要理由是，兵将疲倦，不愿意再打仗；鲜卑、羌、羯人是心腹之患，但苻坚执意出兵伐晋，不采纳其意见。

太元八年（383）七月，苻坚下令进攻东晋。他规定在前秦的统治地区内，所有公私马匹全部征用，平民十丁抽出一丁当兵。选良家子为羽林郎三万人，以秦州主簿赵盛之为少年都统，统领这些羽林郎。到八月，苻坚任命苻融为前锋都督，指挥慕容垂等所率步骑二十五万人先行；以兖州刺史姚苌为龙骧将军，率领蜀军东下。苻坚亲自从长安出发，率步卒六十余万、骑兵二十七万，前后千里，旗鼓相望。苻坚到达项城时，凉州之兵才到达咸阳；蜀汉之军正顺流而下，幽冀之众才进至彭城；东西万里，水陆并进，运船万艘，从黄河入石门，到达汝、颍。这支声势浩大的百万大军在苻坚出师前，就被吹嘘为"投鞭于江，足断其流"[4]。但实际投入战斗的，只有苻融指挥的到达颍口的三十万先遣军队。

苻融先锋部队三十万人先行攻陷寿春，俘虏东晋平虏将军徐元喜、安丰太守王先。慕容垂的军队则攻克了郧城（今湖北安陆）。苻融攻克寿春后，派使者通告苻坚，让他火速前进，防止晋军逃走。苻坚将大军留在项城，率领轻骑八千，兼程赶到寿春。

东晋以尚书仆射谢石为征虏将军、征讨大都督，以徐兖二州刺史谢玄为前锋都督。他们所率部众与辅国将军谢琰、西中郎将桓伊等所率军队合在一起，共有八万人。另外，又派龙骧将军胡彬，率水军五千人救援寿春。谢玄等人率领的北府兵成为战斗的主力。东晋军八万人与苻坚的前锋军队三十万相比，在人数上少了很多。

建康城中居民听到这种情况都感到恐慌。桓玄要派三千人前来保卫建康，谢安拒绝，反命桓玄留在原地自卫。谢玄率军出发前向谢安请教破敌之策。谢安竟出游别墅，与谢玄下围棋，游涉到半夜才回家。谢安有意表现出镇静，以此使人心稳定。

胡彬率军救援寿春，尚未到达，寿春已经失守，只好带军队退保硖石（今安徽寿县西北）。谢石、谢玄领军在距洛涧二十五里处驻屯下来，不敢再前进。

苻坚到达寿春后，派东晋降将朱序来游说谢石等投降。朱序原来是东晋的襄阳太守。朱序到东晋的军营中，不但不劝说谢石投降，反而为谢石出谋划策。他说：如果苻坚的百万大军都到了，就难以抵挡了。现在应该趁其大军没有集中前，赶快打败他的前锋，先声夺人，就可以取得胜利。谢琰也劝说谢石接受朱序的意见。因此谢石派刘牢之率精兵五千人，直攻洛涧的前秦军。前秦将领梁成隔洛涧布阵以待。刘牢之渡水出击，大破梁成军，斩杀梁成、王显等。前秦部众崩溃，争赴淮水，士卒死者一万五千人。东晋军取得了初战的胜利。

谢石、谢玄等乘胜率水陆军齐进，与苻坚军相持于淝水。苻坚登寿阳城观望晋军，见晋军阵势严整，开始露出害怕的神色。他甚至将城外八公山上的草木也当成了东晋的军队。他对身旁的苻融说："这是一支劲旅，怎么能说弱呢？"

因为前秦军阻淝水为阵，晋军无法通过。谢玄派使者对苻坚说："你们悬军深入，但逼水为阵，这不是想早日决战，而只是做持久战的打算。如果使我军能渡水一战，岂不快哉！"苻坚的部下都主张不能让晋军渡过淝水，认为这是万全之计。苻坚却坚持要让晋军渡河，利用晋军半渡时，以骑兵围而歼之。因此苻坚挥军稍退，可前秦军却退却不止。谢玄、谢琰、桓伊等乘机渡过淝水，奋击秦军。苻融驰马略阵，想整顿阵势，不幸战马摔倒，被晋军斩杀。投降前秦的东晋将领朱序等人又在阵后大喊："秦军败了！秦军败了！"前秦军大败，溃逃不止。谢玄等乘胜追击，至于青冈。溃败的前秦军自相践踏，死者十之七八，蔽野塞川。落荒而逃的前秦士兵听到风声鹤唳，也以为是追赶的晋军，狼狈不堪。原来被前秦军俘虏而降的朱序、徐元喜和前凉国主张天锡等人一起投奔东晋。东晋收复寿阳，俘虏前秦淮南太守郭褒。苻坚身中流矢，只带少数人逃回淮北。

谢安镇定自若败苻坚

东晋太元八年（383）八月，前秦皇帝苻坚率领百万大军，南下进攻东晋。前秦军势力强大，东晋众将接连败退。而执掌朝政的东晋宰相谢安却毫不畏惧秦军的攻势，任命弟弟谢石为征讨大都督，侄子谢玄为前锋都督，儿子谢琰为辅国将军，率军阻击前秦军。十一月，前秦军直逼淝水，京师建康人心惶惶。大战之前，谢玄向谢安请教退敌之策，谢安神情泰然地说："朝廷已有安排。"随后默默不语。谢玄不敢再问,便派部下张玄再去请示。谢安则不加理会,反而驾车去山中别墅,与众多的亲朋好友聚会。他泰然自若地坐下来,与谢玄下围棋,赌别墅。大敌当前,谢玄根本没心思下棋。谢安平常棋艺不如谢玄,由于谢玄心慌,谢安反而胜了谢玄。随后,谢安便登山游玩,到晚上才返回。

谢安的举动令大将桓冲十分担忧,他请求从荆州派三千精兵保卫京师。谢安却不允,说:"朝廷已有退敌之计,无须向京师派兵,荆州防线也很重要,不能随便抽调军队。"桓冲对部下叹息说:"谢安是位好宰相,有治国的大才,但他根本不懂打仗。今大敌当前,只顾游山玩水,又派年轻不懂事的青年将领上前线,敌众我寡,东晋无疑要灭亡了,我们也迟早要成为前秦的俘虏。"

其实谢安早已成竹在胸,就在当天夜里,他召来众将领,面授机宜,分派各自的职守,将退敌的部署安排妥当。不久,东晋军便与苻坚在淝水决战,晋军大获全胜。谢玄立即派人将大败苻坚的捷报传送给谢安。这时,谢安正与客人下棋。他看完之后,便把报捷信丢在床上,全无喜色,依旧下棋。客人询问,他才慢慢答道:"小儿辈已大败秦军。"谢安下完棋回到内室,再也抑制不住内心的喜悦,过门槛时,他脚上穿的木屐的屐齿被碰断了,都不知道。因谢安指挥有方,功勋卓著,朝廷任命他为太保。

淝水之战,东晋战胜前秦,原因是多方面的。苻坚统一北方后,社会秩序并不稳定。他将氐人迁徙到各地,实际上分散了氐人的力量；他对征服的少数民族实行所谓的怀柔政策，是在养虎为患。他在不适当的时机发动淝水之战，加剧了国内的各种矛盾。他在各州郡人民都不愿意参战的情况下，强征他们入伍，自然激起很大的愤慨。虽然出师的人数号称百万，但士兵不满被征召，因此军队毫无斗志，意志消沉，不愿意积极作战。前秦军中的汉人面对晋军，更不愿意自相残杀。前秦各路军的统帅也都各怀异志，或者要保存实力，或者准备投降东晋；有的在战前向晋军通报军情，有的则想趁机东山再起，如慕容垂、姚苌赞成苻坚起兵攻晋，是要促成苻坚的失败，趁乱夺取政权。与此相反，东晋在淝水之战前，在经济上，出现了谷帛充盈的局面；在政治上，则是"君臣和睦，上下同心"[5]；在军事上，组成了一支百战百胜的北府兵。北府兵成员多为流亡南渡的北方人，他们深受北方少数民族贵族压迫之苦，因此作战时无不以一当十，拼死杀敌，奋不顾身。前秦与东晋在经济、政治、军事等方面存在明显的差别，这对战争的胜负影响很大。除此之外，苻坚的骄傲自大和缺乏在复杂军事斗争中的应变气度，也直接促使前秦军迅速地惨败。

　　淝水之战是中国历史上一次以少胜多的著名战役。东晋胜，前秦败，东晋政权得以延续下去，南方的经济、文化免遭北方少数民族的破坏，南方人民避免受到北方少数民族的统治。然而苻坚的失败却使前秦国家无法维持北方统一的局面，导致了前秦统治迅速瓦解。鲜卑、匈奴和羌族贵族乘机纷纷起来建立政权，北方又陷入分崩离析的混战之中。

第十二章

北方人民的南迁与社会经济的发展

　　自永嘉之乱后,北方人民大量南迁,东晋政府为南迁人口设置侨立州郡县加以安置,并实行一些优抚的措施。但经过一些时间,南迁的侨人与原住民的差别越来越小,东晋政府为了增加赋税来源,采取土断的办法,对侨人与原住民用黄、白籍加以区分。东晋实行多次土断,其中以桓温的庚戌土断和刘裕的土断最严格。东晋政权在解决南迁人口的安置问题的同时,努力发展农业、手工业和商业,使江南经济出现繁荣局面。

第一节　北方人民的南迁和侨立州郡

一、北方人民的南迁

西晋永嘉之乱后,少数民族入主中原。进入中原的少数民族统治者,对汉人进行了异常残酷的欺压和盘剥。他们还对汉人大加歧视,称其为"汉狗""贼汉",肆意杀戮汉人。北方少数民族政权相互攻伐,战争接连不断,局面极其混乱。在水深火热中的北方汉人,不能够忍受受欺压的动荡生活,纷纷外迁。汉人的外迁避难有三个方向:一是迁往辽西;二是迁往陇右;三是迁往长江以南。但大多数的人迁往江南,因为江南地区社会局面稳定,自然条件优越,土地肥沃,吸引大量北方人民南移。

中原人民流徙南下,主要集中在荆、扬、梁、益诸州。东部地区的北方人民主要迁移到南方的东部,西部地区的北方人民主要迁移到南方的西部。

迁移的汉人有西晋皇室、洛阳的公卿大夫、北方的中低世族和普通平民。南渡的官宦和世家大族往往带着宗族、部曲,并在沿途召集流散的人口,扩大他们的部曲队伍。一般南渡的人通常是按籍贯聚集若干家,一段距离一段距离地南移,形成了一个个的流民群。北方人民南迁到达长江流域的,总人数至少有七十万人,还有二十万的南迁人民没到达长江,聚集在今山东和江苏北部地区。

北方世家大族迁往长江下游后分布在不同的地区。上层的世家大族虽然在首都建康进行政治活动,但在经济上则向会稽、临海一带发展,殖产兴利,广占田宅,诸如王、谢两大世族就在这里求田

图12-1 南京出土的王丹虎墓志拓片（南迁的王氏仍保留"琅耶（邪）临沂"的原籍贯，东晋政府设置侨州郡加以管理）

问舍，以求经济上的发展。下层世族人数较多，他们无法与上层世族争夺经济上的利益，为了生存，他们在较为安全的长江南岸居住下来，选择往地广人稀的京口、晋陵一带发展。居住在晋陵的流民集团有很强的战斗力，他们组成的北府兵在淝水之战中大获全胜，后来创建宋、齐、梁霸业的也都是出自这个集团以及他们的子孙。

迁至长江上游的上层世族主要居住在江陵、南郡近旁一带。因为江陵一带距离北方少数民族势力较远，比较安全，并且江陵还是长江上游的政治中心，如上层世族庾氏从南阳新野南渡后就在江陵一带发展。下层世族则多徙居襄阳,迁徙到襄阳的南阳、新野和雍、秦流民集团都拥有武力,战斗力很强。

据《晋书·地理志》和《宋书·州郡志》的记载推测,永嘉之乱以来,北方平均八人中就有一人迁徙至南方。在东晋、刘宋所辖境内,国家的编户齐民中六分之五为本土旧民,六分之一为北方迁徙来的人口。

这些迁徙到南方的北方人,正如《隋书·食货志》称:"晋自中原丧乱,元帝寓居江左,百姓之自拔南奔者,并谓之侨人。"除了一部分人沦落为世家大族的部曲、奴客外,余下的侨人或者开垦荒地,以保证生活需要;或者流浪各地,以维持生计,国家没有将他们编入户籍,因此被称为"浮浪人"。东晋政权如果不能妥善处理这些人口,使之受到控制,就会发生像西晋末年的流民叛乱。所以,东晋政府必须采取适当的控制措施。

二、侨立州郡的设置

东晋政府为了控制这些人口,在侨人集中的地方,诸如长江南北,梁、益通路,陆续设置了与侨人旧地同名的侨州、侨郡、侨县,以此保证侨人著籍。东晋政权设立的侨州郡的情况大略如下:

司州。晋元帝渡江,侨置司州于徐。后又因弘农人流寓寻阳(今江西九江),侨立弘农郡。因河东人流寓武陵,侨立河东郡,下统八个侨置的县。

南兖州。晋元帝侨立兖州于京口。晋明帝以郗鉴为刺史,寄居广陵,后改称南兖州。

豫州。晋成帝在江淮之间侨立豫州，居芜湖，后移镇姑孰，改称南豫州。

雍州。晋元帝侨置雍州，镇鄾城，后取消。孝武帝又侨立雍州于襄阳，下统京兆、始平、扶风等七个侨郡。

徐州。晋元帝渡江，徐州只有一半属东晋，因此侨置淮阳、阳平、济阴、北济阴四郡。又侨置琅邪郡。后侨置南徐州，治京口。

这些侨州、侨郡、侨县没有实土，并且时置时废，时合时分，情况非常复杂。在侨立州郡内也不全是侨人。如南徐州有人口四十二万，其中侨人只有二十二万人，这是侨置州中侨人最多的地方。在原来的州郡县中，除了本土居民外，也有一些侨人。

东晋政府使侨人著籍侨州郡的户口簿上，就可以获得优抚、免除调役等优待。因为国家兵役和租调，是加在编户齐民身上的沉重负担，因此国家的这种规定对中原人民渡江南来，具有巨大的吸引力。同时，优抚的规定也使国家的编户齐民不至于迅速地破产，因而对他们无限制地流入私家，能够起到有效的限制作用。此外，当时北方来的世家大族，互相标榜阀阅，因此设置侨州郡，对于南渡的北方世家大族来说，他们可以夸耀的出身地望也得到了保证，这也适应了东晋门阀政治发展的需要。

第二节　土断的实行

东晋对南渡的北方侨人以侨州、侨郡、侨县来管理，并实行优抚的政策。但随着时间的推移，侨人在南方的时间历久年深，他们与当地农民在经济地位上的差别越来越小，他们的生产有了保障，生活也安定下来。因此东晋统治者认为优待侨立州郡人民，对他们进行优抚，已经失去了原有的意义。国家需要扩大赋税的来源，增加财政的收入；国家也需要更多的服兵役的人口，因此有必要实行新的措施控制侨人，取消原来优抚的种种办法。

从东晋成帝咸和年间（326—334）开始，国家一再用土断的办法来加强对侨人的控制。东晋政府先后进行了四次土断。第一次土断在东晋咸和年间，其具体内容，文献记载缺佚。第二次土断，在晋成帝咸宁七年（341）。这次土断主要为了使北来的侨人在收复故土后，还能够保留恢复原籍的希望，因此在取消流寓郡县之后，将户籍分为两种颜色：一种是南方原住民的黄色户籍，即所谓的"黄籍"；另一种是北来侨人的白色户籍，"实编户，王公已下皆正土断白籍"[1]。第三次土断在晋哀帝兴宁二年（364）三月庚戌日。因为这次土断的命令是在庚戌日颁布的，所以称为"庚戌制"，也称为"庚戌土断"。这是东晋最有名的一次土断，由桓温主持。

在东晋政府取消对侨人的优抚等办法后，北来侨人承受的赋税和兵役负担加重，因此北来侨人常常在土断之际隐匿不报户口，或者流入世家大族之家，成为部曲或者佃客。桓温在执行土断法时采取了严厉打击隐匿户口的世家大族的做法。如东晋宗室彭城王司马玄"会庚戌制不得藏户，玄匿五户，桓温表玄犯禁，收付廷尉"[2]，会稽内史王彪之使"亡户归者三万余口"[3]，足见庚戌土断的彻底。后来宋武帝刘裕充分肯定了这次土断的成绩，他说："及至大司马桓温，以民无定本，伤治为深，庚戌土断，以一其业。于时财阜国丰，实由于此。"[4] 在这次土断之后，东晋政府的财政收入明显地增多了。后来谢安执政能够组建北府兵，也是以这一次土断为基础的。

晋安帝义熙八年（413）、九年（414），东晋政府又进行了一次大规模的土断。这时刘裕当政，对土断执行得很严格。此前，会稽四大姓中的余姚虞亮藏匿亡命千余人，被刘裕处以死刑，并罢免会稽内史司马休之。刘裕的做法使"豪强肃然，远近知禁"[5]。因此，刘裕推行这次土断，更是大刀阔斧。在刘裕消灭刘毅后，下令荆、江二州，"凡租税调役，悉宜以见户为正。……州郡县吏，皆依尚书定制实户置"[6]。可见这次土断先从长江上游荆、江二州开始，接着在全境内实行。刘裕又上表提出，自庚戌土断后，时间一长，弊端又起，"画一之制，渐用颓弛。杂居流寓，间伍弗修"[7]，必须再重新实行庚戌土断的科条。按照刘裕的规定，除了南徐、南兖、南青三州在晋陵郡界（今江苏镇江、常州一带）的人，不在土断之列外，其余都依界土断，"诸流寓郡县，多被并省"[8]。这是东晋最后一次大规模的土断，也是刘裕称帝前在经济上采取的一项重要措施。

经过东晋政府的多次土断，在南渡的侨人中，散居者大部分被纳入国家的户籍；南渡的侨人被国家以乡里的组织形式编制起来，固着在土地上，成为国家可以控制的对象。一些没有实行土断或者人口太少的侨郡县被省并。在土断开始时，南渡的北方侨人被立为白籍，以此与著黄籍的南方原住民相区别。后来，南渡的北方侨人大都被编入黄籍，白籍逐渐消失。南渡的北方侨人和当地的土著一样，都成为国家赋役的承担者，国家对南渡的北方侨人和南方的原住民的控制，逐渐一致。

第十二章　北方人民的南迁与社会经济的发展

第三节　江南经济的发展

一、农业的发展

东晋时期，江南的经济呈现发展的趋势。当时农业生产的发展是显著的。大量的北方人民渡江南迁，为农业生产增加了大量的劳动人手，补充了南方农业劳动力的不足，也带来了许多比较先进的生产工具和生产技术。如西晋末年，渡江南来的郭文隐居在吴兴大涤山中，以区种菽麦为生。区种法[9]就是由北方农民带往江南的先进农业生产技术。南、北农民的结合，北方旱田耕作与南方水田耕作技术的结合，都促进了江南农业生产的进步。

东晋统治者为了保证政权的存在和稳定，对于农业生产是比较重视的。大兴元年（318），晋元帝司马睿下令，在徐、扬二州推广种麦，"可督令熯地，投秋下种，至夏而熟，继新故之交，于以周济，所益甚大"[10]。晋元帝积极实行鼓励农耕的措施，他对州郡长吏的考核以入谷多少作为评定先进和落后的标准。东晋统治者还大力推行屯田。晋明帝时，应詹上疏称："三台九府，中外诸军，有可减损，皆令附农。"[11]应詹所说的就是一种军屯。应詹还建议："江西良田，旷废未久，火耕水耨，为功差易。宜简流人，兴复农官，功劳报赏，皆如魏氏故事，一年中与百姓，二年分税，三年计赋税以使之，公私兼济，则仓盈庾亿，可计日而待也。"[12]屯田生产用流人，则为流人屯田。这两种屯田在东晋一直实行。晋穆帝时，荀羡任北府都督，"起田于东阳之石鳖，公私利之"[13]，足见屯田取得了明显的成效。

东晋统治者重视水利事业的建设。他们使南方的水利灌溉系统，在过去的基础上得到推广和修理。一些地方官员重视当地的水利设施的兴修。张闿任晋陵内史，"立曲阿新丰塘，溉田八百余顷，每岁丰稔"[14]。孔愉任会稽内史，"修复故堰，溉田二百余顷，皆成良业"[15]。江南河渠纵横，只要将这些水道的水流控制起来，就能够用于灌溉和水运，这就必须根据水势的高下，建立堰闸，遏水为埭。当时，在钱塘江西岸有柳浦埭，钱塘江东岸有南津埭，曹娥江东岸有南津埭。天旱则开楗，引江水灌溉；涝则闭楗，避免江水淹溃。东晋对水利设施的兴修，成为农业生产发展的保证。

　　南方优越的自然条件也十分有利于农业生产。在江淮一带，土地肥沃，淮南"沃野有开殖之利"[16]，襄阳左右"田土肥良，桑梓野泽，处处而有"[17]。三吴一带遍布良田，是粮食的主要产区，有"今之会稽，昔之关中"[18]之说。

　　当地的农民和南渡的北方农民充分利用这些优越的生产条件，辛勤耕耘，使南方的农业发展起来。东晋孝武帝时，"天下无事，时和年丰，百姓乐业，谷帛殷阜，几乎家给人足矣"[19]。当时南方成为重要的粮食产地，尤其三吴地区粮食产量更多，故史载"地广野丰，民勤本业，一岁或稔，则数郡忘饥"[20]。

二、手工业生产的进步

　　东晋时期，手工业生产也有很明显的进步，纺织业、造船业都占有重要的地位。在纺织业中，以织布业更为发达。因此国家赏赐大臣兼用布、绢，与西晋赏赐只用绢很不相同。如平王敦之乱后，

图 12-2 吐鲁番出土的东晋纸画,纸质平滑可见其技术的进步

赐温峤绢五千四百匹,布千匹;平苏峻之乱后,赐陶侃绢八千匹,布千匹。桓温死,先赐布二千匹,后又赐绢二万匹,布十万匹,可见东晋布的产量之多。

东晋的造船业在吴国原有的基础上有较大的发展。当时不仅船只打造的数量多,而且可以生产出巨大的船只。如桓温与刘毅在峥嵘洲(今湖北黄冈附近)大战,可以出动船只二百艘。卢循能够"作八槽舰九枚,起四层,高十余丈"[21]。当时湘州成为生产大船的重要生产地,"湘州七郡,大舸之所出,皆受万斛"[22]。因此万斛大船在大江中破浪航行,在当时是很常见的情况。

东晋的造纸业技术有了新的发展。东汉时期,蔡伦采用树皮、麻头、破布等为造纸原料,监造了一批纸张,风行全国,被称为"蔡侯纸",从此造纸术在各地推广开来。到东晋时,在造纸原料上,除了利用麻、楮皮外,还用桑皮、藤皮来造纸。这样纸的原料更容易获得,成本更为降低。当时纸张的产量很多。王羲之一次就将会稽郡库存的九万张纸送给谢安。此时也出现了质地特别好的纸张,此即藤角纸。这种纸是用藤皮作原料生产出来的,在官府和民间使用较为广泛,因此当时范宁主张土纸不可以作文书,应该全部使用藤角纸。藤角纸的产地主要集中在剡溪一带,余杭由拳村出产的藤角纸最为出名。由于纸张的出产量增多,桓玄下令各官府"用简者,皆以黄纸代之"[23]。到了这时,纸张完全代替了简帛。

三、商业的活跃

由于农业和手工业的发达,东晋的商业也日益活跃,特别是在长江沿岸和三吴地区,有更多的商人从事货物交换。江南地区大小河道将城市与农业区联系起来,也将城市和城市联系起来。首都建康是最大的商业城市,秦淮河"北有大市百余,小市十余所"[24]。长江上游的江陵,南通湘广,北抵襄阳,是中南地区货物的集散地,也是商品交换的大都市。襄阳是汉水中游的重镇,为四方货物汇集之处,也是南北通商的重要据点。由于商业的活跃,东晋政府为了征收商业税而立了文券,"晋自过江,凡货卖奴婢、马牛、田宅，有文券，率钱一万，输估四百入官，卖者三百，买者一百。无文券者，随物所堪，亦百分收四，名为散估"[25]。同时还设立了关津。建康西有石头津，东有方山津，设津主等官员，对过往货物征税。国家对商业税的征收，在一定程度上反映了当时货物交换的发达。

东晋时期，海外贸易也很发达。东晋国家与南方的林邑、扶南，西方的大秦、波斯等国，都有贸易往来。诸如玻璃杯、金刚石指环、绿松石珠、玛瑙等珍贵产品，都从域外传入东晋。

第十三章

东晋的衰亡

在淝水之战后，东晋统治阶层内部不但矛盾重重，也日益腐化堕落。统治集团内部的矛盾发展为长江上游军事集团和下游军事集团的对立和斗争。此时，浙东地区又爆发了孙恩和卢循领导的道教徒反叛，对东晋统治者的打击沉重。荆州军事集团的桓玄乘机篡夺帝位，建立楚政权，但很快覆灭。在复杂的斗争中，刘裕的势力发展起来，他完全控制了北府兵，也操纵了东晋的政局，最后夺取了东晋的帝位，东晋灭亡。

第一节 淝水之战后东晋的政局

淝水之战后，由于东晋外部的威胁消除，统治阶级内部的矛盾开始逐渐尖锐化。在皇室内部、皇室与世家大族之间、中央和方镇——也就是荆州和扬州——之间,展开了错综复杂的斗争。东晋政治上形成了两大派:一派为司马道子、茹千秋、王恺、王国宝、王忱;另一派为王珣、王恭、殷仲堪、徐邈、戴逵。

司马道子是在淝水之战前被起用的。太元八年(383),孝武帝使他的弟弟司徒、琅邪王司马道子"录尚书六条事"。此前,孝武帝已经为谢安加中书监、录尚书事。孝武帝这样做,等于分了谢安的相权。谢安在淝水之战胜利后晋位太保、太傅,都督扬江荆司豫徐兖青冀幽并宁益雍梁十五州诸军事,声望极高,因此招致了孝武帝的猜忌,主相之间渐生隔阂。谢安上疏要求以都督扬江等十五州的身份,兴师北伐。司马道子乘机搬弄是非,迫使谢安不得不请求出镇广陵。谢安被排挤出朝廷,朝议完全由司马道子所控制。不久,谢安病死,司马道子就以司徒、录尚书事、兼领扬州刺史、都督中外诸军事,代谢安为相。谢安执行的"镇之以静"的方针也随之改变。

在东晋统治集团内部,腐化之风开始越来越重。孝武帝整日沉湎于酒色之中,"不亲万机,但与道子酣歌为务"[1]。司马道子更是肆意挥霍,"为长夜之宴,蓬首昏目,政事多阙"[2]。司马道子与他的同党拼命地聚敛财物,极尽奢侈之能事。他开东第,"筑山穿池,列树竹木,功用巨万"[3]。他的儿子司马元显"聚敛不已,富过帝室"[4]。他的同党王国宝"贪纵聚敛,不知纪极,后房伎妾以百数,天下珍玩充满其室"[5]。

不久,孝武帝与司马道子,也就是皇帝与相之间、兄与弟之间,又发生了摩擦,并且矛盾日渐扩大。孝武帝在朝廷内用王珣为尚书仆射,王雅为太子少傅;又任命王恭为南兖州刺史,镇北府;任命殷仲堪为荆州刺史,掌握长江上游事权。其目的是"以张王室,而潜制道子也"[6]。孝武帝所用的王珣、王恭、殷仲堪等人拥护谢安执政时实行的政策，他们反对以司马道子为首的腐朽势力，希望东晋能够恢复政治清平，因而成为司马道子的敌对派。实际上孝武帝采取了培植方镇的力量来牵制以司马道子为首的权臣的做法。由于两派的激烈斗争，统治集团内部加剧了分裂。

太元二十一年（396），孝武帝死，其子司马德宗即位，是为晋安帝，司马道子摄政。晋安帝是一位"自少及长，口不能言，虽寒暑之变，无以辩"[7]的白痴皇帝，朝廷的大权自然落到了司马道子手中。司马道子任王国宝为中书令、尚书左仆射，参掌朝政。他们首先要诛杀反对派王恭。

隆安元年（397），王恭以诛王国宝为名，在京口举兵。殷仲堪也在荆州举兵，回应王恭。东晋组建北府兵，是为了拱卫首都建康，充实长江下游的力量。现在北府兵在王恭的率领下，却与荆州军联合在一起反对中央。司马道子无法抵御王恭、殷仲堪的进攻，只好将王国宝、王绪等人杀死，请求王恭退兵。

隆安二年（398），王恭第二次举兵。荆州刺史殷仲堪、广州刺史桓玄等起兵回应，使南郡相杨佺期率领水军为前锋，沿江东下。司马道子以其子司马元显为征讨都督，统率军队，抵御王恭等人。王恭以北府兵将领刘牢之为前锋，进攻司马元显。司马元显派人劝说刘牢之反对王恭，答应事成之后，用他代替王恭任南兖州刺史。刘牢之听信司马元显，倒戈袭击王恭，王恭兵败身亡。殷仲堪、桓玄等听说王恭被杀，仓皇退兵。他们退到寻阳，共推桓玄为盟主。桓玄早就图谋消灭殷仲堪，又派兵进攻殷仲堪、杨佺期军。桓玄即灭殷仲堪等人后，占据了长江上游的荆州。东晋政府任桓玄为都督

第十三章　东晋的衰亡

荆司雍秦梁益宁江八州诸军事、荆州刺史、江州刺史。荆州本是桓氏的势力范围，长期在这里经营，故旧甚多，因此桓玄大力网罗心腹，招募军队，势力日益强大。

司马元显消灭王恭后，又采用手段将扬州刺史的职位抢夺到手。他又总录尚书事，因此称司马道子为东录，称司马元显为西录。司马道子昏醉多病，朝廷中的事务无论大小，都由司马元显决定。司马元显实际控制了中央的大权。

司马元显感到占据荆州的桓玄势力威胁日益增强，也认为北府兵难以控制，因此要组建一支由他亲自指挥的军队。可是，当时兵员十分匮乏，司马元显下令征发浙东诸郡曾经为奴但已经被放免做佃客者，以及父祖为奴已经被放免者，由他们担任兵役，将他们集中在京城，称之为"乐属"。司马元显的这种做法，令世家大族对东晋政权普遍不满，东晋政权因此失去了一些世家大族的支持。对已经被放免成为佃客的奴隶来说，这也使他们承受了沉重的压迫。因为他们将丧失已经获得的自由身份，又要重新沦为社会地位低下的兵户。司马元显的命令一下达，使"东土嚣然，人不堪命"[8]，因此司马元显很难控制恶化的东晋政局，各种矛盾都开始激化了。

第二节　孙恩、卢循之乱

一、孙恩之乱

东晋隆安年间，浙东地区出现了孙恩的反叛。孙恩之乱是东晋末年的大事。孙恩之乱的出现，涉及东晋末年宗教信仰和社会矛盾的尖锐问题。

孙恩是琅邪郡孙秀的同族人。孙秀做过赵王司马伦的谋主，但他的门第很低，少为郡吏，为大族所不齿，因此琅邪孙氏属于社会的下层。孙恩世居江南，与南来的下层北人一样，经过土断，成为南方社会下层的一员。但孙氏家族与五斗米道有很深的关系，世代信奉五斗米道。

五斗米道是道教的一支，在西晋时，主要在社会下层中传播，世族信奉五斗米道的很少。葛洪将五斗米道与儒学结合在一起，将修道与出仕也结合在一起，为五斗米道在世家大族中的传播创造了前提。因此东晋时期，世家大族信奉五斗米道的人数剧增。如琅邪王家世代信奉五斗米道，陈郡殷仲堪、会稽孔愉都信奉五斗米道，吴兴沈警也信奉五斗米道。五斗米道取得了世家大族和当权者的承认，使五斗米道在江南广泛传播。在一般平民中，信奉五斗米道的人数更多，很多人甚至"皆竭财产，进子女，以祈福庆"[9]。五斗米道信徒成为隐伏于朝野的一股强大的社会势力。

孙恩的叔父孙泰曾拜钱塘杜子恭为师，向他学习道术。杜子恭是钱塘很有威望的五斗米道道师，浙东的大族和京城的权贵都拜他为师。杜子恭死后，孙泰继续传道，信奉者越来越多，敬之如神。尚书仆射王珣认为孙泰扰乱民心，将他流放到广州。可是广州刺史王怀之则用孙泰代行郁林太守。后来，王雅又向孝武帝推荐，说孙泰知道养性之方，将他从广州召回。孙泰官至辅国将军、新安太守，许多大族官僚又向他学习道术。东晋朝廷的执政者司马元显也屡次向他求学"秘术"。

当南兖州刺史王恭起兵讨伐司马道子时，孙泰聚众数千人，名义上是为朝廷征讨王恭，实际上别有用心。他"以为晋祚将终，乃扇动百姓，私集徒众，三吴士庶多从之"[10]，利用五斗米道，准备起兵反叛。会稽内史谢𫘣发现了孙泰的计划，向司马道子举报。司马道子诛杀孙泰和他的六个儿子，孙泰的侄子孙恩逃脱，躲入海岛。孙泰死后，他的信徒以为他蝉蜕登仙，资给海岛上的孙恩。孙恩聚集逃亡海上的百余人，寻找机会，准备报仇。

东晋末年，司马道子、司马元显腐朽的统治使浙东地区的社会秩序混乱不堪。隆安三年（399），司马元显征调"免奴为客"者充兵，更使无辜的农民蒙受很大的灾难，激起了浙东农民的骚动。孙恩乘机带一百多人从海上登陆，攻下上虞，杀上虞令，又袭破会稽，信奉五斗米道的会稽王凝之，也被孙恩杀死。于是会稽谢𫘣、吴郡陆瓌、吴兴丘尫、义兴许允之、临海周胄、永嘉张永、东阳和新安等八郡，一时俱起。不过十多日，反叛者增至数十万人，声势浩大。东晋的官僚世族如吴兴太守谢邈、永嘉太守司马逸、嘉兴公顾胤、南康公谢明慧、黄门郎谢冲和张琨、中书郎孔道、太子洗马孔福、乌程令夏侯愔等，都被杀死。吴国内史桓谦、义兴太守魏隐、临海太守司马崇等，纷纷弃城逃跑。遭叛乱者杀死的王凝之全家、谢邈谢冲一门、孔道孔福兄弟，都是居住在浙东的世家大族。

在浙东的叛乱中，谢𫘣、陆瓌、丘尫、许允之、周胄、张永等人回应孙恩，与五斗米道的信仰有关。这些人都有"长生人"的称号，是信奉五斗米道的上层人物。因此，他们的起义实际是带领五斗米道的信徒来响应他们的教主。

从另一方面来看，这些五斗米道的上层人物都是浙东大族，如谢鍼出于会稽大姓谢氏；陆瓌出于吴郡谢氏，为当地名族；丘尪出于吴兴大族丘氏。他们都拥有土地和佃客，当司马元显要使"免奴为客"者服兵役时，也损害了他们的经济利益。因此他们起兵也是要维护其自身利益，只是蒙上了宗教的色彩。

在孙恩的反叛之中，一些五斗米道信徒被杀，如王凝之一家，只是因五斗米道内部政见不同所致。浙东的五斗米道信徒不全是追随孙恩的。一些人采取逃避的态度，如信徒沈警虽笃事孙恩，但拒不参与叛乱，躲藏起来。另一些人则站到了孙恩的对立面，孙恩视其为异己，"宣语令诛杀异己，有不同者戮及婴孩，由是死者十七八"[11]。可见五斗米道信徒内部的斗争也是非常残酷的。

孙恩占据会稽后，自称征东将军，以山阴县为活动中心。当时不仅浙东八郡都被孙恩占领，京城建康一带也"畿内诸县，处处蜂起，朝廷震惧，内外戒严"[12]。东晋政府任命谢安的儿子谢琰为会稽内史，兼督吴兴、义兴两郡军事，和辅国将军、北府兵统帅刘牢之一起，镇压孙恩，收复浙东。

隆安三年（399）十二月，谢琰率军攻克义兴，杀孙恩部属徐允之，又进兵吴兴，败孙恩将丘尪，进驻乌程。然后，分兵配合刘牢之，向钱塘江推进。

当孙恩知道刘牢之率北府兵精锐渡过钱塘江后，就带男女二十余万人向东逃跑。北府兵攻破山阴县，孙恩部属陆瓌、丘尪、钱穆夫都被刘牢之军杀死。孙恩将财物宝货丢弃在道路上，东晋军争相拾取，孙恩才得以逃脱至海岛。

孙恩退至海岛后，东晋统治者害怕孙恩再起，就用谢琰任会稽内史、都督五郡诸军事，率领徐州部众，镇守东土。但谢琰自以为在淝水之战打过胜仗，又是一流大族，过于自负，完全忽视了对孙恩的戒备。隆安四年（400）四月，孙恩又从浃口（今浙江甬江口处）入余姚，破上虞，进至邢浦（今浙江绍兴北），被谢琰派军击退。几天后，孙恩军再次进攻邢浦，谢琰部将张虔硕战败。孙恩军乘胜追击，在山阴与谢琰军大战，斩杀骄傲自负的谢琰和他的两个儿子。孙恩军又转攻临海一带，消息传到建康，朝廷大震，增派冠军将军桓不才、辅国将军孙无终、宁朔将军高雅之堵击孙恩。十一月，孙恩军在余姚大败高雅之，死者十之六七。东晋政权紧急任命刘牢之都督会稽、临海、东阳、永嘉、新安五郡军事，统军进攻孙恩。孙恩退至海岛。刘牢之东屯上虞，刘裕戍守句章，防御孙恩。刘牢之又命吴国内史袁山松，筑沪渎垒，缘海布防。

隆安五年（401）春，孙恩率军自浃口攻句章，转而攻海盐，被刘裕击破。五月，孙恩军北上，浮海北攻沪渎，杀袁山松，死者四千人。六月，孙恩军溯江而上，进至丹徒（今江苏镇江东），有战士十余万人，楼船千余艘，建康震动，内外戒严。刘牢之急命刘裕驰往截击孙恩。刘裕倍道兼程，与孙恩军于京口相遇。双方在京口西蒜山激战，孙恩战败，退至船上，但还准备整顿军队，进攻建康。东晋调兵遣将，加强了建康的防卫。孙恩军楼船高大，溯江而进，为风浪所阻，行驶得很慢。孙恩原计划在东晋军集中前迅速进攻建康，但此时晋军已经在建康布防严密，刘牢之的军队也赶到京口，孙恩不得已，只好回军，又攻克广陵，进占郁洲（今江苏连云港东），生擒东晋将领高雅之。这时刘裕率军追赶孙恩军，在郁洲大败孙恩。孙恩率军沿海南还，又在沪渎和海盐遭到刘裕的重创，孙恩军死伤万余人，迫使孙恩率军由浃口再退回海岛，其力量日益衰落。

东晋加强对沿海地区的防务，孙恩军得不到给养，疫病又在军中流行，战士死亡大半。元兴元年（402）三月，孙恩又进攻临海，被晋军击败，士卒死亡甚多，所存无几。孙恩与其家属及部下一百多人投海而死。五斗米道有尸解（刀、兵、水、火之解）成仙之说。孙恩投海是要通过水解成仙，因此人们传说孙恩成为"水仙"。

二、卢循之乱

孙恩部众还余下数千人，都推孙恩妹夫卢循为首领。卢循是范阳涿（今河北涿州）人，出身于北方大族。但其家族因晚渡江，"婚宦失类"，为社会所鄙视。孙恩起兵，卢循就投入其军中。孙恩与卢循的结合，以信奉五斗米道为基础。

卢循取得孙恩军的领导权时，东晋政权已经落到桓玄手中。桓玄想代晋称帝，试图稳定浙东局势，因此他表请卢循为永嘉太守。卢循在孙恩失败后，也想争取一个喘息的机会，所以接受了担任永嘉太守的任命。

元兴二年（403）正月，卢循派其妹夫徐道覆进攻东阳，八月又进攻永嘉，都被刘裕击败。刘裕追卢循到晋安（今福建福州），卢循浮海南向广州。次年十月，卢循攻克番禺，生擒广州刺史吴隐之。卢循自摄广州刺史事，称平南将军，遣使入朝。东晋刚平定桓玄之乱，正值多事之秋，就于义熙元年（405）四月，任命卢循为征虏将军、广州刺史、平越中郎将。卢循部属徐道覆占据始兴郡（今广州韶关西南），东晋命他为始兴相。卢循答应将俘虏的前广州刺史吴隐之和流寓广州的大族王诞一并放回。

义熙六年（410）卢循已经占据广州六年，这时，刘裕出兵北伐南燕慕容超。徐道覆建议卢循乘机北伐，并已经做好了出兵的准备。卢循同意了徐道覆的计划，决定分路出兵北伐。卢循率一支军队，由广州北向湘水流域，进攻湘中诸郡；徐道覆率领一支军队，则由始兴向南康、庐陵、豫章郡进攻。卢循、徐道覆军一路势如破竹，东晋许多地方官纷纷逃跑。这年三月，徐道覆军沿赣江直逼豫章，东晋镇南将军、江州刺史何无忌在豫章率军迎战。

卢循、徐道覆军中的士兵，既有跟随他南至广州的浙东人，也有后加入的"始兴溪子"，即居于水滨的少数民族。他们勇敢善战，有很强的战斗力。何无忌率水军与徐道覆交战，结果大败，何无忌战死。五月，东晋卫将军、豫州刺史刘毅率军由姑孰抵御义军。卢循一路沿湘江北进，在长沙败荆州刺史刘道规，直指巴陵，逼向江陵。徐道覆得知刘毅军将至，遣使者急速通告卢循，暂不进攻江陵，两人合军，共同进攻刘毅。卢循、徐道覆军与刘毅军在桑洛洲（今江西九江东北江中）相遇，大败刘毅军。因在刘牢之后，刘裕、刘毅、何无忌成为北府兵的三支主力，在当时声望甚高，所以卢循军大败何无忌和刘毅军的消息传至建康时，震动东晋朝廷。东晋政权紧急召回北伐的刘裕，由京口至建康。同时还召青州刺史诸葛长民、兖州刺史刘藩、并州刺史刘道怜等，率军入卫京师。

五月中旬，卢循军到达淮口（秦淮河入长江口），东晋内外警戒。琅邪王司马文德都督宫城诸军事，屯中堂皇；刘裕屯石头城。徐道覆建议将船焚毁，从新亭至白石，分数道进攻刘裕。卢循多疑而少决断，不敢孤注一掷，坐失良机。他与刘裕相持不下，进攻石头栅失利，船舰又为风暴漂没。卢循无可奈何，只好转攻南岸，进攻京口各县，无所收获。由于士卒疲惫不堪，不得不退军。

七月中旬，卢循军从蔡洲南撤，到达寻阳。他留下部属范崇民率五千兵守南陵（今安徽宣城）。刘裕一面派兵追击卢循，一面又派兵南袭番禺。十月，徐道覆率军三万进攻江陵，被刘道规大败，士卒死者万余人。徐道覆单舟逃往湓口（今江西九江西）。十一月，刘裕部下王仲德等又在南陵大败范崇民，范崇民逃跑。十二月，卢循、徐道覆重整军队，率军数万，连舰而东下。他们在大雷（今安徽望江）与刘裕军遭遇。刘裕以轻舟强弩攻击卢循军，又乘风放火，卢循大败。船舰大部分被火烧毁。卢循打算退至豫章，就栅断左里（鄱阳湖口），作为退路。刘裕率军攻栅，卢循又败，士卒死者万余人。卢循、徐道覆只好率残部数千人南撤。卢循回番禺，徐道覆回始兴。

义熙七年（411），刘裕派刘藩等人率军进攻始兴。始兴城被攻破，徐道覆战败被杀。卢循到达番禺，而番禺已经被刘裕部将孙处攻占。卢循进攻番禺二十余天。刘藩派沈田子救孙处，击败卢循。四月，卢循逃往交州，又被交州刺史杜慧度击败。卢循鸩杀妻子、妓妾、儿女十余人，自投水而死，也是"水解"。至此，孙恩、卢循叛乱彻底失败。

孙恩、卢循之乱是五斗米道的上层分子利用五斗米道的传播发动的反晋叛乱。反叛的目的是要维护信奉五斗米道上层的自身利益，只是他们的这种目的被浓厚的宗教色彩掩盖了。在宗教的掩盖下，反叛者诛杀异己，甚至"烧仓廪，焚邑屋，刊木堙井，虏掠财

第十三章 东晋的衰亡

货"[13]，给生产造成很大的危害。因此，孙恩、卢循之乱的性质是淝水之战后东晋上层社会内部斗争的继续和扩大。

第三节 桓玄篡位

在孙恩、卢循反叛期间，东晋统治集团内部的斗争也非常激烈。占据荆州的桓玄也在积极扩大他的势力。

桓玄（369—404）是桓温的庶子，桓温很喜爱他。桓温死后，桓玄袭爵南郡公。隆安元年（397），桓玄被任命为都督交广二州诸军事、建威将军、平越中郎将、广州刺史。这年王恭起兵，殷仲堪在长江上游响应，桓玄也参与殷仲堪的军事行动。殷仲堪给桓玄五千士兵，与杨佺期同为前锋。后王恭败死，朝廷任命桓玄为江州刺史，又加桓玄都督荆州四郡。桓玄先后除掉杨佺期、殷仲堪，占据长江上游。桓玄自己担任了都督荆江司雍秦梁益宁八州诸军事，兼荆江二州刺史，又上表要求，使其兄桓伟任雍州刺史，从子桓镇任淮南太守。这样，桓玄控制的地区以荆州为基础，西起梁（陕西南部）、益（四川），南至宁（云南），东抵首都建康近郊。

从当时长江上、下游的形势来看，出现了很大的变化。由于孙恩在浙东地区的叛乱，这个地区遭受了巨大的破坏，残破不堪。会稽一带"带海傍湖，良畴亦数十万顷，膏腴上地，亩直一金"[14]，因此这里是东晋政权粮食的重要来源，但动乱后遭到破坏，使东晋政权的粮食极为匮乏。反之，桓玄控制的长江上游地区，社会秩序相对稳定，因而经济持续发展。生产遭到破坏的扬州无法与荆州相比，因此桓玄的荆州势力就凌驾在扬州之上。

在孙恩军逼近建康时，桓玄"建牙聚众，外托勤王，实欲观衅而进"[15]。孙恩从建康退兵后，桓玄返回荆州，继续扩大其势力。他使桓伟镇夏口，辅国将军司马刁畅镇襄阳，桓振、皇甫敷、冯该等人戍溢口，迁移沮漳蛮二千户至江南，立武宁郡；还召集各地的流民，立绥安郡。桓玄认为他的力量已经很强大，"自谓三分有二，知势运所归，屡上祯祥以为己瑞"[16]。

桓玄在长江上游势力的不断发展，使东晋政权的执政者感到恐惧，于是以司马元显为征讨大都督、刘牢之为前锋都督，率军讨伐桓玄。桓玄也上表指斥司马元显的罪状，然后发布讨司马元显的檄文，挥师东下，直指建康。元兴元年（402）三月，桓玄收买刘牢之，北府兵不战而投降桓玄，司马元显溃败被俘。桓玄长驱入建康，先后杀司马道子、司马元显。元兴二年（403），桓玄逼晋安帝退位，他登位做皇帝，国号楚。

桓玄虽改朝换代，但国内还是危机四伏。东土诸郡无数农民在饥饿中死去；三吴地区户口减半，临海、永嘉郡人口几乎死散殆尽。新王朝不但不能够解决这样严重的问题，反而问题还在加深。桓玄的生活日益荒淫，"自篡盗之后，骄奢荒侈，游猎无度，以夜继昼"[17]。

桓玄代晋后对北府兵一直心存顾虑。他认为要巩固荆州系统的新政权，主要在于削弱北府兵将领的力量。因此，他首先夺取刘牢之的兵权，将刘牢之转为会稽太守。刘牢之试图举兵反抗，但兵败身亡。桓玄又先后杀北府兵旧将吴兴太守高素、辅国将军竺谦之、高平相竺朗之、辅国将军刘袭、彭城内史刘季武、冠军将军孙无终

第十三章 东晋的衰亡

等。同时桓玄又不得不提拔一些北府兵后起的将领，诸如刘裕等人，作为他的帮手，使北府兵对他效忠。但桓玄对刘裕既欣赏，又心存疑忌。刘裕以劝进手段和伪装忠心骗取桓玄的信任，同时又联络北府兵旧人，诸如刘道规、刘毅、何无忌、诸葛长民等人，密谋推翻桓玄的统治。

元兴三年（404）二月，刘裕在京口，刘毅在广陵，同日起兵。刘裕杀徐、兖二州刺史桓修，刘毅杀青州刺史桓弘，领兵渡江至京口，两军会师，进攻建康。

桓玄听到北府兵叛变的消息，万分恐慌，立即派兵堵击。桓玄以后将军卞范之屯兵覆舟山西，桓谦屯兵覆舟山东北，又派顿丘太守吴甫之、右卫将军皇甫敷率兵东向应敌。

刘裕军在江乘（今江苏龙潭）与吴甫之、皇甫敷遭遇。刘裕在阵前斩杀吴甫之，率军推进至罗落桥，又大败皇甫敷军，皇甫敷兵败身亡。吴甫之和皇甫敷都是桓玄的骁将，两将被杀，使桓玄震惊。刘裕军又攻至覆舟山东，桓谦所率士卒多北府旧兵，平素畏惧刘裕，听说刘裕军到，毫无斗志。刘裕和刘毅分兵数队，猛攻桓谦军，鼓噪之声震天动地，士兵无不以一当百，桓谦大溃。

桓玄全军被刘裕击溃，他只好放弃建康，仓皇退往荆州军的根据地江陵。桓玄撤退时，还将退位的东晋皇帝司马德宗一起带走。退到江陵之后，桓玄又征集二万多名士卒，楼船、器械甚盛，率军沿江东下。在峥嵘洲与刘毅所率北府兵展开激战。北府兵只有数千人，但斗志高昂，桓玄兵多，却士气低落。刘毅命士卒乘风纵火，桓玄军大乱，刘毅军拼死争先，桓玄溃败，烧掉辎重，逃往江陵，不久便被杀。刘毅等传桓玄首级，枭首于大桁，"百姓观者莫不欣幸"[18]。但桓氏残余势力还在荆、湘一带继续活动，刘裕经过了一年多的时间，才将他们完全消灭。东晋安帝司马德宗也被迎回建康，恢复帝位。

第四节　刘裕专权与东晋灭亡

刘裕起兵讨伐桓玄篡位，获得成功，他以侍中、车骑将军、都督中外诸军事、领南徐南青二州刺史的身份镇京口。后又解除南青州刺史，加领南徐州刺史，北府重兵完全为刘裕一人控制。义熙四年（408），刘裕又入为扬州刺史、录尚书事，开始控制东晋政权。

刘裕（363—422），字德舆，小名寄奴，彭城县绥舆里（今江苏徐州南）人，传说是汉高祖刘邦弟弟楚元王刘交的后代。刘裕的曾祖父刘混，永嘉之乱时，渡江侨居京口，做过武原令；祖父刘靖任东安太守；父亲刘翘任郡功曹。刘裕出身于下层世族，门第并不低贱，是尚未进入文化世族群中的豪族。刘裕为过江侨人，其父过世又早，因此他的早年生活并不优越，从事过农耕、砍柴等劳动。后来刘裕加入北府兵，担任北府将领冠军将军孙无终府司马，又任前将军刘牢之府参军，因作战有功，累官至建武将军、下邳太守。在参与平定孙恩叛乱的过程中，刘裕开始崭露头角。桓玄篡权后，他又获得桓玄的信任，然而之后却成为平定桓玄篡位的大功臣。

刘裕控制东晋大权后，北方南燕慕容超乘东晋内部的变乱，又开始袭扰东晋的边境，骑兵不断攻入东晋境内，抢掠人口做奴婢。

义熙五年（409）四月，刘裕开始北伐，他试图通过北伐缓和国内的矛盾，同时也利用对外用兵的胜利，建立以他为首的北府兵将领的威望。

刘裕率舟师自建康出发，沿淮河、泗水至下邳，他将船舰、辎重留下，从陆路抵达琅邪。六月，刘裕军进围广固（今山东青州西北）。次年二月，刘裕攻克广固，生擒慕容超，送至建康斩首，南燕王公以下三千人被杀，南燕灭亡。刘裕收复了青、兖二州广大地区。

刘裕灭南燕后，因卢循北袭建康，便连夜赶回，大败卢循。义熙七年（411），刘裕回师建康，被封为大将军、扬州牧，刘裕推辞，改封为太尉、中书监，执掌朝权。义熙八年（412），刘毅由豫州刺史转任荆州刺史。刘毅自认为他的功劳与刘裕相当，不服刘裕。因刘毅有雄才大志，结交了一大批朝臣，诸如尚书仆射谢混、丹阳尹郗僧施等，都与刘毅深相交结。刘毅在移镇荆州时又带走豫州旧府的文武将吏，并请郗僧施任荆州所属的南蛮校尉。他声称病重，上表要求用他的从弟豫州刺史刘藩担任他的副职。刘裕发现刘毅对他不服，是他夺权的障碍，于是先发制人。他假意同意调刘藩到荆州，乘刘藩到达建康时，逮捕刘藩和谢混，将他们处死。同年冬，刘裕亲自率军征讨刘毅。前锋王镇恶急速进军，很快攻入江陵。刘毅兵败被杀。刘裕到江陵后，又杀掉南蛮校尉郗僧施。刘裕铲除了与他敌对的一大势力。

刘裕对与他同时起兵反对桓玄的北府军将领诸葛长民也多有戒备之心。刘裕进攻刘毅时，用诸葛长民监太尉留府事，而以心腹刘穆之任建威将军，监视诸葛长民。诸葛长民害怕殃及自己，试图谋反。刘裕既杀刘毅，自江陵急速返回建康。诸葛长民闻讯，匆忙去见刘裕。刘裕埋伏壮士于幕中，使壮士袭杀诸葛长民，并杀其弟诸葛黎民。至此，北府兵实力派只余刘裕一人。

义熙十一年（415），继刘毅之后任荆州刺史的司马休之与雍州刺史鲁宗之对刘裕专权不满，持反对的态度。司马休之、鲁宗之又甚得江汉一带人民的拥护。刘裕坚决要铲除敌对势力司马休之等人，因此再次率军西上。司马休之等人战败，投奔后秦姚兴。义熙十二年（416），刘裕由都督二十二州晋升为中外大都督。东晋统治阶层中与刘裕相抗衡的敌对势力全部被刘裕消灭，刘裕牢牢地掌握了东晋的统治大权。

刘裕在清除敌对势力的过程中，还对东晋的政治、社会方面的问题进行整顿，除去了东晋不少的弊政。他做太尉辅政后严格执法，杀死藏匿亡命千人的庾亮。他要求州郡选送的秀才、孝廉，要按规定进行严格考试，因此，阻断一些没有学识才能、滥竽充数的世家大族子弟仕进之途。刘裕剪除刘毅后，革除荆州的弊政，整顿荆州、江州户籍租役以及不利于编户的征敛，按现有的户数征收租税。他还规定严禁门阀世族和官员霸占屯田池塞和垄断山湖川泽。他又实行土断法，执行得很严格。平定司马休之后，刘裕坚决革除荆州"老稚服戎，空户从役，或越绋应召"[19]的苛政。

刘裕对来自北方胡族在边境的骚扰，持坚决回击的态度，积极准备进行第二次北伐。对东晋边境造成重大危害的是后秦政权，姚兴利用投降他的司马休之、鲁宗之等人在荆襄一带的影响，不断进扰东晋边境。后来姚兴病死，姚泓继位。姚泓昏庸软弱，碌碌无为，年年与赫连勃勃、北魏拓跋氏大动干戈，连战不止。刘裕抓住这个机会，举兵北伐姚泓。义熙十二年八月，刘裕率军分五路前进。龙骧将军王镇恶、冠军将军檀道济，率步兵从淮河、泗水向许昌、洛阳进发。新野太守朱超石、宁朔将军胡藩攻阳城。振武将军沈田子、建威将军傅弘之奔武关。建武将军沈林子、彭城内史刘遵考率水军出石门，自汴水入黄河。冀州刺史王仲德开掘巨野泽入河。九月，刘裕进至彭城。王仲德一路从黄河至滑台（今河南滑县东南）。北魏军严防河北，东晋军沿河南而行。王镇恶、檀道济所率军队进展很快，于十月攻至洛阳。后秦洛阳守将姚洸战败投降。刘裕命冠军将军毛穆之留守洛阳。

义熙十三年（417）正月，刘裕从彭城出发，率水军由淮入泗，由泗入河。然后沿黄河西进。四月，刘裕军抵达洛阳。在王镇恶等攻克洛阳后，刘裕曾命令他们等候大军集结完毕，再进军西攻长安。可是王镇恶等贸然进兵，虽战胜后秦军，夺取潼关，但后秦军凭借险要地形加强防守，王镇恶军一时难以取胜。这时军中缺乏粮食，很难解决，王镇恶到弘农督劝百姓，当地百姓争献粮食，才解决了军粮问题。七月，刘裕军到达潼关。

因姚泓内乱，后秦元气大伤，东晋军占据潼关，使他们惊慌失措。这时，东晋军沈田子、傅弘之一路又攻入武关，进屯青泥（今陕西蓝田）。八月，姚泓打算先消灭沈田子军，然后亲自率军抵抗刘裕。姚泓率数万骑兵攻至青泥。沈田子军只有千人，但人少兵精，士卒英勇。他们奋勇冲锋，姚泓军大败，士卒战死万余人，姚泓只好屯军灞上。王镇恶率领水军自河入渭，直指长安。王镇恶到达渭桥，下令将士饱食，携兵器上岸，然后让战船逐流而去。王镇恶身先士卒，将士们奋勇争先，攻陷长安城。次日姚泓率妻子群臣投降。刘裕杀后秦投降的王公大臣,将姚泓押往建康,斩首示众。刘裕攻占关中,获得很高的声望,为他篡夺东晋的帝位奠定了基础。

刘裕占据关中不久,留守建康的刘穆之病故。在刘裕北伐期间,刘穆之内总朝政,外供军旅,是刘裕最信任的大臣。刘裕害怕刘穆之死后,朝廷政局有变,权力他移,匆忙由长安南返建康,留下十二岁的儿子刘义真为安西将军,镇守长安。刘裕还用王修任安西府长史,王镇恶为司马、领冯翊太守,沈田子、毛德祖为中兵参军,沈田子领始平太守,毛德祖领秦州刺史,希望依靠这些将领来稳定关中的局势。

刘裕南返不久,关中变乱发生。刘裕留下镇守关中的各位将领并不团结,王镇恶与沈田子争功;王镇恶又贪财好利,窃取长安府库财物无数,众将领愤愤不平。义熙十四年(418)正月,夏主赫连勃勃起兵进攻长安。这时,因沈田子忌恨王镇恶,诬蔑王镇恶造反,将他杀害。王修又以擅杀的罪名,杀沈田子。刘义真听信陷害王修的谗言,以为王修杀沈田子是图谋造反,又将王修杀掉。赫连勃勃得知长安政局混乱,趁机攻占长安附近的咸阳。

关中变乱的消息传到建康,刘裕马上任命朱龄石为都督关中诸军事、雍州刺史,代替刘义真镇守长安,调刘义真立即返回建康。十一月,刘义真命将士在长安大肆抢掠,载珍宝、妇女撤离长安。赫连勃勃在青泥赶上刘义真,纵兵追杀。东晋将士大多数或者被杀,或者被俘,刘义真单骑逃脱。朱龄石等将领也都战败身亡。刘裕占领关中不到一年半,得而复失,精兵良将损失甚多。不过,黄河以南、淮河以北及汉水上游大片地区仍被刘裕牢牢占领。

同年六月，刘裕在建康受封为相国、宋公。年底，刘裕派王韶之缢杀晋安帝司马德宗，另立其弟司马德文为皇帝，是为晋恭帝。元熙二年（420）六月，刘裕以禅让的名义夺得皇帝位，东晋灭亡。刘裕称帝，国号为宋，改元为永初，是为宋武帝，仍以建康为国都。

第十四章

五胡十六国在北方的统治

五胡十六国时期是北方陷入大混乱的时期。这一历史时期可以划分为两个阶段，即十六国前期和十六国后期。在十六国中影响较大的是汉（前赵）、后赵、前燕、前秦、后燕、前凉和大夏等国。这些割据国家相互之间的混战，以及少数民族贵族对汉人的歧视和杀戮，使中原地区的经济受到很大的破坏。尽管这一时期民族歧视占主流位置，但一些少数民族统治者也开始"变夷从夏"。在社会底层，由于汉族与少数民族劳动者在生产活动中不断接触，民族融合开始显露端倪。

第一节 五胡十六国概况

自304年刘渊在并州建立汉国开始，至439年北魏统一北方为止，共一百三十六年，被称为五胡十六国时期。在这个历史时期中，一般认为北方先后有十六个国家建国，但严格说来，北方共建有二十多个国家。其中有拓跋鲜卑族所建国家代国，后来改称为魏，还有立国时间很短的慕容冲所建的西燕，以及汉人冉闵所建的冉魏等。

对于五胡和十六国的文献记载，最早见之于《晋书》《魏书》和《十六国春秋》，但这些文献对五胡和十六国的记载存在一些差别。尽管如此，这些记载仍为我们提供了认识五胡十六国的史料依据。

关于"五胡"名称的出现，最早见之于《晋书》和《魏书》的记载。《晋书·后妃下·康献皇后传》诏令称："五胡叛逆，豺狼当路。"《魏书·天象志》称："自五胡蹂辚生人，力正诸夏，百有余年。"因此，五胡的名称，应该是在4世纪中期开始出现的。《晋书·刘曜载记》称："置左右贤王已下，皆以胡、羯、鲜卑、氐、羌豪桀为之。"后世胡三省、王应麟都认为这是五胡的次序。实际上五胡只是对3世纪至5世纪在华北一带活动的少数民族的统称。因为这一时期在中国北方活动的少数民族，并不限于匈奴、羯、鲜卑、氐、羌五族，还有丁零、乌桓、扶余、高句丽等民族。

另外在益州还有氐、賨人所建的成汉国。但在不同时期的文献记载中对北方存在国家的记载并不一致，有一些区别。《晋书·载记序言》中提到北方存在十九个国家，反映了3世纪至5世纪北方建立的国家的一般情况，也是《晋书》编写者对北方存在国家的认识。

《晋书·载记序言》中所提之十九国表

序	建国者	建国时间	民族	首都	国名
1	刘渊	304 年	匈奴	离石	汉
2	石勒	313 年	羯	襄国	后赵
3	张重华	349 年	汉	河西	前凉
4	冉闵	350 年	汉	邺	冉魏
5	苻健	351 年	氐	长安	前秦
6	慕容儁	352 年	鲜卑	辽东	前燕
7	慕容垂	383 年	鲜卑	邺	后燕
8	慕容冲	385 年	鲜卑	阿房	西燕
9	乞伏国仁	385 年	鲜卑	枹罕	西秦
10	慕容永	386 年	鲜卑	上党	西燕
11	吕光	386 年	氐	姑臧	后凉
12	慕容德	398 年	鲜卑	滑台	南燕
13	秃发乌孤	398 年	鲜卑	廉川	南凉
14	段业	398 年	汉	张掖	北凉
15	李玄盛	401 年	汉	敦煌	西凉
16	沮渠蒙逊	402 年	匈奴	张掖、武威	北凉
17	谯纵	406 年	汉	蜀	成都王
18	赫连勃勃	408 年	匈奴	朔方	大夏
19	冯跋	410 年	汉	和龙	北燕

在《魏书》各列传所载不同人物提到的北方先后建立的国家有前赵、后赵、夏、前燕、西燕、后燕、南燕、前秦、后秦、后凉、成汉、北燕、前凉、西秦、前凉、西凉、北凉等十七国。这就是说,在北魏人一般看法中,尚未出现固定的十六国的名称。实际上十六国的名称来源于崔鸿的《十六国春秋》。《魏书·崔光传附崔鸿传》说明崔鸿确定十六国的标准是"能建邦命氏,成为战国者"。崔鸿将十六国确定为刘渊、石勒、慕容儁、苻

健、慕容垂、姚苌、慕容德、赫连屈子、张轨、李雄、吕光、乞伏国仁、秃发乌孤、李暠、沮渠蒙逊、冯跋所建国家。在现在流行的《十六国春秋纂录》中记载的十六国为前赵、后赵、前燕、前秦、后秦、蜀、前凉、西凉、北凉、后凉、后燕、南凉、南燕、西秦、北燕、夏。十六个国家的排列顺序与《魏书·崔光传附崔鸿传》所列建国者的顺序有很大的不同。因此十六国应该是对3世纪至5世纪北方所建国家的不断变化的认识，并不是固定的看法。不过，需要指出成汉并不在北方。

各族所建国家一览表

民族	国家	建国者	都城
匈奴	汉（前赵）	刘渊	左国城、平阳、长安
	夏	赫连勃勃	统万
	北凉	沮渠蒙逊	张掖、武威
羯	后赵	石勒	襄国、邺
鲜卑	前燕	慕容皝	棘城、龙城、蓟、邺
	后燕	慕容垂	中山、襄国
	南燕	慕容德	广固
	西秦	乞伏国仁	苑川、武威
	南凉	秃发乌孤	乐都、武威
氐	前秦	苻健	长安
	成汉	李雄	成都
	后凉	吕光	武威
羌	后秦	姚苌	长安
汉	前凉	张轨	武威
	西凉	李暠	敦煌、酒泉
	北燕	冯跋	龙城

因为冉闵所建冉魏立国时间较短，崔鸿没有将他列入列国之列，但汉人冉闵所建冉魏在十六国前期，还是产生了较大的影响。

十六国时期是少数民族开始对中原地区产生重大影响的时代。这个时期，各民族主要在以长安为中心的关中地区，和以邺、襄国、中山为中心的关东地区进行争夺。这两个地区建立的国家是十六国中的强国，同时两地的政权还出现东西对立的情况，主要表现在前赵和后赵、前燕和前秦、后燕和后秦的对抗中。前赵和后赵对抗的结果是后赵灭前赵，结束了前赵在关中的统治。从东北建国的前燕进入中原，又使后赵败退。在前燕和前秦的对抗中，前秦从关中地区发展，不断向关东地区用兵，最后统一了北方。但后来前秦发动淝水之战战败，统一国家迅速瓦解。后燕和后秦的对抗还没有结果，就因为北方新兴的北魏和夏国的攻击，两国很快就被消灭。最后北魏统一了北方。

在关中和关东两个地区之外的周边地区也兴起一些国家。其中在西南益州建立的成汉是统治时间较长的国家。4世纪后半叶，在西北黄河以西建立的前凉，对西北地区保持比较稳定的统治。前秦瓦解后，从4世纪末至5世纪前半叶，西北地区一直存在一些相互攻伐的小国，其中甘肃南部有前仇池和后仇池的建国和衰亡。4世纪中期，在今辽宁和山东有北燕的兴起；5世纪初期，在这里又存在后燕残余的割据势力。

十六国时期，以前秦统一北方和淝水之战为标志，划分为两个阶段，即十六国前期和十六国后期，最后以北魏统一北方作为这一历史时期的结束。

第二节 十六国前期各国

一、成汉的建立和衰亡

成汉也称为后蜀。一般认为成汉建国在晋永安元年（304）十月，也就是李雄开始自称成都王的时候。

在成汉建国之前，李雄之父李特就在益州发展势力。李特是巴氐人，在其祖父李虎时，氐人被曹操迁移至渭水上游的略阳（今甘肃秦安）。晋元康六年（296），氐人齐万年反叛，关中一片混乱，加上连年的灾荒，涌现出大量的流民。元康七年（297），李特率领关中流民团南下汉中，他向西晋政权要求寄食在巴蜀地区。西晋朝廷下诏，不准许流民进入巴蜀，并派侍御史李苾前去慰劳和监视。李苾接受流民的贿赂，反而上书替流民请求进入蜀中，分散到蜀中各地。这时，益州刺史赵廞被任命为大长秋，他不愿意入朝，图谋占据蜀中。因李特等人壮勇，赵廞将他收为部下。后赵廞打败并杀死继任的益州刺史耿滕，又对李特势力的壮大心存忌虑，便杀死李特弟李庠等人。李特袭击赵廞，进占成都。赵廞逃跑，为部下所杀。

西晋继续派罗尚任益州刺史。罗尚强迫流民归返故乡，并派部属催促，夺取流民的财物，激起了流民的反抗。太安元年（302），李特召集流民起兵，巴蜀的汉人也都归附李特。李特自称使持节、大都督、镇北大将军，定年号为建初。实际上成汉政权已经建立。李特率军猛攻成都，益州刺史罗尚据守成都大城。李特认为大功就要告成，将军队分散到各村落。罗尚乘机进攻李特，这时晋惠帝派

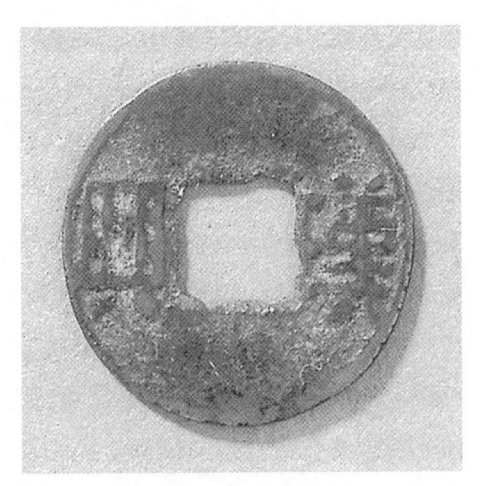

图 14-1 成汉所铸之"汉兴"钱

的援兵也到达成都，一起进攻李特。李特败死，其弟李流继续统领流民作战，不久病死。李特子李雄（274—334）继立，并于永兴元年（304）攻克成都，开始称王，国号大成，年号建兴。

大成建立过程中吸收了不少的汉族流民。在成汉政权的中枢机构中也有一些汉族官员。在中原地区陷入战乱时，大量的流民涌入巴蜀，巴蜀地区成为避难所。李雄对投奔来的汉族士人量才任用。李氏政权实际上是由巴氐人、秦州土著和益州豪族共同组成的。大成在中央设置丞相以下的百官，在地方实行郡县制。李氏政权采用的完全是汉人的统治体制。李雄注意到，从东汉末年以来，在汉中到巴蜀的广大地区，五斗米道非常盛行。为了获得支持，李雄将五斗米道的天地太师范长生吸收到政权中来。李雄的做法有效地控制了巴蜀地区的局势，他在位的三十一年间，巴蜀社会是比较安定的。

晋咸和九年（334），李雄病死，兄子李班继位。后李雄子李期杀李班自立。咸康四年（338），李骧（李特弟）子李寿又杀李期自立，将国号改为汉。李寿大修宫室，生活奢侈荒淫，人民承受严酷的徭役压迫，对其统治极其不满。李寿死，子李势继立，大肆杀伐，上下离心，国势更加衰弱。永和三年（347），东晋桓温率兵入蜀，李势投降，成汉灭亡。从李特起兵至李势败亡，成汉立国共四十四年。

二、刘渊的建国和前赵的衰亡

西晋末年，在中原首先建立政权的是匈奴人刘渊，其国号为汉，至刘曜时改称为赵，也就是前赵。

刘渊（？—310），字符海，南匈奴单于于扶罗之孙，左贤王刘豹之子。"八王之乱"时，成都王司马颖结刘渊为外援，遣刘渊回并州调发匈奴五部。刘渊至左国城，被匈奴贵族推为大单于。晋永安元年（304），刘渊改称汉王，建都左国城。永嘉二年（308），刘渊称帝，迁都平阳，国号汉。

当时在青、徐二州活动的王弥，在赵、魏拥兵的汲桑、石勒，上郡四部鲜卑陆逐延，氐族酋长单徵等，以刘渊为盟主。王弥、石勒等不断对西晋用兵，扩大军事力量。永嘉三年（309），刘渊派兵攻占黎阳，又在延津击败西晋将领王湛，将男女三万余口沉入黄河，另外又派其子刘聪包围洛阳。

永嘉四年（310），刘渊病死。刘和继位，不久刘聪杀刘和自立为皇帝。刘聪派族弟刘曜、王弥率众四万出洛阳，在洛阳周围盘旋，达到孤立洛阳的目的。永嘉五年（311），石勒在苦县的宁平城（今河南鄣城北），将西晋主力十多万人全部消灭。同年夏，刘曜、王弥攻占洛阳，俘虏晋怀帝。建兴四年（316），刘聪又派刘曜攻破长安，俘虏晋愍帝，灭亡西晋。

刘聪攻下了洛阳和长安，但他实际控制的地方不过晋西、豫北、陇阪以东、太行山以西的局部地区。刘聪大将刘曜曾攻占晋阳，但西晋刘琨请拓跋猗卢为助，击败刘曜，晋阳仍为刘琨占据，后石勒又占领晋阳。西晋洛阳陷落后，王弥为石勒所杀，王弥部将曹嶷占据青齐地区，石勒占据河北，都试图割据一方。鲜卑慕容氏自东北内迁，拓跋氏则进入代北（今山西北部及河北西北部一带）。可见刘聪能够控制的地区范围并不广大。

刘聪在位时，可以说是汉国最盛的时期。刘聪为他的政权设置了一套统治机构。建兴二年（314），刘聪开始设置百官。在中央设置了丞相、太师、太傅、太保、大司徒、大司空、大司马等七公，又设置辅汉、都护、中军、上军、抚军等十六大将军营，每营各配兵两千人，这些大将军都由他的儿子担任。

刘聪对汉人和匈奴等少数民族分别设置统治机构，就是实行胡汉分治的方法。刘聪在他的统治区内设置了左、右司隶，各领二十余万户。每一万户设置内史一人，共设内史四十三人，对汉人进行统治。另外又设置大单于，其下置单于左、右辅，"各主六夷十万落，万落置一都尉"[1]。所谓六夷，胡三省以为是指匈奴、羯、鲜卑、氐、羌和巴氐，或说有乌桓而无巴氐。大单于的权力极大，其实就是副王。刘渊在位时，以刘聪为大司马、大单于、录尚书事，置单于台于平阳西，统领十万人以上的军队。刘聪即位后，以其子刘粲为相国、大单于、总百揆，也是副王。后来刘曜在关中，以其子刘胤为大司马、大单于，置单于台于渭城（陕西咸阳），更置左、右贤王以下，用匈奴、羯、鲜卑、氐、羌豪酋充任。将汉人和少数民族分两个系统来治理，一般说来，少数民族部落系统用于打仗，汉人编户系统用于生产。因此用于作战的少数民族部落集中在京邑单于台；从事生产的汉人则散布在各州郡，以皇帝的名义进行统治。刘聪政权也任用了一些汉人，但大权都被匈奴贵族所控制。

刘聪的统治既残暴又腐败，他沉湎于酒色之中，荒淫无度，先后立皇后三人，后使七人加佩皇后玺绶。他终日在宫中宴饮，甚至在宫中立市，与宫人饮酒作乐，竟然酒醉三日不醒。刘聪对臣下肆意杀戮，先后杀太中大夫公师彧、尚书王琰、大司农朱诞等。因鱼鳖供应不及时，就杀左都水使者；因宫殿修建不满意，就杀将作大匠。刘聪晚年更加暴虐无道：他将皇太弟刘乂残暴处死，坑杀士卒一万五千人，使平阳城街巷为之一空，氐、羌人反叛的有十多万落。大兴元年（318），刘聪病死，太子刘粲即皇帝位。刘粲以刘景为太宰、刘骥为大司马、刘颢为太师、朱纪为太傅、呼延晏为太保，并录尚书事，又以靳准为大司空领司隶校尉。

刘粲也荒淫无度，不理政事。靳准利用其女得宠于刘粲，图谋夺权，反诬告刘景篡权。刘粲杀刘景、刘颢等人，靳准控制了汉国的大权。他趁机发动政变，杀死刘粲，将刘氏男女不分老幼，都在东市斩首，并掘刘渊、刘聪墓。靳准自称大将军、汉天王，遣使者称藩于东晋。刘渊族子刘曜时任相国、都督中外诸军事，镇守长安。他听到靳准叛乱的消息，从长安出兵，并即皇帝位。刘曜军攻至平阳，尽杀靳氏男女。次年迁都长安，改国号赵（史称前赵，区别于石勒所建后赵）。刘曜曾求助于石勒，共攻靳准。后石勒进占平阳，从此平阳以西、洛阳以东地区都为石勒所占。

刘曜移都长安后，以关中作为发展势力的根本。因关中数年灾害，人民死者十之三四，所以刘曜先后将上郡氐、羌二十余万口，陇右民万余户，秦州大姓杨、姜诸族二千余户，迁至长安。刘曜多次平定巴氐豪酋的叛乱，使关中的局势趋于稳定。在刘曜最兴盛的时期，一次征伐就可以出动军队二十八万多人，武力已经很强大，关中的氐、羌都臣服于他。

刘曜在关中势力壮大时与后赵石勒的矛盾越来越尖锐。晋太宁三年（325），石勒派将领石佗，从雁门出上郡，进攻前赵安国将军盆句除，俘虏人口三千余落，获马牛羊百余万。刘曜闻讯大怒，派中山王刘岳追击，斩杀石佗，将后赵抢掠的人畜尽数追回。从此，前赵、后赵攻战不止。同年，刘曜派刘岳率军一万五千人攻石勒将石生于洛阳，将石生包围在金墉城。石勒派石虎率兵四万救援石生，与刘岳在洛水西岸大战。石虎军大败刘岳，刘岳中流矢落荒逃跑，被包围在石梁（洛阳东、洛水北岸）。石虎将刘岳团团围住，刘岳军内外断绝，军中无粮食，只好杀马充饥。刘曜亲自率领大军来援，驻于洛阳近郊的金谷（今河南洛阳西北）。夜里刘曜部众无故胡乱惊叫，士卒奔溃，退往渑池（今河南渑池西）屯驻。入夜刘曜军士卒又相互惊扰，刘曜无奈，只好退回长安。石虎随后攻下石梁，生擒刘岳和将领八十余人，将他们押往襄国（今河北邢台），并将前赵士卒一万六千人全部坑杀。

晋咸和三年（328），石勒又派石虎率兵四万，出轵关（今河南济源境内），西攻刘曜。河东五十余县人响应石虎，石虎军推进至蒲阪（今山西永济西）。刘曜亲率精锐，水陆并进。石虎害怕，立即退兵。刘曜率军追赶，在高侯（今山西闻喜境内）追上石虎。两军展开殊死大战，刘曜军斩石虎将石瞻，石虎大败溃逃，沿途二百里都是石虎士卒的尸体，丢弃的辎重军械无数。石虎逃往朝歌（今河南淇县），刘曜乘胜进围石生于金墉城。后赵荥阳太守尹矩、野王太守张进相继投降刘曜。石虎战败的消息传至襄国，震惊石勒。经过周密考虑，石勒于十二月在成皋集结步兵六万人、骑兵二万七千人，部众皆卷甲潜行，衔枚疾进，由巩县（今河南巩义）渡洛水，推进至洛阳城下。

刘曜听说石勒亲率大军来援，撤走了包围金墉城的军队，将他所率的十多万军队在洛阳西列阵，军阵南北长十多里。石勒率军进入洛阳城。到进行决战的时候，石虎率步卒三万，自城北而西，进攻刘曜的中军，石堪、石聪等人各率精锐骑兵八千，自城西而北，进攻刘曜前锋。两军大战于洛阳西面的宣阳门外。两军交锋后，石勒亲自率领后赵军主力，出阊阖门，夹击刘曜军。刘曜准备与石勒交战时，饮酒数斗，待骑马出战时，又饮酒斗余。到西阳门，刘曜已经昏醉不能作战。后赵军趁刘曜军阵移动，迅猛冲击，刘曜士卒大溃。刘曜在昏醉中败退，为石勒生擒。石勒斩获前赵士卒首级五万，前赵的主力军几乎全部被消灭。

刘曜被俘后不久为石勒所杀。次年，刘曜子刘熙、刘胤等听说刘曜被俘，放弃长安逃奔上邽，石生率后赵军进占长安。九月，石勒派石虎连败刘胤军，攻克上邽，杀刘熙、刘胤兄弟及公卿将相三千人。将前赵文武官吏、关东流民、秦雍大族九千余人迁至襄国，又在洛阳坑杀前赵王公等及五郡屠各五千余人。自刘渊起兵起（304），至刘熙被杀止（329），前赵历二十六年而亡。

三、石勒的建国和后赵的衰亡

石勒（274—333），羯人。《隋书》中记载的石国，即今天的塔什干。石勒的祖先可能是石国人，移居中原后，就以石为姓。石勒的祖、父都是部落的小帅。石勒出生在上党武乡县（今山西榆社北），十四岁时，随同部落的人到洛阳贩卖货物，后又回乡耕田。晋惠帝末年，并州大饥荒，并州刺史东嬴公掠卖胡人做奴隶，换购军粮，石勒也在其中。后他被卖给茌平人师欢家做耕奴，又被放免做佃客。石勒后来召集王阳等八人做了"骑盗"。

八王混战时，成都王司马颖被杀，他的部将公师藩起兵赵、魏，有部众数万，要为司马颖报仇。石勒投奔公师藩，后来又归附刘渊，军队发展到十余万人。晋永嘉五年（311），石勒追击西晋军队主力于苦县宁平城，全歼西晋军，又与刘曜、王弥合兵攻破洛阳。不久，石勒杀王弥，吞并王弥部众，进军江、汉，兵败，撤兵北进，占据襄国。西晋东北八州，石勒占据了七州。晋建兴二年（314），石勒杀王浚，夺取幽州。后来，石勒又击败晋将刘琨。晋大兴二年（319），石勒自称大单于、赵王，定都襄国。后他又率军消灭鲜卑段氏，趁东晋祖逖病死，进兵河南，尽有河南之地。晋咸和四年（329），石勒灭前赵，占据关陇地区。北方地区，除了辽东慕容氏、陇西张氏，基本都为石勒统一。咸和五年（330），石勒改称大赵天王,行皇帝事,同年又称皇帝,改元建平。后又营建邺都,并以洛阳为南都。

石勒对占领的地区实行有利于统治的各种办法。与前赵一样,石勒也在占领的地区推行胡汉分治的统治政策。后赵专设大单于来统领胡羯。石勒开始做赵王时就兼大单于,用石虎做单于元辅。石勒称皇帝后,以儿子石弘为太子,又以儿子石宏为大单于。大单于"镇抚百蛮",对胡族事务,石勒也设专官管理,如他以中垒将军支雄、游击将军王阳并领门臣祭酒,专门掌管少数民族的司法诉讼。他还以张离、张良、刘群、刘谟等为门生主书,"司典胡人出内,重其禁法,不得侮易衣冠华族"[2]。石勒又以魏郡、汲郡、中山、广平、阳平、勃海、上党、渔阳等三十四郡为赵国封内,设置内史统治。在后赵,羯人和汉人的区别很明显。当时规定称呼羯人为国人、汉人为赵人,严禁汉人称羯人为胡人。羯人的社会地位远远高于汉人,还可以随时抢夺汉族官吏的财产。因此实行胡汉分治,在后赵的少数民族和汉族之间还存在诸多的矛盾和隔阂。

石勒起兵后,出于民族仇恨的心理,杀掉了很多被俘虏的西晋王公和世家大族。但石勒对投降他的世家大族采取了宽容的态度,吸收他们参加政权机构。石勒还在河北转战时就用当地的汉族大族,组成"君子营"。石勒还以汉族失意士人张宾作为他的谋臣,后又任大执法,总管朝政。后赵建国后,石勒将朝臣掾属以上世族三百户迁徙至襄国崇仁里,专门设置公族大夫管理他们,后又将司、冀二州豪右三千余户迁往襄国。石勒下令要求胡人不能侮辱"衣冠华族"。石勒在官员的选拔上实行九品官人制度,使一些汉族世家大族走上仕途。如河东裴宪（裴楷子）事后赵，官至司徒、太傅；范阳卢谌（卢毓曾孙）官至侍中、中书监；勃海石璞（石苞曾孙）官至司徒；北地傅畅（傅祗子）官至大将军右司马；颍川荀绰（荀勖孙）官至石勒参军；清河崔悦（崔林曾孙）官至司徒左长史；崔遇（崔琰曾孙）官至特进；荥阳郑略官至侍中。

石勒攻取河北后在襄国设立太学，选拔明经善书吏做文学掾，教授将佐子弟三百人。后又在襄国四门增设宣文、宣教、崇儒、崇训等十余所小学，选豪右子弟百余人到这些学校学习。石勒还在各郡国立学官，每郡置博士祭酒一人，弟子一百五十人。入学者要经过三次考核，成绩优异者，由郡国推荐到中央和地方，破格录用。

石勒还注意律令的制定。他认为在天下大乱之后，律令繁杂，应该采集律令的主要内容，作为实行的条制。因此命法曹令史贯志制定《辛亥制度》五千文，作为律令。石勒还命程机等撰《上党国记》，中大夫傅彪等撰《大将军起居注》，参军石泰等撰《大单于志》。这些仪注的制定使石勒朝会常以天子礼乐宴飨群臣，"威仪冠冕，从容可观矣"[3]。

晋咸和八年（333），石勒病死。石勒称王称帝共十五年，死时年六十岁。石勒子石弘继位，但次年石虎便废杀石弘。

石虎，字季龙，早孤，为石勒母亲收养。石勒、石虎为叔侄关系，有时也称为兄弟。在石勒建立政权的过程中，石虎出力很大。石勒称赵王后，石虎任单于元辅，都督禁卫诸军事，常掌专征之任。但石虎为人残忍贪暴，任情杀戮。他十四岁时，常以弹弓弹人，成为军中的祸害。石勒打算处死石虎，却被石勒的母亲王氏阻止。及至石勒病危时，石弘母舅程遐等人劝石勒杀掉石虎，但石勒以为天下尚未平定，不可以杀功臣。石勒死后，石虎就先杀程遐等人，自任丞相、大单于，加九锡，总握朝政。石勒妻刘氏与彭城王石堪（石勒养子）合谋起兵，但为石虎诛杀。镇守关中的石生和镇守洛阳的石郎起兵征讨石虎，先后兵败被杀。咸和九年（334）十一月，石虎称赵天王，次年又称皇帝，改元建武，大封百官，并迁都至邺城。

后赵在石虎统治下，众役繁兴，军旅不止，人民所承受的兵役、力役负担以及受到的苛刻盘剥，超过以往任何时期。石虎讨伐慕容皝时大量征兵，下令司、冀、青、徐、幽、并、雍州具有免除兵役特权的家庭，要五丁取三，四丁取二；没有免役特权的家庭，全部壮丁都要被征发。经过这次征发，与邺城原有的军队合在一起，人数多达五十万人。可见在石虎统治后赵时，人民兵役负担沉重至极。石虎还大兴土木，修建宫殿，在邺城建盛兴宫，起台观四十余所；又营建长安、洛阳二宫。修建宫殿服劳役者多达五十万人。他为了向南、向西用兵，准备辎重，在统治区中，征发各州造甲胄的人也有五十多万人。凡有军事行动，石虎就迫使被征士卒承担额外军用物资。一次，石虎为进攻东晋，下令每五人准备车一乘、牛二头、米各十五斛、绢十匹，凡不按规定办的，全部斩首，迫使穷苦人家多卖子女来满足征敛。不能够做到的人只好在路上自杀，尸体布满道路。石虎为了满足他的糜烂生活，还征集十三岁到二十岁以下的民女三万余人充实后宫。地方官员为了向石虎献媚取宠，强夺已婚貌美的妇女九千余人充数，因此石虎被当时人视为荒淫至极的暴君。石虎为了维持他的统治，施行了残酷的法令。他确定了"私论""偶语"的律条，允许下级官员告发上级官员，允许奴婢告发主人，使百官在朝会时不敢说话，只能以目相视。石虎的残暴统治使中原地区的人口大为减少，农业生产受到严重的破坏，人们很难在这样残酷的环境中生存。因此后赵统治区中阶级矛盾和民族矛盾都在激化。

暴君石虎

后赵皇帝石虎是十六国时期最出名的暴君。在没当皇帝时就嗜好杀人，石虎曾在攻下广固后要把大坞堡主曹嶷的部众全部杀死，他新委任的青州刺史刘征说："没有可管的人，要我这个空头刺史还有什么用啊？"石虎于是留下男女七百多人交给刘征。当了皇帝后，他在首都邺城以南建了一个规模巨大的狩猎围场，任何人都不许向野兽掷一块石头，否则就是"犯兽"，要处死刑。官员们就利用"犯兽"作为敲诈勒索的口实，百姓如果有美丽的女儿和牛马就被指控为"犯兽"，搅得山东百姓根本无法安居。石虎又不断征集美女。一次，一下子就征集三万人，地方官挨家搜捕，美女的父亲或丈夫如果拒绝献出他的女儿或妻子，即被处决，为此被杀或上吊的有三千多人。当美女送到邺城时，石虎龙心大悦，凡是超额完成的地方都晋封侯爵。但当这项暴政引起人民大规模的逃亡反抗时，石虎又责怪那些新晋封侯爵的地方官不知道安抚人民，一律斩首。

石虎宫廷内部矛盾也很尖锐。石虎是杀石勒子石弘抢夺帝位的，因此上行下效，他的儿子都想杀他抢夺帝位。石虎的太子石邃就对左右的人说:"官家难称,吾欲行冒顿之事,卿从我乎?"[4]这是说石邃要准备杀石虎而自立为皇帝。石虎知道后立即杀石邃和他的妻子、儿女二十六人,埋于一具石棺中。石虎又立石宣为太子。后石宣杀其弟石韬,准备在石虎临丧时杀父自立。事情败露,石虎又杀石宣,并将东宫卫士十余万人都谪配至凉州。石虎的几位儿子对皇位觊觎以及相互的残杀,使他不得不处处设防。最后,石虎只好立当时才十岁的幼子石世为太子。

东晋永和五年(349),石虎病死,太子石世即皇帝位。石世年幼,地位不稳,石虎儿子之间又展开争夺帝位的战争。石虎子石遵在姚弋仲、苻洪的支持下,与石闵等起兵攻至邺,废杀石世,自立为帝。后镇守蓟城的石冲起兵反石遵,兵败被杀。石虎另一子石鉴被石闵(即冉闵)、李农说服,杀石遵,自立为帝。石鉴称帝后任石闵为大将军,李农为大司马,并录尚书事,掌握朝廷大权。但石氏害怕大权旁落,用石仓等人谋杀石闵、李农,结果失败。石闵、李农等尽杀胡人,并杀石鉴,推翻后赵的统治。后赵自晋大兴二年(319)石勒称赵王开始,至晋永和六年(350)石闵杀石鉴为止,建国历时三十一年。

四、冉魏的兴亡

冉魏是由冉闵建立的政权。冉闵(?—352),字永曾,是石虎的养孙,因名石闵。石闵幼而果锐,长成后身高八尺,勇力绝人,善于谋划。石虎即帝位后,封石闵建节将军、修武侯,历任北中郎将等官。

晋永和六年（350），石闵既杀诸胡和石鉴后，即位称帝，国号为魏，改元永兴，恢复原姓，为冉氏。

自石勒以来，后赵政权采取胡汉分治的政策，胡人入据中原地区的有数十万之多。胡族贵族公开抢掠汉人和其他少数民族，后赵政权并不过问。他们对汉人的奴役、虐杀达到十分残暴的程度，因此汉人和其他少数民族与后赵统治阶层之间的矛盾异常尖锐。冉闵为了巩固他的政权，采取依靠汉人、坚决打击胡羯人的措施。他下令大开邺城门，向城中人宣布："与官同心者住，不同心者各任所之。"[5]城中的羯人纷纷出城，将城门挤得水泄不通，而百里内的汉人却全部自动入城。冉闵知道羯人与他不同心，于是下令杀羯人，无论男女老幼，一律斩杀，共杀二十余万人，被杀者抛尸城外，全部为野犬豺狼所食。在各地戍守的将领接到冉闵的命令，也将当地的羯人全部杀光。"于时高鼻多须，至有滥死者半"[6]。冉闵展开反胡羯的行动，是迫于当时形势不得不采取的措施，但不分青红皂白的大屠杀，实在是历史的悲剧，只会促使中原地区各民族之间的关系更加恶化。

由于冉闵坚决打击羯人，受到了中原汉人的拥护，他们积极支持冉魏政权。冉闵派遣使者前往东晋，希望能够派军队前来，共同经营中原。可是东晋因冉闵已经称帝，对他的请求置之不理。

冉魏政权建立后，在政策上有诸多的失误。冉闵没有与汉族大臣李农维持好关系。李农被冉闵任命为太宰、太尉、录尚书事，但他对李农并不充分信任，而是心存芥蒂，后来又将李农和他的三个儿子杀死。李农与在北方活动的乞活军联系密切，因此李农被杀后，冉闵自然与乞活军失去联系。

冉闵在政治上采取了"清定九流,准才授任,儒学后门,多蒙显进"[7]的做法。他稳定一批世族士人,也提拔了一批寒族士人,但没有寻求更多的依靠力量。这些世族和寒族士人反对少数民族统治者的决心并不大,他们为了使自己的财富和权势地位不受侵害,有时甚至会利用机会进行政治投机。因此冉魏政权的支持力量是不稳定的。

冉魏政权建立时,关中地区乡豪建立坞壁三十多处,聚众五万,响应东晋。冉闵没有与这些汉族武装力量取得联系,以获得他们的支持。

冉闵在邺称帝时,后赵政权的残余势力石祗(石虎之子)也在襄国称帝,诸六夷据州郡拥有兵力者都响应石祗。石祗派部下刘国等进攻冉闵,冉闵拥戎卒三十余万,旌旗钟鼓绵亘百余里,大败石祗军。随后鲜卑慕容氏、羌人姚弋仲与石祗联合进攻冉闵。冉闵大败,死者十多万人。从此之后冉闵与石祗无月不战。后来冉闵虽然消灭了石祗,但连年战争使冉魏政权的实力大损。

这时氐族贵族苻健已经率众西归,占据关中。鲜卑慕容儁则从辽西进兵幽、蓟,蚕食赵、魏地方,集中兵力进攻冉魏。永和八年(352),慕容儁派大将慕容恪略地至冀州,冉闵率军应击。两军相接,冉闵军初战获胜。冉闵既胜而骄,轻骑出击,虽力战而终败。冉闵被俘,被押往龙城斩首。冉魏政权为慕容儁所灭,立国凡三年。

冉闵建立冉魏后颇想有所建树,但连年不断的战争使他很难在政治和经济上有所作为。冉魏政权灭亡后,大多数汉人都不愿意在中原地区再过长期被压迫、被侮辱和随时可能被虐杀的生活,因此他们奔往江南,想回到汉人建立的东晋统治区去。河北的汉人二十余万口已经渡过黄河，请求东晋政权派兵应援，但东晋政权没有配合好，使二十多万汉人"皆为慕容皝及苻健之众所掠，死亡咸尽"[8]。

五、前凉的兴亡

一般认为前凉是张轨建立的国家。张轨（255—314），安定乌氏（今甘肃平凉西北）人，家世以儒学知名。晋惠帝时，他在京城洛阳做散骑常侍。赵王司马伦当国，张轨看到政局混乱，准备前往离洛阳较远的河西走廊一带。永元二年（301），政府任命他为护羌校尉、凉州刺史。张轨到任后，稳定了地方的局面，开始向自立的方向发展。他劝课农桑，提拔贤才，设立学校，凉州一带成为中原人士的避难之地。在洛阳失陷、晋怀帝被俘后，中原地区来避难者，日月不断。晋愍帝立都长安，封张轨为太尉、凉州牧。张轨派三千人保卫长安。建兴二年（314），张轨病死，长子张寔继立。晋愍帝任命张寔为都督凉州诸军事、凉州刺史、西平公。张寔因长安守卫困难，派遣军队救援长安。大兴三年（320），张寔被帐下督阎沙等所杀，张寔弟张茂诛阎沙等，自称凉州牧。后前赵主刘曜亲率大军二十八万多人，进攻凉州，沿黄河列营一百多里，声称要进攻姑臧。张茂屯军姑臧东面的石头，坚壁不战，要同刘曜打持久战。刘曜不敢贸然过黄河，让张茂称藩后，便很快退兵。张茂做了五年凉州牧，治理凉州很有政绩。

晋太宁二年（324），张茂病死，无子，兄张寔子张骏继立，称凉州牧、西平公。不久刘曜被石勒所并，张骏乘机拓展势力，尽有陇西之地，兵马强盛。张骏又精心治理河西地区，使这里的局势更加稳定。这时西域各城邦都派使者前来贡献方物，其中有汗血马、火浣布、孔雀、巨象及其他珍品二百多种。张骏在今吐鲁番地区设置了高昌郡。张骏在位时，因仇池氏族杨氏归附东晋，河西与江南畅通无阻，每年使者往来不断，凉州一直沿用晋愍帝年号。

晋永和二年（346），张骏病死，子张重华继位，称凉州牧、假凉王。后赵石虎趁张重华年幼，命大将麻秋攻下凉州金城郡。张重华命谢艾为中坚将军，率军东击麻秋，斩首五千级。张重华与石虎多次交战，重创后赵军。张重华在抗击石赵的战争中最后全面获胜，后赵王朝很快瓦解。永和五年（349），张重华应官属要求，称丞相、凉王、雍秦凉三州牧。张骏、张重华统治时期，前凉疆域南逾河、湟，东至秦、陇，西抵葱岭，北达居延，是前凉政权最兴盛的时期。

永和九年（353），张重华病死，子张曜灵继立，年龄才十岁。张重华庶兄张祚辅政，不久张祚废张曜灵，自称凉州牧、凉公；第二年，又称凉王。张祚凶残淫虐，河西人民对他很不满。张祚族人张瓘为河州刺史，镇枹罕（今甘肃临夏东北），拥有重兵。张祚不放心张瓘，永和十一年（355）派兵偷袭枹罕，反为张瓘击败。张瓘进军姑臧，张祚十分惶恐，害怕臣下拥立张曜灵，便将其诛杀。敦煌人宋混、宋澄兄弟在姑臧西集合军队一万多人，响应张瓘，攻破姑臧城。张祚为臣下杀死，张瓘进入姑臧，立张曜灵弟张玄靓为凉王，张瓘自任都督中外诸军事、尚书令、凉州牧，以宋混为凉州仆射。张玄靓才七岁，前凉的权力实际为张瓘和宋混控制。后张瓘又与宋混矛盾尖锐，宋混杀死张瓘，成为辅政大臣。张玄靓取消凉王称号，改称凉州牧。不久，宋混病死，宋澄代替宋混辅政。晋升平五年（361），张玄靓族人张邕起兵杀宋澄，自任中护军，以张重华弟张天锡为中领军，两人共同辅政。后张邕骄纵专权，被张天锡杀死。升平七年（363），张天锡暗中杀死张玄靓自立。张天锡夺权后沉湎于酒色之中，不理政事，无法挽回前凉的颓势。晋太元元年（376），前秦苻坚率领步骑兵十三万人渡过黄河，进攻前凉。张天锡先后调集十万人的军队抵抗前秦的进攻，数次激战，前凉大败，张天锡投降前秦，前凉灭亡。淝水之战后，张天锡逃往东晋，隆安二年（398），病死在建康。

前凉政权在河西地区的存在，对保护汉人和其他少数民族的农业和畜牧业不受破坏、使中原地区流亡到河西地区的人民安定下来起到了重要作用。在张氏前凉政权的统治下，河西走廊成为发展汉人先进文化的重要据点。

前凉共历九主，从永元二年（301）至太元元年（376），立国共七十六年。在十六国时期，前凉是存在时间最长的国家。

六、前燕的建立和衰亡

前燕的创建者是鲜卑族慕容廆（269—333）。据说他的曾祖莫户跋在曹魏初年率部入据辽西，后随司马懿征讨公孙渊有功，被封为率义王，始建国于棘城（今辽宁义县西南）之北。后部族长的地位先后由慕容木延、慕容涉归接替。慕容涉归时，迫于宇文部的压力而向辽东迁移。慕容廆就是慕容涉归的儿子。晋元康四年（294），慕容廆迁居至棘城，教以农桑，法制皆学汉人。永嘉元年（307），慕容廆自称鲜卑大单于，开始向自立方向发展。同年十二月，慕容廆杀害西晋辽东太守庞本、东夷校尉李臻，向辽东发展势力。永嘉五年（311），由于永嘉之乱，很多汉人开始流入辽东、辽西地区。慕容廆在大棘城附近设置冀阳、成周、唐国、营丘等侨郡吸引和安置汉族流民。这些汉族流民将中原地区先进的农耕技术带到辽东和辽西，促进了这一地区经济的发展。慕容廆还将当地和迁移来的一些汉族士人吸收到他的政权中。东晋成帝时，慕容廆进一步提出慎刑、选贤、重农、戒酒色四大治国要点，进一步巩固了慕容氏的立国基础。晋咸和八年（333）慕容廆死，他的第三子慕容皝继立。

慕容皝（297—348）继立后，东晋仍然以慕容皝为镇军大将军、大单于、辽东公。他开始设置百官，东晋又晋封他为燕王，前燕开始建国。慕容皝迁都至龙城，屡屡击败段部和宇文部，声威日震。后又灭段部、宇文部和夫余，臣服高句丽，成为辽西地区的强国。

慕容皝为了适应当时地狭人多的实际情况，开放过去被圈占为园苑、牧地的土地，任凭流民耕种。他实行按照魏晋屯田制的分成办法，采取六四或五五分租。慕容皝在败段氏后，掠户五千；破高句丽，掠男女五万余口；灭宇文部，徙其部落五万余人于昌黎；袭夫余，虏其部众五万余口。这些被征服的人民以及慕容氏统治下的鲜卑族人，也渐渐在生产上农业化了。因此慕容皝政权能够拥有较多的户口，能够保障军队士兵的供给，也使文化达到了较高的水平。

永和四年（348），慕容皝病故，第二子慕容儁继位。永和五年（349），东晋册封慕容儁为使持节、中外大都督、大将军、大单于、燕王。慕容儁已经有兵二十多万。由于辽西地区农业生产的发展，军队的战斗力也随着提高。永和八年（352），慕容儁出兵击灭冉魏，自称燕皇帝，初建都蓟城（今北京），后定都邺，史称前燕。前燕疆土南至汝、颍，东尽青、齐，西抵崤、黾，北至云中，相当于今天的河北、河南、山西、山东等广大地区，与关中的苻秦政权平分了黄河流域。实际上南方的东晋、西方的前秦和东方的前燕形成了三国鼎立的局面。

慕容儁称帝后，断绝与东晋的联系，准备攻灭东晋和前秦，统一中国。他下令各州郡检查户口，每户留一丁，其余全部当兵，准备凑足一百五十万大军，实现他的意图。但慕容儁的计划没有实现，他于晋升平四年（360）病死。第三子慕容暐即皇帝位。他设置太宰、太傅、太保、太尉、太师、大司马、司徒、司空八公，实际权力由任太宰的慕容儁之弟慕容恪掌握。前燕不断向南拓展势力，攻占了洛阳，并对淮北形成了进逼的态势。东晋黄河以南、淮河以北的疆土，全部为前燕占领。在慕容恪执政的七年间，是前燕政治比较稳定的时期。

后慕容恪病死，由慕容评主持朝政。这时，东晋桓温北伐，到达枋头，距离前燕首都只有二百里路程。慕容暐、慕容评异常惊慌，做好迁都龙城的准备，慕容垂却请求由他率领抵御晋军。慕容暐任命慕容垂为征讨大都督，率兵五万大败桓温，追至襄邑。慕容垂的这次胜利将前燕从危亡中拯救出来，可是慕容评嫉贤妒能，对慕容垂有功不赏，反要加害于他，逼使慕容垂只好投奔前秦。前燕内部这样尖锐的矛盾，使其统治力量大大削弱。

慕容氏从龙城迁都邺城后，统治集团在富裕的生活中日益腐化。前燕主慕容暐后宫妃妾有四千余人，"日费之重，价盈万金；

绮谷罗纨，岁增常调；戎器弗营，奢玩是务"[9]。慕容氏统治集团为了满足他们骄奢淫逸的生活，对人民拼命搜刮。他们甚至霸占山泉，不准人民自由取用，军民饮水一概纳绢一匹，换水二石。这样残酷的盘剥，使国内的社会矛盾异常尖锐。

前燕在慕容评的操纵下，政治更加腐败。慕容暐的尚书左丞申绍上疏，列举前燕的弊政主要有：一是没有很好地选拔地方官，没有进行考绩和赏罚升降。二是官多民少，官员对人民过分驱扰，搞得民不聊生。三是官吏趁有事之时，肆意盘剥，以饱私囊。当时政局正是"内则暐母乱政，评等贪冒，政以贿成，官非才举，群下切齿焉"[10]。

慕容氏政权不再采取胡汉分治的政策。在中原荫客制的影响下，慕容鲜卑贵族开始荫庇大量的户口。当时中原地区从事农业的编户齐民，忍受不了繁重的兵役和沉重的赋税，不得不放弃自己的自由身份和拥有的土地，请求为慕容鲜卑贵族和汉族世家大族所荫庇。随着荫庇制度的发展，大量的国家编户齐民沦为私家的衣食客和佃客。这样做使前燕统治区内国家的户口明显少于私家，大大地削弱了前燕的政治、经济和军事力量。晋太和三年（368），慕容暐接受尚书左仆射悦绾的建议，下令"宜一切罢断诸荫户，尽还郡县"[11]。悦绾亲自指挥搜括户口，一次就查出荫户二十多万户，几乎占前燕总人口的十分之一。但悦绾的做法激怒了以慕容评为首的鲜卑贵族，不久他就被暗杀，搜括户口的举动也就停止了。这就使前燕国家面临的危机更加深了。

因为慕容暐统治时期，前燕国内的各种矛盾都在激化，所以其政权很难继续统治下去。晋太和五年（370），前秦苻坚派辅国将军王猛、镇南将军杨安等，率军六万进攻前燕。八月，王猛攻克壶关。九月，王猛率军助杨安攻克晋阳。前燕慕容评率军三十万驻扎在潞川一带，与王猛军相持。王猛派骑兵乘夜走小路绕道燕军后方，焚烧前燕军辎重，火光冲天，慕容㬮在邺城都可以看到火光。在这种形势下，慕容评只好出战，结果燕军大败，五万士卒被杀。前秦军乘胜追击，迫使十多万燕军投降。三十万燕军主力就这样轻而易举地被前秦军消灭了。王猛又从潞川率军东进与秦王苻坚军会合，进攻邺城。十一月，慕容㬮率领数十骑从邺城逃跑，被前秦兵追及俘获。苻坚入邺，收前燕名籍，凡郡百五十七、县一千五百七十九、户二百四十五万八千九百六十九、口九百九十八万七千九百三十五。苻坚将慕容㬮及其王公以下并慕容鲜卑四万余户迁至长安附近。

前燕从西晋太康六年（285）慕容廆统部至慕容㬮为苻坚俘虏国灭，共历四世，八十五年。从慕容儁灭冉魏，入主中原，至慕容㬮灭国，只经历了十九年。

第三节　前秦统一中国北方

一、前秦的兴起

前秦是由氐族苻氏建立的国家。氐族苻氏居于略阳临渭（今甘肃秦安境内），世代为氐族部落小帅。起初苻氏称为蒲氏，蒲、苻同音。永嘉之乱时，蒲洪被推为氐族部落的盟主。蒲洪自称护氐校尉、秦州刺史、略阳公。刘曜占据长安后，封蒲洪为率义侯。

刘曜败后，蒲洪投降石虎，被封为冠军将军。后蒲洪又任龙骧将军、流人都督，率领部族驻屯枋头。石虎死后，诸子争夺帝位，相互攻伐，局面混乱。蒲洪拥众十多万，于晋永和六年（350），一度服属东晋。东晋任蒲洪为征北大将军、都督河北诸军事、冀州刺史、广川郡公。这时，羌人姚弋仲也试图占据关中，派其子姚襄率兵五万进攻蒲洪，被蒲洪击败。蒲洪自称大将军、大单于、三秦王，事实上开始自立。蒲洪还将姓改为苻。但不久苻洪被石赵的降将麻秋毒杀。

苻洪第三子苻健（317—355）继立。苻健为了获得汉人支持，废弃了三秦王的旗号，只称东晋的封爵。这时，关中豪族京兆人杜洪自称东晋雍州刺史，占据长安，实际是地方割据势力。苻健继承苻洪遗志，试图占据关中，密谋西归，因此必须铲除杜洪的势力。苻健率军猛攻关中，杜洪败走，苻健进入长安。永和七年（351），苻健自称天王、大单于，国号秦，建元皇始，设置百官，以弟苻雄为丞相、都督中外诸军事、车骑大将军、领雍州刺史。次年，苻健称皇帝。

苻健建国后，直接控制的地区不过是渭水流域的一部分，因此需要扩大疆域和巩固政权。他在丰阳县（今陕西山阳）立荆州，保证能够使南方的货物流通到疆域内，招徕远方的商人，与东晋通关市，因而使"国用充足，而异贿盈积矣"[12]。在苻健的努力经营下，前秦政权日益巩固。

永和十年（354），东晋桓温率军四万，北伐关中。苻健采取坚壁清野的做法，使桓温军的给养供应遇到困难，桓温大败而还。苻健乘机发展势力，使疆域扩大到全部关中地区。

苻健在扩大疆域的同时，在长安平朔门内建立来宾馆，招徕远人，又在杜门兴修灵台。他修尚儒学，礼遇耆老，留心政事。他还实行宽松的统治政策，与百姓约法三章，减轻赋税，节省开支，因此使国家经济明显好转，关中地区家给人足。

永和十一年（355），苻健病故，第三子苻生继位，改元寿光，以母强氏为皇太后，以吕婆楼为侍中、左大将军。苻生刚愎自用过度，又随意杀戮臣下。他曾命尚书令辛牢主管劝酒事宜，有坐而未饮者，苻生竟然射杀辛牢。他宠幸的妃妾，如果违背他的意志，也要将她杀死，流尸渭水。他不但残暴，还不分昼夜地饮酒嬉戏。晋升平元年（357），苻坚、苻法等人入宫，杀死苻生。据说苻生被杀时还处在昏醉状态。苻生被杀后，苻坚即皇帝位。

二、前秦统一北方

苻坚（338—385），字永固，一名文玉，苻洪少子苻雄之子。苻坚年幼时就博学，有才气。他结交王猛、吕婆楼等有才干之人，希望有所作为。苻坚杀苻生后，曾让位其兄苻法，但苻法坚决不肯接受。苻坚登基后称大秦天王，改元永兴，追尊其父苻雄为文桓皇帝，杀苻生幸臣董龙、赵韶等二十余人，大封百官。

苻坚在施政上重用汉人王猛等人。他开始任王猛为中书侍郎，参掌机要，后又转尚书左丞。苻坚对王猛的重用，是他进行统一事业的明智之举。

王猛（325—375），字景略，北海人，居于魏郡。他家世贫寒，曾在洛阳市上以贩畚为业。后来居于华阴，博学好读兵书，气度雄远。桓温入关时，王猛去拜见他，扪虱而谈，旁若无人。桓温署王猛为高官督护，要王猛随他一起南下，但王猛以为自己是寒人，在东晋门阀政治下，不会得到重用，不肯随桓温南行。苻坚有大志，听说王猛的大名，派吕婆楼邀之相见，一见面便像交往已久的老朋友。苻坚登基后，使王猛与吕婆楼等共掌机要，对王猛更是言听计从。

苻坚在王猛的辅佐下，在政治上加强中央集权，抑制氐族部落势力的发展。氐族与匈奴、鲜卑、羯、羌等族比较，由于受汉文化的影响较大，文明程度最高。从西汉以来，汉王朝就在氐人聚居的地区设置郡县，但氐人的社会组织没有因为汉王朝的统治而改变，依然保留氐族社会的结构，氐族内部的贵族占据重要的地位。氐族部落贵族试图继续保持分散的统治方式。但在永嘉之乱后，氐族经常因为战争与不断地迁徙，促进了氐族部落军事组织的巩固和发展。在氐族流徙和战斗的过程中，部落酋长需要对征服地区进行军事防卫，对内也需要集中权力，所以强化王权，实行集权统治，成为前秦必须解决的问题。但前秦实行集权统治与氐族部落贵族分散权力的要求是相矛盾的。

王猛从前秦的长远利益着眼，坚决抑制氐族部落贵族势力的发展，实行中央集权统治，强化王权。当时的氐族贵族，包括宗室近戚、勋旧重臣，对王猛的做法都非常不满，可是王猛获得苻坚的支持。氐族大臣樊世曾辅佐秦主苻健立有大功，他尤其看不起王猛。一次樊世与王猛在苻坚面前发生争执，樊世破口大骂，苻坚因此而发怒，将樊世在西厩处斩。特进强德是苻健的妻弟，在地方横行霸道，成为百姓的祸害，王猛坚决将他处死，并陈尸于市。他还诛杀贵戚豪强二十余人，对抵制他政策推行的氐族贵族实行坚决的打击。

在苻坚的支持下，王猛加强王权的政策取得显著的效果。苻坚感慨地说："吾今始知天下之有法也，天子之为尊也！"[13]前秦中央权力得到强化，氐族贵族的势力被有效遏制。中央集权下的前秦政权可以支配大规模的经济、军事等方面的活动，对国家的控制力大大加强了。

王猛辅助苻坚，在促进国家发展上，还实行了一些行之有效的措施。苻坚采取了禁奢侈、与民休息的政策：在苻坚称帝的第二年，为平定部将张平的叛乱，他在经过的地方减田租一半；由于秋季大旱，他不允许后宫妃妾穿着罗纨；将山泽之利由国家与私人共享；将减少的宫廷膳食费用分给作战的士兵；全国偃甲息兵，停止劳民的行动。他还严令不是国家命士以上的官员，在都城百里之内不允许驾车乘马，奴婢不可以佩戴穿着金银锦绣，如果违反，处以死刑。

苻坚在教育上实行广兴学校的政策。在首都长安兴建太学，不仅让各郡国能通一经者前来学习，还规定公卿以下的子弟也要来学习。对学习成绩优异者，则要大加表扬。苻坚还亲临太学考试学生，根据学生了解经义的好坏，而定下不同的等级。苻坚在宫中也设置博士授经。

苻坚在农业上实行劝课农桑、开放山泽之利的政策。苻坚曾经亲耕籍田，这种象征性的劝农举动，使国内君臣更注意对农耕的重视。苻坚看到由于关中地区多有水旱灾害，因此他征发王侯以下至豪富的奴隶三万多人，开凿泾水上流，起堤通渠，灌溉低洼的盐碱

图14-2 "大秦龙兴化牟古圣"瓦当,称颂前秦功业盛大,其教化可比古代圣王

土地,明显改善了当地农业生产的条件。他还大力推广区种法来提高粮食产量。苻坚的这些做法,使前秦农业得到发展,粮食的积储日益增多。

从苻坚即位开始,到他举兵灭前燕,共有十多年的时间。苻坚在王猛的辅佐下,使前秦出现了相对安定的环境。《晋书·苻坚载记》称:"自永嘉之乱,庠序无闻,及坚之僭,颇留心儒学,王猛整齐风俗,政理称举,学校渐兴。关陇清晏,百姓丰乐,自长安至于诸州,皆夹路树槐柳,二十里一亭,四十里一驿,旅行者取给于途,工商贸贩于道。"可以说在十六国战争不断、风云多变的时代,苻坚在关中地区营造了使人民能够安居乐业的局面,而这个局面的出现正是苻坚能够集中氐族的武装力量统一北方的基础。

晋太和五年（370），苻坚派王猛等人攻伐前燕，占领邺城，俘虏慕容㬉，前燕亡。苻坚灭前燕后以王猛为使持节、都督关东六州诸军事、车骑大将军、开府仪同三司、冀州牧，镇守邺。此后，苻坚又进攻仇池，降服巴氏。接着又命杨安等攻蜀，于晋宁康元年（373），攻下益州，以杨安为右大将军、益州牧，镇守成都。晋太元元年（376），苻坚又攻灭前凉，凉王张天锡投降，后苻坚又乘鲜卑拓跋氏衰落之时，攻代王什翼犍，俘虏什翼犍，灭代国，散其部落。太元七年（382），苻坚又命氐族贵族吕光进驻西域，整个北方地区大部分为前秦统一。前秦的疆域"东极沧海，西并龟兹，南苞襄阳，北尽沙漠"[14]，相当于现在淮河到秦岭以北的地方以及西南的一部分。东北的新罗、肃慎，西北的大宛、康居、于阗以及天竺等六十二国，都遣使与前秦建立友好关系。前秦苻坚势力达到最兴盛的时期。

王猛灭前燕

前秦丞相王猛不仅在政治上有着杰出的才能，在统兵打仗上也很有一套。东晋太和五年（370），王猛率领杨安、张蚝、邓羌等十位将领和步骑兵六万人讨伐前燕。苻坚亲自送王猛到霸桥以东，鼓励王猛一心攻伐。王猛一路所向披靡，相继攻下壶关、晋阳等地。经过半年攻伐，最后在渭源誓师，准备与燕军决一死战。为鼓舞士气，他对士兵们说道："我王猛受国家厚恩，现在和大家深入敌境，我们都应该各自奋进，不可退却。希望大家在阵前效力，以报答朝廷的恩惠。得胜以后，大家在朝廷中领受爵赏，父母妻子也摆酒庆贺，这不是很美的事吗？"士兵个个摩拳擦掌，砸锅弃粮，大声高喊，奋勇前进。决战当天，燕军数倍于秦军。王猛激励邓羌："今日之战，只有将军你出马才能成功。"邓羌高卧，回答道："如果答应封我做司隶，您就不用再担心战事了。"王猛最终答应了邓羌的要求。于是，邓羌在帐中饱饮了一顿，与张蚝、徐成等大将跨上战马，挥舞长矛，攻进前燕军中，四出四进，旁若无人。到了中午，前燕军队大败，被俘获、斩首者五万多人，王猛又乘胜追击，继续斩杀、收降十万多人。最终，前秦军队攻陷邺城，俘虏燕主慕容晖，消灭了前秦统一北方的最大障碍。

三、前秦统治政策的失误及其灭亡

在苻坚统一北方的过程中，辅佐大臣王猛于东晋宁康三年（375）病故。因为王猛的病故，苻坚失去可以帮助他制定正确治国方略的助手，所以苻坚在统一北方后实行了一些错误的政策。

苻坚对臣服的少数民族上层贵族实行怀柔的政策，试图拉拢他们。比如前秦灭前燕后，慕容晖被封为新兴侯，慕容评被任命为给事中，皇甫真被任命为奉车都尉，"燕之诸王悉补边郡"[15]。苻坚征伐仇池，仇池主杨统率其部落投降，被封为平远将军、南秦州刺史。

苻坚实行的怀柔政策，是对北方少数民族变乱以来各民族一直奉行的仇杀政策的否定。但这种政策在前秦统一的时候实施，是不合时宜的。因为当时民族矛盾激烈，特别是少数民族上层贵族对其他民族一直抱有仇视和敌对的心理，苻坚的怀柔政策是很难改变这种状况的。与苻坚的出发点相反，怀柔政策的实行，使这些被征服国家的贵族可以有效地保存其军事实力，成为前秦国家的一大隐患。

苻坚采取了军事分封的政策。他以长乐公苻丕（苻坚庶长子）为都督关东诸军事、征东大将军、冀州牧，出镇邺城；以仇池部落贵族杨膺为苻丕征东大将军府的左司马，领氐族一千五百户；以九嵕氏族部落贵族齐午为苻丕征东大将军府的右司马，领氐族一千五百户；杨膺、齐午二人成为苻丕长乐公封地的世卿。又以毛兴（氐部落贵族）为河州刺史，镇枹罕，领氐族三千户；以王腾（氐部落贵族）为并州刺史，镇晋阳，领三千户；以平原公苻晖为豫州牧，镇洛阳，领氐族三千二百户；以巨鹿公苻叡为雍州刺史，镇蒲阪，领氐族三千二百户。

苻坚实行军事分封的目的，是既要消除关中氐族贵族之间的矛盾以及氐族与其他民族的矛盾，又要使氐族宗亲镇戍方镇，更有效地统治当地民族。苻坚的分封政策虽然满足了氐族贵族对关东各民族盘剥的需要，但也使氐族贵族与藩镇地方各民族的矛盾加深，当地人民对氐族宗亲的不满非常强烈。分封政策的实行，也削弱了前秦的军事力量。因为前秦的军事力量主要是由氐族人组成的，苻坚使氐族宗亲率领军队到关东方镇，以致关中的氐族人口数量明显减少，在京畿的军队当然也随之锐减。苻融在淝水之战前就进谏苻坚说："陛下宠育鲜卑、羌、羯，布诸畿甸，旧人族类，斥徙遐方。今倾国而去，如有风尘之变者，其如宗庙何！监国以弱卒数万留守京师，鲜卑、羌、羯，攒聚如林，此皆国之贼也，我之仇也。"[16]

第十四章　五胡十六国在北方的统治　　211

可见由于分封的实行，削弱了关中地区氐族的军事力量，很难控制迁徙到关中的鲜卑、羌、羯等少数民族。

苻坚还实行了徙民政策。前秦向关中主要迁徙的是鲜卑、羌、羯等少数民族。比如苻坚灭前燕，迁移关东豪族及诸杂夷十万户于关中，充实关中；在灭前凉后，迁凉州豪族七千余口于关中；迁乌丸杂类于冯翊、北地；迁丁零翟斌于新安。苻坚向关中徙民，使这里异民族数量众多，族属复杂。苻坚徙民的目的就是要使被征服的少数民族远离本土，削弱其势力，也是为了充实京城长安的人力和物力。但前秦的这个政策是在民族矛盾尖锐的时期进行的，而且徙民时并未打破原来的部落组织，只是整族简单迁徙。这样被迁徙的征服民族可以利用部落组织，维护其自身利益，让前秦很难行使其号令，并使被征服的民族对京畿的威胁增强。一旦前秦控制力削弱，他们就可以依靠部落组织，成为瓦解前秦的力量。这实际上是前秦的心腹大患，但苻坚并没有认识到问题的严重性。

苻坚实行错误民族政策的同时，还被胜利冲昏了头脑。他认为黄河流域和长江上游广大地区已经被他用武力征服，只有东晋与他为敌，因此日夜想灭亡东晋。他抛弃了王猛临终前"勿以晋为图"的规劝，在王猛死后第三年（东晋太元三年，378），苻坚命其长子苻丕等率领步骑十七万围攻襄阳，生俘东晋守将朱序。同时他又派将领俱难、毛当、彭超等率步骑七万攻下东晋彭城、淮阴等城。然后苻坚又派步骑六万，围攻东晋的三阿（今江苏宝应），东晋征虏将军谢石率军援救三阿，三阿围解。前秦和东晋的淮上战事胶着在徐州以南和淮水以北。在荆州一线，两军在襄阳附近战事不断。前秦与东晋的这些战争孕育着更大战争的到来。

东晋太元七年（382）十月，苻坚召集文武大臣，计划要亲自率领九十七万大军，一举消灭东晋。对苻坚的错误决策，尚书左仆射权翼、太子左卫率石越、阳平公苻融都持反对意见。但苻坚征服江东的意见丝毫没有动摇，执意起兵大举进攻东晋。太元八年（383）七月，苻坚下令进攻东晋，动员戍卒六十余万、骑兵二十七万，浩浩荡荡，水陆并进。

东晋以谢石为征讨大都督、谢玄为前锋都督，与将军谢琰、桓伊等率军八万，抗击前秦军。前秦军靠着寿阳东面的淝水布阵。东晋军进至淝水东岸，乘前秦军后撤之时发起进攻，大败前秦军。

苻坚在淝水大败，身中流矢，单骑逃到淮水北岸。他强迫征调来的军队，绝大部分已经溃散，只有慕容垂率领的一支三万人的军队完整地保存下来。同年十一月，苻坚从寿阳前线来到慕容垂的军中，慕容垂护送他迁往洛阳。慕容垂要求回邺扫墓，苻坚同意他的请求。苻坚沿路收拾残兵，到达洛阳时有了十多万人。年底，苻坚回到长安。

太元九年（384），慕容㐰的弟弟慕容泓（？—384），起兵于华阴，称济北王。这是西燕的开始。慕容冲也在河东起兵，共同反对苻坚。苻坚派苻叡讨伐慕容泓，苻叡轻敌，战败被杀。慕容泓称皇帝，改元燕兴。苻坚又用窦冲进攻慕容冲，慕容冲大败，率八千骑投奔慕容泓，慕容泓军增至十余万，声威大振。后慕容泓因执法严酷，为士卒所杀而立慕容冲为主，率军进攻长安。

羌人姚苌原来随苻叡攻打慕容泓，但苻叡兵败身亡，姚苌害怕苻坚怪罪，叛逃至渭北。苻坚率军进攻姚苌，先胜后败。后听说慕

第十四章　五胡十六国在北方的统治

容冲军距离洛阳只有二百里,立即引兵退保长安。

慕容冲军随后包围长安,围城时间长达一年之久。他纵兵抢掠,关中居民流散,道路断绝,千里无人烟。太元十年(385)五月,苻坚留太子苻宏守长安,自率百余骑偕夫人张氏与幼子及二女逃往五将山(今陕西岐山东北)。七月,姚苌派骑兵包围五将山,活捉苻坚及其家属,苻坚被勒死在新平的佛寺中,家属全部自杀。

不久,苻宏也从长安逃出,辗转投奔东晋。慕容冲入据长安,纵兵烧杀抢掠,死者不计其数。慕容冲占据长安后知道慕容垂已经在河北称王,势力强大,不敢东归。鲜卑慕容氏原来在河北建国,因此慕容冲部属都想东还。在慕容冲统治集团内部发生了多次相互的残杀,最后由慕容永胜出。太元十一年(386),他率领关中鲜卑人东行至河东,在长子(今山西长子境内)即帝位。太元十九年(394),慕容永被慕容垂攻灭。西燕自慕容泓至慕容永,共经历十年。西燕是在关中首先称王反对苻坚的国家。

淝水之战时,苻坚的庶长子苻丕镇守邺城。慕容垂率军离开苻坚到达邺城时,苻丕派慕容垂到河南镇压丁零翟斌的反抗。慕容垂前往河南,不但不同翟斌作战,还杀掉了苻丕派去监视他的苻飞龙,回军攻打邺城。苻丕坚守邺城,慕容垂没有得手,只好退屯新城,等待苻丕自动撤兵返回关中。

太元十年(385),苻丕率领军民六万人西入晋阳,才知道苻坚败死,长安失守。苻丕随即在晋阳称帝。因氐族的根据地在关陇一带,苻丕率部众四万到达平阳,准备再返回关中,正好遇到慕容永率军东下,要求借道河东。苻丕坚决不答应,双方在襄陵(今山西襄汾境内)展开激战,结果苻丕军大败,他的部将王永等人都战死了。苻丕只好率残兵南逃，被东晋将领冯该杀死。苻丕族子苻登称帝。

苻登曾在苻坚朝任过殿中将军等职，因事被贬，就在前秦镇守枹罕的毛兴手下任司马。在羌人姚苌等人起兵反前秦后，枹罕氐人共推苻登为首领，率军东下，与姚苌等人连年作战，互有胜负。苻丕封苻登为南安王。苻登即皇帝位后，继续与姚苌作战，屡败姚苌军。太元十八年（393），姚苌病死，其子姚兴继立。次年，苻登与姚兴作战，他轻视姚兴，结果战败。他不得已，只好以儿子汝阴王苻宗为人质，向西秦乞伏乾归求救。乞伏乾归派兵二万人来援，与姚兴再战，又被击败，苻登被杀。其太子苻崇逃到湟中（今青海西宁），仍自称帝。不久，苻崇被乞伏乾归所杀，前秦最后灭亡。前秦自苻健建国（351）到苻崇败亡（394），共历四十四年。

第四节 十六国后期各国

一、后燕的兴亡

后燕的建立者是慕容垂。慕容垂（326—396），字道明，是慕容皝的第五子。前燕慕容儁在位时被封为吴王。慕容暐即位后，慕容垂曾败东晋桓温于枋头，名声大振，遭到慕容评的嫉妒，逃跑到前秦，被苻坚任命为冠军将军、宜都侯。王猛认为慕容垂有野心，曾劝苻坚杀掉他，但苻坚坚决不肯。苻坚准备进攻东晋，慕容垂是坚定的支持者。淝水之战苻坚大败，大部分军队都损失了，只有慕容垂一军无损，帮助苻坚收拾残兵，返回长安。慕容垂也乘机借口扫墓，前往邺城，走上独立发展的道路。

邺城有前秦苻丕镇守，他命慕容垂进攻丁零翟斌。慕容垂杀死苻丕派来监视他的将领苻飞龙，尽坑氐族兵，联合翟斌进攻邺城。东晋太元九年（384），慕容垂自称大将军、大都督、燕王，承制行事，建元燕元，立慕容宝为太子，分封百官，史称后燕。

慕容垂封翟斌为河南王，又命其子慕容农等率兵，共同围攻邺城。后燕兵有二十余万，兵力很强，攻克邺外城。苻丕坚守中城，一时难以攻克。慕容垂掘壕围困中城，又分派老弱者到魏郡肥乡筑新兴城（今河北肥乡境内），储备辎重军械，并引漳水灌邺城。在慕容垂准备攻取邺城时，内部发生矛盾。翟斌要做尚书令，慕容垂不同意，因此翟斌与苻丕暗中联系，打算掘围放水。慕容垂得知情况，杀死翟斌。慕容垂与丁零翟氏之间发生战争，矛盾十分尖锐。不久，苻丕放弃邺城，西走晋阳。慕容垂定都于中山（今河北定州），太元十一年（386），慕容垂自称皇帝，改元建兴。

丁零翟斌被杀后，其弟翟真北走邯郸（今河北邯郸），又被下属司马鲜于乞所杀。丁零内部相互残杀，直到翟真从弟翟辽迁居滑台，开始称魏天王，建元建光，设置百官。翟辽死后，翟钊继立。太元十七年（392），慕容垂南攻翟钊，翟钊战败，单骑逃往长子。慕容垂获翟钊所统七郡，得户三万八千。

慕容垂灭丁零翟氏后，太元十九年（394），慕容垂采纳其弟慕容德的意见，率领步骑七万人，西攻长子，杀慕容永，得其所部八郡，户七万六千八百以及乘舆、服饰、珍宝等。慕容垂既灭西燕，又命其子慕容农等进攻东晋青、兖等州。慕容农攻克廪丘（今山东郓城西），杀东晋东平太守韦简。东晋泰山（今山东泰安）、琅邪（今山东胶南西北）等郡太守，都弃城溃逃，慕容农一直进军到海边。慕容垂占据关东黄河中下游地区以及幽、并州后，就不急于向关中进军，只想在关东割据称雄，因此形成了后秦占据关中、后燕占据关东的局面。

在后燕势力发展的时候，鲜卑拓跋氏在长城以北壮大起来。东晋太元十一年（386），拓跋珪建立了北魏，定都在盛乐（今内蒙古和林格尔）。后燕与北魏开始持友好的关系，但因为北魏不提供后燕名马，使两国关系开始恶化，以致断绝外交关系。北魏国主拓跋珪采取联合西燕、抗拒后燕的政策。太元十九年（394），后燕攻西燕，西燕慕容永向拓跋珪求救。拓跋珪派五万骑兵，进至今山西忻州附近，声援西燕。慕容垂灭西燕后，就命太子慕容宝等率军八万讨伐北魏。拓跋珪知慕容宝来攻，迁部落畜产于河西，在黄河南岸部署兵力，准备反击。慕容宝出兵半年，士卒已经疲惫不堪，又误传慕容垂病故，只好烧船撤退。拓跋珪派拓跋遵率骑兵七万，堵截后燕军南归之路；他亲自率领精骑二万，渡黄河追击慕容宝。太元二十年（395）十一月九日，后燕军宿营参合陂（今内蒙古凉城西北匣子沟）东，当天黄昏，拓跋珪率骑兵追击到参合陂西，他乘夜部署军队，准备凌晨袭击后燕军。后燕军并未警惕，不做防备。十日清晨，北魏军登山，从陂上下冲燕军。拓跋珪先派拓跋遵率领骑兵七万阻截燕军退路，他又率军奋击，前后夹击燕军。燕军乱不成军，纷纷赴水逃命，自相践踏压死和溺死者成千上万。最后燕军四五万人纷纷放下武器，束手就擒。随慕容宝、慕容德等逃还者不过数千人。北魏俘获后燕文武将吏数千人，缴获兵器、衣甲、粮草无数。拓跋珪将俘虏的后燕士兵四五千人全部坑杀。参合陂一战是后燕衰落、北魏兴起的关键一战，此战后燕损失惨重，精锐士卒大部分被歼。

慕容宝以参合陂惨败为耻，不甘心失败，劝说慕容垂再举兵攻打北魏。太元二十一年（396）三月，慕容垂从中山秘密出兵，率大军越过光昌岭，凿山通道，直指平城（今山西大同东北）。北魏陈留公拓跋虔率部落三万余家镇守平城，出战败死，慕容垂尽收其部落。拓跋珪退保阴山。慕容垂退兵至参合陂时，见去年作战处，积尸如山，军士痛哭，声震山谷。慕容垂已经七十一岁，经不起这般劳累和刺激，病情更为沉重，只好立即退兵。四月，燕军一回到沮阳（今河北怀来南），慕容垂就病死了。慕容垂这次出兵没有损害北魏军的主力，也难以挽回后燕的颓势。

慕容垂既死，太子慕容宝即位，改元永康。慕容宝遵照慕容垂的遗令，开始检括户口。慕容宝检括户口的目的，是要将鲜卑贵族和汉族世家大族荫庇的户口，变为国家的编户齐民，以增加后燕的财政收入。慕容宝的做法使鲜卑贵族和汉族世家大族失去大量的荫户，因而激起他们很大的不满；而汉族农民因为国家租调和力役的繁重，宁愿当荫户也不愿充当国家的编户齐民，所以也不满意检括户口，结果出现"百姓思乱者十室而九焉"[17]的局面。后燕内部的矛盾非常尖锐，国家统治秩序很不稳定。北魏君主拓跋珪乘此机会，在慕容宝即位八个月后，亲率大军四十万进攻后燕。

后燕立国，主要依靠五处战略据点，即都城中山、龙城、邺城、晋阳和蓟。拓跋珪首先进攻晋阳。他趁并州早霜，饥荒乏食，轻而易举地就攻占了晋阳。随即拓跋珪移师河北，很快攻下常山

（今河北正定南）、信都（今河北冀州）。河北地区很多后燕的郡县守宰，纷纷投降。

慕容宝在中山拥有步兵十二万、骑兵三万七千，全部出动与拓跋珪大战，结果大败。慕容宝和慕容德等弃军，率骑兵逃回中山城内，北魏军进围中山。晋隆安元年（397）三月，慕容宝率领万余骑兵退往龙城，留慕容详守中山。十月，拓跋珪攻克中山，后燕公卿将吏及士卒投降北魏的有二万多人。

慕容宝北奔龙城后又出兵南下，但因士卒不满连年作战，起而反抗，慕容宝只好退回龙城。隆安二年（398），慕容宝被鲜卑贵族兰汗所杀。兰汗自称大都督、大将军、大单于、昌黎王。不久，慕容宝的儿子慕容盛又杀兰汗自立，他先称长乐王，后即称帝。

自慕容宝奔龙城以后，后燕控制的地方只有辽西地方，地狭力弱，内部矛盾重重。慕容盛经历前秦、西燕和后燕，阅历丰富，但他用刑严酷，宗亲、勋旧多被诛杀，人人自危。隆安五年（401），慕容盛被部下段玑杀死，其叔父慕容熙继立。

慕容熙是慕容垂的少子，他即位后改北燕台为大单于台，设置左右辅，恢复胡汉分治的做法，比起慕容垂的统治政策来明显落后。慕容熙的生活极为荒淫糜烂，他整日沉湎于酒色之中，宠爱两个苻氏，滥用民力，大建宫苑，给辽西各族人民带来巨大的灾难，人民在繁重的劳役中大量死亡。晋义熙三年（407），慕容熙的昭仪苻氏病死，他命令公卿以下至兵民，家家都要营造陵墓，陵墓周围数里，规模很大。苻氏灵柩下葬时，慕容熙亲自出城送葬。龙城的中卫将军冯跋等将吏推高云（高句丽王族，仕后燕，侍卫慕容宝有功，慕容宝收为养子，赐姓慕容氏）为首，坚决拒绝慕容熙回城。

第十四章 五胡十六国在北方的统治

慕容熙无奈，只好逃到龙腾苑，被冯跋诛杀。后燕灭亡。自384年慕容垂称燕王至407年慕容熙被杀，后燕立国共二十四年。

二、北燕和南燕的兴亡

北燕的建立者是冯跋。冯跋（？—430），字文起，长乐信都（今河北冀县）人。祖父冯和，在永嘉之乱时，避乱至上党（今山西长子境）。其父冯安，曾仕于慕容永，后慕容永败亡，迁居龙城。冯跋在慕容宝统治末年任中卫将军。慕容熙荒淫无道，冯跋与高云等人杀慕容熙，推高云为主。高云任冯跋为使持节、都督中外诸军事、录尚书事、武邑公，掌握军政大权。后高云为宠臣离班、桃仁等所杀，冯跋帐下督张泰、李桑杀离班等人。冯跋即于晋义熙五年（409），在昌黎自称天王，建元太平，国号仍旧为燕，史称北燕。冯跋立太子，分封诸弟冯素弗、冯弘和大臣孙护、张兴等。冯跋虽是汉人，但承袭后燕制度，由太子冯永领大单于，置四辅，实行胡汉分治的政策。

冯跋废除前朝苛政，务从简易。他严禁贿赂得官，一经发现，处以死刑；鼓励农桑，减轻徭赋；营建太学，提倡儒学。辽西地区社会秩序出现安定局面，农业生产也得到恢复和发展。

宋元嘉七年（430），冯跋病死，其弟冯弘尽杀冯跋诸子，自立为燕天王。宋元嘉九年（432），北魏开始进攻北燕，辽东六郡投降，北魏迁六郡民三万余户。以后，北魏不断进攻北燕。宋元嘉十三年（436），冯弘率众投奔高句丽，北燕灭亡，地尽入魏。两年后，高句丽杀冯弘。北燕冯跋至冯弘，共历二十八年。

南燕的建立者是慕容德。慕容德（336—405），字玄明，前燕国主慕容皝的幼子，历仕慕容儁、慕容暐，前燕灭亡，被迁往长安。淝水之战后，慕容德随兄长慕容垂前往邺。慕容垂称燕王后，任命他为车骑大将军、范阳王。慕容宝继位后，以慕容德镇守邺城，总管后燕南方六州军政。

北魏进军中原，进攻河北郡县，慕容宝北走龙城，魏军攻克中山，后燕被切断为两部分。从中山前来投奔的慕容麟向慕容德建议，邺城难守，应该南据滑台。晋隆安二年（398），慕容德率户四万，车二万七千乘，南迁黄河南岸的滑台。他仿照慕容垂的做法，称元年，设置百官，称燕王。不久，慕容德的部下乘他出征时以滑台降于北魏。尚书潘聪建议慕容德迁都广固，慕容德接受建议，攻占广固，于隆安四年（400）称帝，改元建平，史称南燕。

南燕最兴盛时，拥有步兵三十七万，车一万七千乘，骑兵五万三千。其疆域东至海，南抵泗上，西达巨野，北到黄河。

南燕在青、兖一带立国，这里农业经济比较发达。南燕没有实行胡汉分治的政策，因此鲜卑贵族和汉族大族使很多汉族农民成为部曲和佃客，他们"迭相荫冒，或百室合户，或千丁共籍……公避课役，擅为奸宄"[18]。有鉴于此，慕容德必须进行户口清理的工作。为保证检括户口的进行，慕容德派宗室慕容镇率骑兵三千人，在边境设防，防止百姓逃跑，足见慕容德检括户口决心之大。他搜括出户口五万八千户之多，当时青州仅有十万编户，荫户数目之多，令人惊叹。

慕容德还立学官，选公卿子弟及二品士门子弟二百人为学生。他在商山立冶铁，在乌常泽立盐官，来保证国家的供给。这些措施都有利于南燕国家的发展。

晋义熙元年（405），慕容德病死，无子，其侄慕容超继位。慕容超宠信幸臣公孙五楼，专事游猎，不理政事，国中百姓都怨愤不止。义熙五年（409），东晋刘裕北伐，攻克广固，俘虏慕容超，将其斩于建康，南燕灭亡。自慕容德至慕容超，南燕立国共十一年。

三、后秦的兴亡

后秦的建立者是姚苌。姚苌（330—394），南安赤亭（今甘肃陇西境内）羌人。其父姚弋仲，在永嘉之乱时，率部落东移到榆眉（今陕西千阳境）。随从姚弋仲迁移的羌人有数万人，他自称护西羌校尉、雍州刺史、扶风公。石虎统治时，徙关中氐、羌以实河北，姚弋仲及其部落数万人，被迁移至清河（今河北清河境），并封他为西羌大都督、襄平县公。后赵败亡后，姚弋仲于晋永和七年（351）投降东晋。东晋封姚弋仲为使持节、六夷大都督、都督江淮诸军事、车骑大将军、大单于、高陵郡公，又封其子姚襄为持节、平北将军、都督并州诸军事、并州刺史。次年，姚弋仲病死，姚襄统领其部众。后姚襄与东晋殷浩发生矛盾，倒戈，大败殷浩的北伐军，占据许昌，进攻洛阳。永和十二年（356），桓温从江陵北伐，大败姚襄。姚襄败退后，企图占据关中。姚襄返回关中，在三元（今陕西三原境内）被前秦主苻生所派苻坚、邓羌击败，邓羌杀姚襄，姚襄弟姚苌率部投降前秦。

姚苌是姚弋仲的第二十四子，多权谋。他投降前秦后，苻坚封他为扬武将军，历任郡守、刺史等官，为苻坚屡立战功。淝水之战,苻坚失败,退回长安。关中氐族势力大大削弱,而羌族势力却大大发展起来。姚苌背叛苻坚前往渭北,关陇一带豪族尹详、赵曜、王钦等人推举姚苌为盟主。东晋太元九年(384),姚苌自称大将军、大单于、万年秦王,改元白雀,分封百官,进驻北地(今陕西耀县境),准备取苻坚而代之。

姚苌势力发展很快,渭北羌胡归附他的有十多万户。苻坚率大军进攻,但都被击败。后来鲜卑人在慕容冲的率领下,包围长安,苻坚逃至五将山,被姚苌杀死。西燕慕容永撤离长安东归,姚苌轻易占据长安。太元十一年(386),姚苌在长安称帝,建元建初,国号大秦。为与苻氏前秦相区别,史称后秦。

虽然姚苌夺取关中,但苻登的氐族残余势力始终不服从后秦的统治,举兵反抗。姚苌连年同苻登作战,还没有消灭氐族残余势力,就在太元十八年(393)病死。次年,其子姚兴在槐里称皇帝,改元皇初。

姚兴(366—416)是姚苌长子,姚苌称帝后,就立姚兴为太子。姚兴继帝位后,击杀苻登,分散氐族部落。关陇一带的割据势力也都逐渐被姚兴消灭,因此陇右、河西一带都成为后秦的势力范围。姚兴乘慕容垂灭西燕,派兵进占河东;又乘东晋衰落,攻占洛阳。后秦的疆域南至汉川,东逾汝、颍,西达西河,北抵上郡。在十六国后期,慕容垂的后燕和姚兴的后秦是北方国力比较强盛的两个国家。

姚兴是比较有作为的君主。他能够知人善任:他任用叔父姚绪、姚硕德掌管军事;任用尹纬为尚书仆射,负责政务。尹纬出身于天水大族,天水尹氏在前秦被禁锢,姚兴却对尹纬加以重用,成为后秦的开国功臣。姚兴对能够忠于职守的官员大力提拔。城门校尉王满聪守卫长安平朔门，一次姚兴出猎晚归，打算从此门进城，王满聪因天黑不能够分辨奸良，没让姚兴进城，他只好从别的城门而入。第二天早晨，就立即提升了王满聪，以表彰他恪尽职守。他还实行有效的选举制度来选拔人才，规定郡国每年要推举清行、孝廉一人，还命令百官推荐殊才异行之士。

姚兴重视法律的建设，在推行刑法上采取了一些措施。在长安，设立了律学，调集郡县没有任职的令史到长安来学习，学习结束后，回原郡县处理刑事问题。如果州郡遇到疑难的案件，不容易判决，就送交廷尉来断案。有时皇帝还要亲自参听判决，尽量减少冤狱。他还将不符合时宜的陈旧法律条文全部革除。姚兴的做法改变了十六国以来统治者以杀戮立威、刑法滥酷、人民生命毫无保障的状况。

姚兴还大力提倡儒学。他请天水姜龛、东平淳于岐、冯翊郭高等硕德老儒前来长安传授儒学。他们各有门徒数百人，地方上前来求学的人更多。姚兴在处理政务后，经常召见姜龛等人到东堂，讲论经术。凉州大儒胡辩在苻坚统治末年迁往洛阳讲授儒学，有弟子千余人，关中后学多向他请教学业。姚兴下令关都尉，对前往洛阳向胡辩问学的学子，往来出入，不要按常法盘查，要给予优待。

姚兴信奉佛教。他遵奉名僧鸠摩罗什为国师，亲自率领沙门和群臣听鸠摩罗什宣讲佛经。除此之外，他又让鸠摩罗什翻译佛教经论三百卷。姚兴如此信奉佛教，公卿以下群臣争相仿效，沙门从边远地方前来关中和长安的有五千多人。姚兴还起浮图于永贵里，立波若台于中宫。由于姚兴的提倡，佛教在后秦广泛传播，在地方上信奉佛教的人,"十室而九矣"[19]。佛教在后秦日益兴盛。

姚兴注意实行宽缓的统治方略。他下令让各郡要将因灾荒自卖为奴婢的人,全部放免为良人。他在消灭苻登后将氐族部落打散,让这些氐族人都从事农业生产。在战争频仍的时代,他能够让败降的敌对民族士兵归农,足见他对农业生产的照顾。姚兴在生活上还是比较节俭的。他的车马没有金玉装饰,崇尚清素的生活,为国家财政节约了不少的开支。

姚兴治理国家采取的上述做法,有利于政治上的统治、文化的发展和生产的恢复。所以在姚兴称帝的二十二年中,是后秦最强盛的时期。

尽管姚兴努力加强自己的统治,但在姚氏贵族内部还是矛盾重重。姚兴称帝后,很早就立长子姚泓为太子,可他又宠爱姚泓弟姚弼。在姚兴病重之时,宫中爆发了武装争夺皇位的斗争,姚兴不得不抱病而起,处死姚弼。东晋义熙十二年(416),姚兴病死,姚泓继位。

姚泓继位不久,东晋太尉刘裕率大军北伐,讨伐后秦。刘裕的北伐大军节节胜利,很快攻克洛阳。后秦政权面临危机,但姚氏贵族内部仍然骨肉相残。姚泓弟姚懿镇守蒲阪,竟然称帝,进攻姚泓。姚泓不得不集中较多的兵力对付姚懿,将其俘获。不久,镇守安定(今甘肃泾川北)的齐公姚恢(姚泓从兄),又率领安定镇户三万八千人,北攻长安,自称大都督、建义大将军,移檄州郡,要清君侧。姚泓将镇守潼关的军队撤回,才平定了姚恢的反叛。

虽然姚恢的叛乱被平定,但东晋军队乘机向后秦境内进军,很快攻克潼关。刘裕军长驱而入,所向披靡,连下后秦诸城镇,攻占长安。义熙十三年（417），姚泓投降，刘裕将他押往建康处斩，后秦灭亡。后秦从姚苌建国，至姚泓亡国，历时三十三年。

四、西秦的兴亡

西秦的建立者是乞伏国仁（？—388），出自鲜卑乞伏部。在民族大迁移的时代，鲜卑乞伏部从漠北南出大阴山，前往陇西。在迁移的过程中，乞伏部与弗斯部、出连部、叱卢部联合在一起，组成一个部落联盟。其中乞伏部有一酋长名叫纥干，骁勇善骑射，四部都服其勇武，被推为统主，称为乞伏可汗。以后统领四部的是乞伏佑邻，他是乞伏国仁的五世祖，进据高平川（今宁夏清水河一带），后又迁居苑川（今甘肃榆中境内）一带。高平川是有名的苦水，不适宜放牧，所以石勒灭刘曜时，乞伏部又迁至苑川水（今甘肃榆中东北）、麦田山（今甘肃靖远境）、度坚山（今甘肃靖远东北）一带，有一个半世纪之久。苑川水一带土地肥沃，适宜农业，也适合畜牧，乞伏鲜卑在这里定居后，部落的力量逐渐壮大起来。

苻坚称帝时，乞伏部首领司繁投降前秦，苻坚命令他镇守勇士川（今甘肃榆中大营川一带）。司繁死后，乞伏国仁继立。淝水之战后，乞伏国仁召集部落，拥众十余万，成为陇山以西一支重要的军事力量。他自称大都督、大将军、大单于、领秦河二州牧，建元建义。前秦君主苻登于太元十二年（387）封他为大将军、大单于、苑川王。乞伏国仁在位四年（385—388），死后，其弟乞伏乾归继位。

乞伏乾归迁都金城（今甘肃兰州西北），苻登封他为金城王。后乞伏乾归击败并杀死氐族首领杨定，夺取陇西、巴西之地。太元十九年（394），苻登败死，乞伏乾归称秦王，史称西秦。以后乞伏乾归又迁都苑川，与后秦对抗。不久，乞伏乾归为后秦所败，姚兴召他留在长安三年，留其子乞伏炽盘于苑川统领部落。后乞伏乾归返回本部，当时夏国赫连勃勃日益强盛，威胁后秦秦岭北部城镇，屡次与姚兴交战，姚兴已经没有力量经营陇西。东晋义熙五年（409），乞伏乾归乘机又称秦王。义熙八年（412），乞伏乾归为其侄乞伏公府所杀，其子乞伏炽盘又杀乞伏公府，继立为秦王，迁都枹罕。

乞伏炽盘在位时期是西秦国力最强盛的时期。义熙十年（414），乞伏炽盘乘南凉连年灾害、国内饥馑以及其王秃发傉檀又出兵西征之时，灭掉南凉，迁其民万余户于枹罕；他又击败吐谷浑，将疆域扩大到青海湖以东地区；他还掠夺契丹汗部落的牛羊五十余万头。西秦的疆域西逾浩亹（今青海乐都东），东抵陇坻，北至黄河，南达吐谷浑。

宋元嘉四年（427），乞伏炽盘病死，其子乞伏暮末继位。乞伏暮末施政严酷，部落民多背叛，内外分崩离析。元嘉七年（430），西秦旱灾严重，国内人民多逃散流亡。乞伏暮末打算前往上邽，归附北魏，率领民众一万五千户行进到南安的高田谷，遭遇到夏主赫连定的阻截，只好退保南安城。第二年，赫连定包围南安，乞伏暮末和宗族五百人出降，都为赫连定杀死，西秦灭亡。自乞伏国仁始，至乞伏暮末，西秦立国共四十六年。

五、夏的兴亡

夏的建立者是赫连勃勃。赫连勃勃（381—425），字屈孑，为匈奴右贤王去卑的子孙，刘渊的同族人。他的曾祖父刘虎，在刘聪称帝时被封为楼烦公、安北将军、监鲜卑中郎将。祖父刘豹子（即刘务桓），石虎任命他为平北将军、左贤王、丁零单于。父刘卫辰，为鲜卑什翼犍的女婿。但刘卫辰屡屡受到拓跋鲜卑的攻击，转而归附了苻坚。苻坚封刘卫辰为西单于，督河西诸部，屯驻代来城（今内蒙古东胜境内）。淝水之战后，刘卫辰势力得到发展，拥有朔方之地及精兵三万八千人。东晋太元十六年（391），北魏拓跋珪率军自五原金津（今内蒙古包头西南）渡黄河，直攻代来城，刘卫辰被部下所杀。拓跋珪杀刘卫辰子弟宗党五千人，获马三十余万匹、牛羊四百余万头。

赫连勃勃为刘卫辰第三子，他辗转投靠后秦高平公破多罗没弈于（鲜卑族）。没弈于将赫连勃勃招为女婿。不久，后秦姚兴封他为安远将军、阳川侯，助没弈于戍守高平。后又晋封他为持节、安远将军、五原公，配以三交五部鲜卑二万余落，镇朔方。姚兴对赫连勃勃非常器重，认为他有济世之才，可以用他共同平定天下。

东晋义熙三年（407），赫连勃勃率军三万骑，到高平川伪装打猎，乘岳父破多罗没弈于没有防备，偷袭杀害没弈于，尽并其众。六月，赫连勃勃自称天王、大单于，建元隆升元年，设置百官。他认为匈奴是夏后氏的后代，故国号大夏。他既不愿意姓汉姓刘氏，又不愿意姓匈奴姓屠谷、独孤。当时少数民族融合过程中的部族，一般胡父、鲜卑母，姓铁弗；鲜卑父、胡母，姓秃发或拓跋。因为刘卫辰曾娶拓跋什翼犍女为妻，赫连勃勃又娶鲜卑破多罗没弈于之女为妻，因此当时都称他的部落为铁弗部。但赫连勃勃不愿意接受这个姓氏，他下令改姓为赫连氏。因为他认为"帝王者，系天为子，是为徽赫实与天连，今改姓曰赫连氏，庶协皇天之意，永享无疆大庆"[20]。不过，只有皇室的正统才可以姓赫连，其余支庶都以铁伐为姓。"铁伐"就是"铁弗"的异译。

赫连勃勃称大夏天王后，部下劝他在土地肥沃、地势险要的高平定都，但遭到他的拒绝。他认为不可以固守一城，而应该使用骑兵，采取出其不意的突袭作战方法，与后秦相持：或突然出现在它的前部，或又出现在它的后部，使之疲于奔命，不用十年，大夏就可以占领岭北河东。赫连勃勃的这种作战方略对于后秦的威胁很大，攻取了后秦很多地方，也消灭了后秦很多的有生力量。

后秦与大夏的战争连年不断。后秦姚兴派将领齐难伐夏，全军覆没，赫连勃勃俘虏其将士二万余人，收戎马万匹。后赫连勃勃不断进攻后秦。他攻取定阳（今陕西宜川西北），坑杀后秦士卒四千余人；他攻占安定，降后秦士卒四万五千人，获战马二万匹；他攻克杏城（今陕西黄陵西南），坑杀后秦降卒二万人；他占领上邽，斩杀后秦将士五千人。在后秦灭亡前夕，后秦岭北的郡县大部分都被赫连勃勃占领了。

刘裕灭后秦、夺取长安后，匆匆南回准备夺取东晋帝位，留其子刘义真镇守长安。赫连勃勃乘机夺取长安。晋义熙十四年（418），赫连勃勃在灞上即皇帝位。然后他留太子赫连璝镇守长安，他返回统万（今陕西靖边县红墩界乡白城子），建都于统万。夏国疆域南抵秦岭，东达蒲津，西至秦、陇，北到黄河。虽然夏国版图不如后

第十四章 五胡十六国在北方的统治　229

秦最强盛时期广大，但军事实力明显超过后秦。

赫连勃勃不以长安为都，将都城定在统万，是为了防备北魏。他为了使统万城起到应有的作用，命令将作大匠叱干阿利征发岭北胡汉各族人民十万多人修建统万城。他对统万城的修建要求极为严格：筑城所用土全部蒸熟，筑成后用铁锥刺土，如果刺进一寸，就杀死筑城的人。统万城修建完毕后，城高十仞，基厚三十步，城上宽十步，宫墙五仞，其坚固可以磨砺刀斧。

赫连勃勃为人极其狂妄，也极端残忍。他将统万城的南门称作朝宋门，东门称作招魏门，西门称作服凉门，北门称作平朔门，认为他可以一统天下，君临万邦。赫连勃勃经常置弓、剑于身旁，臣下有敢于以抵触的目光看他者，就刺瞎眼睛；有敢于笑者，就割掉他的嘴唇；有敢于诽谤他者，先割掉他的舌头，然后处斩。在他的淫威下，"夷夏嚣然，人无生赖"[21]。

赫连勃勃攻取长安后，在长安置南台，以太子赫连璝录南台尚书事，镇守长安。到赫连勃勃晚年，他准备废掉太子赫连璝，立幼子酒泉公赫连伦为太子。赫连璝从长安出兵进攻赫连伦，赫连伦败死，赫连勃勃第三子赫连昌又率兵攻杀赫连璝。赫连勃勃只好立赫连昌为太子。宋元嘉二年（425），赫连勃勃病死，赫连昌继位。

元嘉三年（426），北魏拓跋焘乘赫连勃勃新死，派大将奚斤等率军四万五千人，攻占蒲阪，夺取长安。拓跋焘亲率骑兵二万，渡黄河袭击统万，获牛马十余万，徙其民一万余家。元嘉四年（427），赫连昌派赫连定率军攻长安，拓跋焘动员十万大军乘机攻统万，赫连昌战败，魏军占领统万，赫连昌逃往上邽。元嘉五年（428），北魏军进攻上邽，生擒赫连昌，赫连勃勃第五子赫连定称帝。元嘉八年（431），赫连定灭西秦，虏西秦民十多万口，准备渡黄河进攻北凉，夺取其地。在赫连定半渡黄河时，遭到吐谷浑王慕璝的袭击。赫连定被俘，吐谷浑将他送往平城处死。夏国灭亡。从赫连勃勃建国至赫连定亡国，历三主，共二十五年。

六、后凉和南凉的兴亡

后凉是氐族人吕光建立的国家。吕光（337—399），字世明，略阳人。他的家族世代为氐族酋豪，其父吕婆楼，在苻坚在位时官至太尉。吕光曾跟随王猛灭前燕，被封为都亭侯。东晋太元八年（383），苻坚命吕光率领将军姜飞、彭晃、杜进等，统步兵七万，骑兵五千，进军西域。次年吕光先后败焉耆、龟兹，使西域三十余国都来投降。苻坚任吕光为使持节、散骑常侍、都督玉门以西诸军事、安西将军、西域校尉。

淝水之战中前秦战败，长安危急，吕光部将劝他立即返回关中。他用骆驼二万余头负载西域珍宝、殊禽怪兽等以及骏马万余匹，返回玉门。前秦凉州刺史梁熙发兵五万，将吕光拒之于酒泉，但为吕光所败。吕光乘势夺取姑臧，自领凉州刺史、护羌校尉。后听说苻坚被姚苌杀死，吕光于太元十一年（386），自称使持节、侍中、中外大都督、督陇右河西诸军事、大将军、领护匈奴中郎将、凉州牧、酒泉公，建元太安，史称后凉。后吕光又败王穆，夺取酒泉，于太元十四年（389），改称三河王。太元二十一年（396），吕光夺取枹罕，又称天王，改元龙飞，分封百官，命其子吕覆镇守高昌。

吕光能够称霸河西，主要依靠他的七万五千人的军队。这支军队以氐人为骨干，可是河西走廊原来并不是氐族居住的地区，吕光要扩大他的军队就要受到限制。后凉又要经常与周围的部落作战，军队损失不少，军事力量就逐渐削弱了。吕光在凉州实行严刑峻法，晚年又听信谗言，因此后凉政权很不稳定。吕光的部将沮渠蒙逊、段业等人都背叛他自立，后凉积弱不振。东晋隆安三年（399），吕光病死，太子吕绍继位。

吕光庶出长子吕纂当年就杀吕绍自立。不久吕光侄子吕隆又杀吕纂自立。后凉统治集团内部自相残杀，削弱了其统治的力量。统治者政事也很败坏。吕纂游猎无度，沉湎于酒色；吕隆残杀无辜，以杀伐立威。他们的做法使河西人民难以忍受。由于连年的战争，河西地区的生产受到很大的破坏，吕光时，谷价贵到一斗五百文钱。后姚兴、南凉秃发傉檀、北凉沮渠蒙逊相继入侵后凉，后凉难以应付。沮渠蒙逊进攻吕隆，包围姑臧，城中谷价昂贵，一斗值五千文钱，因饥饿而死者有十余万口。百姓要求出城做奴婢，吕隆恐人心动摇，将这些百姓全部杀掉。由于南凉、北凉频频犯境，吕隆不得已，只好向后秦请降，请求姚兴接管姑臧城。东晋元兴二年（403），吕隆投降后秦，后凉灭亡。吕隆被姚兴迁往长安，任命为散骑常侍，后受谋反株连被杀。后凉历四主，共十八年。

南凉的建立者为秃发乌孤。秃发乌孤（？—399）是河西鲜卑人，他的祖先与北魏拓跋氏同出一系，"秃发"当为"拓跋"的异译。汉、魏之际，拓跋氏的一支由部落酋长秃发匹孤率领，从塞北迁到河西，称为河西鲜卑，秃发鲜卑居住在这个地区有两个多世纪。秃发部原来是游牧部落，定居后，除了从事畜牧业外，也开始经营农业。泰始年间（265—274），起兵反晋的树机能就是秃发乌孤的祖上。到秃发乌孤时，部落人口增多，开始修筑廉川堡（今青海乐都东），作为统治的中心。吕光占据凉州，封秃发乌孤为冠军大将军、河西鲜卑大都统、广武县侯。东晋隆安元年（397），秃发乌孤自称大都督、大将军、大单于、西平王，建元太初，都于廉川堡，史称南凉。后秃发乌孤攻占金城，改称武威王，迁都乐都（今青海乐都）。秃发乌孤准备进攻西凉，因坠马伤肋而死，其弟秃发利鹿孤继立，迁都西平（今青海西宁）。隆安五年（401），秃发利鹿孤改称河西王。虽然秃发利鹿孤称王，但还向后秦姚兴称臣。次年秃发利鹿孤死，弟秃发傉檀继位，还都乐都，改称凉王，改元弘昌，仍然向姚兴称臣。

自后凉吕隆投降姚兴后，姚兴取得了姑臧，可是河西走廊一带是羌人从来没有定居过的地方，姚兴要巩固姑臧这个据点需要动用四五万人的兵力。姚兴为了安抚秃发傉檀，就任命他为车骑大将军、领护匈奴中郎将、凉州刺史，镇守姑臧。东晋义熙三年（407），秃发傉檀进攻北凉沮渠蒙逊，为沮渠蒙逊所败。赫连勃勃又来进攻秃发傉檀，抢掠百姓二万七千余口，牛马羊数十万头。秃发傉檀追击赫连勃勃，又为赫连勃勃大败。姚兴乘机准备复取姑臧，但兵败而还。义熙四年（408），秃发傉檀恢复凉王的称号，改年号为嘉平。南凉疆域东自金城，西至青海，南有河、湟，北据广武，从此南凉卷入争夺河西走廊霸权的连年战争中。由于南凉屡次受到沮渠蒙逊的进攻，秃发傉檀只好再还都乐都。北凉主沮渠蒙逊进取姑臧后，继续对南凉进攻，三次包围乐都城。因南凉不断受到北凉的进攻，其农业生产无法进行，庄稼连年不收，人民陷入饥饿中。秃发傉檀为了暂时解决境内的粮食危机，准备掠夺青海乙弗部的牲畜。他亲自率领骑兵七千人袭击乙弗部，抢掠牛马羊四十余万头。西秦主乞伏炽盘率领步骑二万人，乘乐都空虚，偷袭并攻占乐都。秃发傉檀的下属将士听说乐都失陷，大多数都四下逃散。东晋义熙十年（414），秃发傉檀投降乞伏炽盘，次年被杀。自秃发乌孤至秃发傉檀，南凉历三世灭亡，共十八年。

七、西凉和北凉的兴亡

西凉的建立者是李暠。李暠（351—417），字玄盛，陇西氐道（今甘肃临洮）人。家族世代为陇西大姓，高祖、曾祖在西晋任郡守，祖父在前凉任武卫将军，封亭侯。吕光统治末年，段业占据张掖，自称凉州牧，以李暠为效谷令，后任敦煌太守。段业继称凉王，其部下索嗣企图夺取敦煌太守位，被李暠所败。东晋隆安四年（400），李暠自称大都督、大将军、凉公、领秦凉二州牧、护羌校尉，建年号为庚子，史称西凉。

李暠分封官吏，攻取玉门关以西地区，广田积谷，为东征做物资准备。他又设立学校，收高门学生五百人。义熙元年（405），李暠为了抗击北凉沮渠蒙逊，迁都至酒泉，并上书东晋。

在前秦统治时，苻坚曾迁江汉人万余户到敦煌，中原人也迁来七千余户，张掖、武威以东，西迁敦煌的人也有数千户。李暠迁都敦煌，这些人户也都随迁到酒泉郡。李暠分南人五千户置会稽郡，中州人五千户置广夏郡，剩余的一万三千户分别设置武威、武兴、张掖三郡。这都是侨置郡。李暠实际控制的地区只有酒泉、敦煌、张掖三郡，地狭人少；他拥有的军队只有步骑兵三万人，军事力量薄弱。李暠起兵时认为可以继承张轨的事业，不到一年就可以占领河西十郡。但李暠既不能够如愿，又受到北凉沮渠蒙逊的进攻。义熙十三年（417），李暠病死，子李歆嗣位。

李歆统治时大规模兴建宫室，用刑严酷，丧失民心。西凉的近邻北凉军事力量强大，不断进攻西凉。西凉很难对抗，日益衰败。东晋元熙二年（420），李歆听说北凉主沮渠蒙逊东伐西秦乞伏炽盘，准备乘机偷袭北凉的根据地张掖。沮渠蒙逊佯装引兵东发，却将军队埋伏在李歆进军的路上。李歆率军三万东出，被北凉埋伏的军队击败。李歆不肯退兵，与沮渠蒙逊在蓼泉（今甘肃高台西）决战。李歆全军覆没，他也战死。沮渠蒙逊占据酒泉。李歆弟李恂拒守敦煌，次年春，李恂为沮渠蒙逊杀死。李歆孙子李宝逃往伊吾，后投降北魏。西凉自李暠建国至李恂亡国，历三主，共二十二年。

北凉的建立者是沮渠蒙逊。沮渠蒙逊（366—433）是临松（今甘肃张掖境内）的卢水胡。匈奴设置左、右沮渠官，沮渠蒙逊祖上世代任匈奴左沮渠，就以官为姓氏。卢水即今甘肃黑河。沮渠蒙逊祖上世代居住在卢水，是这里部落的酋长。沮渠蒙逊的祖父祈复延，封狄地王。其父法弘袭爵，曾任苻坚的中田护军。后沮渠蒙逊代其父率领部曲，受到各部落的拥戴。

卢水胡分布虽然很广，但河西走廊张掖郡一带是他们集中居住的地方。在十六国时期，卢水胡为了保卫自己的部落，逐渐形成一支武装力量。割据河西走廊的吕光、段业都想利用这支武装力量。东晋隆安元年（397），后凉主吕光命沮渠蒙逊的伯父罗仇、曲粥随从他征讨乞伏乾归。吕光弟吕延战死，前军大败。吕光归罪于罗仇、曲粥，处死他们。沮渠蒙逊因而起兵，与从兄沮渠男成共推吕光部下建业太守段业为主。段业自称大都督、凉州牧、建康公，建元神玺，以沮渠蒙逊为镇西将军、张掖太守，沮渠男成为辅国将军、酒泉太守，辅佐执政。但段业是一介儒生，没有武略权谋，很难控制局面。隆安五年（401），沮渠蒙逊诬告沮渠男成谋反，杀死沮渠男成，乘机攻杀段业。沮渠蒙逊自称使持节、大都督、大将军、凉州牧、张掖公，改元永安，史称北凉。

沮渠蒙逊占据张掖后，屡次与西凉李氏交战，大败李氏。他又攻取了秃发傉檀占据的姑臧，就迁都到这里。东晋义熙八年（412），沮渠蒙逊称河西王，改元玄始，设置百官。后沮渠蒙逊灭西凉，攻占酒泉、敦煌，河西走廊完全被他占领。北凉全盛时拥有武威、张掖、敦煌、酒泉、西海、金城、西平、乐都等郡。西域鄯善王比尤也前来朝见沮渠蒙逊，西域三十六国都向他称臣。沮渠蒙逊则视自己为东晋、刘宋的藩臣，双方互派使臣往来。东晋封沮渠蒙逊为凉州刺史，刘宋又封他为凉州牧、河西王。

宋元嘉十年（433），沮渠蒙逊病死，第三子沮渠牧犍（《晋书》《宋书》作茂虔）继位。沮渠牧犍对北魏实行和亲政策，将他的妹妹嫁到北魏，北魏主拓跋焘也将他的妹妹武威公主下嫁给沮渠牧犍。但拓跋焘为了统一，很快打破这种局面。元嘉十六年（439），拓跋焘亲自率领大军进攻北凉，包围姑臧，很快姑臧这座拥有二十多万人口的城市就陷落了。沮渠牧犍投降北魏，北凉灭亡。北凉立国自沮渠蒙逊至沮渠牧犍，历二世，共三十九年。沮渠牧犍被俘后，其弟沮渠无讳、沮渠安周还在高昌称王多年，后被柔然所灭。

北魏灭亡北凉，统一了中国北方，结束历时一百三十五年的十六国分裂局面。

十六国时期各国兴亡一览表

国名	自称国名	建国者	建国时间（公元）	亡国时间（公元）	统治民族
成汉	大成—汉	李特	302	347	巴
前赵	汉—赵	刘渊	304	329	匈奴
后赵	赵—大赵—赵	石勒	319	350	羯
冉魏	大魏	冉闵	350	352	汉
前燕	燕—大燕	慕容廆	285	370	鲜卑（慕容氏）
前仇池	仇池	杨茂搜	296	371	氐
前凉	凉	张轨	301	376	汉
代	代—西平	拓跋猗卢	310	376	鲜卑（拓跋氏）
前秦	秦—大秦	苻洪	350	394	氐
西燕	燕	慕容泓	384	394	鲜卑（慕容氏）
后燕	燕	慕容垂	384	407	鲜卑（慕容氏）
南燕	燕	慕容德	398	410	鲜卑（慕容氏）
北燕	大燕—燕	冯跋	409	436	汉
翟魏	魏	翟辽	388	392	丁零
后秦	秦—大秦	姚苌	384	417	羌
西秦	河南—秦	乞伏国仁	385	431	鲜卑（乞伏氏）
夏	大夏	赫连勃勃	407	431	匈奴
后凉	酒泉—三河—大凉	吕光	386	403	氐
南凉	西平—武威—河西—凉	秃发乌孤	397	414	鲜卑（秃发氏）
北凉	凉—张掖—河西	沮渠蒙逊	401	439	卢水胡
西凉	凉	李暠	400	421	汉
后仇池	仇池—武都—大秦—武都	杨定	385	442	氐

第五节　五胡十六国时期的北方社会

一、北方的坞壁组织

自刘渊起兵攻入中原后，战争连年不断，少数民族贵族对汉人以武力残杀，中原地区陷入一片混乱。留在北方的汉人不得不采取自保的方式，因此坞壁组织开始出现。中原黄河流域到处都是汉人设置的坞壁，比如刘曜进军梁、陈、汝、颍一带，攻陷坞壁百余处；曹嶷征伐齐鲁地区，降服各郡县坞壁四十余所；石勒率众三万，攻陷冀州郡县坞壁百余处。坞壁也是汉人抗击胡人进入中原烧杀抢掠的据点，比如平阳李矩为乡人推为坞主，屯驻新郑抗拒胡人；东郡魏浚与流民数百家，屯于洛北石梁坞自保；刘遐在黄河、济水之间筑坞壁抵御刘聪。

坞壁早在西汉末年就已经出现，是豪民统领宗族自保的军事设置。永嘉之乱后出现的坞壁又有新的特征。坞壁组织的成员已经不限于同宗族的成员，基本上以家庭为单位。东晋刺史郗鉴被推为坞壁主，曾率千余家到峄山避难；三年间发展到数万家，足见郗鉴所领导的坞壁是很大的，其成员也十分复杂。文献中记载坞壁中有"同族""庶姓""群士""州中之士""乡人""离散"或"流人"。坞壁组织是由推举出的坞壁主来领导的。坞壁主可以是豪族，也可以是勇武之士，有一些坞壁主可以由地方官员兼任。杜预子杜尹就以弘农太守的身份任宜阳界内一泉坞壁主。

这些坞壁组织既是军事防御组织，又是经济生产组织。在坞壁中有部曲，在敌人进犯时，由坞壁主指挥作战，平时不脱离

图 14-3　魏晋壁画《坞壁图》，图片的中左方题有一"坞"字

生产，且耕且守。当时坞壁组织普遍采取屯垦的方式进行生产，《晋书》中关于坞壁屯田记载很多，比如李矩为坞壁主，就东屯荥阳。每一个坞壁组织基本上都是一个自给自足的自然经济体，在战乱频仍的环境中，坞壁组织要生产每一名成员所需要的物品，特别是粮食。在坞壁中，还有"文吏"和"将士"的区分。因此坞壁组织是军事与经济相结合的政治实体。

在北方战乱的局面下，坞壁组织实际代替了被打乱的地方行政组织。各坞壁组织之间还相互结盟，推出盟主，这样就形成了一种松弛的地方各级统属关系。北方坞壁组织的存在，是造成北方少数民族政权不能够实行稳定统治的重要因素。后来随着汉人与各少数民族逐渐融合，汉人坞壁组织的设置逐渐减少。至北魏时期宗主督护出现后，坞壁组织才消失。

二、北方少数民族国家以军事编制占有人口

十六国时期，由于少数民族统治者性好杀戮以及战争的不断进行，大批的人口遭到屠杀；由于残酷的徭役、赋税和灾荒饥馑，人口大量损失，中原和关中地区人口锐减。但北方少数民族政权要维持其存在，就不能不占有中原的剩余人口。

从各少数民族政权的军事活动来看，他们在占领一个地区后，先是抢掠物质财富，然后就将大批的人口迁移到易于控制的地区。刘渊、刘聪曾将各族人民集中到平阳及其周围；刘曜将今甘肃和陕北的氐、羌族人集中到长安；石勒又将平阳、长安及其附近氐、羌族人迁到黄河流域；后赵灭亡时，返回故土的氐、羌、胡、蛮人有上百万；苻坚灭前燕，东方的鲜卑、乌桓、丁零和杂夷又被迁至关中。这些少数民族政权将降服的人口从东迁到西，从西迁到东，目的是要将这些人口控制在占领的土地上，征收赋税和征发徭役。在当时人口极其缺乏的情况下，对人口的占有是很重要的问题，因此各少数民族政权实行了必要的控制方式。

刘聪在他直接控制的地区，实行胡汉分治的军事化制度控制降服的人口。他将俘虏来的六夷和汉人分别管理，胡汉分治。在其中抽取丁壮，分离各营，分配给他的儿子。

前秦苻洪任流民都督，他所领流民包括汉人和氐、羌各族人。这种领民与州郡领民不同，是部落制与部曲制的结合。姚弋仲为羌族酋长，任十郡六夷大都督，所领包括羌人，也包括汉人与其他的少数民族，也是部落制与部曲制的结合。这种领民的方式都是通过军事组织占有人口。少数民族以军事组织占有人口，他们要使这些

人口当兵，还要用这些人口进行生产。

前燕以军事组织占有人口，称为军营户，也称为荫户。这些人口不属于州郡，而属于军营，主持军营的是王公贵族。慕容恪执政时，以扩大军营封户来消除内部的矛盾。但慕容㒞检阅户口，清理营户，使二十万营户入国家郡县编户，可见后燕营户之多。

后秦姚氏也实行以军营领户。《晋书·姚苌载记》称"并留子弟，供继军粮"，说明军营领户不但作战，还要进行农业生产。军营领户可以免除徭役。后秦设营很多，都占有大量的营户。

后秦还有镇户。陇西太守郭播向姚兴进言说："岭北二州，镇户皆数万，若得文武之才以绥抚之，足以靖塞奸略。"[22]在后秦将要灭亡时，姚恢还率领安定镇户三万八千人前来长安。这种镇户不同于营户，是军镇统户，但与营户一致的地方，都是军事组织管理的户口。

赫连勃勃在他的统治区域中根本不立州郡，只以军镇统户。清代学者洪亮吉《十六国疆域志》称："自勃勃至昌、定世类皆不置郡县。唯以城为主，战胜克敌则徙其降虏，筑城以处之。"城堡就是大军营，军镇所属的户就是军营所属的户。赫连勃勃的军镇制度遗留到北魏，北魏时的薄骨律、高平、沃野等军镇是因袭十六国的旧制。

十六国时期，各少数民族政权在对人口的占有上，实行了以军事组织控制人口的制度。这种制度是从少数民族各部落发展而来的。这种制度与三国时期出现的部曲制度结合在一起，成为少数民族国家一种特殊的控制人口的方式。

三、北方少数民族国家的"变夷从夏"

十六国时期建国的少数民族成为统治民族，而汉人和其他被征服的少数民族成为被统治的民族。但北方中原是经济和文化高度发展的地方，少数民族在这里建立政权，就面临着本民族的社会制度与中原地区经济文化不相适应的矛盾。这种矛盾使得少数民族政权无法在中原地区长期立足，因此这些政权或迟或早要走上"变夷从夏"的道路。

十六国早期民族矛盾十分尖锐，各民族间的仇杀不断发生，尤其汉人与各少数民族的矛盾更尖锐。但一些少数民族统治者为了在中原地区立足，不得不减少杀戮和掠夺。为了收买人心，他们要请一些汉族大族出来做官，为他们的政权服务。后赵石勒曾大胆使用汉族士人。他在攻陷冀州郡县坞壁后，就纠集当地汉族大族为君子营，任命张宾等一大批士人在他的政权中担任官职。他还通过"续定九品"，"典定士族"[23]，使汉族世家大族恢复了昔日的特权地位。石勒对少数民族的一些风俗习惯也进行了改革，他"禁国人不听报嫂及在丧婚娶"[24]。

在前燕和前秦相继占领黄河流域时，社会出现相对稳定的局面和短暂的统一。慕容鲜卑和氐族统治者更注意对汉人文化的吸收。前燕慕容氏在迁往辽东北后，就"渐慕诸夏之风矣"[25]。前燕建都大棘城后，仿照中原地区的模式建立一套社会制度，使大量的汉人移民不远千里归附前燕，影响了慕容部的社会发展，使慕容部在鲜卑族中成为最先进的部族。

前秦统治者苻健"与百姓约法三章，薄赋卑宫，垂心政事，优礼耆老，修尚儒学，而关右称来苏焉"[26]，表现出一位氐族政治家的才能。苻坚继位后，任用汉族政治家王猛，在政治上，整顿吏治，打击不法氐族豪强；在经济上，大力劝课农桑，发展水利；在文化上，积极倡导儒学，兴办学校，使汉文化得到传播，文化教育出现新的面貌。因此前秦国家出现国富兵强的局面。

淝水之战后，北方再度分裂，出现小国林立的局面。在中原建国的少数民族政权，开始改变原来的社会制度，从野蛮走向文明。在十六国晚期的少数民族统治者中，后秦姚兴是位有作为的政治家。他改革律令，抑制不法豪强，尊崇儒学，将一大批有才能的汉族士人吸收到他的政权中，就使后秦政权出现兴盛的面貌。

十六国时期，许多少数民族统治者在汉族士人的帮助下，或多或少采取了"变夷从夏"的措施。实行这种措施使他们的政权得到巩固。反之，一些少数民族政权固守落后的社会制度，就使其统治很难长期维持下去。

从西晋末年到十六国时期，北方地区出现民族矛盾和阶级矛盾交相错综的形势，民族矛盾上升到主要地位。内迁的少数民族贵族在建立政权的过程中，不同程度地实行民族欺压和军事掠夺的措施，对汉族人民进行残酷的屠杀和压榨，给北方地区造成严重的破坏。但内迁少数民族政权又受到先进的汉文化影响，实行"变夷从夏"的措施，使内迁少数民族与汉人的联系密切起来，不仅使内迁的各少数民族自身的经济文化有了发展，也使社会矛盾发生转化，民族矛盾逐渐趋于缓和，开始出现民族融合的趋势。这种趋势的出现，正是北魏时期民族大融合的开端。

第三篇

南北朝时期

第十五章

南朝政权的更替

南朝是指东晋之后建立的宋、齐、梁、陈四朝。这四个朝代都是通过禅代实现了政权的更迭，其中以刘宋立国时间最长。在梁武帝统治末年，发生了侯景之乱。侯景之乱不仅直接促使梁朝灭亡，而且对江南社会破坏很大。

第一节 刘宋的兴亡

东晋元熙二年（420），刘裕废恭帝，在建康称帝，是为武帝，建元永初，国号宋。刘裕称帝不久便于永初三年（422）五月病死，在位不到三年。太子刘义符继位，是为少帝，傅亮、徐羡之、谢晦等辅政，次年改元为景平元年（423）。景平二年（424）五月，徐羡之等因少帝失德，废掉少帝，随后又将他杀死，迎立刘裕第三子、荆州刺史、宜都王刘义隆为帝，这就是宋文帝。宋文帝八月至建康即皇帝位，改景平二年为元嘉元年。宋文帝不愿意大权旁落，于元嘉三年（426）正月，诛杀徐羡之、傅亮，并派到彦之、檀道济讨伐荆州刺史谢晦，后俘斩谢晦于建康。这样大权便集中到宋文帝手中。

宋文帝在刘裕改革的基础上，继续进行了一些政治和经济方面的改革。他的改革措施有利于社会经济的安定和发展，因此出现了元嘉小康的局面。元嘉末年，宋文帝发动北伐。北魏太武帝拓跋焘乘机南攻，宋军战败，刘宋朝从此由盛转衰。刘宋外败于北魏，内部也因争夺权力和皇位而相互厮杀，连年不断。元嘉三十年（453），宋文帝准备废掉太子刘劭，但计划泄露，宋文帝反被太子刘劭所杀。刘劭匆忙即皇帝位。宋文帝第三子刘骏时任江州刺史，立即起兵讨伐刘劭。刘劭兵败被杀，刘骏即帝位，是为孝武帝。孝武帝的叔父荆州刺史南郡王刘义宣在镇十年，威名很盛，于孝建元年（454）起兵反叛。孝武帝派兵杀死刘义宣，并将他的同党曹爽、臧质等人也杀掉。后孝武帝因其弟竟陵王刘诞、海陵王刘休茂先后举兵反叛，又杀刘诞、刘休茂等，使刘宋的政治更为衰败。

孝武帝死后，太子刘子业即位，即前废帝。刘子业因其叔祖太宰、江夏王刘义恭的权力太大，将他杀掉，又杀尚书令柳元景和诸叔父。文帝的第十一个儿子刘彧反对前废帝的暴政，起兵杀掉前废帝，自己即位称帝，是为明帝。明帝即位后，他的侄子江州刺史晋安王刘子勋起兵反抗，会稽太守寻阳王刘子房、荆州刺史临海王刘子顼都起兵响应，爆发了以明帝刘彧为首的文帝系诸王和以晋安王刘子勋为首的孝武帝系诸王之间的内战。明帝遣将在晋陵（今江苏常州）、义兴（今江苏宜兴）一带，击败自会稽北上的军队，进军浙东，生擒刘子房，结束了东部战场的军事行动，然后专心在长江中游作战。两军在鹊洲（今安徽铜陵至繁昌段长江中）一带反复争夺。明帝将领张兴世等在贵口（今安徽贵池西）袭击刘子勋军粮草，使刘子勋军十万人不战自溃。明帝军很快攻下寻阳，杀死刘子勋。接着又攻克江陵，杀刘子顼。孝武帝其余十二子也先后为明帝杀死，无一幸存。

在宋王室骨肉相残时，参加内战的徐州刺史薛安都等人投降了北魏，将淮水以北的广大地区拱手让给敌国。淮北失守，淮南变成前线，富裕的淮南地区开始受到战争带来的极大破坏。

明帝不仅杀尽了孝武帝诸子，还将自己仅存的五个弟弟也杀掉四位。泰豫元年（472），明帝死，子刘昱继位，就是后废帝。明帝弟江州刺史、桂阳王刘休范起兵反对后废帝。他率步兵二万、骑兵五百，直捣建康。右卫将军萧道成指挥城防军队坚守台城，并派将领黄回等诈降刘休范，乘机杀死他，挽回了危局。

宋明帝杀宗室

泰始元年（465）宋明帝刘彧刚即位，晋安王刘子勋就起兵反叛。明帝费了好大的气力才消灭刘子勋，巩固了皇位，随后像割韭菜一样，杀掉刘子勋等孝武帝刘骏的二十八子。明帝后期身体多病，太子尚幼，他深恐死后，他的弟弟们将篡位杀太子，于是他又向弟弟们开刀。泰始七年（471），先从性情刚狠的晋平王刘休佑开始，命人把他从马上挤下来殴打致死；

继而又把将他扶上皇位的建安王刘休仁唤入皇宫，逼他服毒，刘休仁临死骂道："皇上得天下，是谁出的力呀？刘骏屠杀兄弟，子孙灭绝，今天你也这样，宋的国运能久乎？"刘休仁死后，刘彧下了一道诏书宣布罪状说："刘休仁结交禁军，图谋叛乱，我不忍当众杀他，只向他严厉诘责，他惭愧恐惧，自行服毒。"随后巴陵王刘休若也与刘休仁遭到一样的命运。最后明帝只放过了一个平庸的桂阳王刘休范。明帝又将在平定刘子勋叛乱时立有大功的吴喜赐死。泰豫元年（472），明帝病得更严重，生怕他死之后皇后临朝，王景文以元舅之尊必为宰相，对儿子不利，便送毒药将他赐死。明帝死后，由于宗室外戚功臣的势力被严重削弱，权臣萧道成逐渐掌握政权，杀后废帝，立顺帝。不到两年，宋顺帝把皇位让给萧道成，是为南齐高帝。

在宋王室内部的相互倾轧中，朝廷大权为中领军将军萧道成控制。升明三年（479）四月，萧道成夺取帝位，建立南齐王朝。自刘裕建国至顺帝刘準亡国，共历五十九年。

第二节　南齐的兴亡

南齐的建立者是萧道成。萧道成（427—482），字绍伯，原籍兰陵郡兰陵县（今山东枣庄峄城镇）人。萧道成的高祖萧整，东晋初年南迁江南。东晋在晋陵武进县（今江苏常州）界内侨置兰陵郡，后来这个地方被称为南兰陵。萧氏就称为南兰陵人。萧道成的父亲萧承之，因是刘宋外戚疏属，又立有军功，官升至南泰山太守、右军将军，封晋兴县五等男。萧道成初隶雍州刺史萧思话部下，后升至南兖州刺史，防守刘宋北部边境。宋明帝时，萧道成被征入朝，任散骑常侍、太子左卫率。宋明帝病死，遗令用尚书令袁粲、护军将军褚渊、中领军刘勔等人辅政。褚渊与萧道成相交甚密，引荐萧道成同掌机密，升为右卫将军，进入刘宋政权的中枢集团。

宋后废帝时，先后发生江州刺史、桂阳王刘休范攻入建康和南徐州刺史、建平王刘景素在京城反叛事件，都被萧道成率军平定，因此萧道成升为中领军，又加尚书左仆射。升明元年（477），萧道成杀后废帝，立顺帝刘准，他坐镇东府，加司空、录尚书事。荆州刺史沈攸之、司徒袁粲和尚书令刘秉见萧道成权势日大，要取代刘宋，起兵反对，但为萧道成击败。不久萧道成又晋位齐公、齐王。升明三年（479），萧道成在褚渊、王俭、垣崇祖、王敬则等人的支持下，废宋顺帝刘准，即皇帝位，为南齐高帝。他改国号为齐，改元建元，仍建都建康。

齐高帝萧道成统治时试图缓和国内的社会矛盾。他下令禁止二宫诸王，不得营立屯邸，也不得封略山湖，并减免了一些赋役；他又下令禁断招募部曲，安抚流民还乡，检定黄籍，整顿户口；对从军征战未被录用和乡土沦陷的士庶，下令量才任用；他还下令修建学校，精选儒官。但萧道成在位不到三年，就于建元四年（482）三月病死了。

齐高帝死后，太子萧赜继位，是为齐武帝。齐武帝继续实行高帝的改革措施：永明元年（483），他恢复了百官的田禄，有利于统治阶级的内部安定；他又屡次劝课农桑，减免赋役，多次蠲免和减交三调；他还注意学校教育，修建孔庙等。因此在齐武帝统治时期，出现了较为安定的局面。

永明十一年（493）七月，齐武帝病死，皇太孙萧昭业继位。萧昭业生长于深宫，没有统治经验，也没有能力，但他心胸狭窄，因叔父萧子良声望太高而心存忌恨。萧子良深感顾虑，第二年便忧愤而死。国家大权旁落到受遗诏辅政的萧鸾（萧道成侄子）手中。萧鸾早有野心，次年乘机废萧昭业为郁林王，将他杀死，另立昭业弟昭文为帝，不久又废昭文为海陵王，自立为帝，这就是齐明帝。

齐明帝嗜杀成性。他即帝位不久就大杀高帝、武帝的子孙。高帝十九子以及武帝二十三子除萧嶷（高帝次子）一支有后人外，都被明帝杀尽。齐明帝杀诸王时，都在夜晚派兵包围他们的住宅，然后砸开宅门，杀掉全家，查封他们的家产。齐明帝统治末年，会稽内史王敬则起兵反对朝廷，兵败被杀。在这时期，北魏孝文帝迁都洛阳，举兵南向，南齐的沔北五郡南阳、新野、北襄城、西汝南、北义阳，都被北魏攻占。齐明帝的统治陷入内外交困之中。

永泰元年（498），齐明帝病死，太子萧宝卷继位。他是一位十分荒淫残暴的皇帝。萧宝卷即位之初，由始安王萧遥光、尚书令徐孝嗣、尚书右仆射江祏、右将军萧坦之、侍中江祀、卫尉刘暄共同辅政，被称为"六贵"。除了"六贵"之外，还有掌机要的寒人茹法珍、梅虫儿等所谓"八要"。"六贵"准备废杀萧宝卷，萧宝卷知情后，相继杀掉"六贵"。不久江州刺史陈显达自寻阳、豫州刺史裴叔业自寿阳先后举兵。陈显达很快兵败被杀，裴叔业投降北魏。萧宝卷派平西将军崔慧景率军讨伐裴叔业，崔慧景至广陵，拥立江夏王萧宝玄为帝，倒戈进围建康。萧宝卷命萧懿率军抵抗。萧懿杀萧宝玄、崔慧景。萧懿因功升至尚书令。后萧懿又准备废杀萧宝卷，但被萧宝卷杀死，收其家属。这时，萧懿弟萧衍任雍州刺史，出镇襄阳。

永元三年（501），萧宝融在江陵即帝位，是为和帝。萧衍自襄阳出兵，率军东下，进围台城，城中禁卫军叛变，杀死萧宝卷，迎萧衍入台城。萧衍派人迎萧宝融于江陵，中途杀死萧宝融。中兴二年（502）四月，萧衍在建康自立为皇帝，改国号为梁。至此，南齐灭亡。自齐高帝至齐和帝，南齐立国共二十三年。

第三节　梁朝的建立与侯景之乱

萧衍（464—549），字叔达，南兰陵中都里人。萧衍的父亲萧顺之是齐高帝萧道成的族弟，他们同为居于南兰陵的萧整的玄孙。萧顺之帮助萧道成夺取刘宋政权，故历任侍中、卫尉、太子詹事、领军将军、丹阳尹等官，封临湘县侯，死后赠官镇北将军。萧顺之有子十人，长子萧懿、次子萧敷、三子萧衍。

南齐东昏侯萧宝卷统治时，萧衍曾任雍州刺史。他向其兄萧懿建议，趁南齐政局混乱，及时夺取政权，但萧懿没有采纳。然而，萧衍却在襄阳做夺权的准备。他暗中修造器械，又砍伐许多竹木沉入檀溪中，以备造船之用。后萧懿被杀的消息传来，萧衍决定出兵。他下令日夜赶造船只，招集兵马，得铁马五千匹，甲士三千人。

东昏侯萧宝卷杀萧懿后，派巴西、梓潼二郡太守刘山阳率军三千人，并命荆州长史萧颖胄，合兵进击襄阳。萧衍暗中派人联系萧颖胄，袭杀刘山阳，因此荆、雍二州联合前来，共同反对东昏侯萧宝卷。永元三年（501）三月，萧衍、萧颖胄在江陵拥立萧宝融为皇帝。萧衍任左将军、都督前锋诸军事，萧颖胄为右将军，留守江陵。不久萧颖胄病死，萧衍以其弟萧伟守襄阳，亲率大军东下。萧衍军在加湖大败东昏侯萧宝卷所派援军，又攻克郢州（今湖北武昌），随即顺流而下，攻取江州，直指建康。东昏侯萧宝卷无法抵挡，退守台城。萧衍修筑长围围困台城。南齐卫尉张稷、徐州刺史王珍国，杀东昏侯萧宝卷，投降萧衍。萧衍任大司马、录尚书事、骠骑大将军、扬州刺史。次年萧衍晋位相国，晋封梁王。

中兴二年（502）四月，萧衍即皇帝位于建康，国号为梁，改元天监，是为梁武帝。梁武帝萧衍自天监元年至太清三年（549），称帝共四十八年，是南朝在位最久的皇帝。梁武帝在统治前期对政治、经济等方面采取了一些积极措施，有助于政权的巩固。但梁武帝舍身崇佛，对社会并无积极作用。崇佛造成社会财富大量流入佛寺，损失大量户口，消耗了大量的国家财力、物力、人力。

梁武帝统治后期，最大的失误就是接纳北魏叛将侯景。侯景（503—552）是北魏怀朔镇中已经同化于鲜卑的羯人。六镇起义失败后，侯景随尔朱荣入晋阳，进洛阳。高欢灭尔朱氏，侯景又归附高欢，为大丞相府长史、兼定州刺史。后在东魏历官尚书左仆射、吏部尚书、司空、司徒、河南道大行台，将兵十万，专治河南有十四年之久。高欢死，子高澄削夺侯景兵权。侯景以河南十三州投降西魏。西魏丞相宇文泰知道侯景机诈多变，要求侯景交出兵权，入朝长安，侯景不从。东魏高澄也派大军向侯景进逼。侯景在东西夹击的不利形势下，派使者到江南向梁武帝联系投降。

对侯景的投降，梁朝群臣多持反对意见，但梁武帝不顾群臣的反对，认为统一中原的机会来了，决定接纳侯景的投降。他封侯景为河南王、大将军、使持节、都督河南河北诸军事、大行台。侯景占据寿春，梁武帝又任他为南豫州刺史。但侯景是一个十分狡诈、贪得无厌的人，伺机准备反叛。他听说梁朝要与东魏议和，一再表示反对，可是梁武帝不加以考虑，也未防范。侯景遂暗中强迫招募南豫州属下的居民充兵。太清二年（548）八月，侯景在寿阳举兵反梁。侯景叛军袭取谯州（今安徽含山西南），陷历阳，引兵直抵长江。侯景还秘密勾结临贺王萧正德在建康做内应。

梁武帝知道侯景反叛后认为，侯景是无法过长江天堑的，他只命太子家令王质率领三千士兵沿江巡防。侯景却悄悄从采石矶渡江，内应萧正德用大船数十艘来接，渡马数百匹，军士八千人。梁武帝对这些情况全然不知。当侯景军队接近建康时，太子萧纲才匆忙向梁武帝请示对策。梁武帝命宣城王萧大器为都督中外诸军事，分命诸将守卫都城建康各处。

侯景军抵达建康，很快占领石头城、白下城，进围台城。侯景筑长围围困台城，隔绝内外，又引玄武湖水灌台城。台城为皇宫所在，一时难以攻克，侯景纵兵抢掠。梁军来援的统帅多是梁武帝子孙，他们觊觎皇位，互相猜忌，无心接战，援军虽多，无济于事。太清三年（549）三月，侯景攻克台城。五月，梁武帝萧衍饿死于台城内文德殿。经过这次战乱，繁华的建康城已经破败不堪。

梁武帝死后，侯景暂立太子萧纲为帝，就是梁简文帝，实际权力却为侯景掌握。次年改元为大宝元年（550），侯景自称宇宙大将军、都督六合诸军事。大宝二年（551）八月，侯景废简文帝，立豫章王萧栋为帝，改元天正。同年十一月，侯景又废萧栋，自立为帝，国号汉。

侯景在京城建康篡夺梁朝最高权力之时，又派军进攻各地的反抗势力。大宝二年年初，侯景就率军西上，进攻梁武帝第七子湘东王萧绎。萧绎时任镇西将军、都督荆州诸军事、荆州刺史。他派领军将军王僧辩抵御侯景，又派胡僧佑等为援，大败侯景，侯景败退建康。次年，王僧辩从江州出发，攻克芜湖，直指建康。承圣元年（552）三月，王僧辩击败侯景。侯景率数百骑东逃，又被追兵所败，只余数十人，乘单舟逃跑，在途中被羊鲲杀死，送其尸于建康。侯景攻占建康共三年，称帝一百二十天便灭亡了。

侯景之乱给江南造成了很大的破坏。他纵兵抢掠，奸淫妇女，无恶不作；叛军所到之处，屠城洗劫，残虐无比。建康附近变得荒凉不堪。侯景攻占三吴，大肆蹂躏，给东土造成极大破坏，以致大宝元年出现大饥荒，会稽地方灾情更甚，死者十之七八。繁华的江南破坏到如此程度，侯景的叛乱给江南人民带来了巨大的灾难。

侯景要在江南建立起他的统治政权，将南朝俘虏的北方鲜卑人全部释放出来，授以高官厚禄，又将逃到南朝的北魏元氏宗室十余人封为王爵并加以重用，共同统治南方人。他为了镇压南方人的反抗，禁止人民二人以上交谈，对违反者处以极刑。他的部下专以焚掠为事，以杀人为戏笑。但不论侯景的统治如何残暴，如何恐怖，江南人民坚决不屈从侯景的暴政，因此侯景的统治很快崩溃。

侯景之乱被平息，承圣元年十一月，萧绎于江陵称帝，即梁元帝。这时江北诸郡多数被东魏侵占，梁、益两州已经全部并于西魏，雍州一镇沦为西魏的附庸。萧梁的势力更为削弱了。

占据雍州的萧詧为替其兄湘州刺史萧誉报仇，率军进攻江陵，他请西魏军支援。承圣三年（554）十一月，西魏军围攻江陵，萧绎兵败被杀。西魏将江陵男女数万人充作奴婢，并掠至长安。次年，立萧詧为帝，只管辖江陵一州之地，襄阳则划归西魏，这就是后梁。后梁只是西魏、北周的附庸，是一傀儡政权。

梁元帝萧绎败亡后，他的第九子晋安王萧方智，时任江州刺史。太尉、扬州刺史王僧辩与司空、南徐州刺史陈霸先，议定以萧方智为太宰，承制行事，迎至建康。王僧辩反复无常，又迎萧渊明（梁武帝侄子）至建康称帝，改元天成，自己则担任大司马。陈霸先极力反对王僧辩迎立萧渊明。绍泰元年（555）九月，陈霸先于京口举兵，进攻建康，杀王僧辩，萧渊明退位。十月，陈霸先等人拥立萧方智即皇帝位，改元绍泰，是为梁敬帝。梁敬帝任命陈霸先为尚书令、都督中外诸军事，朝廷实际大权全部落入陈霸先手中。陈霸先由丞相改为相国，由陈国公改为陈王，最后于太平二年（557）夺取了梁的帝位，建立陈朝。萧梁自梁武帝萧衍建国至梁敬帝萧方智退位，共历五十五年。

第四节　陈朝的兴亡

陈朝是由陈霸先建立的国家。陈霸先（503—559），字兴国，是吴兴长城县（今浙江长兴）下若里人。他的祖上原为颍川人，永嘉之乱时迁居吴兴，晋咸和年间进行土断，即为长城人。陈霸先家世寒微，初仕为乡里司，后至建康，为油库吏，徙为新喻侯萧映传教。后萧映任广州刺史，陈霸先随从他至广州，任中直兵参军。因平定当地少数民族叛乱有功，升为西江督护、高要太守、督七郡诸军事。

侯景之乱时，广州刺史元景仲与侯景勾结，陈霸先杀元景仲，起兵讨侯景。陈霸先由始兴（今广东韶关）出大庾岭，沿赣江而下，与王僧辩军会师。陈霸先起兵以讨侯景为号召，得到沿途人民的响应，因此他的军队很快发展到甲士三万人、强弩五千张、舟船二千艘，积累的军粮有五十多万石。荆州军缺粮，陈霸先分三十万石支持他们，战斗力为之大振。讨伐军破建康，灭侯景，陈霸先立功最多。梁元帝任陈霸先为征北大将军、南徐州刺史，镇守京口。不久，又晋位为司空，兼扬州刺史，镇京口。

梁元帝萧绎败亡后，陈霸先与王僧辩共同迎接萧绎子晋安王萧方智至建康。可是王僧辩又迎立北齐送来的萧渊明为帝，这样，萧梁政权实际就由北齐来操纵了。陈霸先等人坚决反对，并袭杀王僧辩。王僧辩的弟弟吴郡太守王僧智、外甥谯秦二州刺史徐嗣徽起兵反对。徐嗣徽举州投降北齐，率北齐军进攻石头城，为陈霸先击败。王僧智也兵败于吴郡，逃奔北齐。太平元年（556），北齐又派萧轨等率兵十万渡江进攻建康，进抵钟山。陈霸先率军奋勇杀敌，获得空前大捷，将北齐军队杀得七零八落，逃回江北的只有十之二三。

陈霸先将北齐势力逐出长江以南后获得了很高的威望，他夺取政权的时机已经成熟。太平二年（557）十月，陈霸先以禅代的方式即位称帝，国号陈，改元永定，是为陈武帝。

陈武帝称帝后，梁朝的残余势力和地方豪强还不断起兵反抗。梁广州刺史萧勃起兵北上，陈武帝陈霸先派周文育、侯安都等平定广州，消灭萧勃。梁湘州刺史王琳据州抗陈，陈武帝派军进剿，都战败失利。王琳进军占据江州，并求助北齐，立永嘉王萧庄为帝，改元天启。萧庄任王琳为侍中、使持节、大将军、中书监，准备东下攻陈。陈武帝用侯瑱为统帅，统领周文育、侯安都等西拒王琳。

陈武帝来不及平定这些叛乱，称帝不到一年就死去了。皇帝位由其侄陈蒨继承，是为陈文帝。陈文帝即位后，他的政权号令还不出建康千里之外。对建康威胁最大的就是盘踞湘、郢二州的王琳。天嘉元年（560），王琳举兵东下，北齐派兵万余人配合，直指建康。陈文帝坚决抗击，在芜湖附近打败了王琳与北齐的联军。王琳逃回江州，他的上游根据地湘州被北周袭取。王琳只得带着他的妻妾和左右十多人，渡江逃亡北齐。

陈文帝击败王琳和北齐联军后先后收复了江州、郢州，进军巴丘，截断江路。北周军队在陈军的威胁下只得迅速撤退。

陈武帝和陈文帝经过努力，削平了长江中游的割据势力王琳以及各地方反叛势力，击退北齐和北周的军队，才使统治政权初步稳定下来。至此，陈朝总算统一了长江以南、蜀以东地区。在南朝政权中，陈朝的疆域最小。

陈文帝比较注意农业生产。他下令地方守宰及时劝课农桑，贷给贫者种粮。他还再行土断，整理户口。可是陈文帝在位时间不过七年，就在天康元年（566）病死。长子陈伯宗继位，是为陈废帝。

陈伯宗软弱无能，国家权力为其叔父陈顼控制。太建元年（569），陈顼废陈伯宗为临海王，即位称帝，是为陈宣帝。

陈顼即位后，左卫将军欧阳纥在广州起兵，反对陈宣帝。陈宣帝平定了这次叛乱。太建五年（573），陈宣帝开始用兵淮南。当时北齐后主荒淫，不理政事，陈宣帝命大将吴明彻为都督北讨诸军事，率军十万人北伐，攻克寿阳，生擒王琳，在军事上取得重大的胜利。但陈军没有乘胜北进。太建九年（577），北周灭北齐，陈宣帝又命吴明彻北伐，试图夺取兖、豫地区。吴明彻率军进攻徐州，声势甚盛。次年北周大将王轨截断陈军后路，陈军溃散，吴明彻被俘。北周军南下，夺取寿阳，淮南之地都被北周占领。

太建十四年（582）正月，陈宣帝病死，其子陈叔宝继位，称为陈后主。陈后主是南朝有名的荒淫帝王，他宠爱贵妃张丽华等，不理政事，国势日益衰败。祯明二年（588），隋文帝大举伐陈，第二年灭掉陈朝，统一南北。陈朝自陈霸先建国至陈后主亡国，共历三十二年。

昏君陈后主

后主陈叔宝继位后根本不会处理政事，就知道享乐，大建宫室。他最宠爱的妃子有八位，在宫廷宴会上，每次都邀请十余位诗人，跟八位美女杂坐在一起，饮酒作诗，如《玉树后庭花》《临春乐》等，并且都配上曲子，还专门挑选了一千多名宫女演唱。八位美女之中，陈叔宝尤其宠爱张丽华和孔贵嫔。其中，张丽华秀长的头发可以垂到地面，光彩焕发。她性情宽厚而绝顶聪明,对朝廷中的大小事件都了如指掌,陈叔宝批阅公文时,张丽华常坐在他膝上指点。于是大臣和宦官跟她勾结在一起,朝政日坏。祯明二年(588),杨广率领隋军伐陈。陈叔宝听到消息,大笑说:"建康有王气在此,北齐侵略过我们三次,北周侵略过我们两次,都被击败,杨坚为什么不接受历史教训?"次年正月,隋军渡过长江,陈军溃散,建康陷落。陈叔宝听到隋军攻入皇城,大惊说:"刀枪可不是闹着玩儿的。"他急忙跳进景阳殿的一口深井之中。隋军入宫搜索,在井上喊话,不见应答,威胁要向井里投石头,这才听到应声。士兵们抛下绳索拉他出来时,感到很重,等到拉出井口,才发现竟然有三个人,除了陈叔宝外,还有他的两个宠妃张丽华和孔贵嫔。

第十六章

南朝的政治统治

宋、齐、梁、陈四朝在统治时出现了具有不同特点的做法。其中宋文帝元嘉之治、宋文帝的北伐和梁武帝长达近半个世纪的统治,都是南朝重要的事件。为适应国家统治的需要,宋、齐朝出现了典签制度。南朝还出现了寒人掌机要的情况,这些都对南朝的政治统治产生重要的影响。

第一节　宋文帝改革和元嘉之治

宋文帝即位后,在宋武帝的基础上继续实行一些改革的措施。他对农业的发展很重视,因此在劝农方面做了不少事。元嘉八年(431),因国家游食者众多,田地多荒芜,他下诏给各地方官员,让他们督课农桑,使荒地能够开垦,种植和养蚕都得到发展。以后他下令让在各地游食的人都能够归农。因为灾荒缺乏种粮者，由各郡县贷给。元嘉二十一年（444），他下令南徐、兖、豫和扬州的浙西属郡，除了种水稻外，还要种麦，并令运彭城、下邳的麦种，贷给农民。徐、豫等州原来多稻田，而民间多种旱粮，要修复陂塘，兼种水稻。湖熟有荒芜的农田千顷，在他的命令下，都开垦为良田。这些劝农措施多少有助于农民从事生产。

宋文帝注意到要减免农民赋税。元嘉十七年（440），他下令将人民积欠国家的债务酌情减轻，除掉估税、市调害民者。元嘉二十一年，又下令凡是元嘉十九年（442）以前所欠国家的积债一概免除。他还下令不准封禁山泽。在灾害之年，他则注重对受灾人民的赈济。元嘉十一年（434），丹阳、淮南、吴兴、义兴一带水灾严重，他拨出数百万斛稻米赈济灾民。宋文帝的这些措施多少减轻了人民的负担。

宋文帝又在东晋义熙土断的基础上，进行清理户籍的工作。以后齐、梁时代，再度清理户籍，都是以元嘉户籍为依据。户口数目比较准确，使国家税源和兵源都有明确的依据，这是刘宋国家统治稳定的标志。

因为刘宋国家统治的稳定，经济不断发展，人民的购买力也在提高，因此货币流通量也就自然增加了。元嘉七年（430），宋文帝成立了魏晋以来从未设立过的钱署开始铸造四铢钱，以满足在频繁的交易中对货币的需要。钱署的设置对推动经济的发展是有益的。

宋文帝注意考察地方官员的政绩。他派使者到各州郡巡行，考核守宰是否称职。他对于官员的执法情况也很留意，经常前往延贤堂听讼，以督促他们执法公正。他还注意招纳贤才，下诏到各地求贤，命地方官员将国家有用之才推荐上来。

宋文帝对文化事业的建设也十分重视。他修复校舍，召集生徒，亲自到国子学策试诸生。元嘉十九年，他开始修理孔子墓，在孔墓旁种植柏树六百棵，并将五户人家留在墓旁，专门供奉洒扫。

宋文帝的这些改革措施，对于当时社会经济的发展和社会秩序的安定，都是很有利的，因此当时出现了元嘉小康的局面。梁朝人沈约说："自义熙十一年，（司）马休之外奔，至于元嘉末，三十有九载，兵车勿用，民不外劳，役宽务简，氓庶繁息，至余粮栖亩，户不夜扃，盖东西之极盛也。"[1]沈约的这段话是对宋文帝元嘉时期太平、安定局面的最好概括。

第二节　宋文帝北伐和宋魏战争

宋武帝刘裕建立刘宋政权的时候，北魏拓跋氏已经建国，正逐渐统一北方。刘裕从关中败退后，洛阳、虎牢（今河南荥阳汜水镇西）、滑台等地相继为北魏占领。宋文帝刘义隆即位后就有恢复河南的志向。

元嘉七年（430）春，宋文帝命大将到彦之率军五万开始北伐。宋文帝派使者到北魏声称，河南是刘宋的旧土，一定要收复。北魏太武帝大怒说："我出世头发没有干时，就知道河南是我的地方。你们休想来抢！我现在暂时避开，等到冬天河水封冻时，就一定再夺回来。"北魏对宋军的进攻，采取以退为进的作战方针，所以在到彦之北上时，北魏占据的滑台、洛阳、虎牢等地的戍卒都弃城而走，司、兖二州都为宋军占领。可是到十一月时，北魏将领叔孙建、长孙道生率军渡黄河南攻，洛阳、虎牢相继又被北魏占领。到彦之听到这个消息，立即放弃滑台退兵。他焚烧舟船，步行至彭城。开始北伐时，到彦之辎重充实，但退兵后，物资消耗殆尽。宋文帝立即派檀道济增援到彦之，但为时已晚。次年二月，北魏又夺取滑台。檀道济率军转战到历城（今山东济南西），因滑台失守，又缺少军粮，只好退兵。檀道济退兵时，为了防止北魏军追击，夜里故意唱"筹量沙"，以少量的米覆盖在沙土上，迷惑魏军，因而得以安全撤退。宋文帝这次北伐在人力、财力上遭受了重大的损失；北魏也因为连年作战，国内百姓负担沉重，加上水灾，国力难以支撑，所以两国暂时停止战争。此后二十年，宋魏之间基本没有战事发生。

北魏在北方先后灭掉西秦、大夏、北凉割据政权，又平定西域，大败柔然，基本统一北方后，于元嘉二十七年（450）二月，太武帝亲自率领步骑兵十万，南下攻宋，包围悬瓠（今河南汝南）。刘宋南顿太守、颍川太守相继弃城逃跑。悬瓠守将陈宪奋力抗击，魏军攻打四十多天，不能破城，只好退兵。

宋文帝对北魏的侵犯很气愤，准备再兴兵北伐。太子步兵校尉沈庆之认为，宋、魏军事力量相差很大，又没有适合的军事统帅，北伐很难达到目的。所以规劝宋文帝不要北伐，但宋文帝执意不从。同年七月，宋文帝派宁朔将军王玄谟和沈庆之等率军北伐，以青冀二州刺史萧斌为统帅。他又派柳元景、薛安都等出弘农，而由随王刘诞节制。王玄谟率军北进，进攻北魏占据的碻磝，戍守士兵逃走。王玄谟军进围滑台，大军久攻不下。王玄谟部将请求用火箭射城中茅草屋，以火攻克敌，但王玄谟不从。北魏救兵赶到时，部将要求以车为营，王玄谟还是不听从，部将都不满意。王玄谟还在军营中贩卖布匹，价格昂贵，更加失去人心。刘宋军战斗意志大大衰退。十月，魏帝拓跋焘亲率大军，号称百万，前来救援滑台。北魏军声势浩大，兵马强壮，擂鼓进军，震天动地。王玄谟军武器精良，颇有声势。可是王玄谟害怕北魏军，不敢交战，仓皇退军。拓跋焘下令追杀，宋军死者上万人，其余全部逃散，军资器械丢弃无数，堆积如山。宋军柳元景一路已经攻取卢氏（今河南卢氏），又克复弘农、陕县（今河南三门峡陕州区），进攻潼关，关中汉人纷纷响应宋军。但柳元景听说王玄谟败退，不能再进军关中，只好退兵。

拓跋焘乘胜南下，率军直指彭城，但攻彭城不下，就于十二月转攻瓜步（今江苏南京市六合区），企图渡江进攻建康。宋文帝听说北魏军饮马长江，感到震惊，下令内外戒严，大量征发民丁，严密防守各处渡口。他出动水军，在长江边列营，从采石至暨阳（今江苏江阴），有六七百里。元嘉二十八年（451）正月，拓跋焘认为北魏军已经没有力量渡过长江，就下令焚烧庐舍，掳掠当地百姓而去。这次北魏南攻，破刘宋南兖、徐、兖、豫、青、冀六州，杀伤人口不可胜数。北魏军士兵见壮年就杀，还将儿童戳在槊上，挥舞戏耍，真是残暴无比。北魏军所过之处，人死屋毁，千里无人烟。刘宋受到了巨大的损失，遭到空前浩劫，国力大大削弱。宋文帝的元嘉之治从此开始衰败了。

这次北伐的失败，由于宋文帝在军事上对将帅过分约束，要求将帅必须按他规定的成律作战，交战时也要等待他的诏令，严格限制了将帅作战的主动性。同时宋文帝用人不当，诸如任用王玄谟就是很大的错误，由于滑台一战的失利，招致了全线的溃败。

从此以后，刘宋便将自己的防线步步南撤，由洛阳、滑台撤到了淮北，到了宋明帝时，魏军大败刘宋沈攸之军，因而淮水以北的北青、冀、徐、兖四州及豫州淮水以西九郡，都为北魏占领，刘宋的防线就全部撤至淮南。刘宋宗室之间忙于争夺帝位，相互残杀，根本不能够顾及对北魏的防御。泰始末年，刘宋与北魏讲和，两国之间很少发生战事，而刘宋政权内部残酷的内争则愈演愈烈了。

第三节 刘宋、南齐典签的设置

南齐和刘宋一样，皇室内部虽然在血缘上是骨肉之亲，但为了争夺权力，相互残杀，无比凶残。从刘宋到南齐，诸王宗室能够很容易被杀掉，与典签处于特殊地位有很密切的关系。所谓典签，"故事，府州部内论事，皆签前直叙所论之事，后云'谨签'，日月下又云'某官某签'，故府州置典签以典之，本五品吏"[2]。刘宋统治后期，多以幼年皇子出任方镇，皇帝以左右亲信任典签，控制其行动，因此典签地位加重。宋孝武帝以来，成年皇子或异姓大臣出镇，也受制于典签。典签每年数次前往京师，皇帝要向典签询问方镇刺史的政绩。刺史的活动好坏完全由典签的汇报来决定。

南齐沿袭刘宋制度，典签的权力尤重。诸王年幼出镇，皇帝为他们设置行事和典签作为辅佐。这些人都是由皇帝的亲信来担任。典签对出镇宗王约束极严。如南齐巴陵王萧子伦打算游东堂，典签姜秀不允许，萧子伦哭着对母亲说："孩儿想移动五步都不行，这与囚犯有什么不同呢？"出镇宗王的一举一动都在典签的监视之下，正所谓"言行举动，不得自专，征衣求食，必须咨访"[3]。

齐明帝当政，诛杀诸王，一概用典签来执行，典签就是他的鹰犬。因此，刘宋、南齐的典签实际上是皇帝监视出镇王侯的耳目，也是诛杀诸王的凶手。典签的设置，是刘宋、南齐皇室内部子弟自相残杀能够实现的重要因素。典签的权势到萧梁以后开始逐渐减弱。

第四节　梁武帝的统治方略

梁武帝萧衍是南朝一位有作为的皇帝，他在位的四十八年中，在政治、经济诸方面采取了一些积极措施。他对职官的设置进行了改革。刘宋、南齐的职官设置大体沿袭晋代，无所改作。中央设"八公"，即太宰、太傅、太保、太尉、司徒、司空、大司马、大将军，一同于晋。尚书令、仆射和所分各曹，掌管行政事宜。如加录尚书事则总管机衡，权力甚重。侍中掌管进奏。中书令、中书监掌管机要和决策，宋齐以来，其属官中书通事舍人，因在皇帝的左右，实际权力尤重。梁武帝还设置太常、光禄勋、卫尉、廷尉、大司农、少府、将作大匠、大鸿胪、太仆等"九卿"。武职则有骠骑、车骑、卫将军、抚军将军和四征、四镇、四安、四平以及其他的杂号将军。地方则州有刺史，郡有郡守，封国有内史，县有令长。州郡长官带将军号，州郡管民，将军府管军，各有僚佐。另外还设都督区，由都督诸州军事掌管。将军持节为某州刺史或都督诸州军事，权力很大。

梁武帝刚即位时，职官设置多同于宋齐之制。数年之后开始改革。天监七年（508），梁武帝规定九卿官称下均加"卿"字，如太常卿、卫尉卿等。并以春、夏、秋、冬之名各领三卿。春三卿为太常卿、宗正卿（加置）、司农卿；夏三卿为太府卿（加置）、少府卿、太仆卿（加置）；秋三卿为卫尉卿、廷尉卿、大匠卿；冬三卿为光禄卿、鸿胪卿、大舟卿（由都水使者改称）。增改九卿为十二卿，以卿入官称。梁武帝以徐勉为吏部尚书，将官职秩级定为十八班，班数多者为贵。最高为八公，即太宰、太傅等都为十八班。最低为州的主簿、从事及太史、太医、太祝、左右尚方令、东西冶令等，其秩级为一班。由于九品只将官阶分为九等次，在官员升转时不够用，分为十八班，便于升转时确定等次。又将武职分为二十四班。因当时将军号多达一百二十五种，所以班次也多，骠骑将军、车骑将军为二十四班，四征将军为二十三班等。

梁武帝对刑法进行了修订。西晋时贾充制定刑律，宋齐大体沿袭《晋律》，没有多少修改。梁武帝意欲制定律令，派人访求济阳人蔡法度。蔡法度在南齐任郎官，家传律学，收藏齐武帝时删定郎王植之的《集注张杜旧律》，共一千五百三十条，没有实行过。梁武帝任用蔡法度为尚书删定郎，修订王植之的旧律，以此为基础，制定《梁律》。天监元年（502），梁武帝又命尚书令王亮、侍中王莹、尚书仆射沈约、吏部尚书范云等一起参与修订。他们确定刑律共分为二十篇，即刑名、法例、盗劫、贼叛、诈伪、受赇、告劾、讨捕、系讯、断狱、杂、户、擅兴、毁亡、卫宫、水火、仓库、厩、关市、违制。将刑罚分为十五等，即死罪二等，耐罪四等，赎罪九等。还有鞭杖等刑，共定刑二千五百二十九条。这就是《梁律》。此外还制定《令》三十卷,《科》三十卷。《梁律》烦琐苛重,"百姓有罪,皆案之以法。其缘坐则老幼不免,一人亡逃,则举家质作"[4]。

梁武帝注意对地方官员的监察。他选用良吏,分遣使者,巡视各州郡。对地方徇私舞弊、侵渔百姓的官员,要求巡视官全部上报朝廷。对地方上搜刮百姓、无治理才能、贪残暴虐的官员坚决给予打击。他还下令在州、郡、县设置州望、郡宗、乡豪各一人,专门推荐和网罗人才。

梁武帝在职官设置和刑法制定上实行的改革以及对地方官员的管理措施,都有利于社会的稳定和集权统治的加强。

梁武帝重视农业的发展,采取了一些积极的措施。他实行籍田礼,以此鼓励农耕。他鼓励百姓多开垦荒地,对缺乏种粮的农民,国家可以贷给。对流移他乡的农民,梁武帝允许他们返乡,可以恢复他们原来的田宅。梁武帝还将没入成为公田的荒田废宅,除了官府已经开垦的,全部分给农民,严禁地方豪强占取公田。他下令将国家封占的土地全部开禁。在赋税方面,梁武帝多次下令减免租调或三调,甚至还免去贫孤家庭当年的三调。对于逃亡到他乡又返回复业者,可以蠲免五年租调,并免除徭役。

梁武帝在经济上采取的这些措施,缓和了社会矛盾,有利于农民的稳定,对农业发展起到了一定的促进作用。可以说梁武帝统治前期,在政治、经济上的措施是成功的,保证了社会的安定和发展。《梁书·武帝纪下》赞称:"治定功成,远安迩肃。加以天祥地瑞,无绝岁时。征赋所及之乡,文轨傍通之地,南超万里,西拓五千。其中瓌财重宝,千夫百族,莫不充牣王府,蹶角阙庭。"

三四十年，斯为盛矣。自魏、晋以降，未或有焉。"应该说这个评价是反映了一些实际情况的。

梁武帝在对待佛教上有明确的态度。他家世代信奉道教，但他称帝后，却在天监三年（504）发愿舍道事佛，后来更屡次舍身佛寺。他先后建成大爱敬寺、大智度寺、同泰寺等。同泰寺建成后，梁武帝三次到寺中舍身。大通元年（527），他第一次前往同泰寺舍身。中大通元年（529）九月，他在同泰寺设四部无遮大会，脱掉皇帝服，穿上和尚衣，称为"清净大舍"，就住在寺内的便房中，素床瓦器，在讲堂法座，为四部大众（即僧、尼、善男、信女）宣讲《涅槃经》。后来，朝廷公卿出钱一亿万奉赎，他才在十月返回皇宫。太清元年（547）三月，梁武帝又舍身同泰寺，群臣以钱一亿万奉赎，他才返宫。

梁武帝这样舍身奉佛，产生了消极的社会影响。为了给梁武帝舍身而赎身，花费了大量的费用，他的一次赎身花费就高达钱一亿万。梁武帝在讲经时，曾自舍银绢等物二百零一种，价值钱一千零九十六万；太子施僧钱绢，值钱三百四十三万；六宫所舍又有钱二百七十万。梁武帝一次舍入佛寺的财物就如此之多。他在寺院的修建上，也花费大量的钱财，给国家的财政造成巨大的浪费。因为梁武帝如此崇佛，上行下效，寺庙的修建、信佛的僧徒都越来越多。当时寺院多达五百余所，僧尼也有十余万，国家的财富、户口大部分落入佛寺。梁武帝舍身侫佛，使国家的财力、物力逐渐陷入困境。因此梁武帝的这种行为实际上严重破坏了国家的稳定。

梁武帝统治更为失策的是招纳北魏叛将侯景，他不仅使自己自食恶果，自取灭亡，最后也使梁朝的统治走向崩溃。

第五节　寒人典掌机要

刘宋以来，寒人的地位逐渐提高，多用寒人典掌机要。所谓寒人，是指出身卑微而进入仕途的社会阶层。文献中提到的"后门""勋门""役门""吏门""三五门"等都指的是寒门，也就是寒人。这些寒人的起家是多方面的，有的因立军功，有的起自胥吏，有的来自地方的土豪商人，有的出自显官的门生。寒门又可以称为庶族，以与当时的门阀大族相区别。

刘宋以降，所谓用寒人掌机要，是指用寒门出身的人担任中书通事舍人，掌管奏章和发布诏命等机密事宜。当时皇帝为了要行使君权，自然要任用亲信之人。但在世家大族势力正盛的时期，不可能剥夺他们所占据的官位，所以皇帝只好优容世家大族，任凭他们霸占高官重位。但另一方面，又任用寒人，让他们掌握中枢实权。这样实际政权和军权，就落到中书通事舍人的手中。在南朝，中书通事舍人是卑官，不限门资，庶姓寒门能够担任此官。

中书通事舍人官职的重要有一逐渐演变的过程。自东汉以来，尚书台开始取代丞相、御史二府的职权。至魏晋南北朝，尚书台正式成为行政执行机构，因此尚书台官员就与皇帝有了一定的距离。更能够接近皇帝的中书监、令取代了尚书台原来的地位，专管机密，地位日益重要，大政的决定多在中书。中书监、令开始权重，但到南朝，中书监、令、侍郎只是清华贵重，却无事任，又成为虚位。中书省职掌的文书诏命出纳事务，转归中书通事舍人。虽然中书通事舍人官卑，但权力甚重。

刘宋初，设中书通事舍人四人。宋文帝元嘉中，中书通事舍人秋当、周赳出自寒人。宋孝武帝、宋明帝都任用了不少寒人担任中书通事舍人。孝武帝在位时,凡有重要事宜,都与中书通事舍人戴法兴等商量。当时江夏王刘义恭虽录尚书事,但对中书通事舍人戴法兴垂首畏服,尚书中事无大小,都由戴法兴决断,刘义恭只是徒有虚名。可见总管朝政的要员在权力的行使上,尚不及与皇帝亲近的中书通事舍人。

南齐时期,皇帝使寒人担任中书通事舍人的事例更多了:纪僧真、刘系宗均门户低贱;吕文显、吕文度、茹法亮等多起自小吏。齐武帝常说:"学士辈不堪经国,唯大读书耳。经国,一刘系宗足矣。沈约、王融数百人,于事何用。"[5]可见南齐皇帝对担任中书通事舍人的寒人委寄之重。由于南齐中书通事舍人位居枢要,和皇帝关系密切,所以寒人虽出身低微,官品虽卑,但权任极重。茹法亮任中书通事舍人时,太尉王俭经常说:"我虽然居重要官位,但权力远不如茹公。"因此当时人说:"宁拒至尊敕,不可违舍人命。"[6]因此南齐时,担任中书通事舍人的寒人无不趾高气扬,飞扬跋扈。

南梁时期,中书通事舍人的权力还是很重。梁武帝任用寒人朱异为中书通事舍人,典掌机要。后来朱异官至中领军将军,但还兼任中书通事舍人。他对王公贵戚非常傲慢,朱异掌机要有三十余年,当时世家大族都抱怨梁武帝父子,亲近小人,疏远士大夫。

至陈朝,寒人仍然得到皇帝的重用。毛喜以素族,施文庆以吏门,沈客卿以寒流,先后任中书通事舍人。陈宣帝委政毛喜,使陈朝在十余年的时间里出现繁荣的局面。后主陈叔宝用施文庆、沈客卿掌机要,二人聚敛无厌,盘剥人民,将陈朝引向灭亡。

南朝寒人典掌机要情况的出现,是各朝皇帝需要"威福自专"的结果。也与刘宋以来,世家大族与庶族严格区分,世家大族门户已成,地位显赫的官位为他们垄断,却不肯尽力为皇帝服务有密切关系。在这种形势下,寒人就成为皇帝可以依靠的人,寒人通过尽心竭力的服务,受到皇帝的宠幸,因此对国家实际权力的控制也就出现了变化。

第十七章

社会等级结构、寺院经济与社会经济

宋、齐、梁、陈四朝是多等级构成的社会。除了皇帝作为最高等级之外,世家大族就是处于社会上层的等级。在世家大族之下就是寒门庶族。世家大族和寒门庶族在经济上都拥有实力。只是世家大族在政治上能够拥有特权,具有很高的门第,因此与寒门庶族有明显的差别。在社会中,大量存在的是个体农民,他们是国家的编户齐民,是国家赋税的主要承担者。另外,社会中还有不同的依附者,这些依附者是世家大族、寒门庶族的劳动力来源。处于社会最下层的是奴婢,是完全丧失人身自由的社会等级。

南朝佛教得到广泛的流传。由于佛教的影响,寺院经济产生了,南朝的寺院主成为巨额财富的拥有者。在寺院内部,寺院主是剥削者,压迫下层僧人和投靠寺院的依附者。社会中的一些劳动者为了逃避国家沉重的赋税和徭役,不得不投靠寺院。寺院经济的发展,形成了拥有丰厚财富的僧人阶层,也使南朝国家丧失了众多的编户齐民。因此，南朝国家与各寺院在经济利益上存在很大的矛盾。

南朝时期，农业、手工业和商业获得了很大的发展，使社会经济出现蓬勃向上的面貌。南朝社会经济的发展，为以后社会经济重心的南移奠定了基础。

第一节　社会的等级结构

一、世家大族

世家大族在南朝占有特殊地位，他们享有政治和经济特权。在政治上，他们可以凭借世资，坐取公卿，在国家政权中盘踞高官重位。世家大族子弟一开始做官多为秘书郎和著作佐郎。秘书郎俸秩六百石，官品第四，掌中外三阁的四部书籍；著作佐郎俸秩四百石，官品第七，掌修国史和皇帝起居注。这两种官职闲廪重，是世家大族子弟开始做官的最好阶梯。吏部尚书掌管铨选，关系到世家大族的切身利害，必须由世家大族担任，吏部郎也多由世家大族担任。在中央有一些官位，品级不高，但清贵，只有世家大族可以担任，诸如黄门侍郎、散骑侍郎。另外，秘书丞俸秩四百石，官品第六，世家大族对此官的人选非常看重，是清贵之官。当时虽然不是由某一世族世代承袭某一官职，但某一特定的官职和清贵之官则被整个世族包揽，非世族阶层是不能够担任这些官职的。

此外，开始做官的年龄，世家大族和寒门也有很大差别，"甲族以二十登仕，后门以过立试吏"[1]。世家大族在政治上的这种特殊地位，正反映了他们变相贵族的身份。

在经济上，世家大族也具有很多特权。南朝各代规定可以按官位的品级高低占有多少不同的土地和佃客。世家大族多至高官，因此所占的土地和佃客自然很多。除了规定之外，他们还广占田园别墅。如谢灵运在会稽始宁县的别墅，包含南北二山，有水田旱田、果园五所、竹林菜圃。会稽孔灵符在永兴立别墅，周回三十三里，水陆地二百六十五顷，含带二山，还有果园九处。世家大族享有免役特权，不服兵役和劳役。

世家大族还具有优越的社会地位。世族、寒门二者因身份高低不同，这两个阶层相互之间是不往来的。寒门如果上升为贵戚近臣，打算去见世族，不仅世族拒不接见，有时还会受到侮辱。如宋孝武帝时，路太后的内侄孙路琼之到大族出身的王僧达家中拜访，路琼之离开后，王僧达就将他坐过的坐床烧掉。可见就算是皇亲，只要是庶族寒门，世家大族也不肯与他们交往。又如吴郡大族张敷任正员中书郎，中书舍人秋当、周赳为寒人，他们商议是否拜访同僚张敷。周赳说："他如果不见我们，我们会很难堪的，我们还不如不去。"后来二人去见张敷，张敷虽然见了二人，但坚决不愿意同他们共坐。秋当、周赳二人很尴尬，只得退出。

世家大族为了表示其门第族望的优越，不使"士庶天隔"的界限混淆。在婚姻的选择上，世家大族特别重视门第，高门大族一定要同高门结亲，坚持不同寒门庶族通婚。这些高门望族还以不和寒素出身的南朝帝室联姻为殊荣。世家大族如果"婚宦失类"，就会受到同阶层人士的耻笑、排斥和非难。如东海大族王源与富阳满氏联姻，因满氏是寒门，所以受到沈约的上书弹劾，要求革去王源的官职，剔去士族，禁锢终身。

南朝世家大族之间还相互标榜阀阅，他们出身的郡望成为其身价的标志。自永嘉之乱后，北方的一些世家大族迁移到江南，他们在原籍是世家大族，为人们所知晓，不必自我宣扬。但迁移后情况就不同了，需要通过郡望表现出他们世家大族的身份，如琅邪王氏、太原王氏是世族，其他地方的王氏就不是世族。因此世家大族要表明其身份，就必须通告其郡望。世家大族对郡望的重视，正是南朝门阀制度强化的结果。

世家大族对士庶之分要求严格，力求保护世族的特殊利益。在这种情况下，谱学发展起来。当时选举官员一定要查考谱牒，以防伪冒。东晋太元年间（376—396），员外散骑侍郎贾弼所撰谱状，被称为贾氏谱学，最负盛名。沈约最重视贾谱，称为晋谱；南齐王俭增广贾谱为《百家谱》；梁武帝又命王僧孺改定《百家谱》。南朝统治者一再修订《百家谱》，就是为了严格士庶之分，利用完备的谱牒来防止庶族寒人冒充世家大族，用来矫正伪冒世族的庶族寒人的户籍。

南朝世家大族在政治、经济诸方面具有的这些优越的地位，决定了他们要将家族利益置于首位，考虑的就是如何保证家门的富贵。尽管南朝各代禅代废立频频发生，但世家大族以其家族门第的利益来决定他们的政治态度，或者帮助篡权，或者不参与任何活动。因此他们只是极力维护自身优越特权的社会上层阶级。这个社会阶层是两晋以来世族势力的进一步发展，但至南朝，世家大族势力最为嚣张，同时也开始僵化，世家大族开始由盛转衰。侯景之乱时，世家大族子弟因平时养尊处优，过着寄生虫的生活，以致肤脆骨柔，经不起风吹雨打，在动乱中，仓促之间大量死亡。世家大族阶层的腐朽性，开始充分显露出来。

二、寒门庶族

南朝被称为后门、勋门、役门、三五门的都属于寒门庶族阶层。后门是世族的最底层，甲族高门将他们视为庶族。役门是负担徭役的人户，三五门则为三丁抽一、五丁抽一，自然属于寒门。在役门、三五门中，多数为自耕农民，但也有一些富裕的家庭能够上升为统治阶级，成为庶族地主。

在寒门庶族阶层中还有一些来自没落的世族，有一些是由商人转化而来的。高门甲族的门生有许多也是寒门庶族，他们投靠高门大族可以取得出仕的机会，借以求得政治上的出路。

寒门庶族没有世家大族的身份特权，但在根本利益上与农民是对立的。他们盘剥和欺压农民的程度，并不亚于世家大族。他们从盘剥农民中发展起来，占有大量的土地，奴役众多的部曲和荫户。

南朝的寒门庶族在经济和政治上开始形成一种势力。南朝皇帝任用寒门庶族掌机要，担任中书通事郎、中书通事舍人。寒门庶族在政治上开始抬头。

为了取得与世家大族同样的特权，一些寒门庶族尽力设法混入世家大族行列，主要的方式是伪造谱牒，冒充世族，这在南朝是比较普遍的现象。另外，一些寒门世族通过军功取得爵位，转入清途。南齐建元初年诏令："若四州士庶，本乡沦陷，簿籍不存，寻校无所，可听州郡保押，从实除奏。荒远阙中正者，特许据军簿奏除。或戍扞边役，未由旋反，听于同军各立五保，所隶有司，时为言列。"[2]这种以军簿定士庶的方法，为寒门庶族冒充世族创造了条件。当时以军功混入清途、冒入世族者很多。

南朝地方豪强势力的增长，是寒门庶族力量上升的标志。在寒门庶族中包括不少地方豪强，他们被称为豪猾、豪族、富吏等。这些地方豪强需要为国家服徭役，但在地方上可以横行乡里，为非作歹，甚至能够为难地方官。侯景之乱后，地方豪强势力明显增长。他们是拥有大量依附人口和占有广大土地的新寒门庶族。

三、个体农民

个体农民当时被称为"编户齐民"或"编户属籍者"，他们是拥有私有土地的自耕农民。他们要为国家负担赋税力役，受国家的盘剥，也受世家大族和寒门庶族的盘剥和欺压。他们负担的国家赋税很重，"三五属官"，"百端输调"，生活极其痛苦。不过编户农民也一直在分化，其中一小部分地位上升了，成为国家官员，但大多数的编户农民还是过着痛苦的生活。

在个体农民中还有一种浮浪人。所谓浮浪人，是"其无贯之人，不乐州县编户者"[3]。浮浪人也称流人，数量很多。南朝的浮浪人一部分来自渡江流寓者，另一部分为忍受不了国家的沉重压榨，从家乡逃亡出来的。这些浮浪人一部分沦为依附农民，但大部分成为南朝的浮游人口。浮浪人在没有被荫庇和隐占时，他们的身份是自由的，与编户农民相同。他们也有一些私有财产，向国家缴纳比定居农民较轻的赋税，"乐输亦无定数，任量，准所输，终优于正课焉"[4]。可是浮浪人已经离开家乡，所以他们不可能占有很多的土地，也就不能很稳定地从事生产活动。浮浪人中有一些成为商贩和估客，到各地方从事贩卖活动，寻求新的生活出路。

四、依附人口

依附人口在南朝是复杂的。这些人被称为佃客、衣食客、荫户、隐丁匿口、门生、义故、吏、部曲、兵户、营户等。

南朝实行给客制度，王公贵族可以获得典计和衣食客，官员依据品级的高低，也能够获得不同数量的佃客。佃客生产的粮食要与主人按一定比例分成。佃客和衣食客需要注家籍，也就是附于主人的户籍中，不能够单立户籍。南朝的佃客数量很多。因为当时贵族官僚实际占有的佃客早已经超过西晋时的规定数额，所以国家只好承认既成事实。

南朝的荫户是很普遍存在的。西晋时，国家规定官员可以按品级的高低荫庇亲属，多者荫九族，少者三世。至南朝，荫庇户口的情况已经很严重，特别是南朝非法荫庇或荫占户口的情况很普遍。因为权门兼并，恃强凌弱，农民流离失所，不保产业，成为荫户者，不计其数。荫户既然为私家所荫庇和隐占，人身依附性很强，他们受世家大族和寒门庶族的奴役，只是为了逃避国家沉重的赋役。南朝荫户的增加，就使国家户籍大量减少，因此南朝国家与世家大族和寒门庶族，为争夺劳动力不断出现冲突，国家竭力要将非法占有的荫户检括出来，成为负担国家赋役的编户。

门生、义故或义附是一种私人依附者。他们有的替主人当兵，有的替主人服劳役，有的则为豪门贵族充当随从。如陶渊明就有门生，谢灵运的门生、义故多至数百人。南朝还多有地方豪强富家投靠贵戚官僚当门生，他们常要送一大笔贿赂，一旦他们成为门生、义附后，可以免去国家的徭役，也能够攀附高门，获得做官的途径。这类门生、义故与替主人服役、作战的门生略有差别，大部分是主人的亲随。

部曲也是南朝的一类依附人口，他们受部曲主的剥削和奴役。南朝的部曲很多：刘宋时，领军将军王玄谟有部曲三千人；萧梁时，豫州刺史夏侯夔有部曲万人。当时不仅高官、将帅拥有部曲，就是地方豪强也有部曲。南朝部曲很多的主要原因是：国家听任将帅招募部曲；另外，编户农民为了逃避国家的赋役，多投奔私人为部曲。部曲除了替主人作战外，还从事农业生产，他们受到的主人的奴役和盘剥是苛重的。

军户、营户也是依附人口，不同于部曲的是，他们是南朝国家的依附户，是国家军队的主要来源。军户、营户社会地位低下，世代服兵役和杂役，不经放免，与国家编户农民差别甚大。南朝军府下有许多军户、营户。刘宋时，荆州军府和州的将、吏就有一万五千人，士兵就更不计其数了。兵士一入府籍，全家都要被役属，因此军户也被称为府户。军户、营户有的是世代为兵的世兵，有的是放免为兵的奴隶，有的是因犯罪没为兵户。他们除了作战外，还要服各种劳役。

"吏"也是一种国家的依附人口。官府中的吏有职吏和散吏之称。南朝政府对官府置吏的人数有明确的规定，如刘宋时，规定荆州军府置吏不得超过一万人，州置吏不得超过五千人。这些吏除了为官府服务外，大部分要从事繁重的杂役，他们的身份不如编户农民。一旦为吏，就要终身服役，不解除吏籍就要永远被束缚在官府中。吏除了服劳役外，还要从事农业和手工业生产。吏的身份很低，实际上是一种依附性很强的劳动者。

五、奴婢

南朝社会中，不论官府和私家，都拥有一定数量的奴婢。刘宋大明三年（459），大赦天下，将官奴婢老病者全部放免；梁天监年间（502—519），也释放官奴婢，可见南朝官府拥有奴婢的数量还很多。私家的奴婢也为数不少，如谢弘私家奴婢就有数百人。南朝的奴婢主要来自战俘、被掠夺的人口、犯罪没入以及贩卖者。奴婢除了在家庭役使之外，也被用在生产劳动中。不过，南朝国家经常有免奴为良的举动，掠卖平民为奴婢也是非法的。南朝国家对役使奴婢显然是严格限制的，因此奴婢的存在只是一种残余的表现。

第二节　寺院经济的发展

南朝佛教传播很广泛。随着佛教的传播，从刘宋至梁朝，每代都有寺院的修建。梁朝，有寺二千八百四十六所，建康就有寺七百多所，僧尼达八万二千七百人，为数量最多之时。到陈朝末年，还有佛寺一千二百三十二所，僧尼三万二千人。南朝寺院和僧尼的增多，促进了当时寺院经济的发展。南朝寺院拥有很强的经济势力，在皇帝的倡导下，统治阶级源源不断地将钱财施舍给寺院。舍入寺院的财物是多种多样的，不少的金、银、铜等流入寺院。从齐竟陵王萧子良大加提倡，梁武帝大兴佛法，舍身同泰寺后，南朝佛教进入极盛的时期，因此齐、梁时期，施舍到寺院的财物就更多了。南朝寺院不仅依靠施舍获得大量的财物，寺院本身就拥有大量的土地和众多的劳动人手，这正是寺院经济能够发展的基础。

南朝寺院一般都占有广大的土地。梁武帝在建康钟山建造大敬爱寺时，买王骞良田八十余顷，施舍给该寺；他扩建阿育王寺时，将佛寺附近数百家田宅划给寺院。一些官员也将土地施舍给寺院。何胤病故，遗嘱将全部田产施舍给寺院。寺院的土地除了来自施舍之外，也有很多土地是霸占的。

南朝僧尼按内律是不允许蓄有私有财产的，但实际上一些上层僧尼却有私有财产。寺院中的上层僧尼是寺院财产的掌管者，实际就是寺院财产的所有者。一些寺院主凭借其政治势力，可以享受薪俸，甚至能够衣食租税。南齐初，益州刺史傅琰尊崇释玄畅，就奉朝廷之命，将百户民户的赋税作为释玄畅的薪俸。南齐时，国家又设置僧正，管理寺院。僧正和各寺寺主不仅拥有大量的财产，他们还都是剥削者。他们奴役大批的劳动僧尼和依附寺院的劳动者。南朝僧尼有数十万之多，仅在京城建康就有僧尼十余万。在这些僧尼中，很多就是下层的劳动僧尼。僧尼又分别拥有白徒和养女。白徒和养女都不入国家户籍，他们要为僧尼做事，自然是寺院的劳动人手。在南朝，国家编户民一旦出家成为僧尼或者投靠寺院后，就可以完全不负担国家苛重的赋役，"寸绢不输官库，升米不入公仓。……家休大小之调，门停强弱之丁"[5]。为国家沉重赋役逼迫的人民，投靠寺院就不失为他们逃避赋役的一种选择。这些人虽然脱离了国家的控制，但被牢牢束缚在寺院中，终年要为寺院主耕田、经商和服役。

南朝寺院主凭借他们拥有的经济势力，不仅将寺院修建得金碧辉煌，费极奢侈，还经营高利贷，设库放债，盘剥人民。寺院主经营的邸店，就是放高利贷的场所。许多僧尼违背佛教戒律，不修佛道，经常居住在邸店中放债。他们表面上是僧尼，实际却是商贾。寺院所放高利贷还需要抵押品，称为质举。向寺院借债的人不仅有贫苦的农民，一些大官也前来借债，足见寺院经济力量之大。

南朝寺院经济的发展，使大批的劳动者投靠寺院，为此南朝政府曾经几度准备抑制寺院势力的发展。元嘉十二年（435），丹阳尹萧摩之建议，禁抑佛教，罢沙门数百人；雍州刺史刘粹罢沙门两千人，补充为府吏。齐武帝也试图抑制寺院势力的扩大，他留下遗诏：禁止官员、百姓出家为道。可是齐武帝却虔诚信佛，所以这一遗诏不会起到什么作用。梁武帝时，郭祖深建议，检括僧尼，提出对无道行的四十岁以下的僧尼，都使他们还俗归农，并罢除白徒、养女。郭祖深试图从经济上抑制寺院势力的发展，但梁武帝狂热事佛，郭祖深的建议当然不会被采纳。陈朝统治者虽然打算使无名籍的游僧还俗，实际并没有做到。可见南朝虽然有一些抑制寺院势力发展的举措，但力度并不大，效果也不显著，所以寺院经济在当时获得了很大的发展，各寺院主成为大量财富的拥有者，因而具有很大的社会势力。

第三节　农业、手工业和商业的恢复与发展

一、农业的发展

南朝时期，农业、手工业和商业都有比较明显的进步。南方的农业生产在东晋经营的基础上，表现出发展的趋势。东晋时，大批北方农民渡江南来，整个南朝，南渡的北方人口仍然络绎不绝。刘宋元嘉时，北魏大举攻宋，南渡的流民很多，宋文帝曾徙彭城流民数千家到瓜步。齐、梁时，在淮水流域战事频繁，南迁流民的数量很多。到南朝后期，仍然有北方流民南来，因此陈宣帝在诏书中说："顷年江介襁负相随，崎岖归化，亭候不绝，宜加恤养，答其诚心。"[6] 大量北方农民的南来，增加了江南的劳动力，也推动了江南耕作技术的改进。从施肥的方法来看，除了继续沿用火田外，已经开始用粪作肥料。因为麦菽在江南的推广种植，适宜旱作的区种法也在江南更广泛地推行。

为了有利于农业生产，南朝各代都注意水利的兴修。刘宋时，雍州刺史张邵在襄阳"筑长围，修立堤堰，开田数千顷，郡人赖之富赡"[7]；南齐时，齐郡太守刘怀慰决沉湖灌溉；萧梁时，豫州刺史夏侯夔在苍陵立堰，灌溉土地千余顷。在南朝，能够吐纳水流的水门设置相当多。在豫章郡、会稽郡等地方，地方官员都修建水门调节水量，防止旱涝。

推广比较先进的农业技术和水利的兴修都直接影响南朝农业的发展。当时荆、扬二州成为农业的发达地区：扬州的吴郡、会稽、吴兴地方，土肥水丰，会稽带海傍湖，良田数十万顷；荆州

境内肥沃的良田甚多，有利于农作物的种植。太湖流域、鄱阳湖流域和洞庭湖流域都成为南朝的粮仓。就是交广一带，开垦的土地也日益增加。

南朝粮食的产量明显增加。岭南一带，稻米一年两熟，产量很多。南朝都城建康附近，土地肥美，粮食产量相当高。因为粮食产量的增加，有时米价很便宜。梁天监四年（505），米一斛才三十钱，是南朝最低的粮价。从刘宋时起，江南稻米的产量已经压倒北方。

南朝境内，农业发展是不平衡的。生产发达的地方继续发展，在落后的地方则进行移民垦殖。宋元嘉时（424—453），开发湖熟废田千顷，招募愿意前来垦种的农户数千家，发展当地的生产。对湖田也大力加以垦辟。孔灵符为会稽太守时曾上书朝廷，要求将山阴县贫民迁移到余姚等三县境内，开垦湖田，后来都成为肥美良田。到陈朝时，国家还鼓励农民开荒，凡是开垦的荒地，国家蠲免赋税。

江南农业生产技术的进步，水利的兴修，粮食产量的增加，大量荒地的开垦，南朝农业的发展非常明显，江南已经是非常富饶的地方。

二、手工业的进步

南朝的手工业也呈现发展趋势。从纺织业来看，南朝的织绫技术继承了前代的成就，生产技术发达，可以进行一蹑数综的织法。江南原来没有织锦业，刘裕灭后秦，将其织工迁到建康，成立锦署，江南的织锦业遂发展起来。丝织品的出产在江南分布比较广泛，荆、扬二州是出产丝织品最多的地方。尽管江南丝织业日益发展，但与北方的丝织业相比，还是稍显落后。南朝的麻织业则要比丝织业发达。因为南朝的调多征收麻布，民间也多穿麻布，所以麻布的产量很多。纺织麻布的技术也有所提高，豫章一带的妇女"勤于纺绩，亦有夜浣纱而旦成布者，俗呼为鸡鸣布"[8]。除了麻布，南朝还出产葛布。

南朝境内出产钢铁的地方很多。南朝诏书中一再提到"传、屯、邸、冶"。冶就是鼓铸的场所，这种冶在南朝各地分布很多。江南最有名的冶铸作坊是属扬州的梅根冶，属荆州的冶唐。因为冶炼技术进步，冶炼场所增加，南朝钢铁的产量很多。梁武帝派康绚攻北魏寿阳，他筑堰灌城，用东、西二冶的铁器数千万斤，沉入堰中，足见东、西二冶的铁产量之多。各冶制造的除了兵器外，多为民间用具。

南朝的炼钢技术有了很大的发展，出现了钢朴、横法钢、百炼钢，钢的种类很多。百炼钢是由生铁炼成熟铁，再由熟铁炼成钢。还出现了一种灌钢，是用生铁溶液注入熟铁料中炼成。灌钢比起百炼钢，节省工时和费用，质量很好，是炼钢技术的进步。

除了钢铁外，南朝银的开采也比较普遍。刘宋元嘉初，始兴郡领有银民三百多户，专门从事银矿的开采。交、广二州银的出产量很多，当地全部用金银作为货币。

南朝的制盐业很发达，宋、齐、梁朝政府允许民间煮盐。南兖州的盐城县有盐亭一百二十所，当地人以鱼盐为业，不从事农业生产，生产盐数量很多，远销各地。吴郡的海盐县濒临大海，分布很多的盐田，也是产盐的重要地区。南朝的盐产量很多，获利甚丰，因此陈朝天嘉年间，开始征收海盐税，控制盐的买卖。

造纸业在东晋生产的基础上更为发展。东晋出现的藤角纸和麻纸，在南朝生产的数量很多。南朝出现防止纸张被虫蛀的方法，即染潢治书法和雌黄治书法。当时生产的纸张已经相当精美，既有洁白美观的白色纸，也有颜色鲜丽的彩色笺。南朝建康城中有银纸官署，是为齐高帝造纸的场所，生产出的银光纸精美异常。南朝皇室、官员之间常用精美的纸张相赠，在这些纸张中就有四色纸、五色纸，颜色各不相同。这都反映了南朝造纸技术的高超。到南朝中叶，荆、湘和蜀中的造纸业也开始发展起来。纸的生产地在南朝的分布逐渐扩大。

江南是水乡泽国，到南朝已经基本形成水上交通网，这对南朝造船业的发展有很大的推动。刘宋时，荆州作部能够生产出上千艘战船。宋孝武帝命令生产龙舟、翔凤以下船只三千零四十五艘出游，航行盛况空前。陈朝华皎在湘洲造金超大舰二百艘。南朝各代所造战船不仅数量多，战船的种类也很多。当时战船的名称有飞龙、翔凤、金翅、青雀、蚱蜢等。南朝还能造出很大规模的船只，这些船只载重量可以达到万斛，甚至达到二万斛。孙吴所造船只最高载重量只有万斛，南朝修造的大船规模已经超过了孙吴。因此颜之推说："昔在江南，不信有千人毡帐，及来河北，不信有二万斛船，皆实验也。"[9] 南朝还能够造出行驶速度相当快的船只，"去来趣袭，捷过风电"[10]。南齐时，祖冲之还发明了日行百余里的千里船。

拍的使用是南朝所造战舰的一大特色，这种战舰也称为拍舰。战船装拍是在与敌舰相遇时，用它来拍击敌舰。侯景之乱时，徐世谱造楼船、拍舰、火舫等与敌军作战。陈朝，侯瑱与王琳作战，乘平房大舰挺进中流，用拍拍击敌舰。这都说明，南朝战舰已经普遍装拍。隋灭陈前，命令杨素在永安修造六支拍竿的大舰，当是吸收了南朝的造船技术。

南朝时，饮茶的风气逐渐流行起来，因此制茶业也随之发展起来。《荆州地记》称："浮梁茶最好。"茶是江南特产，当然好茶的出产地不会只限于浮梁一地。

三、商业的繁荣

因为南朝农业和手工业的发展，以及水上交通网的形成，商业活动活跃起来。当时参与商业活动的社会阶层很多。南朝的一些皇帝就从事商业活动：刘宋少帝刘义符在华林园开设店肆，亲自酤卖；齐东昏侯萧宝卷在苑中立市，命宫人酤卖酒肉，自己任市魁。许多贵族官员也多经商获利：刘宋益州刺史刘道济设立官冶，高价出售铁器，获取高额利润；梁郢州刺史曹景宗在州内聚敛鬻货，侵夺百姓；陈朝官员徐度常役使僮仆，以屠酤为事。这些贵族官员掌握巨资，利用权力偷漏关税，在商业交易中获利甚厚。

在农民中弃农经商或兼营商贩的，为数也很多。刘宋时，戴法兴为官前，家本贫穷，在山阴市中以卖葛为业。园艺人郭原平因天旱，水道干涸，步行到钱塘卖瓜。梁朝沈瑀贫穷时到余姚贩卖瓦器，受到富人侮辱。

在南朝民间从事商业的，也有一些富商大贾。刘宋时，大商人多至益州贩卖，一次交易就可获钱数百万。这些富商大贾不仅获利甚厚，并且生活也很奢华。梁武帝诏令中提到："至乃市井之家，貂狐在御，工商之子，缇绣是袭。"[11]可见当时富商大贾的衣着是极为华贵的。这些大商人经常与官府勾结，或者既经商又做官，凭借官府的权力，获得更多的利润。

南朝商品交换一般在市中进行，市中设令、丞和市魁。在当时的大城市中多有市的设置。在市中一般按照商品的不同，分别设立店肆。买卖的货物，粮食是大宗，还有明珠翡翠等奢侈品的买卖。就是生活日用品，诸如针、糖等，也在市上进行交易。市中的交易要立文券，以便收取市估。

南朝出现了一大批商业比较繁荣的城市。这些城市主要有建康、京口、山阴、寿春、襄阳、江陵、番禺等。

南朝都城建康是最大的商业城市，这里不仅是南朝的政治中心，也是经济中心。估计当时建康的人口大概有一百四十万，是很罕见的大都会。建康城内有四个大市，即大市、东市、北市、秣陵斗场市，小市还有十余所。建康城中聚集了来自各地的大商人，"市廛列肆，埒于二京（指长安和洛阳）"[12]。但侯景之乱后，建康受到严重破坏，至南朝后期，建康明显地衰落了。

除了建康之外，京口东面与吴郡、会稽相连，南接江湖，西连建康，是一个大的都会。山阴是两浙绢米交易中心，一年所收的过堰税就有四百万之多。寿春是淮南的大城市，是淮、泗、汝、颖水交错的地域；襄阳据汉水中游，是四方交会之处，两处均为南北交争的要冲，也是南北互市的据点。江陵是长江上游的政治、军事中心，也是长江上游的经济中心。荆、雍、益、交、梁等州的物产都聚集在这里，进行贸易，"良皮美罽，商赂所聚"[13]。番禺是南朝南境的大城市，是当时海外贸易的中心，从这里进口大宗的香料、珠宝、犀象等物品，也输出大量的丝绸和瓷器。外舶一年数次，有时一年数十次。广州的对外贸易受到南朝统治者高度重视。

因为南朝与北朝的军事对立，商业贸易受到影响，不过官府间的互市还是经常进行的。宋元嘉二十八年（451），北魏拓跋焘北归后，就要求与刘宋恢复互市。从刘宋至陈朝，南北的互市从来也没有断绝。

商业贸易的发展使南朝虽然还使用谷帛为货币，但金属货币使用的数量开始增多。刘宋建国时面临钱币缺乏问题，至元嘉七年（430），开始设置钱署，铸造四铢钱，形制与五铢钱相同；至孝建元年（454），又铸造四铢钱。但民间盗铸颇多，造成物价上涨，人民困苦不堪。永光元年（465），刘宋政府只好开铸二铢钱，钱的形制更小，品质也更差。盗铸的事情发生得更多，钱币愈加混乱。刘宋政府没有办法控制，就放任民间私铸，出现了鹅眼钱和綖环钱，钱的质量极差，无法使用。宋明帝继位后，禁用鹅眼钱和綖环钱，又禁止民间私铸钱，官铸也停止了，钱币一律使用古钱。这样做虽然改变了钱币恶劣混乱的情况，但流通的货币还是十分缺乏。齐武帝永明八年（490），派遣使者到蜀地铸钱千余万。因费用太高而停止，钱币依然十分缺乏。因为货币的不足，南齐的布帛价格上涨。

梁武帝时又铸造钱币，一种为五铢钱，另一种为五铢女钱，二品并行。可是民间多使用古钱。钱币的品种多样，大小轻重不一。国家一再禁止使用古钱，但难以制止。普通四年（523），梁朝开始铸铁钱，尽罢铜钱。至大同年间之后，铁钱堆积如山，物价腾贵。贸易者需要用车载钱，无法计数，只以贯来统计。奸商乘机牟利，各地方一陌钱包括的数量多少不一。东钱以八十文为一陌，西钱以七十文为一陌，京城以九十文为一陌，称为长钱，甚至出现了以三十五文为一陌的情况。梁武帝屡次下令必须用一百文为一陌，但并无效果。侯景之乱后，铁钱不再流行，梁敬帝改铸四铢钱。陈朝初年，沿用梁末的两柱钱和鹅眼钱。天嘉五年（564），改铸五铢钱。后又铸大货六铢。

　　南朝各代没有解决好钱币的使用问题。钱币的质量很差，也极为混乱，非常不便于流通，因此南朝谷帛和钱币并用的情况一直没有改变。南朝钱币混乱现象的出现，正是当时自然经济还占统治地位的结果。

第十八章

南朝的户籍检括与赋役制度

自东晋实行土断后,到南朝还继续实行检括户口的做法。当时国家检括户口的目的,是要控制更多的户口,以便国家有更多的赋税来源和获得更多的徭役承担者。

南朝的赋役制度承袭晋代,但又有所改变。从梁朝开始,将原来的计赀定课改为按丁征收。南朝除了租调、田税外,还有很多的杂税、杂调。对少数民族赋税的征收与汉人不同。

第一节 检括户籍

南朝检括户口,承袭东晋的做法,实行土断的措施。刘宋以来继续实行土断。大明元年(457),王玄谟要求土断雍州侨置郡县的人口。元徽元年(473),宋后废帝重申土断之制,诏书说:"岁馑凋流，戎役惰散，违乡寓境，渐至繁积。宜式遵鸿轨，以为永宪，庶阜俗昌民，反风定保。"[1]这就是说，这次土断不仅有南渡的侨人，还包括江南本土流寓的人口。南齐虞玩之曾提到当时流民，"或抱子并居，竟不编户，迁徙去来，公违土断。属役无满，流亡不归"[2]，足见南齐也实行过土断。天监元年（502），梁武帝改东海为兰陵郡，土断南徐州各郡县，显然他在一些地区也进行过土断。天嘉元年（560），陈文帝下诏："自顷丧乱，编户播迁，言念余黎，良可哀惕。其亡乡失土，逐食流移者，今年内随其适乐。来岁不问侨旧，悉令著籍，同土断之例。"[3]此诏令说明在陈朝进行过全面的土断，土断的对象包括江南本土流民。可见南朝各代都进行过土断，只是存在局部和全面土断的区别。

东晋时，南来侨人侨置郡县，编于白籍；江南本土居民编于黄籍。实行土断后，国家将侨人按现居郡县改为黄籍，与江南本土居民一样，承担国家赋役。至南朝，经过多次土断后，白籍逐渐归并到黄籍中。例如齐高帝建元二年（480）诏书中就只提到黄籍，已经不见白籍了。

南朝检括户籍，实行区分士庶的做法。当时世族具有特权，可以免除赋役，所以不少寒门庶族冒充世族，以逃避赋役。一些编户农民投靠世族为荫户，同时也逃避国家沉重的赋役负担。因此南朝检括户籍，很重要的目的是甄别巧伪。南齐高帝即位后，因户籍十分混乱，命虞玩之和傅坚意检括户籍，设立专门检校簿籍的官员，揭发各种巧伪。他们将侨伪户籍剔除不算，称为"却籍"。齐武帝时，对伪造户籍者实行严厉惩处，发配他们到淮水一带谪戍十年。南齐这样检括户籍，就是要将冒充世族、诈称爵位、假托隶役的民户检查出来，为国家承担赋役。但南齐的这种做法引起逃避赋役的民户和寒门庶族的反对，这些"却籍"户以唐寓之为首发动反叛，南齐只好停止户籍的检括。

梁朝户籍中依然存在诸多的弊端，当时竟出现用钱买通官员偷改户籍的情况，所以妄注官爵，篡改寒素身份的事情屡屡发生。一些户籍甚至年号前后颠倒，官阶高低错置。在沈约的建议下，国家选官吏专校籍书，并改定《百家谱》，以区别士庶，可是收效甚微。

南朝对户籍的检括还与什伍连坐结合起来。南朝承袭过去的乡里制度，在基层的乡里组织中实行什伍连坐。南朝在检括户籍时充分利用什伍连坐制，检查户口，追捕逃亡。如果同伍里中有逃亡者，追捕不获，同伍里的人要代替承担徭役赋税。刘宋时，刘式之任宣城太守，规定了吏民亡叛之制，凡伍里中有一人逃亡没有被捕获，就下符到伍里中的吏，押解到州作部服苦役，称为符伍连坐法。此法在刘宋境内各地都严格实行，以后的齐梁也都实行符伍连坐，十分不合情理。

南朝虽然利用各种方式检括户口，但收效甚微。《通典·历代盛衰户口》载，刘宋大明时，有户九十万六千八百七十，口四百六十八万五千五百零一；齐梁时，户口数缺载；陈宣帝时，国家有户六十万；至陈灭亡时，有户五十万，口二百万。刘宋时，国家疆域最广阔，至陈朝时疆域大为缩小，但陈朝户数只较刘宋一半略多，口还不及刘宋的一半。可见从刘宋至陈，国家控制的户口和人口相差不多，实际户口数字几乎毫无增加。这表明南朝国家对户籍的检括，很难改变人口逃亡和依附荫庇的情况。世家大族、寒门

第十八章 南朝的户籍检括与赋役制度　　299

庶族、佛教寺院控制的各种依附人口的存在，使国家很难有效地控制编户齐民，因此国家与这些阶层对于劳动人口的争夺在南朝一直没有停止。

第二节 赋役制度

南朝实行的赋税力役既苛重，又名目繁多。南朝的租调制度沿袭晋代，但也有所改变。宋、齐时，一般将赋税称为租调，也称为调布。因为江南产布很多，调多缴布，很少缴绢，故有调布之称。南齐时，又出现"三调"的名称，三调实际就是调布。因为南朝的调布是通过计赀产而确定的，当时赀产主要根据田、桑、屋宅三者来计算的，所以南齐萧子良说："守宰相继，务在裒克，围桑品屋，以准赀课。"[4]

南朝编户承担租调的年龄沿袭晋制。刘宋初年，以十六岁至六十岁为正丁，六十一岁至六十五岁、十三岁至十五岁为次丁。大明年间，改为十五岁至十六岁为半丁，十七岁以上为全丁。梁、陈时，又改为十八岁至六十岁为正丁，十六岁至十八岁、六十一岁至六十五岁为半丁。正丁全课，半丁半课。

宋、齐所缴租布的数量，租未见明文记载，大概是按照晋代的制度，成丁一年缴粮食六十斛，半丁三十斛。布的缴纳，宋大明五年（461）规定，编户一年布四匹。有时又将布折成钱缴纳，加重盘剥。萧梁时，改定租调的征收办法，虽然有时还称为三调，但一般沿用旧名称。天监元年（502），"始去人赀，计丁为布"[5]，也就是改原来计赀定课为按丁征收。国家规定，丁男调布、绢各二丈，丝三两，锦八两，禄绢八尺，禄绵三两二分，租米五石，禄米二石；丁女减半。田税按亩征收，一亩税米二升。陈的赋税征收与梁大体相同。

南朝除了租调、田税外，还有很多的杂税、杂调，这些杂税、杂调没有固定的规定。当时的杂税有国家对编户民临时征借的借民钱；有专门对浮浪人征收的乐输，税收轻于编户，不同于编户的正课，是南朝国家常有的税收之一；有口钱，南齐时，因谷价太贱，"听民以米当口钱，优评斛一百"[6]，南朝各代都收口钱；有向渔民征收的鱼税；有各种商税，包括估税、市税、津税、牛埭税；有酒税、盐税等，陈文帝时，国用不足，征收盐税和榷酒税。

南朝对少数民族的税收与汉人有别，征收的办法也不相同。南朝政府对境内的少数民族，"各随轻重，收其赕物，以裨国用。又岭外酋帅，因生口翡翠明珠犀象之饶，雄于乡曲者，朝廷多因而署之，以收其利。历宋、齐、梁、陈，皆因而不改"[7]。

南朝的力役也是沿袭东晋而来的，服徭役的年龄，刘宋初，十六岁成丁，后改为十七岁成丁，十五岁至十六岁为半丁；南齐时，每丁每年服役二十天；至梁、陈时，明确规定十八岁成丁，男丁每年服役二十天。不过，南朝对力役的规定，与实际执行情况有很大的差别。南朝经常抽调民丁，"发民三五"，或者"三五属官"，就是三丁抽一，五丁抽二，为国家服役。编户民一旦补为吏，就要终身世代服苦役。国家使人民服役的役名繁多，劳役非常严酷，成为编户民的沉重负担。

第十九章

北魏建国与统一北方

北魏是由拓跋鲜卑族建立的。拓跋鲜卑最早居住在大兴安岭北部，后来向南发展，到拓跋什翼犍在繁峙（今山西浑源西）即代王位后，正式具有国家规模。代国灭亡后，什翼犍之孙拓跋珪流亡到鲜卑独孤部和贺兰部。前秦灭亡后，拓跋珪纠集旧部在牛川（今内蒙古锡拉木林河）召开部落大会，即代王位，同年又改国号为魏，北魏正式建国。从道武帝拓跋珪开始，对周围国家进行征伐战争。到太武帝拓跋焘时，消灭了夏国、后燕、北凉，完成了统一北方的大业，结束了一百三十余年十六国分裂割据的局面。

第一节 鲜卑拓跋氏建国的历程

拓跋鲜卑原来的居住地是在今天内蒙古自治区鄂伦春自治县大

图 19-1　嘎仙洞鲜卑石室

兴安岭北部嘎仙洞附近，1980年在这里发现了拓跋鲜卑的石室。石室中保留了太武帝拓跋焘在太平真君四年（443）派李敞来祭祀的石刻祝文。由此可以确定拓跋鲜卑的原住地就在鄂伦春自治县一带。《魏书·序纪》载，早在拓跋氏的远祖拓跋毛时，"统国三十六，大姓九十九"。至拓跋邻时，又分其国人，使兄弟分别统领，而分其姓氏。《魏书·官氏志》载，拓跋邻所定帝室十姓，拓跋力微时，余部诸姓内入者七十五姓，又东西南北四方三十五姓，合计一百二十姓。这些姓氏、国，实际都是氏族、胞族、部落。史载拓跋部又分为八部，每部设大人。拓跋部的八部当是组成部落联盟的各个部落。因此在拓跋力微之前，拓跋部当处在部落联盟时期。从拓跋力微至拓跋珪时，开始向阶级社会转化，国家逐渐形成。

北魏尊拓跋力微为始祖神元皇帝，从他开始，拓跋氏的历史有了比较明确的记载。拓跋力微开始时还不能自立，只好依靠没鹿回部大人窦宾。窦宾允许拓跋力微率领部下居于长川（今内蒙古兴和一带）。窦宾临死时嘱咐二子事奉力微，但二子不从。拓跋力微杀窦宾二子，尽并其众，各部大人都服从了力微。力微夺取了部落联盟长的地位，拥有部众二十万，力量开始强大。后拓跋力微又迁居定襄之盛乐，举行祭天大礼，各部酋长都前来助祭，从而巩固了部落联盟长的地位。拓跋部内部有诉讼之事，由大酋长和四部大人裁决，但没有法律和监狱。拓跋部这一时期还没有形成国家。拓跋力微死后，各部叛乱，局势混乱。后拓跋力微少子拓跋禄官统部，仿照匈奴制度，分国人为中、东、西三部。拓跋禄官病死后，由拓跋猗卢统领三部，拥有骑士四十万，成为塞北一支强大的力量。这时正值西晋末年，中原大乱，西晋并州刺史刘琨需要猗卢帮助来与刘渊、石勒对抗，乃要求西晋封猗卢为代公。西晋建兴三年（315），又晋封为代王，代国建立。猗卢得到许多晋人的归附，拓跋部的势力更加强大。猗卢再传至拓跋郁律时，拓跋部向中原发展受阻，转而向草原发展。到拓跋什翼犍在繁峙即代王位后，开始设置百官，制定法律。代国至此正式具有国家规模。东晋咸康六年（340），什翼犍定都于云中的盛乐宫。次年，又于盛乐故城南八里修筑盛乐新城，拓跋部开始以盛乐为中心定居下来。东晋太元元年（376），前秦苻坚出兵二十万进攻代国，什翼犍大败，逃往阴山之北，部落离散。什翼犍又遭到高车部落的袭击，不得不退回漠南，不久为其子寔君杀害。前秦乘机灭亡代国。

代国灭亡后，什翼犍之孙拓跋珪（371—409）流亡到鲜卑独孤部和贺兰部。淝水之战后，前秦灭亡。太元十一年（386），拓跋珪纠集旧部在牛川召开部落大会，即代王位，同年又改国号为魏，建元登国。

拓跋珪称王后开始进行统一大漠诸部的战争。他率军东破库莫奚，西破高车，又灭匈奴别部刘卫辰。原来帮助拓跋珪的后燕慕容垂，见拓跋珪的势力越来越强，于登国十年（395），派其子慕容宝进攻拓跋珪，大败于参合陂。次年慕容垂率军攻入平城，但没有找到拓跋珪的主力，只好退兵。皇始二年（397），拓跋珪攻占晋阳、真定、信都等地。又于同年十月，攻取后燕都城中山，接着又攻占邺城，进取黄河以北今山西、河北等地，隔河与东晋对峙。天兴元年（398），拓跋珪迁都平城，称皇帝，是为北魏太祖道武帝。拓跋珪死后，子拓跋嗣继立，是为魏明元帝。明元帝死后，子拓跋焘继立，是为魏太武帝。太武帝拓跋焘开始统一北方的军事行动。

第二节　太武帝统一北方

太武帝拓跋焘（408—452）是明元帝长子，天赐五年（408）生于平城。泰常七年（422），封泰平王，后立为太子，次年十一月，即皇帝位。太武帝在位三十年，在这三十年中，他进行了统一北方的战争，最后消灭了北方各割据势力，使长期分裂的黄河流域重归统一。

太武帝即位后，在与北魏相邻的柔然、刘宋、北燕、夏国等政权中，柔然和夏国势力最强，对北魏构成重大的威胁。尤其是柔然，从北魏立国之初，就不断南下侵扰，牵制北魏势力的发展。道武帝、明元帝对柔然的骚扰采取以防御为主的策略。泰常八年（423）二月，北魏为防备柔然，开始修筑长城，起自赤城（今河北赤城），西至五原（今内蒙古五原），绵延两千余里。

太武帝执政后一改道武帝、明元帝对柔然的防御策略，实行主动进攻的方针。始光元年（424）秋，柔然可汗大檀进攻云中，攻陷盛乐宫，平城处于危急之中。太武帝亲率大军北上，日夜兼程赶往云中。太武帝身先士卒，与柔然可汗大檀交战，大檀被太武帝击败，逃回漠北。始光二年（425）十月，太武帝再次亲自率军进攻柔然。北魏军分五路直趋漠北，柔然可汗大檀逃窜躲避，太武帝率军返回平城。始光四年（427）四月，柔然乘北魏进攻大夏之际，又入侵云中。后柔然听说魏军攻克统万，太武帝回军来援，才匆匆撤军。神䴥二年（429），太武帝不顾保太后和大多数朝臣的反对，听从崔浩建议，决定北伐柔然。同年四月，太武帝率六军进攻柔然。大军进入漠南后，太武帝令全军舍弃辎重，轻骑奔袭至栗水（今蒙古国翁金河）。柔然恐惧，焚烧庐舍，向西逃跑。太武帝率魏军紧追不舍，分军搜讨，东至瀚海，西到张掖水，北过燕然山。柔然前后归降者三十余万，俘获马匹百余万。虽然太武帝这次出兵没有消灭柔然，但柔然经过这次沉重打击，势力大衰，已经无力南下骚扰北魏了。柔然可汗吴提遣使向北魏朝贡，并与北魏和亲。北魏与柔然通好一直持续到太延二年（436），太武帝获得了宝贵的七八年的时间，使北边安定无事。在这一段时间中，太武帝举兵逐次消灭北方的各割据势力。

西部的大夏是北魏的世仇之国，大夏自建国后就与北魏为敌。从明元帝时，大夏不断出兵进犯北魏，对北魏造成重大的威胁。泰常三年（418）十一月，大夏攻占长安，占据关中，势力更为强大。太武帝与群臣商议平定北方的方略，崔浩极力主张先征讨夏国。因此，太武帝一直将大夏视为劲敌，准备消灭大夏。

始光二年（425）八月，大夏国主赫连勃勃死，三子赫连昌继立。因为大夏统治阶层内部争夺王位，相互残杀，使大夏势力大大削弱，为北魏征伐大夏创造了很好的机会。始光三年（426），太武帝派司空奚斤率军四万五千人攻蒲阪，宋兵将军周几率军万人攻陕城。奚斤等所向披靡，先后攻占弘农、蒲阪和长安，使关中震动。同年十月，太武帝亲自率军进逼大夏都城统万，大败夏军，掠获人口、牛马十多万，又迁徙万余家。太武帝第一次征伐大夏就大获全胜。

始光四年（427）初，大夏国主赫连昌派其弟赫连定率军二万南下，与北魏争夺长安。太武帝调集十万大军，进攻统万。北魏军从君子津渡河后，太武帝命魏军舍弃辎重，倍道兼程，直奔统万城。六月，太武帝率军到达统万城下，赫连昌率领步骑兵三万出城迎战。太武帝引军故意后退，使敌军疲惫。赫连昌率军追赶，正好风雨交加，尘沙飞扬。太武帝回军攻击夏军，夏军大败。赫连昌来不及回城，只好逃奔上邽。北魏军攻克统万，擒获大夏文武官员、后妃、宫人数万人，获马三十万匹，牛羊数千万头，府库珍宝、器物不可胜数。赫连定与奚斤在长安相持，听说统万失守，匆忙逃往上邽。太武帝率大军返回，为奚斤等增兵万人，加马匹三千，并留大将娥清、丘堆，继续征讨赫连昌残余势力。

始光五年（428），北魏军进攻夏主赫连昌。北魏大将安颉在安定城外俘虏赫连昌，但在追击夏军时，主将奚斤、娥清被敌军俘虏，长安城也落入夏人手中，关中的战局对北魏越来越不利了。

赫连昌被俘后，其弟赫连定继王位。赫连定联合刘宋，相约共同出兵灭北魏。宋将到彦之率十万大军伐魏，占领了从东平到潼关一线的全部城镇。神䴥三年（430）九月，太武帝不顾群臣反对，决定第三次亲率大军征伐夏国。十二月，北魏军攻占平凉，又相继攻克长安、临晋、武功，关中地方全部被北魏占领，迫使赫连定只能在河西一带活动。次年，赫连定灭西秦，他害怕北魏军追逼，带领掳掠来的西秦民十余万口，准备渡黄河袭击北凉沮渠蒙逊，中途遭到吐谷浑的袭击。赫连定被俘，大夏灭亡。至此北魏与大夏的战争结束。

后燕是北魏的邻国。道武帝灭后燕后，慕容氏的残余慕容熙在龙城立国。慕容熙统治时，因赋役繁重，民不堪命，中卫将军冯跋乘机杀慕容熙，夺取政权。但冯跋的北燕地小势弱，面临强大的北魏的威胁，内修政治，外睦邻国，竭力维持国家的存在。从明元帝时，北魏就试图消灭北燕，进行军事攻伐。

太武帝即位初，因为忙于同柔然和大夏的战争，无力顾及北燕。在沉重打击柔然、消灭了夏国后，太武帝开始要消灭北燕了。这时，北燕国主冯跋已死，其弟冯弘继立。冯弘与刘宋结好，试图在遭到北魏打击时，得到刘宋的支持。

延和元年（432）六月，太武帝率军进攻北燕。他的态度十分强硬，誓灭北燕，不允许议和。北魏军先后攻取北燕的营丘、辽东、成周、乐浪、带方、玄菟等六郡，迁徙北燕三千余户至幽州。十二月，冯弘之子冯崇、冯朗、冯邈等投降北魏。延和二年（433），太武帝派永昌王拓跋健、尚书仆射安原又攻北燕，北燕将领封羽举城投降。冯弘遣使议和，太武帝坚决不予理睬。北魏军迁北燕民三千户而还。次年三月，冯弘派尚书高顺上表称藩请罪，将扣押二十一年的北魏使者于什门送回平城。太武帝要求冯弘必须将太子送到平城做人质，方可议和。但冯弘拒绝遣子入魏，他的议和目的无法实现。

太武帝于延和三年（434）六月、太延元年（435）六月、太延二年（436）三月，先后派军三次讨伐北燕。北燕遭到北魏大军的连年进攻，国势衰落，民心动摇。冯弘多次向刘宋求救，均遭拒绝。他无可奈何，只好向高句丽求援。太延二年五月，高句丽王派大将葛卢率数万大军前来救援。葛卢进入北燕国都龙城后，命军士在城中抢掠，夺取北燕武库中的铠甲兵器。冯弘在高句丽军的保护下，逃离龙城。他逃跑时烧毁宫殿，大火十多天不灭。因高句丽军和冯弘的破坏，龙城变成了一座空城。虽然北魏军没有擒获北燕国主冯弘，但北燕从此灭亡了。太武帝的统一事业又向前推进了一步。

太武帝灭北燕后就积极准备打击北凉。北凉政权是由匈奴人沮渠蒙逊在北魏明元帝永兴三年（411）建立的。北凉全盛时拥有河西武威、张掖、酒泉、敦煌、西海、金城、西平、乐都诸郡。北凉的存在成为太武帝统一河西地区的障碍。因此，太武帝灭大夏后就选派尚书李顺出使北凉，试图使北凉俯首称藩，并为进攻北凉做准备。

延和二年（433），沮渠蒙逊死，沮渠牧犍继立。太延五年（439），沮渠牧犍嫂李氏和牧犍姐姐共同毒死北魏公主。太武帝要求沮渠牧犍交出李氏，牧犍不肯，这成为太武帝对北凉用兵的理由。可是群臣意见不一，多数反对出兵北凉。太武帝力排众议，采纳崔浩建议，决定进攻北凉。

是年六月，太武帝亲率大军从平城出发，进逼北凉。征讨大军进展顺利。八月，永昌王拓跋健获河西牲畜二十余万头，平西将军源贺招抚了北凉国都姑臧周围的鲜卑部三万余落。北魏军取得的这些胜利，使姑臧成为一座孤城。太武帝指挥军队，全力进攻姑臧。在北魏军的强大攻势下，九月，沮渠牧犍率文武官员五千人投降，北凉灭亡。太武帝灭北凉，完成了他统一北方的大业，结束了一百三十余年十六国分裂割据的局面。

太武帝在对刘宋的战争中也处于主动的地位。他先后于神䴥三年（430）、太平真君六年（445）、太平真君十一年（450）三次大败进犯的宋军。太平真君十一年十二月，在大败刘宋军后，太武帝率领大军渡过淮河，挺进淮南，饮马长江，迫使刘宋议和。太武帝这次进军对刘宋的打击十分沉重，攻克刘宋南兖、豫、徐、兖、青、冀六州，使刘宋长江以北地区受到极大的破坏。刘宋试图收复河南的计划落空，而北魏的南部疆域更加巩固，南北对峙的局面基本形成。

第二十章

孝文帝迁都洛阳与改制

北魏建国,定都于平城。不过随着北魏疆域的扩大以及向南发展,平城所处的地理位置已经不适应形势发展的需要,所以孝文帝拓跋宏(467—499)决定迁都洛阳。孝文帝为了进一步巩固北魏的统治,在迁都前后,就政治、文化、习俗等方面进行了诸多的改革。他的改革措施不仅有利于政权的巩固,也推动了鲜卑民族向前发展,缓和了汉族与鲜卑族的矛盾,因而也就更有力地推动了鲜卑族、其他少数民族和汉族的融合。

第一节 孝文帝迁都洛阳

自道武帝定都平城以来,平城一直是北魏的首都。平城地处塞外,气候严寒干燥,无霜期短,粮食种类单调,同时土地含沙量大，能够灌溉的土地数量很少，遇到旱灾，农作物产量就会锐减，因此很难保证平城有稳定的粮食供应。为解决平城的粮食供应问题，有时要分遣平城周围的居民到各州就食，还要从中原调运粮食接济。到孝文帝时，虽然对向平城运输粮食的管理更为严格，但仍然不能从根本上解决平城粮食供应的困难，因此要保证首都的粮食供应是很难解决的问题。

太武帝统治时期，对北方柔然给予了沉重的打击，使柔然国力大衰。可是孝文帝即位初年，柔然的势力又重新恢复。太和三年（479），柔然十万骑兵至塞上，威胁平城。太和九年（485），柔然古敦可汗即位，对北魏持强硬的态度，拒绝与北魏通好，不断出兵骚扰北魏边境。太和十六年（492），孝文帝派兵十万，越过大沙漠，沉重打击了柔然，但柔然对北魏的威胁并没有解除，平城始终面临受柔然攻伐的危险。

北魏从太武帝统一北方后一直试图进一步统一全国。献文帝时，曾将北魏南部边界扩张到淮河以北地区，并将新占领地区称为河南新邦。孝文帝亲政后面对疆域的南扩，又准备实现南北一统。他屡次派大臣巡视新邦，下诏减免新附居民的徭役。他本人也亲自南巡、讲武，为南征大造声势。但平城偏在北方，对控制南方地区很不方便，也不利于北魏的南进。

北魏建国后，经过道武、太武、献文诸帝的推动，拓跋鲜卑的汉化程度和范围日益扩大。至孝文帝时，摈弃鲜卑族的落后习俗，进一步推进汉化，成为拓跋鲜卑有效维护统治必须实行的措施。可是平城是拓跋鲜卑保守势力的中心，因此孝文帝认为："国家兴自北土，徙居平城，虽富有四海，文轨未一。此间用武之地，非可文治，移风易俗，信为甚难。"[1]孝文帝要顺应形势，进行改革，就只有脱离旧势力盘踞的中心，迁移到鲜卑势力薄弱、汉族力量居于支配地位的中原地区。

因为平城具有粮食供应不便、易受柔然威胁、难以南进以及作为保守势力的中心等诸多问题，所以很难继续将国都设在塞外的平城，迁都就成为北魏进一步发展的需要。

孝文帝要确保拓跋鲜卑的统治，必须实行迁都中原的措施。迁都到中原，可选择的地方主要有两处：一为洛阳，二为邺城。洛阳地处黄河以南，洛水之北，是一古都。东汉建都洛阳后，这里的经济、文化更为发达，以后曹魏、西晋都定都在这里。邺城是曹操为魏王时的定都之地。曹丕定都洛阳后，邺仍然是五都之一。十六国时期，后赵、前燕都定都于邺。邺与洛阳相比，更具有优越的地理环境和南北贯通的水利交通网，足以保证将殷富的冀州粮食运往城中，还可以使北方政权以此为基地，控制山东、河北，直达江淮，与南朝政权对峙。开始，孝文帝有意迁都邺，他在最初南巡时就在邺城西建宫殿。但孝文帝最后改变了原来的计划，确定将首都迁到洛阳。因为洛阳是东汉、曹魏、西晋的都城，最正统的中原文化遗产集中于此，汉族的重要官僚集团也会集于此，所以洛阳的政治、文化优势要大于邺。孝文帝要摒弃拓跋鲜卑的落后习俗，充分吸收先进的中原文化，洛阳具有的特征，最适合孝文帝进行改革。孝文帝南巡时总要观看洛桥，幸临太学，洛阳的浓厚文化特色吸引了孝文帝。这正是孝文帝放弃邺选择洛阳为新首都的原因。

对孝文帝迁都的计划，鲜卑贵族持坚决反对的态度。这些人是北魏政权的实力派，他们在代北拥有广大的田产，南迁洛阳势必要

第二十章　孝文帝迁都洛阳与改制　　315

图 20-1　洛阳北魏孝文帝长陵

影响他们的经济利益。并且，他们还担心迁都到中原地区，会动摇他们现有的优越的政治地位，使汉族世家大族的地位日益提高。由于拓跋鲜卑贵族文化上的落后，他们坚持认为鲜卑族兴起于北方，只应该在马背上治天下，不应该放弃马背，前往中原地区去统治。在生活习惯上，拓跋鲜卑贵族已经习惯了北方凉爽的气候，不愿意到气候炎热的中原，所以十分排斥南迁。孝文帝不顾鲜卑贵族的反对，坚持实行迁都的计划。

孝文帝一面派任城王拓跋澄北归宣布迁都洛阳，一面又派人营建洛阳。尚书李冲建议孝文帝暂归平城指挥大政，由他留下营建洛阳。孝文帝采纳李冲的建议，他又下诏，征司空穆亮、将作大匠董爵与李冲一同从事营建洛阳的事务。洛阳营建工程规模浩大，在初见成效后，孝文帝分步骤进行大规模的迁都行动。他派在拓跋鲜卑贵族中威望高的任城王拓跋澄去说服这些贵族，又使安定王拓跋休在平城劝说宗室贵族。在稳定了贵族阶层后，孝文帝于太和十八年（494），正式下达迁都令，他亲自返回平城安排迁留事宜，又北巡边镇，安抚六镇及留在代北的官民。同年十月，孝文帝亲告太庙，奉先祖神主，南迁洛阳。洛阳开始成为北魏的首都。

孝文帝南迁洛阳后还有很大一部分保守势力反对。贵族官僚丘穆陵泰、拓跋隆、拓跋业、拓跋超等联合起来，企图推阳平王拓跋颐为首，占据平城，进行反抗。孝文帝闻讯，立即派拓跋澄进讨，迅速平定了叛乱。太子拓跋恂不适应洛阳的暑热，迁至洛阳后与左右商议，欲乘轻骑返回平城，但没有成功。不久孝文帝处死太子拓跋恂。孝文帝迁都过程是非常艰难的，他在迁都的前前后后，与落后保守势力的对抗一直没有停止。

因为迁都洛阳，引起一些拓跋鲜卑贵族、官员和民众的不满，孝文帝充分关注这种情况，所以他很注意稳定代北民心。北魏建国初，设立六镇。因北边防务关系重大，多选用拓跋鲜卑贵族亲信负责边镇事务，边镇的士兵也多出自鲜卑大族子弟。在边镇执行防务者，一般都免除租赋、徭役，他们步入仕途之路十分通畅，很容易得到升迁的机会，所以拓跋鲜卑人都以戍守边镇为荣。都城由平城迁至洛阳后，留在边镇的鲜卑人数仍然很多，但边镇军人在北魏政权中的作用和地位有所降低，留在平城的旧臣也因都城的南移而失去了昔日的荣耀。这都使留在代北的官民人心开始浮动。孝文帝为了保证北部边境稳定，以便有效地防止柔然的进犯，从迁都后就不断地对代北官民进行慰问。他对年事已高的长者亲自召见，对贫苦者赐给粮食、衣物，还赐爵给代北官民。孝文帝在迁都后对留代官民的安抚，使北方边境地区在一段时间中保持了稳定的局面。

第二节　孝文帝改制措施的实行

孝文帝为巩固北魏的统治，在迁都前后，就政治、文化、习俗等方面进行了诸多的改革。在官制上，他废除了北魏初年的职官制度。《魏书·官氏志》称：北魏初年职官名号"多不依周汉旧名，或取诸身，或取诸物，或以民事，皆拟远古云鸟之义。诸曹走使谓之凫鸭，取飞之迅疾；以伺察者为候官，谓之白鹭，取其延颈远望。自余之官，义皆类此，咸有比况"。这种命官方式是比较原始落后的。孝文帝革去了这些原始的官称，按照魏晋官制，设置了三师、三公、尚书、中书以及四征、四镇将军，还设置了九卿等中央文武官员。在地方上，州设刺史，军镇设都大将，郡设太守，县设县令。北魏前期，一州设三位刺史，由宗室一人、异姓二人担任；郡守、县令也由三人担任。这样就使职官机构和官称全部汉化。

北魏初年，官员没有俸禄。太和八年（484），在孝文帝迁都洛阳之前，开始颁行官员的俸禄制。在实行俸禄制的同时，也规定了对官员的惩罚规定。官员在获得俸禄后，贪赃超过一匹者，就处以死刑。

孝文帝在爵位制度上也进行改革。改革之前，国家可以授予鲜卑勋戚及立有功劳的官员五等爵。但这种五等爵只是虚封爵位，没有食邑。太和十六年（492），孝文帝规定凡不是道武帝拓跋珪的子孙，都不能授予王爵，继续保留虚封性质的五等爵。太和十八年（494），他又规定王、公、侯、伯、子、男等爵，开国食邑者，王食封邑之半，公食三分之一，侯、伯食四分之一，子、男食五分之一。

在礼制上，孝文帝着重改革了祭礼。鲜卑族与汉族都有祭祀天、地、祖先的传统。但在祭祀的仪式上有明显差别。鲜卑族在西郊祭天，祭祀仪式的原始色彩浓厚。太和十二年（488），孝文帝命礼官仿照汉族的祭礼，改革国家的祭祀，确定在南郊设圜丘祭天，在方泽祭地。在祭天时，以祖先配祭。在宗庙礼制上，孝文帝改革了太庙中的设置。改革前，北魏国家太庙正中供奉的太祖为平文帝拓跋郁律。孝文帝认为道武帝拓跋珪有在中原建立政权的创业之功，应该尊为太祖。改革后，在太庙的正中，开始供奉道武帝拓跋珪的神主，道武帝取代了平文帝的地位。孝文帝对祭礼的改革，注意对汉族礼仪的汲取，同时，也在祭礼上充分体现他与先祖血缘联系的正统地位。

在姓氏上，孝文帝改鲜卑姓为汉姓，并为汉人定姓族。太和二十年（496），改帝室拓跋氏为元氏。太祖以来的八大姓氏也都改为汉姓，丘穆陵氏改为穆氏，步六孤氏改为陆氏，贺赖氏改为贺氏，独孤氏改为刘氏，贺楼氏改为楼氏，勿忸于氏改为于氏，纥奚氏改为嵇氏，尉迟氏改为尉氏。这八大姓都是贵姓，在当时功勋最显要，爵位可高至王公。还将献帝拓跋邻兄弟的纥骨氏改为胡氏，拓跋氏改为长孙氏，达奚氏改为奚氏等。

孝文帝规定汉族世家大族四姓为高姓，即范阳卢敏、清河崔宗伯、荥阳郑羲、太原王琼。又加上赵郡李氏，在世家大族中，此五姓为首。他又规定大族以世代所做的官位来确定郡姓，三代为三公的家族称为膏粱，做过尚书令、中书令、门下令、仆射的家族称为华腴，做过尚书、中领军、中护军以上的家族为甲姓，做过九卿、地位同于方伯的家族为乙姓，做过散骑常侍、太中大夫的家族为丙姓，做过吏部正员郎的家族为丁姓。汉族四姓和鲜卑八姓的地位相同，都不能做猥屑之官。孝文帝确定了汉族世家大族姓氏的地位，使汉族世家大族和鲜卑贵族在任官职上具有同样的地位，有利于消除汉族世家大族与鲜卑贵族的矛盾。

孝文帝在婚姻上做出了明确的规定。太和七年（483），孝文帝坚决要革除北魏建国以来实行的同姓相婚的陋习，明令禁止同姓结婚。他积极鼓励鲜卑贵族与汉族大姓通婚。他将范阳卢氏、清河崔氏、荥阳郑氏、太原王氏之女选入后宫，又以陇西李崇女为夫人。孝文帝还特别为他的六个弟弟娶亲，除了河南王元干娶代北贵族穆氏之女外，其余全部是汉族世家大族之女。孝文帝通过婚姻关系使鲜卑贵族与汉族高门大族结合起来。

鲜卑人原来编发左衽，当时人称他们为索虏或索头，与汉人差别很大，影响相互之间的交流，因此孝文帝决定对胡服也要进行改革。他在迁都洛阳后，命令尚书李冲和李彪、游明根、高闾等人讨论服制。李冲等人经过六年的时间，设计出百官的朝服。太和十八年（494），孝文帝下令，鲜卑人不再穿本族人的服装，要仿照汉族人的服装着装，孝文帝并将朝服赐给官员。服饰的改革又逐渐推广到民间。孝文帝南巡返回洛阳，发现一些鲜卑妇女还穿着旧装，非常气愤，严厉责备留守官员对服装改革推行不力。全部留守官员一致向孝文帝谢罪，他的怒气才消，足见孝文帝对革除胡服是相当重视的。

孝文帝在语言和服饰上也进行了改革。在孝文帝改革以前，鲜卑语一直是官方的语言。太和十九年（495），孝文帝下诏，禁止在朝廷上使用鲜卑语，如果违反，就以免官来处罚。孝文帝这样做的目的，是要便于鲜卑人与汉族人交流，减少鲜卑人与汉族人的隔阂，同时鲜卑人学习汉语后，才能更好地学习汉族人的典籍，提高文化上的素养。

孝文帝进行的这些改革，目的是将鲜卑贵族与汉族世家大族更好地结合起来，这就更有利于巩固和维护北魏政权的统治。他的汉化措施不仅有利于政权的巩固，也推动了鲜卑民族向前发展，缓和了汉族与鲜卑族的矛盾，因而也就更有利地推动了鲜卑族、其他少数民族和汉族的融合。所以孝文帝的改革是有利于社会发展的进步措施。

第三节　孝文帝迁都洛阳后的施政方略

孝文帝迁都洛阳后在原来颁布《职员令》的基础上，又实行了对官员具体考核的办法。在此之前，北魏国家对官员的考核三年进行一次，被称为"三考"。国家确定官员的升降，要在考核三年后进行，也就是官员的升降要经过六年的过程。这样长的时间无法实现赏优罚恶的目的。太和十八年（494），孝文帝下诏废除三考，实行三年一考核，考核后就立即决定官员的升降。他还规定，根据官员的优劣将他们的治绩分为三等，上下二等分为三品，中等只一品。官品六品以下的官员的等级由尚书审定，五品以上的官员的等级由皇帝与公卿一起讨论确定。考核为上上等的官员就提升，考核为下下等的要被降职或免职，考核为中中者继续留任本职。孝文帝实行这种考核制度后，因治绩不好被免职或降官者，数量很多，品行端正、有能力的官员则得到了提拔和重用。

孝文帝为了更好地了解六品以下官员的考核情况，太和十九年（495），他下诏命各州长官考核地方官，然后不再将考核情况报送尚书，直接报告皇帝。孝文帝根据六品以下地方官的政绩决定他们的升降。这样孝文帝不仅掌握了整个官僚体系的情况，还能够直接监督各级官员。因此，孝文帝实行新的考核官员制度后，北魏出现了"愚滞无妨于贤者，才能不壅于下位"[2]的形势，使北魏的吏治得到整顿。

孝文帝迁洛后对于禁卫军的建设也很注意。北魏前期，军事力量主要由两部分组成：一为由六镇将领率领的边镇兵，主要防卫边镇，抵御外敌；二为宿卫兵，由八部帅统领，驻扎在平城四郊，监督被征服的新民生产。宿卫兵的士兵由八部良家子组成，只打仗，不事生产。

太和十九年，孝文帝下诏，选拔天下武勇之士十五万人，充当羽林、虎贲。在这十五万人中就有为数不少的汉人士兵。孝文帝改变了过去禁卫军只有鲜卑人才能够充当的旧制，扩充的禁卫军成为孝文帝巩固北魏政权的重要军事力量。

北魏国家实行均田之后，一些鲜卑人开始由游牧转变为农业人口。特别是孝文帝迁都洛阳后，内迁的鲜卑人一律受田，从事农业生产，因此北魏原来的军制受到了冲击。针对这种情况，孝文帝改变鲜卑人只生产不作战的情况，开始从从事农业生产的鲜卑人中抽调人力，组成禁卫军。太和二十年（496），他使务农的鲜卑人充当羽林、虎贲，成为亦兵亦农的战士。

孝文帝迁都洛阳后实行了鼓励农业生产发展的措施。由于孝文帝迁都，平城周围的一些鲜卑人也举家迁到平原，成为从事农业生产的农民。他们和汉人一道，是农业发展的重要力量。孝文帝大力鼓励鲜卑人与汉人进行农业生产，对生产中的懒惰者坚决进行处罚，对努力耕作者大力进行奖励。孝文帝鼓励农耕的政策收到了明显的效果，迁都后北魏的国家财政收入显著提高，汉族和鲜卑族农民的生活也日益安定。

此外，北魏河东郡有池盐，当地居民很早就在这里开池煮盐，获得了丰厚的收入。但北魏前期，国家并不重视盐业的生产，管理盐业生产的机构时设时罢，官府的收入受到影响，盐利流入了财力雄厚的地方豪强手中。太和二十年（496），孝文帝下令，罢盐池之禁，允许普通农民开池煮盐。孝文帝的盐业政策使国家和普通人民都获得了利益，国家储备盐的数量也不断增加。

孝文帝迁都洛阳后也十分重视文化建设。太和十九年（495）他下诏，大力搜求天下的遗书，大力奖励献书者。特别是对献出秘阁中没有收藏而又有益于国家治理的图书的人，要给予特殊的奖励。孝文帝的做法，使北魏国家图书的收藏数量日益增加。

孝文帝迁都洛阳后实施吏治、组建禁卫军、鼓励农桑和搜求图书典籍等各项措施，使北魏国家建设呈现出越来越繁荣和强大的面貌。

第二十一章

均田制度与赋役制度

孝文帝太和九年（485）开始推行均田制，成为北魏重要的土地制度。北魏推行的均田制是在北方土地荒芜、人口稀少的情况下才出现的。均田制的实行，使劳动力与荒地结合起来，农业得到恢复，人民的生活也比较安定。与此同时，北魏也开始实行与均田制相适应的新租调制。新租调制是与三长制同时颁行的，缴税以一夫一妇为单位计算，改变了过去以户为单位来计算。北魏实行的新租调制虽然是一种轻税，但实际执行已经与规定相差很远。

第一节　均田制的实行

一、均田制的起因

自道武帝拓跋珪进入中原以后，鲜卑族逐渐开始由游牧经济转向农业经济，拓跋鲜卑统治者对农业生产也日益重视。从道武帝拓跋珪一直到孝文帝，北魏统治者屡屡劝课农桑，试图从根本上解决粮食的来源问题。但不断发生的水旱灾害严重破坏了农业生产，粮食问题很难得到解决。当时一些有见识的人认为，北魏之所以出现土地大量荒芜，农民缺乏衣粮，主要是因为豪强兼并和农民流亡造成的。鲜卑贵族和汉族大族兼并土地，造成了许多逃离土地的浮浪人口，同时又使许多农民成为大族的依附人口和荫庇户，使北魏失去了大量的劳动人口和纳税户。

在均田制开始时，社会上还有许多的浮浪人口。首都平城的浮浪人口众多，各州镇也同样如此。在浮浪人口中还有一部分是拓跋鲜卑人，他们没落下来，无田无业。在浮浪人口增多的情况下，北魏政府很难有效控制人口，使国家的税收日益减少。北魏统治者不断下诏，试图使这些流亡人口返回故乡，但收效甚微。在这种情况下，北魏必须将土地分配给这些流亡人口，将他们束缚在土地上进行生产。其实，北魏早期就实行了离散部落、分土定居的措施，并且在平城一带还实行了计口授田的做法。北魏政府将这些措施加以改进，并在全国推广，也就产生了均田制。实际上，北魏政府迫切需要发展农业生产，同时又需要将大量流亡的农民重新束缚在土地上，使他们负担国家更多的赋税力役，这正是北魏推行均田制的重要原因。

北魏实行的均田制，与曾经实行的分土定居和计口授田的措施有密切联系。道武帝拓跋珪开始实行分土定居。《魏书·贺讷传》称："离散诸部，分土定居，不听迁徙，其君长大人皆同编户。"也就是解散原来的氏族组织，使原来的氏族成员定居下来，成为国家的编户。实行这个措施后，拓跋鲜卑部落中，除了一小部分皇帝的近侍成为官僚贵族，大部分部落成员下降为承担赋税兵役的农民。

道武帝拓跋珪在平定中山后，迁徙山东六州民三十六万，百工伎巧十余万充实京师，随后供给这些内徙新民耕牛，实行计口授田。这些新民是被强制在土地上进行农业劳动的农民。拓跋珪又制定畿内之田，设八部帅监督农耕事务。受到八部帅监督的，不仅有新民，还有一些分土定居时地位下降的拓跋鲜卑部落成员。无论计口授田的新民，还是分土定居的拓跋鲜卑人，虽然他们分到了耕地，但他们并没有对耕地的占有权。这些人在监督下从事劳作，积极性并不高，一些人逃离了土地，成为浮浪人口。北魏统治者为了要使京畿一带的农业耕作者安于劳作，将京畿及京城三部的田地交割给农民，不再派官员直接监督，其结果要比监督耕种的效果好得多，赋税更容易征收。这样，京城一带的农民对他们所耕的土地就有了比较完全的占有权和使用权，生产积极性提高了，北魏征收的赋税也随之增多。北魏正是在给予农民土地占有权和使用权的基础上，按照计口授田时给予一夫的亩数，再加以补充，进而形成一整套的均田办法，在北魏全境推行开来。

当然，北魏均田制能够实行，有北魏皇权可以自上而下推行的强大力量，也有历史上实行过的井田制、占田制作为借鉴，并且当时北魏境内存在大量的官田荒地，可供均田使用，这都是均田制可能实行的重要条件。

二、均田制的内容及实施

太和九年（485）十月，孝文帝派使者巡行州郡，开始推行均田制。均田制包括受田的对象、受田的种类和受田的数量。均田令规定：男子十五岁以上，受露田（不栽树的田）四十亩，妇女二十亩。露田加倍或加两倍授给（倍给的部分称为倍田），以备休耕。耕地与耕地连在一起，休耕地与休耕地连在一起。受田者七十岁还田。

男子受桑田二十亩（土地不足之处，桑田包括在倍田数中）。桑田是世业田，不需要还官。在桑田上要种桑五十株，枣五株，榆三株。不适宜种桑养蚕的地区，男子受麻田十亩，妇女五亩，另外男子还受田一亩，种植榆、枣。

露田不允许买卖。原有桑田超过二十亩者，其超过部分可以出卖，不足二十亩可以买到二十亩为止。

拥有奴隶和耕牛者，可以获得另外的土地。奴隶能够受露田四十亩，耕牛每头受田三十亩。奴隶还可受桑田二十亩。

原来拥有房基地者不再分配宅地。如迁移至新址，三口给宅田一亩，奴隶五口给宅田一亩。在宅田上，一亩的五分之一种植蔬菜。

地方的守宰根据官职的高低，授给公田。刺史十五顷，郡守十顷，治中别驾八顷，县令、郡丞六顷。所受土地不许买卖。

土广民稀之处，可随民力所及借用国家土地。后来迁移者，可按受田法受田。土地狭窄的地方，到了受田年龄但不愿意迁移者，就将其家庭的桑田作为露田。如果不够，就不受倍田；还不够，减少家庭中的其他人的土地。无桑田之乡，按此法行事。居民可以迁徙到空荒之处，但不允许从赋役重的地方迁移到赋役轻的地方。土地充足的地方不能无故迁移。

因犯罪流徙或户绝无人守业的，土地归国家所有，作均田授受之用。授受的次序是先授给亲属。在土地没有授受的时候，就借给亲属。

还田和受田在正月进行。如果受田后死亡，或买卖奴隶和耕牛，到第二年正月才可以还田或受田。

北魏推行的均田制是在北方土地荒芜、人口很稀少的情况下才出现的。均田制下的农民基本上还是自耕农。北魏政府将他们原有的小块土地一起，按均田令的规定的土地载入户籍，并限制桑田的买卖，不许受田农民随意迁徙到其他地方，加强了对他们的控制，有利于国家的赋税征收和徭役的征发。鲜卑贵族和汉族大族仍然可以用原来桑田的名义，用奴隶、耕牛受田的名义，基本上保持原来的私田，因此均田令对他们利益的触动很少。

太和九年，孝文帝颁行均田令后，不是一下子就推行到北魏全境，而是逐步进行的。均田制首先是从北魏旧京平城开始实行，然后推广到四方。迁都到洛阳后，孝文帝又在洛阳附近推行均田制。在均田制推行的过程中还曾经修正过实施的办法。尚书令元澄上奏垦田授受之制八条，条目清楚，有利于均田制的推广。

在北魏与南朝交界的边境地区，很晚才推行均田制。太和十一年（487），齐州刺史韩麒麟上表朝廷，指出齐州地方耕作的农民日益减少，耕地荒芜，建议尽早实行计口授田。足见在均田制实行两年后，北魏南部的齐州地方还没有实行均田制。因为齐州刚从刘宋夺取过来不久，还不能够很快实行均田制。

在实行过均田制的一些地方，还需要对土地重新分配，特别是六镇地方。宣武帝元恪时，命源怀巡行北边六镇，源怀上表指出，主将参僚专占肥沃土地，普通农民只能够占有贫瘠的田土。因此六镇地方十分困弊，情况越来越严重。针对这种情况，源怀提出重新按均田令分配土地。如果土地分配不均，有人告状，就对镇将以下官员实行停发俸禄的惩罚。

北魏确实逐步在全国推广均田制，但各地方具体情况不同，有些地方顺利，有些地方则遇到困难，很难彻底实行，全国推行的情况存在差别。

均田制实行后，使劳动力与荒地结合起来，不少的荒地得到开垦。由于农业的恢复，人民的生活也比较安定起来。在孝文帝和宣武帝时，北魏出现了四方无事、民康国富的情况。"百姓殷阜，年登俗乐。鳏寡不闻犬豕之食，茕独不见牛马之衣。"[1] 国家的税收也明显增加。宣武帝时，冀州刺史元晖检括户口，增加绢五万匹。全国租调的增加当然就更多了。肃宗、灵太后曾到左藏库，随从者百余人，灵太后叫他们到库中取绢，命随从尽力背绢，能背多少就赏赐多少。随从得到的赏赐，多的超过二百匹，少的也有百余匹。可见国家库藏绢的数量非常之多。北魏国家库藏的充实，是均田制实行前从来没有过的现象。

第二节　赋税制度的制定及实施

在北魏均田制实行之前，赋税制度大体沿用魏晋的田租户调制。《魏书·食货志》说："天下户以九品混通，户调帛二匹、絮二斤、丝一斤、粟二十石，又入帛一匹二丈，委之州库，以供调外之费。"这里所说的"九品混通"与晋代"九品相通"相同。北魏的户调实际是按资产定税，因此当时也将户调称为资赋。在户调的征收上，均按户征收，并且租和调是分开征收的，免租未必免调，免调未必免租。在北魏的常赋之外，还有杂调、横调等。这些杂调、横调都是临时征发，征税非常苛重。除了租调外，还有部落的贡纳和牧民的牲畜税。

均田制实行后，太和十年（486）孝文帝接受李冲的建议，实行了与均田制相适应的新租调制。新租调制是与三长制同时颁行的。因为实行三长制，代替过去的宗主督护制，就使"课有常准，赋有恒分，苞荫之户可出，侥幸之人可止"[2]，所以三长制是北魏推行新的租调制的保证。

新租调制规定：一夫一妇出帛一匹，粟二石；民年十五岁以上的未婚男子，四人出一夫一妇之调。从事耕织的奴隶八人，相当于民年十五岁以上未婚男子四人。耕牛二十头，相当于奴隶八人。出产麻布之乡，一夫一妇出布一匹。十匹中的五匹为公调，二匹为调外费，三匹为百官俸禄。

民年八十岁以上，允许一子不服役。孤独、癃老、笃疾、贫穷不能自存者，三长负责保证供养他们。

新租调制是与均田制相适应的。因均田是以一夫一妇来受田，所以缴税就以一夫一妇为单位计算，改变了过去以户为单位来计算。奴婢和耕牛也都受田，因此受田的奴婢和耕牛都要缴税。因为受田有桑田和麻田的区分，所以调也就分为绢、布两种。

新租调制规定的一夫一妇只缴调帛一匹、租粟二石，比均田前户调帛二匹、絮二斤、丝一斤、粟二十石，要明显减少。北魏在新租调中规定较轻的租调数量，是要争取荫附的户口。并且，国家还用三长制来保证检校户口和较轻租调征收的实行。

新租调制的轻税入官，只是相对而言的，在实行过程中，还是不断地加重。相州刺史奚康生征调时，就以七十、八十尺为一匹，来加重剥削。正光年间以后，"四方多事，加以水旱，国用不足，预折天下六年租调而征之。百姓怨苦，民不堪命"[3]。北魏采取预先征收租调的做法，这也是一种变相加重剥削的方式。

均田制实行之后，北魏在常赋之外，仍然还有杂调、横调的征收。新的租调制就明确规定了"杂调"。因此，一些地方官员为了保证统治地方的稳定，就有减省杂调的做法。如任城王元澄为定州刺史，"民中每有横调，百姓烦苦，前后牧守，未能蠲除，澄多所省减，民以忻赖"[4]。可见北魏征收的杂调和横调，对农民而言是一种沉重的负担。

北魏实行的新租调制，虽然是一种轻税，但实际的执行已经与规定相差很远，并且在以后的执行中，租调额日益加重，加之杂调的征收，因此至北魏末年，国家对农民的盘剥就更为沉重，以致出现百姓流离道路、转死沟壑的情况。北魏末年，各地出现民众的反叛，与国家赋税沉重有很密切的关系。

第二十二章

北魏社会经济与寺院经济的发展

　　北魏统一北方后，当时的农业、手工业和商业得到恢复和发展。农作物产量有不同程度的增加，生产工具有很大的改善。纺织业、冶铁业、酿酒业等都有很大的进步。官、私商业都很活跃，首都洛阳成为北方最大的商业都会。

　　随着佛教在北魏境内的传播，寺院经济也发展起来。北魏寺院经济发展的规模很大，寺院控制和掌握了众多的劳动者和大量的土地。北朝寺院经济的发展，特别是占有大量的土地和劳动者，使国家赋役的征调受到了重大的损失，这就使国家与寺院之间存在很大的矛盾。

第一节 社会经济的恢复与发展

一、农业的恢复和发展

北魏时期，农业的恢复和发展是社会经济进步的重要表现。拓跋鲜卑从塞外进入塞内，农业经济的成分不断增加。道武帝拓跋珪定都平城后实行计口授田，使平城周围的农业率先发展起来。后来北魏国家实行的均田制、三长制和新租调制，对农业发展具有明显的促进作用。当时在农业劳动者、垦田面积、农业产量以及国家的租调额等方面，都比以前有很大的提高。从农作物的亩产量来看，《齐民要术》载，在一些精耕细作、实行施肥和土地轮作的地方，一亩粟的产量可以达到十石，已经远远超过了汉代。在一般条件下耕作，粟的亩产量可以达到二石，这个产量也高于汉代。在北魏各地方多实行区种法。使用区种法，很明显提高了亩产量。西兖州刺史刘仁之用区种法种谷，七十步的耕地产粟三十六石。汉代使用区种法，亩产百石。北魏一亩为二百四十步，依此计算，北魏一亩可产粟一百多石，也高于汉代。其他农作物的产量，也有不同程度的增加。

为了发展农业生产，北魏对水利建设事业十分重视。北魏最早的水利工程的修建是在道武帝登国年间（386—396）。东平王拓跋仪在五原至棝阳塞外屯田，就开渠引黄河水灌溉农田，直到北魏后期这些水渠还在使用。

太武帝时，薄骨律镇将刁雍主持修建了截黄引水工程。原来的军镇中曾修建水渠，但因年久失修，黄河水道下沉，很难再引黄河水入渠。太平真君六年（445），刁雍经过实地考察，发现在艾山北面黄河分为东、西两支。他在黄河西流修筑堤坝，挡住黄河西流，使黄河西流水上涨五尺多，然后涌入引水渠。这是文献记载中首次见到的截黄工程。工程完工后，可以灌溉官私土地四万余顷。

孝文帝即位后对水利工程的修建更为重视。他多次下达广修水田、扩大灌溉面积的诏令，并派有关工匠到全国各地指导水利工程的修建。太和二十年（496），孝文帝下令，沟通洛水和谷水，以有利于洛阳地区农业的灌溉，还派人专门维修了洛阳附近的大小渠坝堤堰。以后宣武帝、孝明帝也都有水利工程的修建。宣武帝在大臣崔亮的建议下，修复了卞、蔡二渠。孝明帝时，水利工程的兴修更多。他派杨椿任都官尚书，负责修复白沟，重建新堰，疏通旧渠，使曹魏时曹操修建的白渠又发挥作用，便利了当地的水运和农业。孝明帝时，幽州刺史裴延俊主持修复督亢渠、戾陵堰等工程。这些工程因年久失修，废毁已久，无法起到灌溉农田的作用。裴延俊亲自勘察地形，不久就将督亢渠、戾陵诸堰修复，灌溉农田百余万亩，周围农田获利十倍。直到东魏、西魏，国家没有停止水利工程的修复和修建。

北魏水利的兴修对农业和交通都起到推动的作用。北魏农业的恢复和发展与国家对水利事业建设的重视有很密切的关系。

北魏时，农业生产工具也有很大的改善。农民使用的整地碎土工具比过去要复杂得多。播种的农具出现了两脚耧、一脚耧等。两脚耧改造于西汉出现的三脚耧，在北魏济州以西的地方广泛地使用两脚耧。一脚耧的出现更有利于播种，比两脚耧灵便。窍瓠也是一种在北魏出现的新型播种工具。《齐民要术》称，窍瓠可以装种子，上有孔，能使种子漏出。播种时，人将窍瓠系在腰上，边走边抖，使种子不断漏入沟内，均匀播下种子。

在土地的耕作上，农民更注意精耕细作和防旱保墒。人们将耕作分为春耕、夏耕、秋耕、冬耕、初耕、转耕、深耕、浅耕、纵耕、横耕、顺耕、逆耕，并且能根据时间的不同，掌握耕地的深浅。另外，耕地时，人们注意到犁条与耕地的关系，使犁条尽量狭窄，保证所耕土地更透更细，达到很好的保墒效果。《齐民要术》记载当时轮作制已经被广泛采用，并注意到多种农作物之间的适应性。农民还特别重视绿肥的作用，出现了用牛踏粪的办法，一冬可以造粪堆肥三十车。

北魏粮食作物的品种增加很多，远远超过前代。据文献记载，北魏粟类就有八十多个品种，水稻有二十多个品种，大小麦也有多种品种，大小豆、黍稷等的品种也很多。农民已经掌握了根据农作物品种种类的不同和土地情况的不同进行种植，以及良种的选择、培育、保存与处理等方面的技术。北魏农业技术的提高，就使当时的农业生产达到一个较高的水平。

在拓跋鲜卑入主中原时，适值北方经过百余年的战乱，大片土地荒芜，人民死亡流散，户口锐减，经济凋敝，粮食极其匮乏。但经过北魏时期对农业生产的恢复和发展，农业开始出现很繁荣的景象。

二、手工业的进步

北魏手工业呈现发展的趋势。当时纺织业是北魏手工业中重要的部门。在拓跋部早期，拥有的纺织品很少，需要从中原输入。拓跋部进入中原后，对纺织业生产采取了保护和发展的政策。北魏诸帝多次下诏，鼓励纺织业生产。

北魏纺织业生产可分为官营和民间纺织业两类。北魏建国初期，道武帝拓跋珪攻取中山后，将百工伎巧十余万人迁至平城，其中就有很多的纺织工匠。随着北魏统治领域的扩大，官营纺织工匠数量又进一步增加了。北魏初期，首都平城皇宫中，有上千女奴隶从事纺织生产，她们被称为"婢使"。北魏的官营纺织业由少府下属的尚方管理，官营纺织作场要为皇室和百官生产精美的纺织品和制作官服以及其他的服装。

北魏前期，绫、罗、锦、绣这些高级丝织品，只能由官营纺织作场生产，民间不允许生产。为了防止民间生产高级丝织品，北魏国家严禁私人蓄养织工和收藏织绫机。直到太和十一年（487），孝文帝才取消禁令，允许私人纺织锦、绣、绫、罗等高级丝织品，因而官营纺织业的规模有所缩减，与民间纺织业的界限开始打破。

民间纺织业主要为自耕农家庭的副业生产，这种生产的主要产品是帛和布。他们生产的帛和布，先要上缴国家户调，剩余的产品才用来买卖。北魏向自耕农征收的户调量很高，对他们的盘剥比较沉重，因此国家获得了大量的纺织品。孝文帝和以后诸帝，在赏赐百官丝织品时，动辄就能够拿出数十万甚至数百万匹。北魏国家府库中储藏如此多的丝织品，可见民间纺织业的生产技术之高、丝织品生产数量之多。颜之推说："河北妇人，织纴组紃之事，黼黻锦绣罗绮之工，大优于江东也。"[1] 根据颜之推的说法，北魏纺织业的产量和技术显然是超过同时期的南朝。

图 22-1 吐鲁番出土的北朝纹锦

图 22-2 北魏金耳坠

北魏的冶铁业也相当发达。当时冶铁业主要是由官府来经营，国家在各地设置铁官，负责制造兵器和生产民用铁器。北魏对冶铁业控制很严，就是州郡增设铁官也要有朝廷批准。官营冶铁作场生产的铁数量很多。刘宋攻破北魏磝磝戍时，一次就缴获北魏军铁三万斤、大小铁器九千余口。北魏的冶铁生产中，出现了一些著名的铁器产地，其中相州的牵口冶最为著名。这里出产的铁质地精良，国家武库中储藏的兵器，大部分是由牵口冶生产的。由于北魏冶铁技术的发展，到东魏时，綦毋怀文方能发明制造钢刀的新技术，由此法制造的钢刀被称为"宿铁刀"，极其锋利。"以柔铁为刀脊，浴以五牲之溺，淬以五牲之脂，斩甲过三十札。"[2]

北魏还有金银的出产。金矿主要在汉中一带，当地常年有金户千余家，他们在那里淘沙取金。延昌三年（514），长安骊山附近发现银矿，恒州白登山也发现银矿。北魏在这两地设置银官，监督开采。

北魏的铜矿较多，仅在弘农郡就有铜矿三处，出产的铜矿石含铜量很高，在南青州、齐州和河内郡都有铜矿。北魏除了用铜铸钱外，很大一部分用来制造器物。北魏官营手工作场生产的铜器有铜鉴、铜灶、铜镜、铜壶、铜盆、铜灯、铜带、铜佛等等，这些铜器质地良好，非常精美，反映了北魏铜器制造的高超工艺。

北魏的酿酒业有很大的发展。当时酿造的主要是黄酒，以谷、麦、秫等为原料。在酿酒时很重视酒曲的制造，可以造出九种不同的酒曲，造曲的工艺非常复杂。北魏时，能够酿造出的酒的种类很多，《齐民要术》中记载了四十余种酒的名称。北魏前期出现了葡萄酒的酿造，道武帝拓跋珪即曾以葡萄酒为礼物，赠送给刘宋。

此外，北魏河东人刘白堕用特殊酿酒法酿造出一种酒，称为"桑洛酒"。这种酒饮之香美，醉后一月难醒，并且酒质就是转送千里之外也不变质，最受当时人喜欢，称之为"白堕酒"。孝文帝迁都洛阳后，洛阳有延酤、治觞二里，就专以酿造白堕酒为业。孝文帝出征时常以此酒赏赐随军将领，成为御酒。

白堕酒

北魏时河东人多善酿酒，刘白堕酿酒尤其著名。刘白堕酿酒用的是清澈的河水，陈年的笨曲，黍米作原料，第一次酿造时三者的比例是：曲一斗，熟水三斗，黍米七斗，在大瓮中酿造；日出时，煮甘水，至太阳正午时，甘水变为白色为止，取三斗熟水浸曲。太阳西下时，淘米四斗，洗净浸米。半夜时再蒸馏，在四更时达到中熟，下黍饭席上薄摊，然后冷却，在黍饭初熟时浸曲。天未亮将亮时下酿，不要上盖；太阳西下时，再淘三斗米浸炊，还是令四更中稍熟，然后冷却，日出前再酿，明日便熟。酿出的酒，气香美，清白若滫浆。在季夏六月，用罂（小口大肚的瓶子）贮酒，在日中时拿出来，经过一旬，其酒味醇香不变，喝下去必醉，一个月都不醒，并可远运千里不坏，当时人就称为"白堕酒"。后来刘白堕在洛阳开酿酒作坊。京师朝贵多拿它作为相互馈赠的礼物。永熙中，南青州刺史毛鸿宾带着白堕酒去上任，在路上遇到盗贼，没想到盗贼抢了白堕酒一饮即醉，束手就擒。游侠听到这件事之后都说："不怕拔刀格斗，就怕白堕春酒。"

图 22-3 敦煌藏经洞出土的北魏佛经写本

　　北魏造纸生产中出现了染潢技术。在造纸时用黄檗汁将纸张染成黄色，既可以杀虫防蠹，也能够延长纸张的寿命。染潢的工艺复杂，但北魏的这种工艺已经非常成熟。现在保存下来的北魏时期的敦煌写本，大部分都是用黄檗汁浸染过的，所以才能保存至今。

　　北魏除了能够生产黄色纸和白色纸外，还出产红色、绿色、青色等不同颜色的纸张，以适应社会上对纸张的需要，反映北魏造纸技术的发达。北魏造纸业不仅出产纸的数量很多，而且在纸的质量上也表现出很高的水平。

三、商业的活跃

　　北魏的商业经历了逐渐发展的过程，道武帝拓跋珪定都平城后，平城逐渐成为北魏的手工业和商业中心，官商和民间商人的活动比较活跃。道武帝对商业活动采取鼓励、扶植的政策，不设科禁，买卖随意。因此平城宫内有奴婢千余人织绫锦贩卖，还有人以沽酒和养猪、羊、牧牛、马来盈利。

平城有都市（商业市场），还有金玉肆，商人在市中的交易活动很活跃。平城之外的各州郡也都设市，商人的活动也很频繁。献文帝时，李欣任相州刺史，受纳胡商所献珍宝；孝文帝时，河内太守赵柔得犁铧数百，令其子赵善明到市上出售，足见地方上商品交换的发达。

孝文帝迁都洛阳后，对民间手工业实行了扶植的政策，加上农业的发展，手工业产品和农产品源源不断地供应到市场上，使当时的商业日益繁荣，商人的数量也大为增加。北魏中期，元淑任河东太守，发现当地人经商者甚多，很少有从事农业生产的，一些到了三十岁的人不知道农具为何物。在商业贸易活动中，出现了一批拥有家庭财产巨万的大商人。《洛阳伽蓝记》称："别有准财、金肆二里，富人在焉。凡此十里，多诸工商货殖之民。千金比屋，层楼对出，重门启扇，阁道交通，迭相临望。金银锦绣，奴婢缇衣。五味八珍，仆隶毕口。"可见这些大商人的资产雄厚，获得的利润惊人，才会在生活上有如此奢华的排场。至北魏后期，资产雄厚的大商人的活动更为频繁，其中以洛阳的刘宝最为著名。他在北魏各州郡都有分号，只要是车船能到的地方，都可进行贸易活动，足迹遍于全国，其居住的房屋、乘坐的车辆、穿戴的服饰，同王侯完全相同。

北魏经商者中出现了一大批的官员，上自中央，下至地方，各级官员都有。太武帝的太子拓跋晃就在市中贩卖，与民争利。王公大臣公开从事商业活动：咸阳王元禧在各地方经营盐铁，役使臣吏僮隶从事生产；北海王元祥经营官私商业，侵夺人民的利益，不分远近。北魏中下级的官员也紧随仿效。一些地方官勾结大商人，狼狈为奸，从中渔利；还有的地方官索取贿赂，然后出卖，获取高额利润。孝明帝时，司空刘腾不仅权势显赫，也是一位大商人，他依靠权力获取惊人利润，史称刘腾经商"舟车之利，水陆无遗；山泽之饶，所在固护；剥削六镇，交通互市。岁入利息以巨万计"[3]。北魏贵族官僚的经商活动对当时的商业起到了一些推动作用，但也加速了北魏官僚阶层的腐败。

北魏的官商也具有很大的势力。官商隶属于官府，分布在北魏各地。孝文帝改制之前，国家在征收常调之外，还征收一匹二丈的调外费。官府将部分调外费交给官商，经营商业，为官府和官员提供经费和俸禄。孝文帝太和年间，实行俸禄之后，就不再通过官商为百官谋取俸禄了，不过官商仍然存在，为政府谋取利益。

官商经营的范围很广，他们经营最多的是盐、铁和粮食等。北魏在很长的时期内实行盐铁官营，所以官商为国家贩卖盐铁获取了很高的利润。太和十二年（488），孝文帝为了应付自然灾害，实行了和籴之制。官商以和籴的方式买卖粮食，是他们重要的商业活动。国家的和籴措施由京城洛阳逐步推广到北魏各地方，由防御自然灾害转变为边备措施。随着和籴的推广，官商为国家获得了大量的收入。

随着北魏商业的发展，北魏境内出现了一些大的商业都会，最著名的是北魏首都洛阳。洛阳城中有大市，周围长八里。大市之东为通商、达货二里，里中居民从事手工伎巧和屠宰贩卖之业。大市之南为调音、乐律二里，里中居民主要从事乐器演奏和歌唱，著名歌妓都出在这里。大市之西为延酤、治觞二里，里中居民多以酿酒为业。大市之北为慈孝、奉终二里，里中居民多以制造棺椁为业。此外，还有准财、金肆二里，里中居住的都是富人。在十里中，大多数都是从事手工业和商业的人家。北魏将大市设在十里之中，正是为了方便四周的工商业者，有利于商业贸易活动。

在洛阳永桥之南有四馆四里。这里居住的除了南朝和东、西、南、北四夷降服者之外，还有西域、大秦等国的商人。来这里的胡商带来了很多域外的奇珍异宝。为了方便外国商人的贸易，北魏专门设置了一个市，称为四通市，民间又称为永桥市。洛阳北面还设置了小市。北魏洛阳所设的市，规模都超过了西晋时期的金市、羊市和牛马市。洛阳的开市和罢市都有固定的时间，以撞钟和击鼓为号。北魏还专门设置市令，管理各市。

在洛阳市上出售的商品有北方出产的各种产品。除此之外，还有南朝、西域和大秦等国出产的金饼、银瓮、水晶钵、玛瑙杯、琉璃碗等高级工艺品，各种香料、珍宝和名马也都在这里出售。

长安和邺也是著名的商业城市。到北魏后期，长安和邺的商业非常兴盛。北魏分裂为东、西魏后，两个城市的商业地位取代了洛阳。

北魏统治的前期没有货币，市场上流通的铜钱都是汉魏时所铸，并且数量极少。人们在交换时多采用物物交换的方式，或者以纺织品作为货币。至太和十九年（495），随着商业的发展，北魏开始铸造货币，称为太和五铢，在北魏全境流通。永平三年（510），宣武帝再次大量铸造发行五铢钱。因京城洛阳铸币的增多，改变了过去以纺织品为货币的情况。可是在一些地方很难改变原来的状况：在河北州镇因缺乏新钱，只好仍以纺织品为货币；在河南各州，人们在交易时只用旧货币，而不用新币。这种局面的出现，妨碍了区域间的商品交流。北魏进行数次货币改革，都不能从根本上统一市场交易的货币，并且货币滥恶的情况严重。这些情况的出现在一定程度上限制了北魏商业的发展。

北魏社会经济的恢复和发展，改变了十六国以来北方的残破情况，使北方社会日益进步。这种经济发展局面的出现，不仅使北魏的统治具有了比较有力的经济支持力，也为以后北方统一南方营造了坚实的基础。

第二节 寺院经济的发展

北魏时期，佛教在境内得到广泛的传播，因此寺院不断增加。当时的社会下层民众，信仰佛教者要多于南朝。特别是到北魏后期，"天下多虞，王役尤甚，于是所在编民，相与入道，假慕沙门，实避调役，猥滥之极，自中国之有佛法，未之有也。略而计之，僧尼大众二百万矣"[4]，可见信奉佛教的下层民众人数之多，已经到了十分惊人的程度。僧侣和信奉佛教人数大量增加，因而寺院掌握的财富也急剧增多，寺院经济力量自然发展起来。

北魏寺院的建筑极其豪华。献文帝时所造永宁寺，建构七级佛图，高三百余丈。北魏迁都洛阳后，灵太后胡氏在洛阳又建永宁寺，佛图九层，高四十余丈，修建费用不可胜数。在洛阳类似永宁寺的寺院还有许多：宣武帝建琼光尼寺，有五层佛图，高五十丈；景明寺有台观一千余间，内无寒暑的差别，周围都是水池和松竹花草；西域僧人摩罗所建亘寺，工艺甚精，佛殿僧房都是胡人的装饰，非常壮观。这些华丽的寺院不仅在京城洛阳，就是在地方州郡也为数很多。

寺院中的佛像也很豪华：文成帝时，在京城建五级寺，造释迦牟尼像五座，各长一丈六尺，共用铜二万五千斤；献文帝时，在天宫寺，造释迦牟尼像高四十三尺，用铜十万斤，用金六百斤。

华丽的寺院建筑和大量的铜铸佛像成为北朝寺院的一大笔财产。不过，这只是寺院财产的一部分，更重要的是，寺院控制和掌握了众多的劳动者和土地。寺院拥有的土地，一部分来自皇帝的赐予。孝文帝替祖母文明太后修建报德寺，所占土地原来是皇帝田猎场地，由鹰师曹掌管。但报德寺建好后，就罢去鹰师曹，原来的土地自然归报德寺所有。寺院不仅拥有皇帝赐予和贵族官僚施舍的田宅，还兼并农民的土地。北魏寺院拥有的土地在均田令颁布前就有。均田制的实行，对寺院的土地没有触动，所以后来就继续扩大。

北朝寺院还占有众多的劳动者。北魏设置最高的僧官，开始称为道人统，和平年间改称沙门统。沙门统总管全国的僧侣。沙门统之下，各州镇都设有都维那。在各寺院有上坐、寺主，为一寺之长。这些人都是佛教内的统治阶层。在寺院中还有许多种田、烧水、挑水和从事其他劳动的僧尼。他们都是被剥削阶层，来自农民。另外，许多农民没有剃度，可是他们则成为寺院的僧祇户或寺户。寺院的劳动僧尼和依附户，主要通过两种途径转变身份：其一，通过国家允许剃度为僧。文成帝时，国家允许大州五十人、小州四十人剃度为僧。孝文帝放宽规定，大州一百人、中州五十人、下州二十人可以出家为僧尼。其二，一些农民为了逃避国家繁重的赋役，不经国家允许，私度为僧尼，这些私度的僧尼国家可以勒令他们还俗。寺院的附户同样也有官立的僧祇户、佛图户和私附于寺院的区别。

从太武帝开始，寺院的劳动僧尼和附户的数量就很多。至献文帝时，国家正式承认寺院占有附户为合法的。僧祇户不属于个别寺院，而属于僧曹，直接归都维那管辖。佛图户要在寺院内从事打扫的工作。僧祇户和佛图户要向寺院缴纳租粟，明确规定每年缴六十斛。这些规定赋予寺院进一步盘剥农民的权利，加速了寺院经济的发展。尽管寺院对依附户的盘剥比较重，但与国家比较起来相对还要轻一些，因此使许多不能忍受国家沉重赋税和徭役负担的农民投靠寺院。到孝明帝时，出家为僧尼或成为寺院附户的人数竟达二百万之多。寺院凭借其经济实力大放高利贷。一些寺院甚至动用用来赈济的僧祇粟放债，因此使不少负债农民沦为寺院的附户。

北朝寺院经济的发展，特别是占有大量的土地和劳动者，使国家赋役的征调受到了重大的损失，使国家不能不对寺院的势力给予限制。孝文帝延兴年间，下令五五相保，不许接纳无籍的僧人。太和年间，又迫使无籍僧一千三百二十七人还俗。孝明帝时，因僧徒附户越来越多，下令奴婢不允许出家，地方出现私度为僧的，根据情况，要对邻、里、县、郡、州镇官员进行处罚或免官。可是北魏限制寺院发展的办法，并没有获得太明显的实际效果。国家为了与寺院争夺经济利益，甚至出现了灭佛的事件。最著名的是太武帝灭佛，后来到北周还有周武帝灭佛。但灭佛的时间都不长，随着国家与寺院经济上的矛盾的缓和，国家又重兴佛法，寺院经济不仅恢复，并重新发展起来。

第二十三章

北魏职官的设置与社会等级结构

北魏早期职官设置包括传统的拓跋鲜卑职官和消化吸收的魏晋职官。国家中央机构分为外朝和内朝两大系统：外朝以尚书、中书、门下等机构为主，内朝则设置中曹、龙牧曹、羽猎曹、候官曹及内侍等机构，多沿袭拓跋氏旧制。在地方实行分部制，也实行郡县制，实际为胡汉分治。孝文帝太和年间，两次官制改革后，中央和地方职官的设置更加完备。尚书省成为总理全国事务的最高机构。在地方，废除宗主督护制，实行三长制。

北魏社会存在高、低差别的不同等级。除了作为国家最高统治者的皇帝以及鲜卑勋戚之外，汉族世家大族居于社会的上层，他们在政治和经济上都拥有很大的特权。世家大族之下是地方豪强。北魏的地方豪强是无政治特权但拥有丰厚家产、广占土地的社会阶层。社会中大量存在的是个体农民，他们是国家的编户齐民。均田制实行后，他们是国家均田制下的自耕农民，这些农民是国家赋税和徭役的承担者。另外，在社会中还有各种不同类型的依附者，依附者的大量存在成为北魏社会的一大特点。社会的最下层是被官府和私人役使的奴婢。

第一节 职官的设置与改革

　　北魏的官制包括两方面的内容，即拓跋鲜卑的传统官制和逐步消化及吸收的魏晋官制。北魏建国后，随着政权规模的扩大，两种官制都有所发展。道武帝拓跋珪承袭鲜卑旧制，实行分部大人制，先后设置了南部大人、北部大人、天部大人、中部大人。后来道武帝又将四部大人扩大为八部大人，分置于首都平城周围，以加强对京畿的控制。八部大人称大夫，各统一方，比照八座，也称为八国。八座为魏晋尚书台机构主要官员的简称，但八部大人并不是尚书台的首脑。八部大人的主要职责是统领八部，鼓励农耕，发展农业生产。八部大人属官有大师、小师等。明元帝时，在中央又设八大人官，总理万机，称为八公。八大人不同于八部大人，地位更高，权力更大，是掌握全国政务的要官。后来，国家又在八大人的基础上，改设六部大人，有天、地、东、西、南、北六部，下设三属官。六部大人既是中央的要官，也是部落的首领。北魏前期，既实行分部制，也实行郡县制，实际为胡汉分治，只是胡汉的区分不十分严格。随着北魏疆域的向南发展，占领的汉族地区越来越广大，原来的分部制不利于国家的统治，分部制逐渐为郡县制取代。太安三年（457），文成帝拓跋濬下诏："以诸部护军各为太守。"[1]这正是北魏分部制为郡县制取代的标志。

北魏前期，国家中央机构分为外朝和内朝两大系统。外朝以尚书、中书、门下等机构为主，内朝则设置中曹、龙牧曹、羽猎曹、候官曹及内侍等机构，多沿袭拓跋氏旧制。内朝的重要官职有内侍长、内侍校尉、内将军、内三郎、内都幢将、内博士等。北魏建国初，设都统长、幢将等侍卫官：都统长领殿内卫兵，宿卫皇宫；幢将领三郎卫士，护卫皇帝，战时随皇帝出征。天赐三年（406），侍官系统扩大，设置内官二十人，与侍中、常侍相同，在皇帝左右侍奉。明元帝时，又增设麒麟官四十人，职责与常侍、侍郎相近。侍官在皇帝左右，既充当皇帝的顾问，又出宣诏命，权力很大。内朝中设置内行长，为内朝诸官的长官，是皇帝的心腹，绝大多数由胡人充当。

内朝职官众多，品秩不高，但实际地位很高，权力很大。国家许多重大事务和决策，在经过外朝议论后，还要经过内朝复议。北魏内朝存在了很长的时间，直到孝文帝改革官制后，因为内朝的很多机构已经归属外朝，内朝的作用才逐渐消失。

北魏建国后，仿效魏晋，先后设置了丞相、三公、九卿等官职，建立了尚书、中书、门下、秘书诸省。北魏早期，中央实际以鲜卑官制为主，尚书、中书、门下三省有名无实。太武帝拓跋焘即皇帝位后，为加强中央集权，先后设置右民尚书、左右仆射、驾部尚书等，尚书省的职权和作用逐渐增强，后又设置了十一部尚书。孝文帝太和年间，两次官制改革后，最后定为六部尚书，即吏部、殿中、仪曹、七兵、都官和度支尚书，其中吏部尚书地位最高，掌管选官。尚书长官为尚书令、左右仆射（有时只设仆射）。六部尚书下设三十六郎中，掌三十六曹。尚书省成为总理全国事务的最高机构。

北魏皇帝还为信任的贵族王公加录尚书事，地位重要，有时在尚书令之上，有时在三省长官之上，总揽朝政，或代皇帝守卫京城，或辅佐幼主。

皇始元年（396），北魏设置门下省，主要负责宣布诏命，献纳谏书，掌宫内生活供奉等事。门下省长官为侍中、黄门侍郎，常在皇帝左右，参与军政谋议，平省尚书奏事，多由拓跋鲜卑人充任。属官有散骑常侍、散骑侍郎、给事中等。孝文帝官制改革后，散骑诸官脱离门下省，另立集书省。宣武帝时，门下省的权力进一步扩大，不仅对尚书省奏事有驳议权，并且可以按下不报。因门下省长官能够出入机要，参议国事，控制出纳诏命的权力，所以很多担任重要官职、执掌朝政者不许兼任门下省长官。

皇始元年还设置了中书省。中书省出纳王言，总管文书。中书省长官为中书监、中书令，为权力的中心，多由少数民族充任。属官主要有侍郎、议郎、舍人等。因要起草诏令，属官多为有才华的汉族士人。道武帝统治后期，由于民族矛盾，中书省的作用开始减弱。明元帝时，改国子学为中书学，隶属中书省，中书省成为官学的最高管理机构，也是拓跋鲜卑统治者安排汉族名士的最高机构。中书省设中书博士，品高权微，为名誉之官。孝文帝官制改革后，中书省的权力有所恢复，但始终没有达到魏晋、南朝中书省的地位。北魏中期以后，中书监、中书令逐渐成为安置贵族的虚职。其属官中书舍人、中书通事舍人负责起草诏令。一些出身寒微的人开始担任中书舍人，受到皇帝的信任和重用。

北魏攻取并州后，在地方开始实行州、郡、县三级地方制度。天赐三年（406），北魏正式建立地方官制。每州设三位刺史，郡设三位郡守，县设三位县令长。这种设置地方官员的方式，为北魏独创。因为拓跋鲜卑贵族缺乏统治和管理汉族地区的经验，所以不得不起用汉族士人任职；可是拓跋鲜卑贵族又对汉人不信任，不得不设置一位鲜卑地方官监视。这种一职三长的官制弊端很多，以后随着民族矛盾的缓和，逐渐过渡为一职一长的官制。

北魏前期，将郡、县分为大小二等。孝文帝改革官制后，将州、郡、县分为大、中、小三等。州、郡、县有上、中、下的区分。在沿边的军事要地设置军镇，军镇长官为都大将，掌管军镇行政和军事事务。

北魏刺史都带将军号，或为将军兼任刺史，或刺史兼任将军，所以刺史往往也掌军权。因刺史掌管行政和军事事务，所以一刺史之下便有军政两套僚佐。军府僚佐主要有长史、司马、咨议参军等；州府僚佐主要有别驾、从事史、治中从事史等。此外，一些郡太守有时也领有将军号。

北魏前期，县以下没有基层组织，实行宗主督护制。因为十六国时，战争频仍，原来的基层行政组织早已荡然无存。民间为了自保，使地方豪强出头，召集宗族和依附农民，建立坞壁以自保。拓跋鲜卑进入中原后承认坞壁存在的现实。可是宗主督护制存在诸多的弊端，因此，太和十年（486），冯太后、孝文帝采纳李冲建议，开始实行三长制。五家立一邻长，五邻立一里长，五里立一党长，邻长、里长、党长都由当地的豪强出任。三长制可以保证北魏国家有效地征收租调、分配徭役、清查户口、划分土地、维护治安等，对巩固北魏政权起到了很大的作用。

第二节 社会等级结构

北魏存在不同的社会阶层，这些不同的社会阶层构成了层次明显的等级结构。北魏国家以皇帝为最高统治者，是拓跋鲜卑贵族的总代表，当然是社会中最高等级。

在北魏皇帝之下，社会地位最高贵者，便是宗室诸王和鲜卑勋贵。宗室诸王和鲜卑勋贵拥有政治和经济特权，世袭王爵和公爵，可以很容易获得高官，参与国家的重要决策。北魏前期，宗室和勋贵在战争中获得大量的奴婢、财物和牲畜，占有很多的良田。孝文帝时期，将封爵由虚封改为实封后，他们被封为开国郡公和开国县公，拥有数百户和数千户的食邑。他们在经济和政治上都具有特权，保证他们在社会上占有高贵的地位。他们利用特殊的政治地位和雄厚的资产，从事工商业活动，获得巨额的利润；他们在生活上奢侈淫靡，极其腐朽。因为宗室诸王和鲜卑勋贵是北魏国家中的核心集团，所以他们的活动直接决定了北魏政权的命运。北魏后期政治的腐败不堪，与这个阶层腐朽糜烂有重要的关系。

北魏世家大族是社会中的重要阶层。永嘉之乱后，一些汉族世家大族迁徙到江南，但北方还留下一些大族。他们在社会上势力强大，拥有的政治特权不会因朝代的更迭受到影响，凭着他们的门第声望，可以很容易加入统治阶级。拓跋部进入中原后就将北方的世家大族作为联合和依靠的对象，保证他们得以稳固中原地区的统治。

北魏承认北方世家大族的门第地位：对投靠的世家大族，全部授予高官；对不肯归顺的大族，命地方官以礼相请。一些名冠中原的世家大族，虽然他们瞧不起只会弯弓骑射的拓跋鲜卑贵族，但为了家族的利益，以及保持他们的高贵社会地位和入仕的特权，便不得不离开乡里，到北魏政权中出任高级官员。他们与拓跋鲜卑贵族既存在民族隔阂，也心存依赖。

孝文帝迁都洛阳后制定姓族，更巩固了汉族世家大族的社会地位。山东地区，范阳卢氏、清河崔氏、荥阳郑氏、太原王氏、赵郡李氏为最高门第；河东和关中地区，裴、柳、薛、韦、杨、杜为首姓。这些世家大族取得了入仕的优先权，也不做事繁级低的"猥官"，只任清简重要、容易晋升之职。汉族世家大族在政治和经济上取得了很多的特权，成为北魏进行统治的依靠力量。

北魏的地方豪强是指在社会中无政治特权却拥有丰厚家产、广占土地的社会阶层。他们在地方上拥有势力和影响力，文献中将他们称为"豪右""土豪""富豪"等。西晋永嘉之乱后，地方行政组织完全被破坏。这些地方豪强纠集宗族，修筑坞壁，雄踞地方，成为地方上的实际统治者。这些地方豪强也是一大宗族之主，因此称他们为"宗主督护"。北魏拓跋鲜卑贵族进入中原后，承认地方豪强的地位，并让他们管理宗族和当地的自耕农民。

在宗主督护制下，地方豪强能够为北魏政权维护地方治安，可是他们利用在地方的势力，扩大依附人口的数量，隐瞒户口，侵吞租调，使他们的财富增长速度极快。北魏对地方豪强一直实行拉拢的政策。在实行宗主督护制时，就请一些豪强出任国家官员。三长制实行后，地方豪强仍然拥有部曲、家兵等私人武装，所以北魏政权实行的一些措施，就不能不顾及这些地方豪强的利益问题。

个体农民是北魏国家控制的编户齐民，在当时社会阶层中，他们的数量最多。北魏个体农民的构成比较复杂。北魏前期，个体农民有两种：一种为中原自耕农，多为汉人，也有十六国时期汉化的诸少数民族，他们有自己的土地和农具。拓跋鲜卑进入中原后成为北魏国家的编户。另一种是代北地区"计口授田"的农民，在他们中间有一些拓跋鲜卑人、被征服的汉人和沿边游牧民族的部民。他们在代北时没有任何生产资料，土地、农具、耕牛都是由国家统一配给。后来随着形势的发展，逐渐拥有了生产资料，成为自耕农。孝文帝时，国家实行均田制，使一些流亡农民和依附民回到分配的土地上，重新成为国家的编户。孝文帝迁都洛阳后，拓跋鲜卑人也分配到土地，其中一部分人也成为自耕农。

北魏个体农民在农业生产中起到重要的作用。他们以农耕为主，也兼营纺织、园圃和家畜饲养，其中纺织业是最重要的家庭副业。北魏为了促进家庭纺织业的生产，在均田令中规定，男夫除了受露田四十亩之外，还受桑田二十亩或麻田十亩，种植桑、麻，提供纺织原料。北魏个体农民进行农业生产，同时也从事副业生产，构成自给自足的家庭经济。

北魏个体农民除了极少一小部分可以成为殷实的富户之外，大部分极容易破产。这些农民面临国家租调和徭役的压榨，还要经受自然灾害的打击。特别是北魏国家在正常的租调制外，额外再征收沉重的赋税，国家强加给个体农民的徭役负担也越来越沉重，在繁苛的赋税盘剥和沉重的徭役压榨之下，一些农民无法生存，不能不举家外逃。孝昌年间，河阴县令高谦之上疏说："况且频年以来，多有征发，民不堪命，动致流离，苟保妻子，竞逃王役，不复顾其桑井，惮比刑书。"[2]到北魏后期，这种情况愈加严重。一些地方甚至出现了十室九空的现象，个体农民数量骤减，社会阶层的稳定受到极大破坏。这些流亡的个体农民，一些流入豪强之家成为依附人口，一些亡命到山泽中以渔猎为生，还有相当一部分个体农民遁入寺院，成为寺院的附户。

北魏个体农民是国家财政的主要来源，也是国家政权得以巩固的基础，但北魏国家不能够保证个体农民的稳定，也就动摇了统治的基础。

在北魏社会中存在大批的依附人口，他们的社会地位低于个体农民。这些依附人口托身于世家大族或地方豪强的田庄中，为他们耕作，只向大族或豪强缴纳田租。十六国时期，北方社会"百姓因秦、晋之弊，迭相荫冒，或百室合户，或千丁共籍"[3]。北方依附人口的大量涌现的情况，到北魏时期也没有改变。北魏进入中原地区后，个体农民为了躲避战乱，纷纷逃离家乡，投靠荫庇在大族或豪强之家。《魏书·李冲传》称："民多隐冒，五十、三十家方为一户。"这些脱离了国家户籍的依附人口，依靠大族或豪强的保护，虽然人身安全有了一定的保证，但受到大族或豪强的盘剥是很沉重的，缴纳的租税远远高于国家的赋税。

北魏前期依附人口数量很多，中期经过均田制的推行，依附人口骤减，到了后期因国家政治败坏，对个体农民压榨沉重，依附人口数量猛增，甚至超过了北魏前期。特别是北部边镇的士兵。他们虽称为府户，但地位如同"厮养"，受到镇将的残酷盘剥，地位与依附人口相似。

北魏个体农民沦为依附人口，不但要为主人劳作，还要为主人作战。他们为主人耕作，称为典客；充当主人的私兵，则称为部曲。当时官僚、大族和豪强都拥有大量的部曲。一些部曲主拥有部曲多达千人。北魏后期，尔朱荣就拥有部曲数千人。

北魏还存在一些与国家有紧密依附关系的民户。这些依附民户名目很多，一般称他们为杂户。文献记载中有隶户、军户、营户、屯户、牧户、乐户、细茧户、罗縠户、绫罗户、金户、盐户、工户等。这些民户从事手工业生产，专门为皇帝和各级官府服务，又有不同于平民的特殊户籍，所从事的生产世代相传。他们的社会地位明显低于个体农民，很难脱离国家对他们的控制。

北魏社会地位最低的阶层是官私奴婢。拓跋鲜卑入主中原，也带来大量役使奴婢的落后习惯。北魏一朝，国家拥有数量很多的官奴婢。北魏官奴婢主要来源于战俘、掠夺的人口和罪犯。这些奴婢被分配到各官府，从事各种杂役、农业、手工业和牧业活动。平民沦为官奴婢后失去自由，一些人到老年才可以放免，一般终身为奴。

北魏私人奴婢的数量很多，贵族官僚、世家大族、地方豪强和富商巨贾蓄养的奴婢数量惊人。比如高阳王元雍有奴婢六千，妓女五百，尚书令李崇有奴婢千人。这些贵族官僚获得奴婢的渠道，一些来自国家的赏赐，一些来自掠夺，还有一些来自买卖。私人奴婢多从事生产劳动，劳动的项目十分广泛，诸如赶车、侍从、守门、清扫等。姿色较佳的女婢则成为主人的妾或妓，专门侍奉主人，或者演奏歌舞。

第二十四章

北魏的分裂与衰亡

北魏从分裂走向衰亡，经历了复杂的历史过程。从宣武帝开始，北魏最高统治集团内部的矛盾开始逐渐尖锐化，一些王公贵戚和官员的生活也腐化堕落。孝明帝以后，北魏国家政事怠惰，纲纪不举。同时，北方六镇军人地位的低下，激起了他们强烈的不满，因而爆发了六镇之乱。接着北魏境内又发生了许多反叛，其中对北魏政局影响较大的是河北之乱。河北之乱不仅打击了北魏的统治，也使尔朱荣能够崛起，操纵控制北魏政权。尔朱荣发动"河阴之变"，消灭了北魏统治集团的大部分力量，但专权不久之后就被杀。在河北之乱中起家的高欢消灭尔朱氏，控制了洛阳的朝政。高欢以六州鲜卑作为依靠力量，以晋阳作为根据地，遥控洛阳的政局。在高欢势力发展的同时，武川军人宇文泰占据长安，也成为一个势力强大的军事集团。孝武帝元修不甘心受高欢控制，最后逃离洛阳，投奔宇文泰。高欢立清河王元亹孙元善见为皇帝，是为孝静帝。北魏分裂为东魏、西魏，北魏随之不复存在。

第一节　统治阶级的腐朽

北魏自孝文帝改革，迁都洛阳后，国势日益强盛。可是从宣武帝统治以后，在统治集团中，腐朽势力开始增长。对于腐朽势力，宣武帝没有采取有力的遏制措施，反而积极推行宽政，减轻刑法。宣武帝的做法很大程度上是对鲜卑宗室贵族和汉族世家大族的宽纵。他的宽纵措施使元氏宗室集团的腐败加剧。比如北海王元详贪得无厌，大肆收取贿赂，他的居室内珍奇盈集。为了修建宅寓，他开筑山池，花费巨万，仍不满足。宣武帝对元详的贪得无厌、奢侈淫靡，不仅不加以制止，反而隆宠有加，军国大事全部交给他裁决。其他的宗室勋贵也是如此：京兆王元愉追逐淫靡生活，贪纵不法；咸阳王元禧为宰辅之首，大肆收受贿赂，贪淫财色，姬妾数十，奴婢数千。

在宗室勋贵淫靡生活风气的影响下，地方官员大多数也不务正业。他们在管辖地区不努力安民，反而竞相获取不义之财。定州刺史元琛依赖权势，收取贿赂，贪婪至极；齐州刺史元鉴判案以所受贿赂的多少来决定，以致贿赂财物充塞官衙。这些地方官员除了大量受贿之外，还凭借他们的特权经营商业，占夺良田。邢峦治齐州，兼营商业，盈利无数，受到当时人的鄙视。

宣武帝施政试图以宽纵的措施营造国内太平的景象，却使统治集团的腐败风气蔓延，浸透国家机体，腐蚀整个社会。因此《魏书·孝明帝纪》说："魏自宣武已后，政纲不张。"

宣武帝的文治措施还加深了鲜卑贵族和汉族世家大族之间的矛盾。在宣武帝即位之初，任城王元澄因汉族世家大族王肃地位在他之上而愤愤不平。元氏宗室对他们地位开始没落的状况，心存深深的哀楚和忧虑。他们以加倍地贪夺、聚敛、挥霍和纵欲来发泄内心的不满，甚至一些元氏宗室开始反叛朝廷。景明二年（501），咸阳王元禧伺机造反，为宣武帝擒杀。正始元年（504），宣武帝相信亲信高肇谗言，冤杀北海王元详。后宣武帝又杀彭城王元勰、京兆王元愉，其余诸王也不同程度地受到打击。宣武帝与元氏宗室的矛盾加剧，是北魏统治集团内部激烈斗争的开始。

延昌四年（515），宣武帝病死，子元诩即位，就是孝明帝。孝明帝年幼，高肇专权。孝明帝命高阳王元雍等杀高肇，于忠等拥立胡太后。这时，北魏统治集团内部斗争激烈。胡太后为抑制斗争双方的势力，重用宦官刘腾。刘腾得宠后压制百官，肆意干预朝政。胡太后的这种做法又加深了世家大族与代北勋臣之间的矛盾。胡太后向代北勋臣妥协，暂时稳定了局面。但在胡太后的统治之下，腐败的风气更甚。北魏统治集团贪夺、僭越的行为，使腐败的风气迅速蔓延。

在胡太后亲政期间，卖官已经成为公开的行为。元晖担任吏部尚书时，卖官纳货都有定价，大郡官吏值二千匹，次郡为一千匹，下郡为五百匹，其余官职也有不同的价格，天下号称"市曹"。许多汉人和少数民族富商大贾凭借经济实力，通过交易获得官职，有了从政的机会，北魏的统治结构发生变化。但胡太后纵容卖官，产生的负面影响很大，使北魏后期的吏治更加败坏。

胡太后执政时，官员经商的活动迅速发展，如决堤之水，一泻不可收拾。大长秋刘腾经营贩运转卖，遍及全国，一年获利以巨万计。扬州刺史李崇有家产巨万，但依然贩卖聚敛，贪欲不止。

这些宗室勋臣和官僚将聚敛剥夺的财物拼命地进行挥霍。高阳王元雍修建的宅第富丽堂皇，胜过皇宫；有僮仆六千，妓女五百；衣着华贵，配饰光彩异常。当时人说，元雍的奢侈生活自汉晋以来从来没有过。河南王元琛与元雍争富，造文柏堂，堂前置玉井金罐，有妓女三百人，尽为国色。从西域求来千里马十多匹，都配金锁环，用银马槽。他与诸王饮酒，酒器有水精锋、赤玉卮、玛瑙碗，做工精妙，都是中土不曾见过的宝物。元琛曾对章武王元融说："不恨我不见石崇，只恨石崇不见我！"

胡太后当政后，因为她崇尚佛法，所以将佛寺的修建推向高峰。在京城洛阳造永宁寺、太上公寺等，花费了大量的资财。又在外州营建五级佛图，施舍各寺庙的财物，一次就达上万。因为大量钱财用来事佛，金银价格腾踊直上。永宁寺建成后，金像高八丈一，佛图高九十丈，佛殿如太极殿，寺南门如端门。至夜深人静时，铃铎声可传十多里远。自佛教传入中国，佛塔的修建从未如此之盛。

后胡太后被元叉、刘腾囚禁，元叉向孝明帝献媚，取得了信任。可是元叉得志之后沉湎于酒色之中，淫乱无忌。他使一些轻薄趋势之徒占据重要的官位。元叉的父亲京兆王元继倚仗元叉的势力，贪纵不法，聚敛不已，与其妻子大肆收受贿赂，操纵选举，以致各地守牧令长都是贪污之辈。从此之后，北魏国家政事怠惰，纲纪不举，百姓穷困，人心思乱，国家的统治秩序开始混乱，社会不稳定的局面也呈现出来了。

胡太后乱政

孝明帝因为年纪小，由他母亲胡太后临朝。胡太后天资聪慧，主持朝政之初，还真有点冯太后的贤德，亲理万机，批阅公文，下诏制作申诉车，经常驾驶着申诉车，以接纳百姓投诉的冤情。然而胡太后骨子里是个专横的人，倚仗她的权势，威逼清河王元怿与她通奸，淫乱不堪，领军元叉、宦官刘腾等人发动宫廷政变，迎请孝明帝元诩亲政，将胡太后软禁于北宫。后来胡太后与孝明帝、元雍联手，解除了元叉的领军职务，再次临朝摄政。重新执政的胡太后为了满足自己的淫欲，与郑俨在宫中公开通奸，郑俨靠此权倾天下，李神轨、徐纥等小人也都深受太后的宠信。三人左右朝政，大施淫威。从此，北魏朝政日趋衰败，法纪松弛，赏罚不明，官员大肆贪污。胡太后害怕自己的丑行招致皇族的不满，遂在宫中培植党羽，孝明帝所宠信的人，胡太后总是找借口将他们杀掉。为此胡太后与孝明帝母子之间，屡次发生冲突。后来，胡太后毒死孝明帝，又立三岁的元钊为皇帝，天下一片哗然。这时军阀尔朱荣以此为借口，起兵南下进入洛阳，将胡太后与幼帝沉入黄河溺死。

第二节 六镇之乱与河北之乱

一、六镇之乱

北魏朝政由元叉控制之后,政风大坏,朝野上下普遍失望,国内固有的矛盾进一步激化,终于使北魏末年各民族反抗爆发。这次起义是以六镇的反抗为先导的。

孝文帝迁都洛阳后,有一些拓跋鲜卑宗室勋臣还留居代北。至孝明帝熙平二年(517),仍然有许多宗室勋臣住在北方。孝明帝对这些留住的鲜卑贵族,不仅不动员他们南迁,还采取了限制他们南迁的措施。即使这些人南迁洛阳,也没有他们的地位。

留居代北的鲜卑人,除了少数居住在平城旧京外,大部分被派去戍守北边六镇。北边六镇是指从道武帝至太武帝时,在平城周边陆续建立的沃野(今内蒙古五原北)、怀朔(今内蒙古固阳南)、武川(今内蒙古武川西)、抚冥(今内蒙古四子王旗东南)、柔玄(今内蒙古兴和北)、怀荒(今河北张北北)。另外,六镇之外还有御夷(今河北赤城北)、高平(今宁夏固原)、薄骨律(今宁夏灵武西南)等军镇。北魏设置这些军镇的目的,主要是为了防御柔然的入侵。

北魏初建这些军镇时,镇戍将士的身份和地位都是很高的。可是迁都洛阳后,镇将的地位逐渐降低,他们被置于汉化后的北魏世族圈之外,"中年以来,有司乖实,号曰府户,役同厮养,官婚班齿,致失清流"[1]。北魏迁都洛阳后对六镇的管理也大为放松。军镇镇将多不称职,政以贿立,军镇兵户的处境更加困苦。文成帝以后，开始将死刑犯迁徙到各军镇，使军镇人口的成分更为复杂。

北方军镇的生活与首都洛阳相比，差别巨大。自北魏迁都洛阳后，经过四十多年的经营，洛阳成为"礼仪富盛，人物殷阜"[2]的大都市。北魏鲜卑贵族财物丰厚，一般士人也通过不同的途径，成为资产巨万的富豪。但在北方军镇，除了少数的上层官员依靠贪污、受贿聚敛的财物还能够具有比较高的生活水平外，绝大部分的镇戍士兵过着凄凉饥苦的生活，"穷其力，薄其衣，用其工，节其食，绵冬历夏，加之疾苦，死于沟渎者常十七八焉"[3]。

北魏自从孝文帝太和十六年（492）以来，对柔然保持友好的态度，柔然对北魏也基本上没有进行过大规模的军事进犯。北魏迁都洛阳后，柔然多次派使者向北魏称藩。孝明帝继位后，柔然丑奴可汗先后三次派使者向北魏表示友好。正光元年（520）十月，柔然阿那瓌可汗亲自率领臣属出使北魏，声明柔然的先世与北魏同出一源。孝明帝封阿那瓌可汗为朔方公、蠕蠕王，待遇如亲王。因为北魏与柔然关系得到改善，所以就对北方边镇更加不重视，国家对柔然的防御十分松懈。

正光四年（523），柔然发生了大饥荒。阿那瓌可汗忽然一反常态，放弃与北魏保持友好的态度，亲自率领三十万大军公然进犯边境。孝明帝抽调十五万军队阻击，阿那瓌退兵，北征大军无功而还。阿那瓌发兵进犯柔玄、怀荒二镇后，怀荒镇民要求镇将于景开仓赈济，可是于景不答应，因此激怒了镇民，他们愤然杀死于景。

正光五年（524）三月，沃野镇人破六韩拔陵与高阙戍主"率下失和"，他聚众杀死戍主，开始反叛。破六韩拔陵是从东汉以来就加入鲜卑部落的匈奴人后裔。参加反叛的卫可孤、王也不卢等

第二十四章 北魏的分裂与衰亡

人，大多数是鲜卑人。

破六韩拔陵率军攻占沃野镇，改元真王，挥军南下。北方边镇鲜卑人和汉人都纷纷响应。破六韩拔陵又攻下武川、怀朔两镇，在五原白道（今内蒙古呼和浩特北），连败北魏军，六镇全部为叛军占领。孝明帝只好请柔然出兵帮助平定叛军。孝昌元年（525）春天，柔然可汗阿那瓌率领大军十万，进攻武川镇，又转攻沃野镇，叛军多次交战均失利。六月，破六韩拔陵渡黄河南移，尚余部众二十万。北魏广阳王元渊率军夹击，破六韩拔陵无法掩护六镇军民全部后撤，使六镇兵民二十余万人全部为元渊截获。破六韩拔陵兵败后下落不明。

北魏六镇经过起义军和北魏军的战争，以及柔然的破坏，已经破败不堪，生产组织破坏无余。北魏朝廷派黄门侍郎杨昱将这些六镇降户分散到定州、冀州、瀛州就食。但六镇降户与北魏国家的矛盾并没有消失，依旧十分尖锐。

二、河北之乱

六镇反抗失败后，北魏开始将六镇降户二十余万人迁徙到河北地区。这二十余万降户在迁移的路途上忍饥挨饿，异常悲惨。他们到达河北后，正值这里自然灾害严重，连年饥荒，居民四处逃散。在这种形势下，六镇降户几乎无处就食，难以在河北生存。

孝昌元年八月，柔玄镇兵杜洛周在上谷郡率众反抗。起义军南进，包围燕州。安州的石离、穴城、斛盐三地戍兵也起义响应。孝昌二年（526）十一月，杜洛周攻取幽州。武泰元年（528）正月，杜洛周率军南进，不久又攻取定州和瀛州，并击败柔然增援北魏的一万援兵。

在杜洛周举兵反抗四个月后，原五原降户鲜于修礼也率六镇徙民在定州左人城（今河北唐县西北）起兵，起义军发展到十多万人。后鲜于修礼受到北魏都督杨津的进攻，被迫后撤。不久，鲜于修礼军内部发生变故，部将元洪业杀掉他，准备投降北魏。鲜于修礼的另一部将葛荣又杀元洪业，成为起义军的统帅。葛荣在博野（今河北蠡县）白牛逻击溃了北魏的主力军，杀死左军都督章武王元融。不久，葛荣在定州附近又击斩魏军大都督广阳王元渊。起义军声势浩大，势不可挡。葛荣自称天子，国号齐，建元广安。孝昌三年（527），葛荣攻占殷州、冀州，杀殷州刺史崔楷，俘虏冀州刺史魏宗室元孚。次年，葛荣又攻占定州。不久，起义军发生火并，葛荣杀杜洛周，将其部众全部收编。这时，葛荣攻占了冀、定、沧、瀛、殷五州之地，拥有部众数十万，号称百万。

是年八月，葛荣率军围攻相州，大军前锋已经越过汲郡，直指洛阳。这时，北魏政权已经被契胡族酋长尔朱荣控制。九月，尔朱荣亲率精骑七千，倍道兼程，迅速东出滏口（今河北磁县西北），迎击葛荣军。葛荣面对强敌，麻痹大意，不做充分准备，与尔朱荣交战时列阵数十里，严重分散兵力。尔朱荣乘机发起冲锋，大败葛荣。葛荣被俘虏，押往洛阳斩首。葛荣数十万大军一朝散尽，北魏国家平定了河北地区的叛乱。

此外，在六镇、河北暴动的前后，山东、关陇等地区也都爆发了反抗北魏统治的起义。北魏末年的这些反抗的爆发，打击了北魏的统治，促使北魏分崩离析局面的出现。

第三节　河阴之变与北魏的分裂

在各地反叛势力的打击下，北魏的统治摇摇欲坠。而在北魏统治集团内部，各派势力的斗争也十分尖锐。武泰元年（528）二月，胡太后毒死孝明帝元诩，然后立孝明帝的堂侄元钊为帝。这时元钊只有三岁。契胡族酋长尔朱荣乘洛阳内部出现变乱，率军南下。

尔朱荣（493—530）是秀容川人。秀容川发源于少阳山（今山西交城西），流经今神池、五寨、保德，然后注入汾水。这条河就叫朱家川，也称尔朱河，尔朱氏因其得名。尔朱氏为东胡一支，世代为酋帅。到尔朱荣父亲尔朱新兴时，其家族已经非常富有。北魏朝廷任尔朱新兴官至散骑常侍、平北将军、秀容川第一领民酋长。尔朱新兴死后，尔朱荣袭爵为直寝、游击将军。这时，北魏境内四方兵起，天下大乱。尔朱荣乘机召集义勇，散财结士，聚集力量。他先后奉北魏朝廷之命，平定了并州等地的叛乱，晋升为平北将军、北道都督。杜洛周和葛荣起义军在河北活动时，尔朱荣上表朝廷，要求平叛，被任命为征东将军、右卫将军，以及并、肆、汾、广、恒、云六州都督，前去镇压。武泰元年二月，杜洛周与葛荣火并，葛荣杀杜洛周。杜洛周部属高欢、段荣率众投靠尔朱荣，因而尔朱荣的力量更加强大。高欢劝尔朱荣乘天下大乱，夺取北魏政权。尔朱荣准备南下夺取洛阳，因此上书朝廷，要先进军相州，但遭到胡太后拒绝。他只好率军东进井陉，等待时机。

尔朱荣乘洛阳宫廷政变，与元天穆密谋立长乐王元子攸为帝，元子攸表示同意。因此尔朱荣抗表起兵，进军洛阳。尔朱荣占据洛阳后，在城中大肆杀戮。他把胡太后和幼主元钊押送至河阴（今河南孟津东北），沉于黄河。次日，尔朱荣以祭天为名，将洛阳百官引至行宫西北，命骑兵将他们包围。尔朱荣声称，天下大乱，孝明帝暴崩，都是朝廷官员暴虐，不能够匡救所致。然后，他纵兵屠杀百官。丞相高阳王元雍、司空元钦等十三王及公卿以下三千余人全部被杀，史称"河阴之变"。洛阳城中的鲜卑贵族和在北魏朝廷任职的汉人大族几乎消灭殆尽。

尔朱荣擅政后，凭借精悍善战的契胡族骑兵，很快消灭了各地的反叛力量。虽然国内的反抗势力被消灭，但统治者内部的斗争更加尖锐了。永安三年（530）九月，尔朱荣从晋阳入朝洛阳，孝庄帝元子攸乘尔朱荣入宫朝见之时，设伏兵杀死尔朱荣。尔朱荣从子尔朱兆等起兵为尔朱荣复仇，攻陷洛阳，杀孝庄帝，改立广陵王元羽之子元恭为帝，是为节闵帝。

当时尔朱兆、尔朱天光、尔朱仲远分别占据并州、关中、徐州等地，并且尔朱彦伯、尔朱世隆兄弟在朝秉政。由于尔朱氏的专权，北魏国内形势极其混乱。在河北地区反抗被平定后，六镇兵民尚有二十万，被迁移到并州一带。这些反抗的六镇兵户，除了武川的一部分，由贺拔岳率领随尔朱天光西征关中，后来成为宇文泰的主要军事力量之外，大部分的兵户留在晋州，不时进行反叛。这时曾加入尔朱氏军事集团的高欢，正任晋州刺史。他向尔朱兆建议，对晋州的六镇兵民采取安抚的措施，不可尽杀。尔朱兆命高欢统领恒、燕、云三州的六镇兵民，高欢将他们组织成为军队。后因饥荒，高欢征得尔朱兆的同意，又使六镇兵民前往山东就食。这样高欢就掌握了三州六镇兵民，有了可以依靠的军事力量。

高欢（496—547），鲜卑名为贺六浑，自称是渤海蓨（今河北景县）人。祖父因犯罪被发配到怀朔镇充兵户。高欢曾任怀朔镇函使，只是位传送公文的小军官。六镇兵民起义后，高欢加入起义队伍。后来他背叛葛荣，投降了尔朱荣。尔朱荣掌握洛阳朝政后，利用高欢与河北起义军的关系，派他去河北分化六镇兵民。后因镇压叛乱有功，高欢升为第三镇民酋长、晋州刺史。尔朱荣死后，高欢又得到尔朱兆的重用。

建明二年（531），高欢到达太行山以东的河北地区。尽管河北的形势复杂，但他依靠冀州大族封隆之、高乾、高昂的支持，控制了信都，并安置三州六镇兵民。北魏政权为了安抚高欢，封他为渤海王，任命他为东道大行台、冀州刺史。高欢在牢牢控制了三州六镇的兵民后，进一步在河北发展势力，寻找机会反叛尔朱氏。不久，高欢派军诱杀殷州刺史尔朱羽生，开始与尔朱氏决裂。随后高欢拥立北魏宗室疏属元朗为皇帝，他自称丞相、都督中外诸军事、大将军、录尚书事、大行台。对高欢的自立，尔朱兆极为愤怒，亲自率军征伐高欢。高欢与尔朱氏在河北一带多次交战，反复争夺，逐渐在军事上占据优势地位。普泰二年（532）四月，高欢攻入洛阳，废杀节闵帝元恭和元朗，另立广平王元怀之子平阳王元脩为帝，这就是孝武帝。高欢自任大丞相，控制了北魏的实际大权。

太昌元年（532）七月，高欢攻占晋阳，尔朱兆逃归北秀容。次年，高欢击杀尔朱兆，尔朱氏的势力被彻底消灭。高欢在晋阳修建丞相府和晋阳宫，将晋阳变为他霸业的政治和军事中心。他又将三州六镇兵民从河北迁回，居住在晋阳的周围，把六镇改置为朔、显、蔚三州，分别侨置于并州和汾州界内，从此三州六镇鲜卑改称为六州鲜卑，成为高欢的主要军事力量。

高欢消灭尔朱氏后，他自己居住在晋阳，遥控洛阳政权。孝武帝元脩不愿意完全受制于高欢，所以不久就与高欢的矛盾越来越尖锐。孝武帝在洛阳杀死高欢的亲信高乾，迫使高乾弟高昂、高慎逃往晋阳避难，高欢与孝武帝的关系更加紧张。晋阳和洛阳的对立，在军事上大有一触即发之势。

孝武帝元脩试图依靠拥兵关陇的贺拔岳军事集团作为后援，所以任用贺拔岳的弟弟贺拔胜为荆州刺史，这样孝武帝就与贺拔岳军事集团联系得更加密切。不久，贺拔岳被杀，孝武帝又扶植关陇军事集团的宇文泰来对抗高欢。永熙三年（534）五月，孝武帝元脩下诏，征发河南各州军队，表面是准备征伐梁朝，实际是要袭击晋阳。高欢了解到孝武帝的真正意图，调集二十万大军分路南下。孝武帝无力与高欢对抗，只好放弃洛阳，匆匆忙忙逃往长安，投奔宇文泰。

高欢进入洛阳后，拥立清河王元怿孙元善见为皇帝，称为孝静帝。当时元善见才十一岁，实际权力为高欢所控制。高欢认为洛阳面临宇文泰的军事威胁，因此决定以邺为都城，并将孝静帝迁至邺。历史上将迁都至邺城的魏称为东魏。

孝武帝逃到长安后，宇文泰也试图控制他。孝武帝不甘心受制于宇文泰，与宇文泰的矛盾日益尖锐。是年冬天，宇文泰毒死孝武帝，拥立南阳王元愉子元宝炬为帝，是为西魏文帝。

北魏自登国元年（386）拓跋珪称帝起，至永熙三年（534）北魏分裂为东、西魏，共历十二帝，立国一百四十八年。

第二十五章

北齐、北周的对峙与北周统一北方

北魏分裂后，出现了东魏和西魏对峙的局面。东魏的实际最高统治权力为高氏集团所控制，而西魏的最高统治权力为宇文氏集团所控制。后高欢子高洋废东魏孝静帝，建立北齐。宇文泰子宇文觉也取代西魏恭帝元廓，建立北周。北齐与北周仍然处于军事对峙中。北齐政权在国内实行均田制、屯田制，发展社会经济；在政治上，主要依靠鲜卑贵族，也联合一些汉族世家大族进行统治。北周政权先后实行了均田制、府兵制，并依据《周礼》进行官制改革；在政治上，主要依靠汉族世家大族进行统治。北齐统治末年，内政混乱，政治腐败，国家统治摇摇欲坠。在北周，周武帝登基后励精图治，国内政治清平，积极备战。他率军东征，最后消灭北齐，统一北方，为隋朝实现全国统一奠定了基础。

第一节　北齐的建立及其统治

高欢立元善见为帝后，改永熙三年为天平元年（534），建都于邺。但高欢将丞相府设在晋阳，总揽东魏大权，遥控居于邺的东魏孝静帝。武定五年（547），高欢病死，子高澄继立。高澄承袭高欢的全部官爵，并积极准备夺取皇帝位。他对孝静帝极为不恭，曾使人以拳殴击孝静帝。然而，高澄还没有来得及夺取帝位，就被刺客杀死。高澄弟高洋继掌大权，任丞相、都督中外诸军事、录尚书事、大行台，又被封为齐郡王。武定八年（550）五月，高洋废孝静帝，夺取东魏帝位，改年号为天保，改国号为齐，史称北齐，称高洋为齐宣帝。

高洋在位时是北齐国力鼎盛的时期。北齐有户三百万，口二千万。北齐占有今黄河流域下游的河北、山东、山西、河南及苏北、皖北等地区，这些地区是中原富庶的粮食产区。

高氏集团在统治区内推行均田制。早在高欢掌权时就进行了均田，依然采取北魏的制度，只是授田时间改在每年十月。河清三年（564），齐武成帝高湛又颁布了均田和赋役法令。均田令规定：男子十八岁以上、六十五岁以下为丁，十六岁以上、十七岁以下为中，六十六岁以上为老，十五岁以下为小。男子十八岁受田，缴租调，二十岁充兵，六十岁免力役，六十六退田，免租调。奴婢按良人的规定受田，丁牛一头受田六十亩，只限四头牛受田。土地不适宜种桑树者，给麻田。对亲王、官员和庶人拥有可受田的奴婢数量，都有不同的限制。与北魏孝文帝的均田令相比，北齐的新均田令对奴婢的人数、耕牛的头数和受田的数量，有了更详细的规定和明确的限制。

北齐户调的征收以床为单位。一夫一妇为一床，未娶者为半床。户调的税率为一床调绢一匹，绵八两。十斤绵中折一斤作丝。还收垦租二石，义租五斗。垦租送台，义租纳郡，以备水旱。未娶者减半。

北齐占据中原经济发展地区，土地兼并剧烈，因此均田制实行起来比较困难。一些均田户承受不了国家田租户调和兵役、徭役的盘剥，只有出卖土地，流转他乡，严重影响了国家的兵役征发，减弱了北齐的军事力量。

北齐政府为发展农业，还实行了屯田制。北齐在祠部下设屯田曹，掌管籍田和诸州屯田。司农寺下有典农署，领山阳、平头、督亢等三部丞屯田事宜。各地屯田则在当初设都使、子使进行管理。

在政治统治上，从高欢起兵反对尔朱氏，到高洋建立北齐，高氏军事集团主要依靠的是六州鲜卑，另外联合了一些汉族大姓。高氏集团始终对汉族持歧视态度，视汉人为奴。早在孝文帝时，已经禁用鲜卑语，但高氏集团坚持六镇旧俗，通行使用鲜卑语，将汉人视为他们统治可以利用的工具。比如高澄死后，辅助他的汉族大族崔季舒等就被发配北边。高洋一死，汉族大族尚书令杨愔等辅助其子高殷继位，但遭到高洋弟高演和鲜卑贵族反对，杨愔等被处死，高殷也被废。可见在北齐统治阶层中，鲜卑人对汉人排挤和打击得相当严厉。由于北齐统治者欺凌汉人，蔑视汉人，诛杀汉族官僚，所以北齐国家内部民族矛盾非常尖锐。

高欢建立政权，除了依靠六州鲜卑兵民外，还有汉族大族和地方上的豪民。高氏集团使这些人成为国家的文武官员，为他出谋划策，效命疆场，所以对他们贪纵不法的行为采取放纵的态度。比如高欢对鲜卑勋贵的聚敛不厌、淫虐不止的贪污行为从来不加制止。这样就使中央和地方官员贪污成风，国家吏治败坏。一些地方豪民以勤王为名，或者一些公主外戚依托权势贿赂，随意增设州郡，获得刺史、郡守官职，以致当时人说，只要有百户之家，就可立一州；只要有三户百姓，就能立一郡。这种情况的出现，使北齐境内州郡设置混乱。天保七年（556），北齐并省三个州、一百五十三个郡、五百八十九个县和两个镇、二十六个戍，试图扭转混乱局面，整治吏治，但实效并不明显。到北齐末年，情况更加败坏，后主高纬宠信陆令萱、和士开、高阿那肱、穆提婆、韩凤等佞臣。他们贪得无厌，对百姓的赋敛日益加重，使人民的徭役也越来越繁苛，搞得国家的府库储藏几乎完全枯竭。在困难的财政下，后主高纬竟然叫这些佞臣卖官，州、郡长官和僚佐以至乡官各有不同的价格。所以一些富有的大商人都买到了地方的要职，然后他们就拼命聚敛，大肆贪污，使地方百姓困苦不堪，民不聊生。齐后主又宠幸奸邪、宦官、商贾、歌舞人等，为他们加王号的有上百人，为他们封开府的有上千人，为他们封仪同的不计其数。狗、马、鹰都有仪同、郡君的称号。一些人只会斗鸡或斗狗，就加官开府，与鸡、狗一同领取俸禄。足见北齐国家吏治的败坏已经到了极点。这样，北齐统治的末日也就来临了。北齐承光元年（577），周武帝攻灭北齐，北齐亡国。北齐从天保元年（550）至承光元年（577），历六帝，共二十八年。

"无愁天子"齐后主

　　北齐后主高纬即位后对国家大事毫无兴趣,整日与恩幸小人在一起吃喝玩乐。他创作《无愁》曲,亲弄琵琶歌唱,左右百人歌舞和之,北齐的百姓称其为"无愁天子"。当听到陈朝北伐占领淮河以南地区的消息后,他满不在乎地说:"本来就是他们的地方,随他们取回好了。"北齐武平七年(576),北周军队猛攻平阳,高纬正在附近打猎,闻讯就想率大军驰援。爱妃冯小怜玩兴正浓,还要高纬和她再杀一围。而一围短则一日,长则几日,等到游猎结束,平阳已经被北周占领。高纬率领大军反攻平阳。由于皇帝亲征,齐军奋勇作战,将要乘胜攻城之际,高纬忽然下令暂停进攻,想让冯小怜看看大军攻城的壮观场面。而冯小怜正在化妆,磨磨蹭蹭,等她到来时,北周军又重新修好了工事。最后两军在平阳城外决战,高纬和冯小怜并马观战。齐军略有退却,冯小怜吓得大叫:"败了败了!"高纬惊慌失措,带着冯小怜奔逃而去。齐军军心大乱,一溃千里。高纬逃回邺城后,大将斛律孝卿建议高纬亲自接见将士,重整军心,并为他写好训辞,嘱咐他面对表情严肃的官兵,要慷慨激昂。高纬做出慷慨激昂状,眼角闪耀出泪光,当他要开口讲话时却把训辞忘了,不禁哈哈大笑。左右随从也赔着笑,将士们顿时有一种被愚弄的感觉,毫无战心。承光元年(577),北周灭齐,次年高纬被杀。

第二节 北周的建立及其统治

北魏永熙三年（534）七月，孝武帝惧怕高欢的军事威胁，由洛阳逃往长安，投靠关陇军事集团的首领宇文泰（507—556），希望得到宇文泰的支持。孝武帝西迁洛阳后，西魏政权建立，但西魏的实际权力为宇文泰控制。不久，孝武帝与宇文泰发生矛盾，宇文泰毒杀孝武帝，拥立元宝炬为帝，是为文帝。西魏文帝命宇文泰任大将军、雍州刺史，后又任都督中外诸军事、录尚书事，最后任太师、大冢宰。他是西魏国家大权的实际控制者。

宇文泰的先世为东胡宇文部的酋长。宇文部在东汉末加入鲜卑檀石槐的部落联盟。后燕灭亡后，宇文泰先祖迁居武川，到宇文泰父宇文肱时，一直居住在武川。北魏末年，沃野镇民破六韩拔陵反叛，他的部属卫可孤攻下武川。宇文肱等先投卫可孤，后又与武川镇中下级将领叛变，袭杀卫可孤，投降北魏。北魏六镇受到柔然军的严重破坏后，六镇兵民被迁移到河北地区就食，宇文肱全家都在迁移之列。宇文肱到达河北博陵郡后，参加了怀朔镇民鲜于修礼的队伍。后宇文肱与他的长子、次子都在作战中被杀。这时宇文泰十八岁。他随兄宇文洛生加入葛荣军。葛荣失败后，宇文泰因与尔朱荣部将贺拔岳有世交，被收编在贺拔岳的军中。贺拔岳奉尔朱荣命率军镇压关陇反叛，宇文泰也跟随入关中。后尔朱氏失败，贺拔岳与侯莫陈悦在关中发生火并，贺拔岳被杀，宇文泰统率贺拔岳部众。宇文泰伐侯莫陈悦，侯莫陈悦兵败被杀，宇文泰尽有关中之地。宇文泰的关陇军事集团主要以武川镇将领为骨干，并且是关陇集团的核心。宇文泰正是依靠关陇军事集团的军事力量，牢牢地控制了西魏政权。

西魏大统十七年（551），文帝元宝炬病死，子元钦继位，是为废帝。元氏宗室试图将权力从宇文泰手中夺回来，以尚书元烈为首，阴谋发动政变。宇文泰得知消息，杀死元烈。宇文泰知道元钦支持元烈，便废杀元钦，立元钦弟元廓为帝，是为恭帝。恭帝三年（556），宇文泰病死，年五十岁。

宇文泰在世时，因诸子年幼，信任兄子宇文护，委以重任。宇文泰临死时将国家大权交给宇文护。次年宇文护废掉西魏恭帝，立宇文泰嫡子宇文觉为周天王，这就是北周孝闵帝。西魏灭亡，建国周，史称北周。

北周建立后，宇文护专权，统治阶层内部矛盾很大。宇文护迫使对立派首领赵贵、独孤信自杀，北周政权得到巩固。宇文护由大司马升任大冢宰，晋封晋国公，完全控制了北周大权。不久，宇文护废杀孝闵帝宇文觉，立宇文毓为帝，是为北周明帝。后又毒杀明帝宇文毓，立宇文邕为帝，是为北周武帝。宇文护控制府兵十二军，凡有征发事务，必须由他亲自决定；国家大小政务先由他决定，再上报皇帝，所以他表面上是丞相，实际上是北周政权的最高主宰。宇文护前后执政十五年之久，对稳定北周政权的统治起到重要作用。

周武帝宇文邕是位有作为的皇帝，他对宇文护的专权以及宇文护诸子的贪残、宇文护僚佐仗势危害政治和欺压人民的诸种做法非常不满。建德元年（572）三月，周武帝乘宇文护进宫朝见太后，将宇文护杀掉，实际掌握了国家大权。周武帝彻底肃清宇文护的势力，控制和扩大府兵的来源，进一步加强了中央集权。他开始在政治和军事上充分发挥出卓越的才能。

从宇文泰控制西魏政权到北周建立，宇文氏集团进行了诸多方面的改革。宇文泰重用苏绰，颁布了先治心、敦教化、尽地利、擢贤良、恤狱讼、均赋役等六条诏书，要求作为各级官员施政的准则。

在宇文泰执政时就颁行了均田制和赋役制。均田令规定：一夫一妇受田一百四十亩。尚未娶妻者，受田百亩。一家人口十人以上，受宅田五亩；人口九人以下，受宅田四亩；人口五人以下，受宅田三亩。十八岁成丁受田，六十岁年老还田。一夫一妇每年缴纳绢一匹，绵八两，粟五斛。未娶妻者减半。不适宜种桑的地方，缴纳布一匹，麻十斤；未娶妻者减半。丰收年，缴纳全赋；中年，减半；灾年缴纳三分之一。又规定：民年十八岁至五十九岁，都要服徭役。北周初年，一人八个月，服力役一个月，一年服力役一个半月。后改为一年服力役一个月。北周的田租、户调、力役还是比较重的。不过，关陇地区地广人稀，土地兼并不太严重，因此均田制的推行对农业生产起到了比较明显的促进作用。

宇文氏政权建立了府兵制。府兵制以设立军事组织单位兵府而得名，这种军制是从部落兵制发展改革而来，又走向汉化的军制。宇文泰设置柱国大将军八人，其中，宇文泰"位总百揆，都督中外军"，另一位广陵王元欣是挂名的。其余六位柱国大将军下辖十二大将军，每大将军统二开府，分团统领，为二十四部，府兵系统形成。府兵开始是为宇文泰控制的禁卫军。周武帝将府兵军士改称为侍官，其宿卫的职责更为明确，成为皇帝的禁卫军。府兵制开始确立时，士兵另有军籍。周武帝为了扩大兵源，充实军事力量，不得不在均田农民之家、六等中户以上、家有三丁的家庭，选拔一名军士，充当府兵。国家为了号召农民充当府兵，采取了废除县籍和免除其他赋役的做法。均田上的农民苦于徭役的繁重，充当府兵者很多。史称："建德二年，改军士为侍官，募百姓充之，除其县籍。是后夏人（汉人）半为兵矣。"[1]这样，逐渐开始实现兵民合一化，使府兵制向与均田制结合的方向发展。府兵制的创立和发展充实了北周的武力，强化了北周的中央集权。

宇文氏政权还在官制上进行了改革。根据《周礼》中的六官，宇文泰设天官府、地官府、春官府、夏官府、秋官府和冬官府，各府均有属官。宇文泰这样做是要模仿汉人的古制，体现汉化精神。同时参用秦汉官制，作为补充。又将官员的等级以命区分，从正九命、九命到正一命、一命，共十八命。

周武帝实际控制国家大权后，开始罢关中地区的沙门、道士，让他们全部还俗。周武帝灭齐后，又毁废北齐境内的佛教。他这样做，一方面是倡导儒学，推行汉化的需要；另一方面则是要限制寺院经济的发展，使投靠寺院的劳动者重新为国家所控制，增加国家的财政收入。

从宇文泰开始，直到宇文邕，宇文氏政权相继在政治、经济、军事和文化等方面，进行了一系列的改革。改革使北周政权的集权统治得到强化，国家的财政收入明显增加，军事力量也更为强大。特别是周武帝宇文邕开始吸收均田上的广大汉族农民充当府兵，不仅扩大了府兵的队伍，也使得鲜卑人和汉人有了进一步融合的可能，为北周统一北方创造了有利的条件。

第三节　北周统一北方

北魏分裂为东、西魏后，两个割据政权为了吞并对方，不断地发生战争。东魏和西魏之间先后进行了比较大的战争，有小关之战、沙苑之战、河桥之战、邙山之战、玉壁之战、长社之战等。在这些战争中，东魏、西魏互有胜负，都无法在军事上占据明显的优势。北齐、北周相继建国后，两国之间也常有战争发生。北周天和三年（568），北周、北齐两国开始通好，互相派使者聘问。周武帝亲政后，看到北齐政治腐败到了极点，开始准备消灭北齐。虽然表面上继续与北齐通好，但在国内积极整军练武，养精蓄锐。

北周建德四年（575），周武帝调集十八万大军开始征伐北齐。他命宇文纯、司马消难、达奚震为前三军总管；宇文盛、侯莫陈琼、宇文招为后三军总管；杨坚、薛迥、李穆等率军分道并进。周武帝亲自率领大军六万向河阴进军，克复河阴。齐王宇文宪率领前锋也攻下洛口东西二城。周武帝又指挥军队进攻洛阳金墉城，受到齐军顽强抵抗，无法攻克。这时，北齐右丞相高阿那肱从晋阳率军来救，周武帝又患疾病，北周军只好退兵，所占北齐城镇复归于齐。

建德五年（576）十月，周武帝再次出兵伐齐。他总结前次伐齐失败的教训在于只攻北齐的后背，没有截断北齐的喉咙，因此伐齐要直攻晋州，北齐必然派重军来援，然后击败其援军，就能够一举灭齐。周武帝奉行此战略，分派将领进攻北齐。他亲自率领大军十四万五千人，直指平阳。北周军势如破竹，很快攻克晋州。周武帝留下将领梁士彦守晋州，暂退军修整。十二月，周武帝又亲率军八万，从长安进援晋州。齐后主高纬率军抵御周军，被周军大败，丢弃军资甲杖无数，堆积成山，北齐军队主力被彻底击溃。齐后主率数十骑逃回晋阳。北周军乘胜进攻晋阳。后主高纬留安德王高延宗守晋阳，自己逃往邺城。北周军很快攻克晋阳，高延宗投降。北周军又向邺城进军。建德六年（577）正月，北周大军攻取晋阳。后主高纬带其子高恒逃跑，打算投奔陈朝，但在青州为北周军俘虏，押送至长安，次年被杀。北周伐齐大获全胜。北周灭齐后，获得北齐五十五州、一百六十二郡、三百八十五县，还得户三百三十万二千五百二十八、口二千万六千六百八十六。

从永熙三年（534）北魏分裂后，经过将近半个世纪的时间，周武帝消灭北齐，又统一了北方。周武帝统一北方不仅结束了周、齐对峙的分裂局面，也为后来隋进一步进军陈朝，实现南北统一，打下了坚实的基础。

第四节 北周的衰亡

周武帝灭北齐后不久，于宣政元年（578）病故，他的儿子宇文赟继立，这就是周宣帝。周宣帝即位后，处死他最忌恨的齐王宇文宪。第二年，又将周武帝信任的重臣宇文神举、宇文孝伯等杀掉，重用郑译、刘昉等奸邪之人，让他们参掌机要。周宣帝生活荒淫奢侈，天天狂饮，酒醉不醒。他尽选天下美女，充实后宫，进入后宫后，常常一二十天不出来，大臣无法见到他，只有通过宦官向他通报情况。周宣帝还嫌周武帝制定的法律《刑书要制》量刑定罪太轻，便重新制定《刑经圣制》，用刑非常残酷，搞得内外恐惧，人人离心。

周宣帝在即位第二年就将皇位传给七岁的儿子宇文阐，是为静帝。他自己做太上皇帝，称为天元皇帝。大象二年（580），周宣帝做了不到两年的皇帝和太上皇帝就死去了。周静帝这时才八岁，国家大权为宣帝嫡妻天元大皇后杨氏之父杨坚（541—604）把持。

杨坚祖先为弘农杨氏。五世祖杨元寿在北魏初期迁居武川镇。杨坚父杨忠从小生长在武川镇，后成为独孤信的部将。宇文泰组织府兵，设置八柱国、十二大将军，杨忠为十二大将军中的一员。杨忠官至柱国大将军、大司空，封隋国公。杨忠死后，杨坚袭父爵为隋国公。周武帝灭北齐后，任杨坚为定州总管。周宣帝即位后，调杨坚任大司马和右司武，掌管军权。宣帝死后，郑译和刘昉假造遗诏，命杨坚主持朝政。不久，杨坚获得假黄钺、左大丞相、都督内外诸军事、大冢宰等官号，将北周的大权牢牢地操纵在他手中。

杨坚为了防止北周宗室的反叛，将周室五王和明帝、武帝诸子全部杀掉。杨坚又要撤掉相州总管尉迟迥。尉迟迥是宇文泰的外甥，周武帝让他统治旧齐之地，权力极大。大象二年六月，尉迟迥反对杨坚专权，在相州起兵。除了并州和幽州之外，关东各州都起兵响应尉迟迥，尉迟迥的军队发展到数十万人。益州总管王谦也反对杨坚，益州所辖的益、潼等十八州以及川南、川东十州都为他控制。

当时三方兵起，对杨坚来说，形势相当严峻。杨坚一面调动军队，平定各地的反叛，同时革除周宣帝的苛暴政治，废除《刑经圣制》，实行宽政，获得了百姓和下级官员的支持。

杨坚征发关中精兵，任命韦孝宽为行军元帅，东讨尉迟迥。韦孝宽在永桥城大败尉迟迥儿子尉迟惇所率的十万大军，乘胜前进，进逼邺城。尉迟迥在邺城集结了十三万军队与韦孝宽交战。韦孝宽

图 25-1 邺城城墙遗址（杨坚攻破邺城后将其彻底破坏，邺城从此在地图上消失）

在邺城外大败尉迟迥军，进兵将邺城包围。韦孝宽指挥军队攻城，邺城很快被攻破，尉迟迥自杀身亡。杨坚命令韦孝宽彻底破坏邺城，将居民南迁至四十五里之外的安阳（今河南安阳西）居住，改安阳为邺县，作为相州的治所。杨坚又命河南道行军总管于仲文进攻尉迟迥的残余势力。尉迟迥的大将檀让、席毗罗所领军队先后为于仲文击败，檀让被擒，席毗罗被杀。关东各州的叛乱被彻底平定。杨坚以梁睿为统帅，进攻在益州反叛的王谦。王谦率军迎战，被梁睿击败。王谦在逃跑途中被擒杀，益州的反叛也被平定了。

从大象二年六月尉迟迥起兵，到同年十月王谦在益州失败，杨坚用了不到四个月的时间，就将反叛势力全部平定，稳定地控制了各地方。杨坚认为取代北周的时机已经到来，于静帝大定元年（581）二月，他代周称帝，改国号为隋，改元开皇。不久，杨坚又杀周静帝，尽灭宇文氏。从周孝闵帝元年（557）北周建国，至大定元年周静帝被废，历五帝，立国时间共二十四年。

杨坚建立隋朝后，在国内实行加强中央集权的措施，积极创造条件，准备统一全国。开皇九年（589），隋文帝杨坚发兵攻陈，占领建康，俘获陈后主，陈朝灭亡，实现了南北的统一。

第五节　北方地区的民族融合

北周统一北方，继之而起的隋朝统一南北，都是在民族大融合的基础上进行的。这种民族融合经历了长期的历史过程。自魏晋以来，许多少数民族都活跃在北方的广大地区。这些少数民族主要有匈奴、鲜卑、羯、氐、羌、卢水胡以及粟特胡人，他们先后入主中原，在中原地区建立区域性的政权。这些少数民族政权灭亡后，其人民多留居当地，没有迁回他们原来的居住地区，与当地汉人杂居在一起，在生产和生活上与汉人相互影响，相互联系，开始具有相互融合的趋势。

北魏在朔方兴起的时候就已不只是拓跋鲜卑一族，《魏书·序纪》称："有匈奴杂胡万余家，多（石）勒种类。"这就是说，处于朔方的拓跋鲜卑部，除了鲜卑族之外，还有匈奴、羯、杂胡等民族。实际上，拓跋鲜卑部在发展过程中，就是与融入的其他少数民族共同进行生产和军事活动，开始了局部地区的民族融合。

拓跋鲜卑入主中原后，人口很少的鲜卑人就为人口众多的汉人所包围。汉人的先进文化对鲜卑族产生重大的影响。孝文帝迁都洛阳，积极进行汉化改革，是顺应了民族融合的历史潮流。所以孝文帝在经济、文化、语言和生活习俗上的改革措施，都是对民族大融合的推进，加速了民族大融合的进程。然而，民族融合是个复杂的历史过程，自然会有逆流的出现。北齐高氏政权一反孝文帝改革取得的成果，推行鲜卑语，倡导鲜卑习俗，但为了维持其政权的需要，又不能不利用汉人。北齐政权的措施并不能从根本上改变民族融合的历史趋势。北周宇文氏政权继续北魏孝文帝以来的汉化改革，有力地推动了北方西部地区的民族融合，使北周首都长安成为汉化运动的中心。北周统一北方，这种汉化运动自然也推行到北齐原来所占地区，改变了这个地区汉化运动迟滞的状况。

　　北方地区民族大融合，固然是国家政权的汉化措施起到了推动作用。但是长期以来，汉族和其他少数民族在生产上的结合，则是民族大融合实现的基础。北魏初年，国家实行计口授田，将鲜卑、汉人及其他杂夷迁徙到平城附近，计口分配土地，共同从事农业生产。他们在劳动中互通有无，相互联系，自然要在生活习俗、婚姻关系等方面产生影响。北魏、北周和北齐都实行均田制，其规模要比北魏初年的计口授田大得多。受田的各族人民在生产上自然要有密切的联系。久而久之，在均田制下，汉族人民与其他各族人民也就融为一体了。到了隋唐时代，匈奴、羯、氐、羌、丁零、乌桓、鲜卑等一些内迁的少数民族，就再也找不到他们活动的记载了。这就是说，经过十六国、南北朝长期的历史过程，这些少数民族已经与汉民族完全融合了。

民族大融合的实现，使汉民族接受了其他少数民族的新鲜成分，所以在经济、文化上不仅没有衰落，而且变得更加兴盛，充满活力。隋文帝能够顺利完成统一事业，北方各民族的大融合应该是南北统一的重要条件。因此，历史上强盛的隋唐大帝国的出现，正是以北方民族大融合的实现为坚实基础的。

第四篇

魏晋南北朝时期的文化与社会生活

第二十六章

玄学的发展与佛教、道教的传播

魏晋南北朝时期玄学的出现，并在社会上层流行，是思想界的一大特点。西晋、东晋、南朝，世家大族盛行谈玄。这种玄学将自然与名教统一起来。名教起于自然，发自天道。道是本体，名教由这个本体产生，也是这个本体的体现。这个时期，外来的佛教得到广泛传播。佛经的翻译、佛法的传习以及社会不同阶层对佛教的信仰，都出现了前所未有的局面。国家最高统治者对佛教的提倡，使营造寺院、佞佛的风气极为盛行。这个时期，道教在流行的过程中逐渐被改造。两晋之际，葛洪著《抱朴子》从理论上反对原始的道教。陶弘景、寇谦之进一步改造道教，使道教成为适合统治者和世家大族需要的道教。在社会上层传播的道教与在社会下层传播的道教，出现了明显的差别。

第一节　玄学的发展

东汉末年，由于社会混乱局面的出现，占主导地位的儒家思想已经很难垄断当时的精神世界，老庄思想开始抬头。到曹魏时期，玄学开始产生。玄学是指对《老子》《庄子》《周易》这三部被称为"三玄"著作的解说和研究。至魏废帝曹芳统治的正始时代，玄学发展得很快。当时代表人物为何晏与王弼。

何晏为东汉何进之孙，其母尹氏再嫁曹操为夫人。何晏自幼养在深宫中，又娶曹操女魏公主，少年显贵，以富有才学为当时人所知。他著有《道德论》《论语集解》等著作。王弼为"建安七子"之一王粲的侄孙，自幼聪明绝顶，曾注《周易》《老子》等书。何晏和王弼的著作和言论倾动一时。何晏和王弼都主张"无为"为万物之本，但"无为"是入世的，不是出世的。他们的主张和后来完全流入玄虚不同。他们都主张无为而治，试图通过无为而求得大治的理想。王弼甚至还认为圣人和常人一样都有喜怒哀乐。王弼和何晏都认为"无"为本，"有"为末，但没有"有"，也就无法体现"无"；自然为本，名教为末，但名教是自然的体现。王弼将孔子尊为圣人，驾于老子之上，但这位圣人却是体无以应有的圣人，不是儒家的圣人，而是玄学家的圣人。王弼就这样巧妙地将自然与名教统一起来，也就把儒、玄两家巧妙地统一起来。

到"竹林七贤"时，情况出现变化。"竹林七贤"为嵇康、阮籍、山涛、王戎、刘伶、阮咸、向秀七人，他们都是魏末晋初人。

就其思想倾向来看，实际分为三派：嵇康为一派；阮籍为一派，阮咸、刘伶与阮籍持同一立场；王戎为一派，山涛、向秀与王戎思想多有相同成分。

嵇康的主张为儒道对立派。他在《养生论》中强调"形恃神以立，神须形以存"，就是说形和神是相依的关系，不是相生的关系。他反对王弼玄学将儒家的名教说成一种绝对的精神，也就是"道""无""自然"。嵇康又对儒学本身进行了正面、直接的批评，认为造立"仁义""名分""六经"等，都是要禁锢人们的思想，捆住人们的手脚，以便于为他们开荣利之途。他还反对"君君，臣臣"、君为臣纲的说教。对儒学持坚决的反对态度，是嵇康一派的明显特点。

阮籍以庄周为楷模，不拘礼俗。但他虽然认为儒道有别，但二者又不矛盾；虽然讥笑恪守礼法的儒家君子，但又声称形教和礼乐不能够取消。虽然表面脚踩两只船，但重心还是崇儒。阮籍一派矛盾很大，内心苦闷，只好在生活上表现为纵酒任情。

王戎为儒道相同派。《晋书·阮籍传附阮瞻传》载："（阮瞻）见司徒王戎，戎问曰：'圣人贵名教，老庄明自然，其旨同异？'瞻曰：'将无同。'"在王戎看来，老庄明自然，孔孟贵名教，在旨意上没有什么区别。这正是西晋、东晋玄学家"清谈"的基本内容。这就是说，名教起于自然，发自天道。道是本体，名教由这个本体产生，也是这个本体的体现。王戎的思想与王弼的思想有一脉相承的关系。

竹林七贤

竹林七贤是指曹魏末年的七位名人，即嵇康、阮籍、山涛、王戎、刘伶、阮咸、向秀。他们常集于山阳竹林之下，肆意酣畅，故世称"竹林七贤"。这些人既不满腐朽黑暗的政局，又无力改变，只好崇尚老庄之学，不拘礼法，生性放达。七贤中嵇康名气最大，他是曹氏的姻亲，不肯与司马氏合作，生活困顿，依靠打铁为生，而名气不但不减，反而越来越大，后来被司马昭借机杀掉。向秀是嵇康的好朋友，景元四年（263）嵇康被害后，在司马氏的高压下，他不得不应征到洛阳，违心地担任官职。阮籍非常鄙视投靠司马氏父子的名教之士，他的母亲去世之后，嵇康的哥哥嵇喜来致哀，但因为嵇喜是在朝为官的人，也就是阮籍眼中的名教之士，于是他也不管守丧期间应有的礼节，就给嵇喜一个大白眼。阮咸与阮籍一样放达任诞，狂浪不羁。有一次，他的亲友在一起喝酒，他也来参加，不用酒杯，而是用大盆盛酒，喝得醉醺醺的。当时有一大群猪走来饮酒，阮咸就和猪一起喝酒，于是"与豕同饮"就传为笑话。刘伶为避免司马氏的政治迫害，遂嗜酒佯狂，任性放浪。一次有客来访，他不穿衣服。客人责问他，他说："我以天地为宅舍，以屋室为衣裤，你们为何入我裤中？"山涛是一个行不违俗的人。譬如他也饮酒，但有一定限度，至八斗而止，在司马氏和曹氏的斗争见分晓之际，倒向了司马氏。在七贤当中，王戎的年纪是最轻的，王戎充满了世俗的官宦之志，所以阮籍讥讽他为"俗物"。

自曹魏末，何晏和嵇康相继被杀，阮籍妥协，谈儒道对立的派别就不再存在。全部玄学家或清谈家都与王戎一样，大讲儒与道同，名教与自然同，圣人既体"无"，又有情。这正是当时世家大族需要的玄学，完全流入虚诞，只为了苟全禄位而已。

东晋、南朝时期，玄学之风仍然很盛，世家大族多崇尚清谈。东晋丞相王导正是清谈的领袖，王敦、庾亮、谢安等都喜欢谈玄，建康成为玄学的中心。东晋以后，玄学吸收佛教的般若学说，逐渐改变其面貌。东晋孙绰作《道贤论》，便将西晋的七僧与竹林七贤相比较，反映了玄学与佛理结合的趋势。僧人竺道潜出身世家大族，他讲学兼释老庄与佛理。支道林善谈玄，被比作王弼、向秀。他注《庄子·逍遥游》，著《逍遥论》，使佛教的"色空"与玄学的"有无"相通。在会稽，他还经常与王羲之、谢安、孙绰等交游，谈论玄学。当时的一些玄学家也经常谈论佛理，其中以殷浩、郗超、孙绰、许珣等人最为有名。在东晋、南朝，玄学与佛教的结合，吸引了更多的世家大族参与谈玄。但这种风气无益于社会，谈玄者误事的事例常见。如谢万善玄学，却不善抚慰将领，曾用如意指着诸位将领，称他们为老兵，让将领们大为不满；殷浩喜欢谈玄，却在北伐中损兵折将。适应世家大族需要的虚诞玄学，显然无补于实际，只能误事、误国。

第二节　佛教的传播

佛教早在汉哀帝的时候就已经传入中国。东汉时期，佛教只不过是道术的附庸。到魏晋时期，佛教开始发展起来。三国时，东吴有支谦、康僧会等，专门从事佛经的翻译，译有《般若经》等。曹魏时，天竺人昙柯迦罗来到洛阳，翻译出《僧祇戒心》等，使当时的佛教信仰开始出现戒律。曹魏末年，颍川人朱士行出家后研习《般若经》，发现旧译文错误较多，就在甘露年间前往于阗得《放光般若经》梵本，于西晋太康年间派弟子送回洛阳。西晋时，首都洛阳已经有佛寺四十二所，信佛者已经很多。僧人竺法护在洛阳翻译佛经，译出《光赞般若经》《正法华经》等一百多部。后西域的僧人逐渐东来，到洛阳翻译佛经。

当时著名的西域僧人佛图澄在永嘉之乱后来到洛阳，后投依石勒，石勒称他为大和尚。释道安曾到邺城，拜佛图澄为师。后赵百姓在佛图澄的宣传下，信佛者很多，竞相出家。佛图澄死后，释道安率门徒南游新野。后来释道安又依附苻坚，苻坚钦佩他精通佛法，待他以师礼。佛图澄传播佛教，主要以法术服人，释道安则善于以理服人。二人传播佛教的方式尽管不同，但都争取到众多的信徒。释道安在佛教传播上占有重要地位，他对《般若经》的阐释和对戒律的规定，都做出了很重要的贡献。他在长安时又劝苻坚西迎鸠摩罗什，实际促进大乘佛教在东土的传播。

鸠摩罗什原来是天竺人。他的父亲东越葱岭至龟兹，龟兹王将其妹嫁给他而生鸠摩罗什。鸠摩罗什年幼时即博览佛经，潜心于大乘佛教，四方学者都前来拜他为师。苻坚经释道安推荐，知道鸠摩罗什为佛学大师，所以命吕光迎鸠摩罗什至长安，尚未到达，苻坚便败亡。后吕光又迎鸠摩罗什至凉州。后秦姚兴灭后凉，迎鸠摩罗什，他才到达长安。这已经是释道安死后二十多年的事了。姚兴待鸠摩罗什以国师之礼，让他在长安翻译佛经。鸠摩罗什通晓东西方语言，又有沙门道肜、僧略、道恒、道标、僧肇、昙影等人的协助，翻译出大量佛经，共有九十八部，计四百二十五卷。鸠摩罗什译经，采取意译的方法，"手执胡经，口译秦语，曲从方言，而趣不乖本"[1]。当时人称鸠摩罗什翻译的佛经，"辞义通明，至今沙门，共所祖习"[2]。鸠摩罗什翻译的佛经，在大乘方面，主要有《放光婆罗蜜多心经》《妙法莲华经》《大方等大集经》《维摩诘经》《中论》《百论》《十二门论》《大智度论》等。另外，还有小乘的《诚实论》。鸠摩罗什还著有《实相论》，并注《维摩经》《金刚经》等，他最重《般若三论》之学。鸠摩罗什是使大乘佛教能够在东土流行的很重要的外域僧人。他不仅翻译佛经，还培育了不少弟子，其中著名的有僧肇和竺道生。

鸠摩罗什的弟子僧肇，为京兆长安人，少时出家为僧，后协助鸠摩罗什译经。他的主要著作被收集在《肇论》中。他从大乘中观宗的立场出发，对当时般若六家七宗各流派的理论进行了批评，建立了中土中观宗的佛学理论体系。僧肇的思想在表面上摆脱了玄学的影响，大力提倡世界上都是虚假不真的，不值得正视面对。人们应该放弃斗争，到佛教的精神世界去寻求解脱。

鸠摩罗什的另一弟子竺道生，原来为彭城人。他幼年从竺法汰出家，改姓竺，后到关中师从鸠摩罗什。在鸠摩罗什的四大弟子中，竺道生居于首位。后来，他到江南传播佛教，直到刘宋元嘉十一年（434），在庐山圆寂。他一生著述很多，留下来的只有《妙法莲华经疏》卷。竺道生主张顿悟义，认为只要真正充分体会佛说的道理，就可以成佛。他的顿悟可以成佛的说教，既省力又省时，受到信仰佛教者的欢迎。宋文帝为了发扬竺道生的顿悟说，命群臣仔细领悟，对竺道生大为赞赏。

在江南传播佛教的著名僧人还有释慧远。释慧远被誉为东晋、南朝佛门的一大宗师。他原来是释道安的弟子，曾随释道安至襄阳，后从襄阳过江，居于庐山，先居西林寺，后来东晋江州刺史桓伊又为他建东林寺。释慧远在此居住三十多年，各地来向他学习佛法者甚多。他的佛学兼大乘、小乘，既善般若，又精禅法。他还精通六经和老庄。他曾在庐山宣讲《丧服经》，当时名士雷次宗、宗炳等人都虚心倾听。释慧远实际是将儒、佛、玄三家兼而一身，因此具有很大的影响力。他还主张，虽然沙门不向王者跪拜，但不是说僧人就不同国家政权合作。僧人只有提高自身的社会地位，才能够对世俗产生更大的影响。所以，释慧远的目的是，要使佛教与政治结合起来，进一步推动佛教自身的发展。

竺道生和释慧远

竺道生是晋宋间的义学高僧，入佛门后，俊思奇拔，研究佛经，无师自通。他在十五岁时就能讲经说法，析理分明，议论合宜，即使当今名士和有名望、有学问的僧人，在与他驳难时也都理屈词穷。宋文帝对道生十分敬重。一次，竺道生与宋文帝和大臣盘腿坐在地上举行宴会，宴会进行了很长时间，众人都觉得时间很晚了，宋文帝说："时间不是太晚，不过是日中罢了。"道生说："白日丽天，怎能不是日中呢！"于是取过食钵便吃，众人也都跟着继续吃，大家都对道生"枢机得衷"表示叹服。

释慧远精通佛门义理，在江南名气很大，桓玄邀请慧远出山做官，慧远声称有病，不能下山，桓玄亲自进山。见到慧远后，桓玄不知不觉就向慧远行礼。桓玄问："不敢毁伤发肤，怎样信奉佛教？"慧远回答说："立身行道。"桓玄认为慧远回答得非常正确，原来想好的一些驳难，一句也没敢说出来。

佛教在南北方的传播，促使一些僧人有了西行求法的要求，例如沙门法显等五人决心到天竺寻求戒律。后秦弘始元年（399），法显等人从长安出发，西行求经。他们经过敦煌，渡流沙，逾葱岭，进入北天竺。又周游中天竺，求得《摩诃僧祇律》《方等泥洹经》等经文。他又顺恒河出海口，乘船至狮子国（今斯里兰卡），求得《弥沙塞律》等佛经。后乘商人船由海路回国。法显来回共经过三十余国，历时十五年。法显以后，南北僧人络绎西行，多达数十人，其中很多人到达天竺，取得佛经。法显所得《摩诃僧祇律》后被翻译成汉文，为南北沙门寺院普遍接受，对寺院制度的完善、内部的巩固都有重要意义。

魏晋南北朝时期，佛教传播一般都得到统治者的支持。南朝宋文帝刘义隆、南齐萧子良、梁武帝萧衍、陈武帝陈霸先等，无不崇信、支持佛教。对佛教信仰达到顶点的是梁武帝萧衍。他迷信因果报应，相信灵魂不死，号召人们信奉佛教。他在位期间，是南朝佛教发展到登峰造极的时期。陈后主也曾舍身弘法寺为奴，为群臣出钱赎回。

东晋、南朝的王公贵戚信奉佛教的人数也不少。南齐竟陵王萧子显屡次在府邸设斋，大会众僧，并且经常召群僧讲诵佛法。江南的世家大族信奉佛教者更多。琅邪王氏和颜氏、陈郡谢氏、庐江何氏、汝南周氏、吴郡张氏和陆氏等，都崇信佛教。陈郡谢灵运曾著《辩宗论》，解说顿悟之义。

在社会下层，为了逃避苦难，也有大量的民众信奉佛教。梁朝郭祖深上书梁武帝说："都下佛寺五百余所，穷极宏丽。僧尼十余万，资产丰沃。所在郡县，不可胜言。道人又有白徒，尼则皆畜养女，皆不贯人籍，天下户口几亡其半。"[3] 足见社会下层信奉佛教者的数量已经到了惊人的程度。这些人为了表示对佛教信仰的虔诚，甚至竭尽家庭的全部资产以奉佛。因此当时人范缜说："竭财以趣僧，破产以趋佛。"[4] 由于社会不同阶层信奉佛教的人数众多，寺院和僧尼的数量猛增。东晋时，南方寺院有一千七百六十八所，僧尼有二万四千人。寺院从刘宋至梁朝，每代都有修建。梁朝有寺二千八百四十六所，建康就有寺七百多所，僧尼达到八万二千七百人，为数量最多之时。到陈朝末年，还有佛寺一千二百三十二所，僧尼三万二千人。

十六国时期，少数民族统治者中也有不少人信奉佛教。诸如后赵的石勒、石虎，前秦的苻坚，后秦的姚兴等。北魏道武帝开始提倡佛教。他在平城修建佛寺，并封赵君沙门法果为道人统，统摄僧徒。明元帝更崇信佛法，在京城附近建立佛像，令沙门引导民俗。太武帝平定凉州后，因当地与西域相邻，信佛者很多，他将这些信佛者全部迁至平城。后来太武帝一度毁佛。至文成帝时，立即恢复寺院，放任编户出家，又任命师贤为道人统。北魏孝文帝迁都洛阳后，佛教僧人讲经的风气大盛，使一些儒生也开始研习佛理。

北魏鲜卑贵族和王公贵戚多信奉佛教，他们大都施舍资财给寺院，广平王元怀、清河王元怿甚至还舍宅为寺。在北魏世家大族中，信奉佛教的家族也很多。清河张氏和崔氏、范阳卢氏、荥阳郑氏、陇西李氏、河间邢氏、河东柳氏等大族都虔诚信仰佛教。

北方社会下层民众信仰佛教者要多于南朝，特别是到北魏后期，"天下多虞，王役尤甚，于是所在编民，相与入道，假慕沙门，实避调役，猥滥之极，自中国之有佛法，未之有也。略而计之，僧尼大众二百万矣"[5]。可见信奉佛教的下层民众人数之多，已经到了十分惊人的程度。

在对佛教这种虔诚信仰的氛围下，营建寺院和出家为僧尼的数量不断增加。孝文帝统治初年，平城有新旧寺院上百所，僧尼二千人。全国各地也只有寺院六千四百七十八所，僧尼七万七千二百五十八人。迁都洛阳后，随着信奉佛教的风气盛行，洛阳城中寺院相连，宝塔到处矗立。到北魏后期，洛阳城中已有寺院一千三百七十六所。北齐境内有寺院三万所，僧尼二百万人；北周境内有寺院一万所，僧尼一百万人。当时北方人口约有三千万人，僧尼人数已经占总人口的十分之一。

然而，佛教是外来的宗教，在观念上和经济利益上还不能与统治者的要求完全一致。因此，当时无论在南方还是北方，都出现了反对佛教的做法。在南方，只是表现在思想上的争论：东晋时，庾冰提出要使沙门向帝王行臣服之礼；刘宋何承天指出佛教的因果报应之说，完全是无稽之谈；齐梁之际，范缜作《神灭论》，进一步批评了佛教的因果报应说，他尖锐地指出："人之生譬如一树花，同发一枝，俱开一蒂，随风而堕，自有拂帘幌坠于茵席之上，自有关篱墙落于粪溷之侧。坠茵席者，殿下是也；落粪溷者，下官是也。贵贱虽复殊途，因果竟在何处？"他们将国家世俗的利益与儒家伦理相结合来严厉批评佛教。然而，北方的情况则不同，在北魏和北周发生了两次大的毁佛运动。

北魏太武帝拓跋焘曾进行了一次规模较大的打击佛教的运动。这次毁佛的发生，除了政治、经济方面的原因外，还有拓跋焘对道教虔诚信仰的因素。他信任天师寇谦之，又信用道教徒崔浩。因此当太武帝拓跋焘于太平真君五年（444）下诏，自王公以下至庶人，有私养沙门者，限二十五日内都要遣送官府，否则沙门处死，主人家也要满门抄斩。太平真君七年（446），太武帝为镇压盖吴叛乱，前往长安。他在长安的寺庙中发现藏有武器，还有酿酒器具以及其他违法的事情，遂下令禁断佛教，坑杀全国的沙门，烧掉全部的佛像，毁掉所有的寺院和佛塔。不过，太武帝不久被杀，所以这次毁佛的时间并不长久。北周武帝宇文邕毁佛则规模较大。建德三年（574），他下令禁断佛、道二教，熔化佛像，焚烧佛经，捣毁佛塔，强迫僧人还俗，将佛寺都变为俗宅。周武帝灭齐后，将毁佛的做法也推行到原来的北齐境内。周武帝禁断佛教，增加了国家的赋税，扩大了士兵的来源。但周武帝死后，毁佛的行动也就停止了，佛教又趋于复兴。

魏晋南北朝时期，专制国家和儒学的传统礼教与佛教的矛盾对立，一直没有停止过，只是有时趋于和缓，有时对立加剧。但佛教的说教并不从根本上否定统治者的利益，反而有利于国家的长期统治，因此佛教的发展也就无法阻挡。不过，这种对立使佛教无法取得国教的地位，传统的儒学一直在社会中保持巨大的影响力。

第三节 道教的发展

东汉时期，道教开始形成并发展起来。东汉末年，道教在民间传播：在汉中有张修、张鲁的五斗米道，在青、徐等地方有张角的太平道。太平道以流传的《太平清领书》(又名《太平经》)而得名。五斗米道和太平道属于符水道教，一部分道教徒采用符水治病，向民众传播道教。虽然后来张角被杀，张鲁投降，但符水道教还在南北继续流传。据说，道士于吉曾往来于江东，为孙策的将士治病。道士李宽由蜀入吴，用符水治病，投奔他的有上千人。他的弟子在江南相互传授，江南各地信奉道教者人数众多。道教的符咒在北方民间的影响仍然很大。曹操曾将道士甘始、左慈、郗俭等人集中到曹魏，目的就在于防止他们用道术迷惑民众，做出不轨的行动。

在道教的流传中，一部分道教徒用金丹经、辟谷方、房中术等来宣传道教。因为这种道教能够满足统治者的生活欲望，很受他们的欢迎。随着这种道教在统治阶层中的传播，需要更进一步在理论上完善。两晋之际，葛洪著《抱朴子》从理论上反对原始的道教。道教在葛洪的改造和提倡下，成为符合统治阶层需要的宗教。他认为："道者，儒之本也；儒者，道之末也。"[6] 在他看来，神仙不死之术是人生第一重要的事情；但儒术又是维护统治者根本利益的，也不能够忽视。这样，葛洪就将道教与儒学结合起来。他从多方面论证了神仙不死之道，而实现成仙的唯一途径就是炼丹。他认为用黄金和丹砂炼丹，人服下去就可以炼身体，获得长生。据他说，有一种"九转仙丹"，凡人服了，三天之内便可以白日飞升。葛洪声称，炼丹的花费是很大的。炼一种"金液丹"，一般要用黄金数十

图 26-1　葛洪像

斤，合计资费在四十万钱。这样高的费用，只有统治阶层才具有这样的财力。所以葛洪炼丹成仙的说教，完全是为统治者服务的。

葛洪对于道教中的符水派进行猛烈的攻击。他认为，张角等人用符水治病的目的，不是要延年益寿，也不是要消灾祛病，而是要纠集乱党，聚众反叛。他主张要将这些人"更峻其刑制，犯无轻重，致之大辟"[7]。道教经葛洪的改造，适合了社会上层的口味，变成了统治者的长生之术。

东晋南朝时期，道教在南方广泛传播，特别是三吴和滨海地区尤其盛行。在上层社会，道教也为很多人信奉，尤其葛洪改造道教后，使道教在社会上层传播得更广，他们多以炼丹、修仙为事。西晋宗室赵王司马伦、东晋简文帝、孝武帝以及宗室司马道生、司马道子、刘宋文帝之子刘劭等，都信奉道教。在南方的一些世家大族中，也多有信奉者，甚至出现了道教世家。琅邪王氏、孙氏、高平郗氏、吴郡杜氏、会稽孔氏、陈郡殷氏、丹阳葛氏、许氏、陶氏，东海鲍氏、吴兴沈氏等，都是这样的道教世家。在这样的家族中，是将道教信仰世代相传的。齐梁时，陶弘景进一步发展了葛洪道教的理论。

陶弘景早年曾在南齐为诸王侍读，任奉朝请。后隐居句容（今江苏句容）句曲山（茅山）修道，自号华阳陶隐居。他遍历名山，寻访仙药，还写作了《真诰》和《真灵位业图》两书，这两部著作成为道教的重要经典。

陶弘景在《真灵位业图》中提出，仙真的等级森严，"虽同好真人，真品乃有数；俱目仙人，仙亦由等级千人"。神仙也划分等级，人间不同社会等级的存在，也自然是合情合理的。《真诰》是陶弘景参考佛教《四十二章经》的内容而成。他在《真诰》中指出，"道"是万物的本体，这个本体是精神的。陶弘景为道教的理论增加了新的内容后，就更加适应统治者和世家大族的需要，道教完全是为他们利益服务的宗教。

陶弘景晚年宣扬他前世是佛教中的胜力菩萨投胎下凡来度众生的。他前往阿育王塔礼佛，自誓受五大戒。这是要迎合梁武帝虔诚信仰佛教的需要。陶弘景试图将佛教和道教融合起来，进一步推动道教的发展。

道教在北方也广为流传。北魏道武帝笃信道教，他在位期间设置仙人博士，立仙坊，煮炼百药。太武帝拓跋焘时，道士寇谦之假托太上老君授给他天师之位，赐给他《云中音诵新科之诫》二十卷，又假托老君玄孙赐给他《天中三真太文录》六十卷，来传播道教。寇谦之废除三张伪法、租米税和男女合气之术，从此不再有五斗米道之名，只称天师道或道教。他使道教开始有戒律，称为"新科之诫"，也称"并进"。他通过戒律使道教与儒学结合。寇谦之对道教的改造，实际是将科戒、礼度、轮转、成仙巧妙地结合在一起。"礼度""科戒"是成仙的基础。他明确提出，要成仙，必须从科戒做起，也就是对忠、孝、信、贞、敬、顺必须达到内心无二的程度。他还提出道教要辅佐北方的太平真君，也就是太武帝，统治中原人民。他向太武帝献上了《云中音诵新科之诫》与《天中三真太文录》二书，要求太武帝显扬新法。寇谦之的说教很受太武帝拓跋焘赏识，从此他崇尚道教，将年号改为太平真君。寇谦之的道教借助政治的力量在北方广泛传播。道教在北魏曾经一度几乎被尊奉为国教，因此获得了更多的信奉者。

天师寇谦之

寇谦之出身于世代信奉五斗米道的世家大族。他笃信道教，北魏前期，北方战乱频繁，百姓流离失所。他和弟子们以治病为手段到难民中传教，安抚流民。泰常八年（423），拓跋焘继皇帝位，寇谦之恍然大悟：这个拓跋焘不就是被封为"泰平王"

的那位太子吗？泰平王当了皇帝，不就是先前"天神"李谱文提醒我要辅佐的"泰平真君"吗？寇谦之马上来到平城，拓跋焘便派人将他留在平城。正好此时崔浩归家闲居，打算修炼服食养性之术，而寇谦之有《神中录图新经》，崔浩便拜他为师，接受他的法术，又在拓跋焘面前极力推荐。于是拓跋焘将寇谦之奉为天师，颂扬新法，宣布天下。始光元年（424），寇谦之于平城东南筑了五层高台的天师道场。太平真君三年（442），拓跋焘亲到道场，接受符箓，带头做天师弟子。从此以后，北魏每位皇帝登基即位，都要亲到道场接受符箓，成为制度。太平真君九年（448），寇谦之去世，葬于平城，时年八十六岁。

北齐严禁道教，使信奉道教者的数量受到很大的限制。北周武帝曾禁断佛教、道教，但禁断二教后，他又成立通道观，置员一百二十人，全都选自当时著名的道教门人。所以周武帝禁断道教，并没有对道教的传播造成太大的影响。周武帝伐北齐时，大醮于正武殿；灭北齐后，又大醮于正武殿。可见周武帝在实行重大活动时，对举行道教仪式是很重视的。杨坚辅政时解除了对佛教和道教的限制，道教在北方社会群体中又获得了众多的信奉者。这正是道教在唐朝盛行的基础。

第二十七章

史学、文学与艺术的发展

魏晋南北朝时期，史学、文学和艺术都获得了明显的发展。史学著作在这一时期大量涌现，断代史的撰写、不同体例史书的修纂以及对出土史籍的整理，都取得了很大的成就。在诗歌的创作上，优秀作品层出不穷。文学批评也发展起来，出现了一些著名的文学批评著作，诸如曹丕的《典论·论文》、刘勰的《文心雕龙》、钟嵘的《诗品》。绘画、书法和石刻作品大量问世，出现很多优秀的艺术珍品。在乐舞上，龟兹乐、西凉乐取代了原来雅乐的地位。南方的清商乐舞也传播到北方，乐舞逐渐形成南北融合的局面，出现了具有民族风格特点的新乐舞。

第一节　史学的发展

魏晋南北朝时期,史学比较发达,私人修史的风气很盛,历史撰述和史学家都受到重视。断代史的编纂主要有后汉史、三国史、晋史、十六国史、南北朝史。

后汉史出现了很多高质量的私人著述。东吴的谢承撰写了一部《后汉史》,一百三十卷,被人称为东汉第一良史。西晋初年,薛莹修《后汉纪》一百卷,华峤修《后汉书》九十七卷,司马彪修《续汉书》八十三卷。华峤记事准当,司马彪叙事翔实。至东晋、南朝,又出现谢沈的《后汉书》一百二十二卷、袁宏的《后汉纪》三十卷、袁山松的《后汉书》一百卷、刘义庆的《后汉书》五十八卷。在三国、两晋和南朝多家修纂后汉史的基础上,宋文帝时,出现了范晔修纂的九十卷本《后汉书》。范晔删众家后汉书为一家之作。他特为"党锢""独行""逸民""列女"立传,表现了他对这些人物的赞赏。他的传论与史实紧密结合,史求准当,论又独抒己见。所以范晔的《后汉书》问世后,除了《后汉纪》和《续汉书》的八志之外,其他的后汉书都渐渐散佚了。

西晋陈寿修纂《三国志》六十五卷,叙录一卷,是现在传下来的比较完整的一部三国史。陈寿的《三国志》虽被称为实录,但失于简略。刘宋时出现了裴松之注。他大量引用魏晋时期有关三国的著作,为《三国志》作注,开了以史证史的先河。此外,当时出现很多分国写的三国史,魏史、蜀史和吴史都很多,后来都亡佚了。在这些著作中,一些是当朝人写当朝史:鱼豢的《魏略》和《典略》是魏人写魏史,韦昭的《吴书》是吴人写吴史,王崇的《蜀书》和谯周的《蜀本纪》是蜀人写蜀史。

晋史的修纂当时有二十多家。其中宋末齐初人臧荣绪修纂的《晋书》比较翔实，为第一部两晋全史。臧荣绪将两晋史实编为一书，有纪、录、志、传，共一百一十卷。唐代修纂的《晋书》正是以臧荣绪的著作为蓝本的。

关于十六国的历史著作也出现很多。包含北方各族历史的专书有北魏崔鸿撰写的《十六国春秋》一百卷、梁萧方等撰写的《三十国春秋》三十一卷。《十六国春秋》是一部翔实的五胡十六国的全史，可惜在北宋散佚了。此外，还出现了很多分国分族的专史，诸如和苞的《汉赵记》十卷、范亨的《燕书》二十卷、何仲熙的《秦书》八卷等。

关于南朝和北朝的史书，隋以前出现近二十种。撰写刘宋历史的著作主要有沈约的《宋书》一百卷，这是关于刘宋一代比较完备的实录。沈约《宋书》问世后，裴子野撰《宋略》二十卷，受到当时人的好评，沈约读后也大为称赞，自愧弗如。梁朝出现好几家关于南齐历史的著作，其中萧子显撰写的《齐书》六十卷，就是今天的《南齐书》。在《齐书》修纂之前，已经有沈约撰《齐纪》二十卷、江淹撰《齐史》十三卷。萧子显的《齐书》不过是更改、破析沈约和江淹的著作而成，为下乘之作，但受到梁武帝支持，故可以独占鳌头。这一时期修纂的梁史、陈史也很多，当时著名的有谢吴撰《梁书》一百卷、陆琼撰《陈书》四十二卷。唐人姚思廉修纂的《梁书》和《陈书》正是在梁、陈二代撰写的梁史、陈史的基础上编纂的。

北魏时期，由于对私人著述的限制，没有出现完整的北魏史。到北齐时，魏收修纂成《魏书》一百三十卷。《魏书》是一部关于北魏的全史，这部史书的完成受到当时人的称赞，也为一些人所攻击，称其为"秽史"。但《魏书》记载北魏的历史比较全面，所以至今这部著作尚存。

在魏晋南北朝时期的史学著作中，还出现了典章制度史、传记史和舆地之学。

这一时期对专门典章制度的修纂有很大发展。关于这一时期的典章制度史，有《晋宋旧事》一百三十五卷、《东宫典记》七十卷。对职官制度的撰写，代表性的著作有梁王珪之的《齐仪》四十九卷、《齐职仪》五十卷、《梁尚书职制仪注》四十一卷。

在这一时期，一些修史者也开始撰写传记史。当时传记史可以分为两种：一种为正史中已经有的传记，开始独立出来；另一种为正史中所不见，为修史者专门编纂的。比较有代表性的传记主要有《耆旧传》《名士传》《高士传》《高僧传》《尼传》《妒夫人传》等。有一些传记带有地方性，或记载一州一郡人物的传记，如《益部耆旧传》《兖州先贤传》就是记载一州人物的传记，而《豫章列士传》则是记载一郡人物的传记。

在古代，舆地之学是史学的一个重要方面。魏晋南北朝时期出现了很多有关舆地之学的著作。最为著名的著作有郦道元的《水经注》四十卷和杨衒之的《洛阳伽蓝记》五卷。

郦道元的《水经注》以汉代的著作《水经》为底本，详细记载了全国以及邻国的水道，著录河流千余条。他搜集资料很广泛，引用史书、地记和其他著作四百余种。《水经注》对河道流经之处的山陵、城镇、风俗、物产、人物等都有详细的记载，并对《水经》中的错误加以详细辨析，以证其误。郦道元的《水经注》行

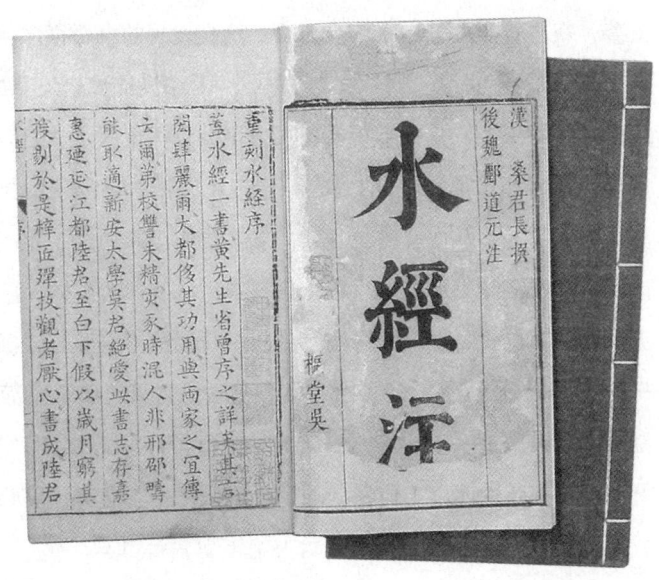

图 27-1　明嘉靖刊本《水经注》书影

文优美，记叙准确，是一部史学和地理学价值很高的名著。

《洛阳伽蓝记》主要记载北魏京城洛阳一地佛寺的兴废。在记载佛寺时，书中又涉及许多的历史问题，比如记载尔朱荣变乱之事，史实很详尽，可以与史传相互参证。书中还记载了北魏贵族和上层僧尼奢侈和腐朽的生活，为认识北魏后期社会上层的堕落提供了宝贵的材料。杨衒之的《洛阳伽蓝记》文字优美，叙事翔实，是舆地学著作中的上乘之作。

魏晋南北朝时期对出土史籍的整理也很重视。西晋时，"汲冢书"的发现是一件大事。咸宁五年（279），汲郡人不准挖掘魏襄王墓，获得竹简小篆古书十余万言。这次发现的书籍很多，载之数十车。因写在竹简上，故称"竹书"；因在汲郡魏襄王墓中发现，故称"汲冢书"。其中有魏国史书，用编年体记载了从夏以来至魏安釐王二十年（前258）的史实。整理者根据竹简原来的排列，将其分为十三篇，题作"竹书纪年"。又有《汲冢琐语》十一篇，为诸国卜梦妖怪相书，能够为古史研究提供一些参考数据。还有《穆天子传》，记载周穆王游行四海见西王母的故事。此外，汲冢中还出土了《易经》《国语》《缴书》《大历》诸篇。出土竹简经过荀勖、和峤、束皙、卫恒等人的整理，改用当时通行文字写定成书的有七十五篇。这些出土典籍，除了《穆天子传》之外，其余的在宋代都已经散佚。现在看到的《竹书纪年》只是辑本。

魏晋南北朝时期，断代史的撰写、不同体例史书的修纂以及对出土史籍的整理，都取得了很大的成就，所以这一时期的历史著作的修纂在史学史上占有很重要的地位，是中国史学的繁荣时期。

第二节　文学的发展

魏晋南北朝时期，文学有明显的发展。这个时期的诗、文和文学批评都获得了很大的成就。

以曹操、曹丕、曹植为代表的建安诗人，在诗歌创作上取得了很大的成就。曹操的诗歌模拟乐府，受到乐府的深刻影响。曹操流传到现在的诗歌全部为乐府，他利用乐府这一形式来抒发自己的思想感情和当时的乱离情况。他的代表作有《蒿里行》，描述汉末社会的残破，暴露人民生活的疾苦。曹操在夺取冀州以后，为抗击乌桓，经过碣石山，写下了《碣石篇》，其中第一章为《观沧海》。他在这首诗中展示了一幅波涛汹涌的大海图景，描述了吞吐宇宙的自然景象，也抒发了他豪迈的气概。曹丕的诗文有一部分写于建安时期（196—220），也有一部分为他称帝后黄初时期（220—226）的作品。他的七言诗《燕歌行》基调比较伤感深沉，但采用七言的句法，这在当时是一种创新，是现存最早最完整的七言诗。曹植是曹丕的同母弟，自幼即受到良好的文学熏陶。曹丕称帝后，曹植受到压制，身处逆境，使他对现实有更深刻的体会。他在《七哀诗》中借思妇的哀愁，来表达自己的哀怨之情；他在《野田黄雀行》中表现了逃出危险境地的渴望之情。曹植的诗歌特色是在乐府民歌的基础上进一步提炼加工，创出新的风格，不仅可以写景物，而且可以任意书写感情。他集五言诗之大成，诗歌创作达到很高的境界。

　　建安时期的著名诗人，除了"三曹"之外，还有"七子"，即孔融、王粲、刘桢、陈琳、阮瑀、徐幹、应玚。王粲的著名诗篇为《七哀诗》，是王粲初离长安时所作。他描述了东汉末年地方混战、残杀人民、造成白骨蔽野的残酷景象。陈琳的乐府《饮马长城窟行》，虽然是描写秦代筑长城的历史题材，实际反映了东汉末年人民的征役之苦。这些都是"建安七子"的代表作品。女诗人蔡琰，字文姬，也是建安时期的著名诗人。她博学多才，一生遭遇却非常不幸。她先为匈奴所掳，后被曹操赎回。她作《悲愤诗》，挑选了最为残酷的场面，暴露了董卓凉州军利用胡、羌人作战，杀掠汉族人民的暴行，还细致地刻画了她热爱中原的感情和母子骨肉之爱，是情感的真挚流露，感人至深。

魏晋之际，以嵇康和阮籍为代表，又出现一个诗文创作的高潮。但他们都是玄学家，因此诗文大多数都带有一定的老庄色彩。嵇康的《赠秀才入军》诗，诗质清峻，犹如其人。他入狱后写作的《幽愤诗》，充分表达了他不肯与当权者妥协的精神。阮籍在思想上与嵇康有一致之处。嵇康死后，阮籍以嵇康为借鉴，不敢直抒思想，只是用隐晦的笔调来抒发内心的苦闷。《咏怀》八十首是阮籍的代表作品。

西晋是世家大族专政的时期。这一时期的作品，大多数粉饰太平，缺乏社会内容。当时著名的有陆机、潘岳和左思。陆机的乐府尽力模仿曹植，但由于过于追求对偶工整和辞藻的华丽，轻视了内容，与曹植比起来，已经相差很多。陆机所作辞赋很多，以《文赋》最为著名。他的散文《吊魏武帝文》《辩亡论》《五等论》，在当时为人们传诵一时。潘岳的《悼亡诗》描写细腻，感情真挚。他做了很多的赋，著名的有《秋兴赋》《闲居赋》《笙赋》等，梁朝昭明太子萧统编《文选》时收录多篇。左思的代表作是《三都赋》，与张衡的《二京赋》并称，洛阳豪贵之家竞相传写，以致洛阳的纸张都昂贵起来。左思的诗就内容而言，要比他的赋价值更高。左思出身寒微，在政治上受到压抑，他在《咏史》中借古人抒发自己的情怀，表达被压抑和愤恨不平的心情。

西晋末至东晋，玄言诗盛行。玄言诗将玄学思想与情感结合起来，但不能够做到有机的融合，只是通过诗歌的形式将哲理的内容表达出来。随着玄学的发展，玄言诗盛极一时。东晋初年可称颂的作家只有郭璞。郭璞的诗篇在玄言诗盛行的时代，固然不能不受到这一诗派的影响。他的代表作为《游仙诗》，表现了他有意学仙却

图27-2　元佚名（旧传赵孟頫）画《渊明归去来辞》

无缘的感慨，语言生动，情感真挚，不是肤浅的玄言诗可比的。

东晋末刘宋初，诗人陶渊明的出现为诗坛带来了清新的空气。陶渊明（约365—427），字符亮，后改名潜。他曾任州郡僚属和彭泽县令，到中年归隐田园，至死不仕。陶渊明的田园生活使他与农村直接接触，因此他的诗歌大都以田园生活为题材，具有一般诗人缺乏的清新内容和朴素风格。陶渊明晚年的作品《桃花源诗并记》，用浪漫的笔法将他憧憬的理想社会描绘出来，也就是桃花源是一个人人自食其力、没有压迫的社会。陶渊明的诗歌是中国文学史上的瑰宝，其思想内容和艺术形式都对以后诗歌的发展产生了重大的影响。

陶渊明之后，比较有成就的诗人是鲍照。鲍照在宋文帝时做过中书通事舍人，后在刘宋朝的内乱中被杀。鲍照的诗篇以乐府诗为多，主要成就也在乐府诗的创作。他的诗歌雄浑豪迈，代表作品有《拟行路难》十八首。鲍照写诗多用七言，他在这方面的努力推动了以后七言诗的发展。

宋齐以来，在谢灵运的倡导之下，山水诗得到发展。谢灵运出身于东晋、南朝的高门大族，喜欢田庄别墅的生活，寄情于山水之间，这都影响了他的创作。谢灵运的代表作品为《山居赋》，细致全面地描绘了山庄景物之美。但谢灵运的山水诗缺乏社会内容，写作技巧也多斧凿的痕迹，所以也就不能够达到很高的境界。

"不为五斗米折腰"

大诗人陶渊明为东晋大司马陶侃的曾孙。但到了他的少年时代，陶家已经败落，经常断炊。因为家道贫穷，他便出仕做州祭酒，由于不能忍受官场的腐败，不几日便辞官归乡。后来又曾做过镇军将军和建威将军的参军，他对亲朋说："我想过弦歌自娱的生活，为隐居积攒一些衣食之资可以吗？"当权的人听说了，便派他去做彭泽县令。他素来简傲自贵，不愿意媚上。有一天，仆役来报：过几天郡里派的督邮要到彭泽视察。陶渊明认识那位督邮，他是个专门依仗权势、阿谀逢迎的无耻之徒。陶渊明想到自己将要整冠束带、强作笑脸去迎候这种小人，实在忍受不了。他的倔脾气又发作了："我怎么能为了这五斗米官俸，去向那种卑鄙小人折腰呢？"于是，陶渊明离开衙门，板着脸回到了家，对妻子喊道："收拾行装，回乡！"从此，陶渊明隐居乡里再未出仕。

南齐永明年间（483—493），沈约撰《四声谱》，同时又大力提倡将这种声律学说应用到诗歌上去，有四声八病之说。所谓四声，就是平、上、去、入声。八病就是在写作诗歌时，应该在声律上避免的八种毛病，即平头、上尾、蜂腰、鹤膝、大韵、小韵、旁纽、正纽。这种诗体被称为永明体。永明体要求整篇诗赋宫商相变，在语言的运用上加强音乐性，收到音节铿锵的音乐效果。永明诗人诗歌作得最好的，当推谢朓。谢朓的山水诗在谢灵运的基础上又前进一步，彻底摆脱了玄言诗的影响，更加清新秀丽。谢朓在新体诗的写作上也多有成就。他写作的新体诗，注意辞藻，但不流于华靡；重视声律，而不受拘束。谢朓的创作实践以及沈约对声律运用的强调，是中国诗歌格律化的开端。

齐梁时期，出现了以描写色情为主要内容的宫体诗。梁武帝中大通三年（531），萧纲被立为皇太子。他和萧纶、萧绎都喜欢以写色情为主要内容的诗歌。当时围绕东宫周围有一群诗人，诸如庾肩吾、刘孝威、庾信等，他们追求声律，夸耀辞藻，内容则着重描写色情。这种宫体诗反映的是上层统治阶级淫佚颓废的生活。侯景之乱后，宫体诗没有停止发展。陈朝时，徐陵是当时宫体诗人的主要代表。陈后主喜欢艳体诗，他经常与宫体诗人江总、孔范等人互相唱和，代表作品有《玉树后庭花》，都是描写贵妃的美丽容色的。由于陈后主对宫体诗的提倡，当时的文学颓废堕落到了极点。

东晋、南北朝时期，无论在南方还是在北方，民歌都有很大的发展。南方的民歌主要可以分为"吴声歌"和"西曲歌"两大部分。吴声歌为长江下游一带的民歌。西曲歌为长江中游一带的民歌。这些作品大都在民众口头流传，以描写爱情为主，表现出缠绵婉转的

第二十七章　史学、文学与艺术的发展　419

特色。后来乐府将这些民歌搜集起来,以管弦相配,也被称为"清商曲辞"。

北方的民歌既有汉人的作品,也有少数民族的作品。从思想内容来看,北方民歌要比南方民歌丰富。这些民歌有反映中原汉人在少数民族政权压迫下被迫迁移的内容,有边疆少数民族的牧歌,也有男女表达爱情的恋歌。北方民歌在艺术上的特点是,语言质朴,感情真率,风格豪放。《木兰诗》是艺术成就最高的北方民歌,这首三百多字的叙事诗经过后代文人的不断加工,作品内容更加完美。

自西晋以来,文人写作文章开始追求辞藻的华丽和对偶的工整。到南朝,这种情况更为发展。刘宋时,范晔撰《和香方序》、鲍照写《登大雷岸与妹书》都采用骈体文。当时文章追求辞藻要绮丽,对仗要工整。永明声律学兴起后,文人们专心在声律和辞藻方面下功夫,将骈体文推向了高峰。沈约用骈体文来写《宋书》中的传论,刘勰用骈体文写文学批评著作《文心雕龙》。几乎所有的文章都向骈偶化、辞赋化方向发展。在骈体文中,孔稚珪的《北山移文》和刘孝标的《广绝交论》不仅具有很高的写作技巧,也具有深刻的社会内容。

魏晋南北朝时期,诗、文发展的同时,记载志怪传闻的小说也盛行起来。干宝的《搜神记》借助神怪的题材,反映民众的思想和要求,其中保存了一些民间故事。干宝在《搜神记》中的"三王墓"一条中,将流传已久的干将莫邪的故事加以重写,使人物形象更加突出,情节更为感人。另外,还出现了记载文人逸事的小说,著名的作品是刘义庆的《世说新语》。这部小说是世家大族谈玄的产物,每篇小说由短篇故事构成，文字很精练。虽然一些故事表露了世家大族的腐朽生活，但也有一些逸闻轶事发人深省。

魏晋南北朝时期，文学批评也发展起来，出现了一些文学批评的著作。最早的文学批评著作是曹丕著的《典论·论文》。《论文》评论了"建安七子"，又指出因具体效用的不同，所以文章分成各种体裁，继而评论了各种体裁和特点，尖锐地批评了文人相轻的陋习。此外，还强调文人的个性不同，创作的风格也千差万别，作者的气质决定了文章的风格。

南齐刘勰著的《文心雕龙》，是一部体大思精的文学批评和文学理论著作。这部著作系统论证了有关文艺理论方面的重要问题，讨论了文学创作的技巧问题，也评论了齐、梁以前一些作家和作品。刘勰主张文学应该反映现实，现实不断地变易，文学也应该反映变易的现实。刘勰还反对虚假的创作态度，特别强调文学艺术的真实性，推崇既内容充实又形式完美的作品。刘勰对用浮丽的辞藻来掩饰作品内容贫乏的做法持批评的态度，反对以形式取胜的文风。

继刘勰之后，梁朝人钟嵘写作了《诗品》。钟嵘反对诗歌创作过于重视声律，主张自然和谐的音律，认为在诗的声律方面讲究过多，就会损害作品的自然之美。他还反对在诗歌中用典，过多地用典会使作品失去创造性。钟嵘对于玄言诗持坚决批评的态度，他推崇建安文学，要求文人以建安文学为榜样来进行创作。钟嵘还评论了诗体的源流和历代诗人的成就和艺术风格，表述了他对诗歌创作的总的看法。但钟嵘品评诗人往往着眼于作品的辞藻，忽视了作品的思想内容，所以他的评论还是受到形式主义文风的明显束缚。

魏晋南北朝文学创作的发展，促进了文学作品选集的出现。从晋代起就有不少的文人编纂文章总集。梁昭明太子萧统主编的《文选》是这些选集中较好的一部。《文选》全书三十卷，以类分卷，共分成赋、诗、表、启、赞、论、碑文、墓志、行状、祭文等三十九类。每位作家的作品按体裁分别编入各类目。萧统选录作品比较严格，当时盛行的庸俗作品基本不收录。《文选》成书以后风行一时，就是到唐代，应进士举者也必须熟悉《文选》。

魏晋南北朝时期，文学发展的表现是多方面的，应该说这是一个在文学及与文学相关的领域中取得诸多成就的历史时代。

第三节　艺术的繁荣

魏晋南北朝是绘画、雕塑、书法艺术大发展的时期。绘画方面涌现了不少有成就的画家，创作了很多优秀的作品。三国时，由于佛教在江南的传播，所以佛教画也在东吴发展起来。吴兴人曹不兴善画大幅人像，他曾经用五十尺绢画一像，没用多少时间，画像就画成了，画像的各部位都不失尺度。他经常摹写天竺传来的佛像，成为中国佛像画的始祖。曹不兴的弟子有卫协、张墨，在两晋时，二人都有"画圣"之称。他们画人物，不仅画出人物的相貌，同时也画出人物的神情来。传说卫协曾作《七佛图》，画好之后不敢点睛，害怕点睛之后佛会飞出去，足见他们所画人物神态非常生动。因此东晋人顾恺之评论卫协的画"伟而有气势"，"巧密于精思"。[1]可惜，卫协、张墨的画都没有流传下来。

图 27-3　唐朝人临摹的顾恺之《女史箴图》

东晋、南朝出现三大著名画家,即东晋顾恺之、宋陆探微、梁张僧繇。顾恺之作人物画最重传神,他认为传神的关键全在所画人物的眼睛。他画人物数年不点眼睛,有人问其中的缘故,他说:"四体妍蚩,本无关于妙处,传神写照,正在阿堵(指眼睛)中。"[2] 顾恺之不仅注意点睛传神,还坚持写实的态度,注意描绘出人物的性格。顾恺之的作品有《女史箴图》,人物栩栩如生,布局严密,反映了当时贵族的生活,具有一定的社会内容。但原作失传,流传下来的只是唐朝人的临摹之作。

陆探微是顾恺之之后很有成就的画家,他作画的风格与顾恺之相近。南齐人谢赫在《古画品录》中将陆探微列在上品之上,倍加推崇。谢赫认为陆探微能够包容气韵、骨法、应物、随类、经营、传移六法。所以陆探微的画,技艺之高也就体现在这里,但他的作品都没有流传下来。

张僧繇善于画人物。当时人们崇尚佛教,很多寺院壁画都是他画的。他的画形象非常生动,传说张僧繇创作了安乐寺四白龙壁画,其中二龙点睛后就立即飞走了。因为他画的都是佛教画,所以他的画风受到天竺画风的影响。他作的画在线条之外别施彩色,微分深浅,使画面因色彩的渲染而更为美丽,并且高下分明,也增强了立体感。这在当时的作画技艺上是一个重要的成就,对以后的画风影响很大。唐人张怀瑾评论历代画家,认为顾、陆、张的人物画各有特色,"张得其肉,陆得其骨,顾得其神"[3]。

晋、宋之际,与山水诗的发展差不多同时,山水画也开始受到重视。顾恺之曾经创作《雪霁望五老峰图》,后人推之为山水画的祖师,可惜已经失传。刘宋时,南阳人宗炳创作了大量的山水画,并写了《画山水序》,推动了山水画的发展。

刘宋时,花鸟画也开始兴起。宋顾俊之是蝉雀画的创始人,谢赫在《古画品录》中将他列为二品第一人。顾俊之敢于变古创新,在绘画上独辟蹊径,为花鸟画的发展奠定了基础。

南京出土的晋宋间的墓葬墓室中,发现"竹林七贤"砖刻画,保存得很完整,是很珍贵的墓室壁画。墓室南壁绘刻嵇康、阮籍、山涛、王戎四人,北壁绘刻向秀、刘灵(伶)、阮咸、荣启期四人。八人席地而坐,情态、服饰各不相同,气韵生动。

在北方也涌现出很多的杰出画家。北齐有一画家杨子华,相传他在壁上画的马,栩栩如生,在夜晚可以听到马的长鸣之声,因此当时人称其为"画圣"。北齐还有一画家曹仲达,是西域曹国人,

图27-4 南京出土的墓室壁画"竹林七贤"砖刻画拓片

以画"梵像"闻名于中州。他画人物可以与唐代的吴道子齐名。

这一时期,除了涌现出一大批画家和大量的优秀绘画作品,也出现了绘画理论著作。南齐谢赫所著《古画品录》是很有价值的著作。他提出了绘画要注意"六法",即气韵生动、骨法用笔、应物象形、随类赋彩、经营位置、传移模写。他的理论对后世的绘画有很大的影响。

魏晋南北朝以来,随着佛教的广泛传播,石窟寺艺术也发展起来。在今天新疆、甘肃、陕西、山西、河南、四川等地,都曾开凿有石窟寺。这些石窟由于地质岩石的构造不同,艺术创作也存在差别。岩石适于雕刻的，主要艺术创作为石雕；岩石比较松脆，不适于雕刻的，主要创作为壁画和塑像。

石窟造像最早当为新疆地区的石窟。现存新疆维吾尔自治区的石窟，以天山以南的拜城、库车、吐鲁番等地最为集中。拜城克孜尔千佛洞就有石窟两百余个，其中窟形、壁画保存完整的有七十多个，但窟内佛像全毁。这些石窟开凿的年代，一些在东汉末和晋代，大部分在北朝和北朝以后。

魏晋南北朝时期，今天甘肃的河西走廊处于中西交通的通道上，所以开凿的石窟最多，最著名的就是敦煌东南的莫高窟。莫高窟位于鸣沙山东麓，全长一点五公里多，现存洞窟大小四百九十二个，佛像两千多躯，其中前秦至北朝的佛像有二十多躯，壁画有四万五千多平方米，是蕴藏非常丰富的艺术宝库。莫高窟兴建于前秦建元二年（366），历经北魏、西魏、隋、唐，甚至元代都有修建。敦煌西南的千佛洞，十六窟中多数是北魏时凿成的。敦煌以东，安西的榆林窟、永靖炳灵寺石窟、天水麦积山石窟、庆阳石窟寺等，都始凿于十六国或北魏时期。

麦积山石窟创自北魏，因岩石比较松脆，佛像大多是泥塑的。这里有很多的北朝佛、菩萨像，庄严圆满，表情也非常生动。永靖炳灵寺石窟最早为西秦建弘元年（420）开凿，其中唐述窟和时亮窟就是西秦时开凿的。唐述窟内有大小龛三十个，绝大部分为西秦时代建造，可分为石雕、石胎泥塑、泥塑三种类型，大多数形象端庄，表情肃穆，与各大窟十六国后期和北魏早期的作品风格基本相同。

北魏前期平城附近的武周山北崖上则有云冈石窟。石窟最早开凿在兴安二年（453）。现存洞窟五十三个，主洞二十一个，东西

图 27-5　敦煌莫高窟第二八五窟西壁壁画"诸天"

绵延约一公里，壁龛无数，佛像包括影像在内，达十万多个。石窟雕像数量很多，最大的佛像高达十多米，气势非常雄伟。雕刻的风格继承和发展了汉代石刻艺术的传统，并吸取了外来艺术的有益成分，艺术价值很高。

龙门石窟也称为伊阙窟，最早的石窟在北魏宣武帝景明元年（500）开始开凿。两崖石窟和露天壁龛有几千个，特别是西崖石窟群长约一点五公里。在所有石窟中，北朝的作品约占十分之三。古阳洞是龙门最早的洞窟，佛龛密布。魏碑书法艺术，《龙门二十品》，此洞占十九品。其他如宾阳北洞、宾阳中洞、莲花洞，也都是北魏时期开凿的。石窟的开凿耗费了无数的人力和物力。龙门石窟可以与云冈石窟相媲美，是古代石刻艺术的珍贵宝库。

在南方，由于地理条件的限制，石窟较少，但梁代僧人僧佑营造了摄山大像（在今江苏南京江宁区境内）、琰县石佛（在今浙江新昌境内）。其中琰县石佛高达十丈，规模宏伟，现在还存在。北魏末至北周、北齐时，在北方各地凿窟造像的风气却很盛行。著名的石窟寺除了上述的之外，太原天龙山石窟、巩县石窟寺、邯郸南北响山石窟等都很有名。另外，在辽宁义县还有建于太和二十三年（499）的万佛洞石窟。

魏晋南北朝时期，书法也形成一种艺术。三国时，钟繇师法曹喜、蔡邕、刘德升，兼善各体，尤其精于隶、楷和行书。钟繇发展秦汉以来的楷法，对于汉字定型有重要的贡献。东晋王羲之博采众长，创造了妍美流便的新体。他的书法为历代学者所宗，影响极大，被称为"书圣"。王羲之的书法代表作有《兰亭序》《黄庭经》等，但他的真迹都没有流传下来。王羲之的儿子玄之、凝之、

图27-6 山西云冈石窟第二十窟大佛像

徽之、操之、献之都善书法，其中以王献之的成就最大。他兼精诸体，尤工行、草和隶书，与其父王羲之齐名，并称"二王"。

"二王"之后，尤其在南朝，涌现了一大批书法家，诸如羊欣、孔琳之、萧思话、薄绍之、萧子云等，都闻名于当时，作品深受人们的赞赏。

十六国、北朝时期的书法则沿袭钟繇旧书体。西晋末，范阳卢谌、清河崔悦均以书法著名。北魏初年，善书者均称崔、卢二门。由于北朝书法受崔、卢两家影响，所以北方的书法没有汉碑古涩的味道，也没有南方"二王"流风回雪的情韵，保持一种古雅而端庄的独特风格。

魏晋南北朝时期，乐舞也有明显的发展。东汉末年，董卓之乱后，朝廷雅乐散失。曹操破荆州，得汉雅乐郎杜夔，使杜夔与歌师、舞师一起增损旧制，恢复了庙堂音乐。但曹魏又在雅乐中渗入新声。曹魏雅乐有四曲，即《鹿鸣》《驺虞》《伐檀》《文王》。曹魏黄初年间，柴玉、左延年等人改雅乐《驺虞》《伐檀》《文王》三曲声韵，将新声渗入已经无生命力的雅乐中。曹魏的清商乐则源自铜雀乐舞，实际为曹魏以后的新曲。从曹操开始，大量创作相和三调的曲辞，而铜雀艺人则是新创的相和三调的歌者和舞者。《宋书·乐志三》就将相和三调直称为"清商三调"。所谓三调，就是平调、清调、瑟调。曹操等人大量创作三调歌词，对清商乐的发展起到了积极的作用。西晋永嘉之乱后，洛阳沦陷，汉魏旧音流传到了江南。东晋与南朝是清商乐的发展时期。《乐府诗集》所载清商曲辞，大多数为自制的新声。清商乐中一部分为吴声歌曲，诸如《子夜歌》《前溪歌》等；另一部分为出自荆州一带的《西曲歌》三十四曲，

图 27-7　唐朝人摹本王羲之《兰亭序》

图 27-8　王献之《鸭头丸帖》

图 27-9　北魏女乐陶俑

大多数也是南朝创作的。当时统治阶级将清商乐作为宫廷的主要演奏乐曲。

江南的清商乐也传到北方。北魏前期，雅乐没有得到发展，北魏统治者喜欢的是鲜卑歌和西域歌。孝文帝、宣武帝时，北魏又得到了中原所传旧曲和江南吴歌、荆楚西声，总命之为"清商乐"，杂用于宾嘉大礼，也杂用于宫廷的宴飨。

十六国、北朝时期，"胡乐"包括西域乐和外国乐陆续传到东土。当时影响最大的是"龟兹乐"。"龟兹乐"从前秦末年传入中原，但在中原传习之盛，却是从北魏后期开始的。北魏宣武帝以后，宫廷中开始喜欢龟兹乐，西域人曹婆罗门以弹龟兹琵琶著名于当时。北齐时，曹婆罗门之子曹僧奴以及僧奴子曹妙达，都因善弹琵琶受到宠幸，都开府封王。周武帝时，龟兹人苏祗婆来到长安，也将龟兹七调乐律传到关中，对以后中原地区的音乐影响重大。北朝太常的雅乐也大量参用"胡声"。在北方民间，胡乐的乐章、乐器、乐舞也非常流行。另外，当时一些外国音乐也传入中土，诸如"天竺乐""康国乐""安国乐""高丽乐"等。"天竺乐"是在前凉张重华统治时，随着佛教的传播传到河西走廊，后来又传到中原。"康国乐"是在周武帝娶突厥公主为皇后时，随着突厥公主辗转传到中国。"高丽乐"当是北魏灭北燕冯氏时，得到"高丽乐"，后来继续输入到中原，不断完备。《隋书·音乐志下》所载隋朝有九部音乐，即清乐、西凉乐、龟兹乐、天竺乐、康国乐、疏勒乐、安国乐、高丽乐、礼毕乐等。这是对南北朝音乐的总汇，足见包含音乐种类十分广泛。

在北朝还流行过鲜卑、吐谷浑、稽胡三个民族的音乐。当时用这些音乐的曲调配合鼓吹，作为马上鼓吹之乐，也被称为"北歌"。北魏定都平城时，在宫廷中宫女经常演奏歌唱；在周、隋之际，还用来与"西凉乐"混合演奏。但"北歌"大部分是用鲜卑语记录下来的，到孝文帝迁都洛阳后，禁止使用鲜卑语，所以就逐渐消失了。"吐谷浑乐"和"步落稽胡乐"都没有汉译，这样也就无法流传下来。

魏晋南北朝时期，中原地区原来的一套华夏雅乐逐渐衰落，"龟兹乐""西凉乐"取代了原来雅乐的地位。与此同时，南方的清商乐舞也传播到北方。这样，当时乐舞逐渐形成南北融合的局面，出现了一种新的民族风格特点的乐舞。这种新风格特点的乐舞的形成，对隋唐乐舞的发展起到很大的推动作用。

第二十八章

服饰、饮食、居室与交通工具

魏晋南北朝时期，随着社会的变化、民族融合局面的出现以及文化理念的变化，社会各阶层的生活也在变化。这种变化表现在当时社会的衣、食、住、行以及节日活动和休闲娱乐多方面，形成了具有鲜明时代特征的社会生活。

第一节 服 饰

魏晋南北朝时期，社会上层和下层在服饰上差别明显。从冠冕的情况来看，当时最高统治者皇帝和重要官员在礼仪活动中一般戴冕。冕有冕綖和冕旒。西晋皇帝冕的冕綖宽七寸，长一尺二寸，前圆后方，加于通天冠上。在冕綖前后垂有冕旒，前后各十二旒，以珊瑚珠制成。南朝时，称冕为平天冠。依据等级身份的不同，皇帝

图 28-1　晋武帝冕服图（图中所戴即为通天冠，其上的木板为冕綖，前后垂下的珠串为冕旒）

冕有十二旒，皇太子九旒，三公八旒，诸卿六旒。北周宣帝传位给儿子后自称天元皇帝，因此他的冕很特殊，有二十四旒。

魏晋南北朝时期有多种冠的存在，主要有通天冠、远游冠、进贤冠、高山冠、武冠、法冠、樊哙冠等。

通天冠为皇帝朝会时戴的冠。这种冠承袭汉代而来，显著的特征是冠前加有金博山。

远游冠也是皇帝使用的冠。这种冠一般在祭祀、朝会以外的场合戴，与各色杂服搭配。除了皇帝之外，太子与宗室诸王也戴远游冠。它与通天冠主要的不同是不加金博山。

进贤冠为国家文职官员戴的冠。为了体现官员的品级差别，进贤冠上梁有五梁、三梁、二梁、一梁的区分。不过，五梁进贤冠为皇帝专用，其他官员不得佩戴。与进贤冠配合使用的有介帻，为一种由巾演化而来的便帽。

高山冠是朝廷谒者、谒者仆射等官员所戴冠。魏明帝因高山冠与通天冠、远游冠区别不明显，降低了高山冠的高度，又加上介帻。

武冠也称为武弁，还有大冠、繁冠、建冠、笼冠之称。这种冠主要是武职官员和皇帝的侍臣所戴。不过皇帝侍臣的武冠还有其他的装饰。比如侍中、散骑常侍冠上加金珰，附蝉为文，上插貂尾，黄金为竿。侍中插在左，散骑常侍插在右，成为一种很华丽的冠饰。虎贲等宫廷卫士所戴的武冠两侧要插上鹖羽，也称为鹖冠。

法冠是侍御史和廷尉正、监、平等执法官员所戴冠。冠高五尺，以铁为柱，表示不曲挠之意。

樊哙冠为皇宫殿门武士所戴冠。这种冠的形状像平冕，早在西汉时期就已经存在，至晋及南朝一直沿用。

图 28-2 北齐壁画《出行图》中人物所戴即为鲜卑帽

在魏晋南北朝时期还流行戴帽。在汉代，帽不是社会地位高的阶层所戴，戴帽的范围也不广。至魏晋时期，戴帽呈现扩大的趋势。三国时，帽有不同的颜色，而且制帽的质料也不相同。吴主孙权赐大将朱然御织成帽，魏明帝戴绣帽接见大臣。至东晋时，在民间也出现戴帽者，比如当时名士王蒙曾到市上买帽自戴。随着北方少数民族大量进入中原，他们戴帽的习俗对汉人影响很大，因此在正式的朝堂上，官员戴帽也被认可。

南北朝时，社会上开始流行戴纱帽。这种风气先发生在南方，此后在北方社会上层中也很流行。当时根据颜色将纱帽分为白纱帽和黑纱帽。纱帽的样式很多，没有固定的形制。在南朝，白纱帽主要为皇帝和大臣所戴。皇帝宴饮和起居时多戴这种帽子。黑纱帽则为士庶所通用，没有明显的贵贱区分。在北朝，戴纱帽有比较严格的限制，一般只有皇帝和官员可以戴纱帽。北齐一朝规定，在宫廷中只有皇帝可以戴纱帽，一般的官员在个人的府第接待宾客时，戴纱帽则不受限制。

随着拓跋鲜卑人建立北魏，统一北方，鲜卑的习俗也影响了中原地区，鲜卑人所戴的帽子开始流行起来。这种帽一般被称为鲜卑帽，也称突骑帽、长帽等，在拓跋鲜卑初入中原时开始流行。孝文帝改革服制后，鲜卑帽为汉冠所取代。但到北朝后期，鲜卑帽又开始流行。在西魏、北周，鲜卑帽甚至成为官员上朝和宴请时的正式服饰。

在北方还流行一种合欢帽。后赵石虎出猎时就戴着金缕织成的合欢帽。合欢帽不仅在少数民族统治阶层中流行，一般汉人也可以戴这种帽，但它不是正式帽，只是随意的穿戴。

此外，人们还用整幅的巾包裹头发。用巾包裹头发最初不分贵贱，但在冠出现后，巾逐渐成为普通平民所用的头饰。魏晋时，士人未出仕或致仕都以戴巾表示自己的非官员身份。后来一些文人雅士在正式场合也着巾以表示文雅。如东晋谢万就着白纶巾，执手板，拜见会稽王司马昱。

魏晋南北朝时期，皇帝和官员在不同场合要着不同的服装。皇帝出席祭祀天地、宗庙的礼仪活动时要着衮服。衮服也是上衣下裳。皇帝在朝会及其他场合所穿着的为袍服，袍服分为皂纱袍、绛袍、五色袍等。

诸侯王及大臣随同皇帝祭祀天地、宗庙时也都穿着衮服，只是大臣所着衮服的质料和文饰与皇帝的服饰存在一些差别。

在朝会时，群臣要穿着朝服。朝服的颜色有五色，随季节变化：春天为青色，夏天为朱色，季夏（夏季的第三个月）为黄色，秋天为白色，冬天为皂色。刘宋时，开始规定地位高的官员着五色朝服，稍低的着四色朝服，最低的官员只着一色朝服，不随季节变化颜色。尽管南朝规定有五色朝服，但大臣一般只着朱色朝服。梁武帝天监年间以后，皇太子和诸侯王也不再着五色朝服，只着朱色朝服。官员朝服的质料也不相同，有纱袍、锦袍、绫袍等。

十六国时期，北方少数民族政权统治者在服饰的穿着上比较混乱。他们一方面穿着少数民族的习惯服装，另一方面又吸收了汉族服装的一些特点。《邺中记》载石虎朝会时，"皆窃拟礼制，整法服，冠通天，佩玉玺，玄衣纁裳"。

北魏初入中原后，皇帝和官员的服饰基本上是以拓跋鲜卑的服饰为基础，吸收了部分汉族和其他少数民族的服饰特点而成的。到孝文帝时才开始规定百官的冠服，分出不同的等次。直到太和十五年（491），孝文帝下诏废止旧制，但冬季朝贺依然要穿裤褶服。次年又废除以戎服（即裤褶服）祭祀天地的规定。后孝文帝进一步改革服饰，按照西晋五时朝服制定服装，使北魏的礼服庄重典雅，不亚于南朝。北魏分裂后，东魏、北齐的礼服遵循北魏旧制，而西魏、北周则按《周礼》改官制服，不同于北魏旧制。

魏晋南北朝时期，男子日常比较常着的服装是"襦"。襦在汉代就是男子的常服，类似于今天的短外衣。襦有单襦和绵襦之分，一般用布制作，也有用纱、罗等丝织品制作的。普通平民多穿着布襦，而大族上层人物则穿着丝织的襦。东晋名士谢尚就着紫罗襦，在大市佛图门楼上弹琵琶。当时有一些妇女日常也穿着襦，形制与男服相近。

人们穿着襦时一般与裳搭配。裳作为男子的下装，已经不太流行了，一般将它作为正式服装穿着。因此西晋傅玄《裳铭》说："上衣下裳，天地则也。"

男子日常穿着的服装还有衫。衫是社会各阶层中的常着服装，只是因为社会地位的不同，在衫的质料上存在很大的差异。

当时社会中比较流行的是裲裆衫。裲裆衫是魏晋时流行的新式服装，最早出现在东汉末年。裲裆衫在制作上分为前后两片，前一为胸，后一为背，故称为裲裆。

社会中不同阶层常穿的服装还有袍、单衣、半袖、假钟等。另外，在北方，毛皮制成的裘也是人们御寒的服装，从天子到普通平民都穿着皮裘。皮裘在南方也开始流行，人们穿着皮裘一方面是为了御寒，当然还有很多人是为了修饰仪表。因此出现了用鸟羽制成的雉头裘、孔雀裘等，还出现了宽大的皮氅，也称为皮氅裘。穿着这些皮裘的人，都是要以此显示身份的高贵。

这一时期，裤的出现是服饰的重要变化。曹魏时，许允任中领军，大将军司马师要逮捕李丰，许允出门见司马师"中道还取裤，丰等已收讫"[1]，足见裤已是人们通常穿着。魏晋之前人们穿着的习惯是上身穿襦或袍、衫等常衣，下身穿着裳。穿裤只是为了御寒，并且裤的裲裆是分开的，没有缝合。北方少数民族的穿着不同于汉族，他们经常骑马放牧，穿裳、袍等服装很不方便，所以很早就开始穿着合裆裤,行动起来颇为灵活。合裆裤在制作上很节省材料,传入中原后,先为下层人民和军队接受,又逐渐向其他社会阶层流传,并为他们所接受。在魏晋南北朝时,裤开始成为人们穿着的常服。

在军队中,将士穿着的是裤褶服,也称为戎服。这种服饰起源于北方少数民族,东汉后期传入中原,成为军队的戎装。魏晋以后,军队中官员无论职位高低,一般都要穿裤褶。在皇帝亲征或者国家内外戒严时,文职官员也需要穿着裤褶。在北朝,裤褶不但作为戎服,还一度成为朝服。

魏晋南北朝时期,皇帝、贵族和官员的夫人参加国家的礼仪活动有特别的服装。皇太后、皇后、嫔妃、长公主、公主等穿着深衣,即单衣。她们在参加亲蚕仪式时穿着的服装称为蚕衣。三国时,皇后的蚕衣多用文绣,西晋时改为纯青色,以后成为定制。刘宋时,皇后参加祭祀穿着袿襡大衣,也称为袆衣。

当时妇女日常穿着的服装主要有襦、袄、衫、裲裆、抱腰、裙、裤褶等。一般妇女上身着襦、衫,下面穿长裙。在当时北方,少数民族妇女还穿着小袖袄,特别是在鲜卑妇女中,小袖袄很流行。孝文帝服饰改革后,限制鲜卑妇女穿着小袖袄,但一些妇女仍然穿着这种服装。后来随着汉化的推进,小袖袄逐渐消失。

裙是当时妇女的主要服装。社会上层妇女多穿曳地长裙,长裙多用高级丝织品制成。皇室妇女的裙装价格更为昂贵,北齐武成帝为胡皇后制作的珍珠裙,花费的费用不可胜数。

自魏晋以来,裤褶也成为妇女的服装。西晋时,王济家女奴百余人,全都着绫罗裤褶。十六国时,石虎皇后外出,以女骑一千人

图 28-3 北朝文吏（左）、文官（右）陶俑（此时文职官员已着裤褶）

为随从，全都穿着蜀锦裤褶。北朝妇女穿着裤褶的风气更为流行，多为右衽宽袖大口裤褶。

第二节 饮食习惯

魏晋南北朝时期的饮食水平，与以前的时代相比，有了较大的发展。食品的加工方法有所增加，烹饪水平也有提高。因为社会中存在不同阶层和贫富的差别，所以饮食状况也不相同。皇帝、官僚和世家大族等社会上层，在饮食上表现出奢华的风气，而一般平民家庭的饮食主要为素食。

当时饮食中，饭成为主要的食物。饭的制作采用蒸或煮的方法。在南方主要以稻米为主，北方则以粟为主。除了稻、粟之外，麦饭也是当时的主要食物之一。麦饭是用麦子蒸制而成，一般平民家庭经常食用。一些官员也吃麦饭，但并不多见。官员以麦饭为主食，成为生活简朴的表现。因此《魏书·卢玄传附卢义僖传》记载，出身高门、官居尚书的卢义僖"虽居显位，每至困乏，麦饭蔬食，忻然甘之"。

在灾荒之年，因粮食严重缺乏，普通平民就不得不用粥作为主食。地方官员和世家大族、地方豪强在实行赈济时，向灾民施粥是重要的方式。而家庭举办丧事，一般也会停止正常的饮食，用食粥表示对亲人的哀悼。除了特殊情况下食粥外，粥还成为当时家庭的主食之一。在饮食中，粥的种类很多，主要有白粥、粟粥、麦粥、豆粥等。在南方，大米煮成的白粥，上自世家大族，下到一般庶

图 28-4 魏晋壁画《烧饼图》

民,都经常食用。在北方,主要食用小米煮成的粟粥。麦粥是用没有碾磨的小麦制成,多为贫困家庭的食品。豆粥多用绿豆、红小豆制成,不同社会阶层的家庭多有吃豆粥的习惯。

在主食中,饼的制作开始出现。做饼的原料有将小麦磨成的面粉,还有用米粉的。无论在南方,还是在北方,也不论是在宫廷的宴会上,还是在普通平民的家庭用餐中,饼成为重要的食物。当时饼的名称很多,有胡饼、汤饼、水引饼、蒸饼、面起饼、乳饼、髓饼、白环饼、细环饼、截饼等。

当时人们已经掌握了发酵的方法,一些饼是用发面蒸制而成的,诸如蒸饼、面起饼、白饼、烧饼等。在蒸制饼时,人们已经会使饼的上部开花,出现十字形。因为当时发酵技术还不是很发达,因此蒸制开花饼很不容易,所以被视为珍奇的食品。

图 28-5　魏晋壁画《烤肉图》

馒头的制作也出现了。但当时馒头被称为馒头饼，与现在的馒头并不相同，是一种肉馅大包子。

魏晋南北朝时期的饮食结构是以粮食和蔬菜为主。在当时人们常吃的菜有茄子、葵菜、韭菜、芹菜、芦菔（萝卜）、芋头、菜瓜、胡瓜（大黄瓜）、冬瓜、蘑菇、芥菜、芸薹、胡荽、兰香、竹笋、藕等。烹饪也已经有很高的水平。在南朝宫廷，一种菜可以做出数十味佳肴，烹饪工艺精美。《齐民要术》中记载了瓠、茄子、紫菜、菌等各种菜的做法。

这一时期，食用的肉类也很多，主要有猪、牛、羊、犬、马、驴等家畜及鸡、鸭、鹅等家禽的肉。因为南北方的出产不同，肉食的品种和食用的数量也存在差别。北方羊的出产较多，成为少数民族最喜欢的肉食。南方除了鱼虾等水产品之外，也出产很多鸭、鹅，鸭、鹅被烹制成多种多样的美味佳肴。南方、北方的肉食品固然存在区别，但随着南北人员的来往，对肉食的烹饪技术也相互交流。刘宋时，毛修之流落到北方，他擅长烹饪，所做羊羹味道极佳，进献给北魏太武帝，深受赞赏。不过，在魏晋南北朝时期，肉食并不普遍。食肉受到限制，甚至在困难的时候，上层统治者的肉食供应也不充足。南朝为了保证农业生产，禁止宰杀耕牛，更使肉食品减少。

当时对肉食品的烹饪方法很多。《齐民要术》记载，加工烹饪的方法就有炙、炮、煎、炸、烩、煮、烧、炖等。肉还可以加工成腊脯、糟肉、肉酱，或者用盐腌制，得以长期保存。

在加工肉食品时，炙是当时经常采用的方法。所谓炙，就是用明火直接烧烤肉食品。炙法多种多样，可分为棒炙、捣炙、腩炙、牛胘炙、薄炙、衔炙、跳丸炙、饼炙、豹炙、炮炙等。棒炙是将大牛的脊肉和小牛的脚肉用火先炙一面，肉色变白便割，割完又炙一面，肉中含浆滑美。不等肉完全熟透，割下便食，这是要保持牛肉鲜嫩的味道。豹炙是从北方少数民族传入中原的食肉习惯。在炙肉时，将整只动物放在火上烧烤，再割块分食。在南北方社会上层的宴饮中，比较普遍地食用炙烤的肉食。东晋的宴席上将炙烤牛心视为上好的美味。南齐高帝为奖励江淹草拟了很好的诏书，就赐给他鹅炙和美酒。

炮炙也是从北方少数民族传到中原的肉食加工方法。加工时将肥白羊肉和脂油切成细片，与盐、姜、胡椒等调料拌匀，放到羊肚内，用线缝好。然后挖坑燃火，取出灰火，将羊肚放入，再将灰火覆在羊肚上,到规定的时间肉就熟了,便可以食用。这种肉被称为胡炮肉,成为当时的一种名菜。在肉食的加工上吸收北方少数民族的方法,还有羌煮、胡羹等,使当时南北方的肉食品更为丰富。

魏晋南北朝时期,在人们的饮食中,鱼是重要的副食。当时可以食用的鱼有鲤鱼、鲈鱼、鳝鱼、鲛鱼、鲶鱼、比目鱼等。南方地区河道纵横,鱼的出产很多,价格便宜,成为人们的日常食品。北方也有河流,出产的鱼类也不少,但出产量要少于南方。

这一时期已经有很多烹调鱼的方法。加工鱼时能够用煎、炸、烩、蒸等方法。人们还将鱼加工成鱼脯、鱼酱、鱼鲊、羹臛等。其中羹臛是人们较常采用的加工鱼的方法。

由于一些南方人口流入北方,他们也将喜欢吃鱼的习惯带到了北方。北魏洛阳城中有专门安置南方人的四夷馆和四夷里。为了适应他们的饮食习惯,在四通市上有水产品出卖。喜欢吃鱼的人都到这里购买,因此四通市又称为鱼鳖市。洛阳流传民谣说:"洛鲤伊鲂,贵于牛羊。"

魏晋南北朝时期,社会上层和下层饮酒的风气都很盛。魏晋之际的"竹林七贤"热衷于饮酒,因此使饮酒成为名士的标志之一。在官僚、世家大族阶层中,很多人以能饮酒为荣。如东晋名臣周凯能一次饮酒一石,终日徘徊在醉乡。在这种风气下,当时社会对酒的需求量很大。东晋时,如果一郡禁酒一年,就可以节省粮食百万余斛。因此在灾荒之年,国家都严格禁止酿酒。

由于酿酒技术并不复杂,一般家庭多自家酿酒来饮用。除了私人酿酒之外,出现了很多的酒店、酒肆。西晋时,阮修在洛阳常步行到酒店买酒,独自畅饮。这些酒店、酒肆一般将酒的生产和销售合而为一，分布在各地的城中和乡间。北魏洛阳市西有退酤、治觞二里，里中人多以酿酒为业，是受国家控制的酿酒工匠。

由于当时人们喜好饮酒，酒的酿造技术有很大改进，出现了一些名酒。在南方，有用鄙湖水酿制的鄙酒，在东吴时期就闻名于世，东晋、南朝都将鄙酒列为贡酒。在北方，也有名酒出现。北魏河东人刘白堕酿造出鹤觞酒，饮之香美，京城显贵多以此酒作为馈赠亲友的礼品。

魏晋南北朝时期，人们饮茶的习惯在逐步拓展。在汉代，西南地区的一些人已经开始饮茶。魏晋时期，茶的流传进一步扩大，开始被视为日常的饮料。东吴孙权设宴招待群臣，饮料中便有茶水。西晋时，一般的家庭也开始饮茶。在当时洛阳的市中就有茶在出售。永嘉之乱，大量世族南渡，王导在石头城迎接纪瞻，便设茶饮招待他。

东晋以后，南方地区饮茶开始形成风气，成为招待客人的一种方式。东晋重臣桓温经常在宴饮时为客人准备茶水。吏部尚书陆纳招待卫将军谢安，只简单设茶果招待。足见在南方，饮茶已经是士人交往的重要方式。但在北方，受少数民族生活习惯的影响，饮茶并不普遍。南朝大族王肃因内乱逃往北魏，不得不改变饮食习惯，在宴会时也能够大吃羊肉，以酪浆代替茶饮。虽然在北方社会上层宴饮中也备有茶水，可是饮用者不多。当时北方人很鄙视饮茶的人，将他们称之为"酪奴"。

第三节　大族庄园与民宅

魏晋南北朝时期，世家大族是社会阶层中的上层，他们在政治、经济、文化等方面占有特殊的地位，因此他们的住宅不同于其他的社会阶层。这个时期世家大族庄园的出现，具体表现出他们居住方式的特点。

世家大族的庄园是他们具有的政治、经济和文化特权相结合的产物。西晋时期，世家大族的庄园开始普遍出现。当时的大族，诸如王戎、王济、王恺、和峤等都修建大庄园。石崇修建的金谷园最为著名，他经常请一些名流雅士到园中宴饮游玩。东晋、南朝时，世家大族的庄园发展更为迅速。在这一时期，世家大族所建庄园有一些规模很大，刘宋时孔灵符在永兴建庄园，四周有三十多里；但有一些庄园的规模就不太大，东晋孙绰的庄园只建有五亩之宅。尽管庄园的规模大小不同，但在修建上有一些共同的特点。

世家大族在营建庄园时，一般利用山石林木和泉流池沼突出自然景观，不人为刻意地堆土成山。在园内的布置上，山、水、林、石搭配和谐，表现出精巧的结构。庄园中大多数林木繁茂，树木以松树、柏树和竹子为多。除了在园中布置供玩赏的山石林木之外，还种植了不少的果树和蔬菜。还有一些世家大族在营建庄园时，不仅注意园内的布置，还尽量使园内和园外的景色融为一体，将庄园置于优美的环境中。当时世家大族营建这种庄园，是他们养尊处优的生活态度在居住方式上的体现。

南方世家大族营建庄园也影响到北方的大族。北魏大族张伦建造的庄园，林木高耸，能够遮蔽阳光，园林山池的美丽，诸侯王的

图 28-6　东吴时期的陶院落

宅第也比不上。北齐郑戍祖的庄园中有山有池，松竹交植。

世家大族营建庄园，对一些宗室和官僚影响很大，他们也纷纷仿效，修建庄园。东晋司马道子的府第"筑山穿池，列树竹木，功用巨万"[2]。北魏贵族宗室"争修园宅，互相夸竞。崇门丰室，洞户连房，飞馆生风，重楼起雾，高台芳榭，家家而筑；花林曲池，园园而有。莫不桃李夏绿，竹柏冬青"[3]。当时世家大族营建的庄园，成为社会上层修建府第一定要仿效的样板。

魏晋南北朝时期，世家大族营建的庄园以及贵族、宗室和大官僚的宅第，以营建美丽的园林山池来满足他们的享受。这只是很少的社会上层人的生活状况。对社会中的大多数人来说，他们只能居住在很简陋的住宅里。当时一般平民的住宅多为平房，只能遮风避雨。宅院的基本格局仍然沿袭汉代的传统，为一堂二内，当然也有两进、三进或者多进的大宅院。一般宅院外面都有围墙。

地位较高的国家官员一般住宅有数十间房间。西晋武帝曾下诏，允许王沈、鲁芝修建房屋五十间。可见官员拥有这些房间是国家规定的标准，但地位较低的官员的房间就达不到这个标准。

地方长吏和中央各官府长官任职时，国家可以提供给他们府宅，但卸任后，他们就要回到自己的私宅。官员的僚佐也多住在官府提供的公廨中，不过，公廨的房屋不多。西晋陆机为僚佐，兄弟三人居住在参佐廨中，只有三间瓦屋。一些官员为了满足私欲，在任时拼命搜刮钱财，购置房产。刘宋时，豫章太守蔡廓被调入京城任尚书，便为自己修建了两处房宅。广州刺史王琨还朝任职，就用搜刮来的一百三十万钱，作为修建私宅的费用。

魏晋南北朝时期，使用砖瓦建造房宅已经很广泛。但一般只有资财丰厚的官僚和富商大贾建造房屋才能够使用砖瓦。对于大多数平民来说，居住的多为草屋茅舍，就是一些清廉的官员也是如此。南朝梁时，中书侍郎裴子野没有房宅，只好借官地二亩，修建数间茅屋。北魏中书侍郎高允任官二十多年，家中只有草屋数间。南方一般平民还以竹子和茅草建屋。当时人说："江南土薄，舍多竹茅。"[4] 足见竹茅房屋当为南方社会下层居民的主要住宅。在北方，一些人还以土窑为屋。西晋隐士孙登家在汲郡，就住在土窑中。张忠隐居泰山，凿地为窑室，使弟子居住。北方少数民族多住毡帐，进入中原地区后，也将这种居住的习俗带到中原。有一些大毡帐可供居住的人很多，因此当时人颜之推说："昔在江南，不信有千人毡帐。"[5]

第四节　车、舆、辇与骑乘

魏晋南北朝时期，国家为皇帝和官员出行实行车辆卤簿制度，也就是车辆配置的制度。皇帝出行，车辆的配置和侍从都有具体明确的规定。西晋时，皇帝出行，所乘的金根车驾六匹骏马，由太仆亲自驾车，大将军参乘，左右有卫士护驾，属车有八十一乘。皇帝所乘车辆之前有司南车、游车九乘、五刚车、云罕车、阘戟车、皮轩车等，后有黄钺车、大辇、金根车、五时副车、蹋猪车、耕根车、豹尾车等。公卿大臣、将军、校尉等在皇帝车前后乘车或骑马，随从护卫。

东晋时期，由于国家物力和财力的匮乏，皇帝车辆制度的规模大大地缩小。皇帝所乘车的马数减为四匹，副车的数量也减少很多，一度减为五乘。晋元帝登基，造大路、戎路各一辆，仿照古代的金根制度，不再设五时车，有事用马车代替，将旗帜插在上面；后来用五色木牛，象征五时车，将旗竖在牛背上。刘宋时，副车增加到十二乘。南齐有衣书车十二乘作为副车。梁时设五牛旗车，以象征古之五时副车。制衣书车，也称为副车。陈时又设置五辂，恢复使用西晋五时副车制度。

第二十八章　服饰、饮食、居室与交通工具　　453

北方少数民族政权，国家统治者的车辆制度很不完备。较大的国家，诸如后赵、前秦、后秦等，沿用西晋制度，所用的车辆大部分使用缴获的西晋旧车辆。淝水之战，东晋俘获前秦苻坚的车辆，就是西晋的旧车。还有一些是仿照西晋车辆制作的。尽管北方少数民族政权交替频繁，车辆制度大部分规定变化不大。不过，一些国家为了表现其车辆制度的独特性，也做了一些相应的改变。后赵皇帝石虎的大驾中就有金根辇、云母辇、武刚辇数百乘。

北魏初期开始制造皇帝乘坐的车辆，但车辆的形制与南朝大不相同。有大楼辇、象辇、乾象辇等，驾车或用牛或用马。道武帝拓跋珪规定皇帝大驾属车八十一乘，护驾轻车及卫士千乘万骑，王公大臣都排列在队伍中。孝文帝改制，制作了五辂作为皇帝的车辆，而将原来的车辆封存起来。孝文帝制造的五辂一直沿用，北魏后期稍有改变。北周按照《周礼》规定车辆制度，皇帝之辂十二种，皇后之车十二种，但这些规定大都没有实行。

当时对皇太子和王公大臣所乘车辆的数量和等级也有明确的规定，不同于皇帝的卤簿。根据朝廷官员的品级和地位不同，车辆形制、名称和驾车马匹都有明显的差别。西晋时，公卿随同皇帝参加祭祀天地、宗庙等重大的礼仪活动，一般乘驾四马的大车，但要站立乘车。他们参加其他的活动，则乘坐安车。东晋时，国家财政困难，对皇太子和公卿的车辆的配置减少很多，"王公以下，车服卑杂"[6]。南朝大体沿袭西晋制度，依照官员品级给予不同形制的车辆。公至尚书令给鹿幡轺，尚书仆射等给凤辖轺，中领军、中护军、尚书等给聊泥轺，御史中丞给方盖轺。从梁朝开始，四品以上官员所乘车，开始以牛驾车。

图 28-7　北齐徐显秀墓室壁画《备车图》

北魏中期以后，国家对皇太子、公、宗室诸王以及官员的车辆有了明确的规定。皇太子乘金辂，驾四马；公与宗室诸王乘高车，驾三马；庶姓王、侯及尚书令、仆射以下至列卿，给轺车，驾一马。

当时官员出行，除了本人乘坐的车辆之外，还有引导和随从的车辆和护卫的人员。随从的车辆和护卫人员的多少，依据官阶的高低来决定，从高向低递减。在南方和北方，官员的侍从情况存在差异。南朝官员的侍从主要以车骑并重，还辅之以步行者。北朝的官员侍从大多数都骑马相随。

当时国家对官员卤簿的规定，是他们身份的象征，因此他们非常重视出行的车辆配置。他们以可以获得卤簿规定为荣耀，一般出行乘车，都带随从的车辆和侍从人员，就是出席私人的宴饮也是如此。梁朝重臣朱异的新房宅落成，到新宅宴请，就带卤簿前往。有一些身兼数职的官员出行，甚至将他们各职务可以享受的卤簿都排列出来。北齐琅邪王高俨兼任京畿大都督、领军将军、司徒、御史中丞等要职，他出行"凡京畿步骑，领军之官属，中丞之威仪，司徒之卤簿，莫不毕备"。[7]

魏晋南北朝时期，国家对皇帝、王侯和官员出行的车辆和侍从的配置规定，已经形成严格的制度。这种卤簿制度使统治者的出行活动完全等级化了，成为显示他们身份和地位的一种象征。然而，在社会生活中，车辆主要还起交通工具的作用。人们为了出行的方便，自然很注意使用车辆。

当时在牵拉车辆上，大量地使用了牛。牛车比较广泛地在人们出行中使用。由于在这一时期人们对牛的训练和精心挑选，牛牵拉车辆行走得很快。西晋王恺有一头牛，被称为"八百里驳"，一天可以行走八百里。因此，无论在南方还是在北方，乘坐牛车出行是很常见的事情。

人们使用的车辆的种类也多种多样。当时人们外出常乘坐的车辆为軺车。魏晋时，軺车多用马驾车；但到南朝时，就主要用牛驾车了。軺车开始成为高级官员乘坐的车辆，使用的社会阶层提高了。因此西晋人傅玄说："汉世贱軺车，而今贵之。"[8]官员乘坐的軺车在装饰上也华丽起来。

在这一时期，犊车，也就是用牛驾的大车，在人们出行中被广泛使用。特别是社会上层人士出行，一般都乘犊车。为了体现社会上层人的身份，犊车增加了很多的装饰。因装饰的不同，有的被称为云母车，有的被称为皂轮车，还有的被称油幢车。此外，还有

图 28-8 南朝陶牛车明器

通幰车、四望车、三望车、夹望车、长瞻车等名称。在汉代为社会中地位低微者乘坐的犊车，变成了上等的车辆。比如云母车成为皇帝赏赐给臣下的车，大臣受到皇帝赏赐，方可以乘坐。

当时还有专门供妇女使用的车，称为輧车和辎车。这两种车上有车盖，四面有屏蔽。輧车专供妇女乘坐，而辎车则主要装载行李、衣物和寝具。妇女远行，一般将輧车和辎车并用。

一般平民使用的车，多为露车。露车没有盖，也没有棚。人们运送货物，多使用露车，但也可以坐人。当时官员和社会上层人士很少乘坐露车。北朝卢叔虎被朝廷征召后，乘坐露车前往邺城，是很特殊的情况。

第二十八章　服饰、饮食、居室与交通工具

魏晋南北朝时期，虽然车辆的种类已经很多，但大多数是为皇帝、王侯和官员所用。从皇帝使用车辆的种类来看，就有金根车、立车、安车、猎车、司南车、记里鼓车等，这些车辆成为皇帝卤簿的重要组成部分。虽然这些车辆制作精美，表现出很高的制造工艺，但使用面狭窄，与下层人民使用的简陋车辆形成了鲜明的对照。

社会上层人士出行，除了用车辆之外，还使用舆、辇等。舆是一种没有车轮、以人力挑和抬的运载工具。当时出现的舆种类比较多，有板舆、肩舆、篮舆、卧舆、步舆、载舆等，后来又出现了襻舆。乘用人力抬的舆，比乘车安全，上殿、入室都很方便，开始为一些年老体弱和行动不方便者所用。西晋时，因安平王司马孚年高，晋武帝司马炎下诏，同意他乘舆上殿。东晋以后，乘舆外出在南方的社会上层中开始流行。一些大族名士乘舆出游，颇为悠然自得。为了适合这些上层人士的需要，有的肩舆装饰得非常华丽。南齐皇帝甚至乘八人抬的舆，称为八枫舆。后来除了皇帝外，宗室诸王也出现乘八枫舆者。

这一时期，辇发生了很大的变化，已经除去了轮，使用人力来担抬。西晋时，皇帝还将辇赐给大臣，东晋以后，便为皇帝专用。东晋桓玄篡夺帝位，就打算制作能容纳三十人乘坐、由二百人来抬的大辇。这当然是特殊的情况，一般皇帝所乘辇多由八人来抬。这种辇供皇帝在皇宫中行走，称为小辇。在皇宫中还有三十六人抬的大辇，比舆大得多。除了坐辇外，还有供皇帝使用的卧辇。这一时期，辇在宫廷生活中所起的作用，显然日益重要。

魏晋南北朝时期，人们出行，除了乘车之外，还以骑马代步。

在北方，无论社会上层，还是下层，骑马者很多。永嘉之乱后，北方人大量过江，也将骑马的习惯带到江南。所以东晋初年，世家大族和官员骑马出行，还是常见的事情。但东晋中期以后，情况开始改变，国家规定尚书郎以上官员骑马，要被御史弹劾。到南朝，士大夫"皆尚褒衣博带，大冠高履，出则车舆，入则扶侍，郊郭之内，无乘马者"[9]。除了建康之外，江南其他地方尚有骑马者，但为数已经不多了。

北方地区人们出行，除了骑马之外，还有骑驴、骡的，在民间以骑驴、骡代步者很多。当时国家不限制低级官员骑驴、骡，但对品级高的官员，一般就加以限制。北齐时，儒生权会平生畏马，出行只骑驴。可是他的官位提升后，只能放弃骑驴，改为骑马，"位望所至，不得不乘"[10]。

在这一时期，人们还以船作为交通工具。在南方河流纵横，造船业发达，因此人们多乘船出行。南朝皇帝出巡时必须乘坐龙船，还要有随行的仪仗船。刘宋孝武帝出游，便乘坐龙舟翔凤，随行的船只多达三千零四十五艘，声势浩大。

当时一些官员到地方任职，也乘船上任，且船队很庞大。刘宋时，臧质就任江州刺史，"舫千余乘，部伍前后百余里，六平乘并施龙子幡"[11]。

南方民间乘船出行也是很常见的事情。在长途旅行时，人们将所乘船既作为交通工具，也作为住宿的地方。东晋张凭被举为孝廉，乘船到建康，途中上岸拜访客人，回来就住在船上。

第二十九章

节日与娱乐

魏晋南北朝时期,已经有固定的节日。这些节日主要有元日、人日、正月十五、正月晦日、寒食节、三月三、社日、五月五、七月七、九月九、腊日、除夕等。在这些节日中,不同社会阶层的人们要举行庆祝活动。人们在日常也有娱乐活动。社会上层娱乐活动更多,成为他们生活的重要内容。

第一节 节日与节日活动

元日。又称为"元正""正旦",为夏历的正月初一。在魏晋南北朝时期,元日是比较重要的节日。每逢这一天,上自皇帝,下至庶民,都要举行各种形式的活动。朝廷一般要举行朝会来庆祝,皇帝和群臣一起宴饮,欣赏乐舞。魏晋、南朝的朝会形式大体相同。北朝则有独特之处。北齐时，元日除了皇帝要大宴群臣之外，在后宫，嫔妃公主要举行拜见皇后的仪式。皇帝还要派侍中慰劳各州郡派到京城的使者。

在民间，人们以家族为单位举行宴饮。家族中人不分长幼，全都穿上整齐的服装，依次拜贺，然后一起饮酒。除此之外，还要"爆竹燃草起于庭燎"[1]，举行闭门杜鬼等活动。

人日。在魏晋南北朝时期，一般视正月初一为鸡日，初二为狗日，初三为猪日，初四为羊日，初五为牛日，初六为马日，初七为人日。无论南方还是北方都过人日。人日这一天，人们要用七种菜做成羹，剪彩纸为人，或镂金箔为人，贴在屏风上，还要登高。南北方的习俗大体相同。

正月十五。魏晋南北朝时期，人们过正月十五，一般要举行各种活动，主要有祠门祭户、祭蚕神、迎紫姑、做宜男蝉、打粪堆等活动。在北方，还要举行打簇和相偷戏的活动。打簇、相偷戏是北魏时的习俗，实际是一种娱乐活动，对获胜者要给予奖励。

正月晦日。这是正月的最后一天。当时人们要到水边操桨泛舟，临水宴乐，漂衣洗裙，这样做的目的是为了消灾解厄。至魏晋南北朝后期，消灾解厄的意义逐渐减弱，主要是为了游水赏春。此外，当时在正月晦日还有送穷的习俗，这一天人们要在巷中用粥和破衣祭祀，称为"送穷鬼"。

寒食节。冬至后的一百零五天，或一百零六天，也就是清明前夕，当时人们要禁火寒食。这种禁火习俗是从先秦沿袭下来的。三国曹操曾下禁令，严禁寒食。但西晋、十六国时期，寒食习俗依然很盛。北魏也曾经有过禁寒食之令，但后来不得不恢复寒食。寒食节,一般三日不能生火,人们只以干粥醴酪作为食品。

三月三。在魏晋南北朝之前,这个节日称为"上巳"。至魏晋南北朝,将这个节日确定在三月三。原来人们在水边洗涤,是为了祓除灾气,但到魏晋南北朝时,人们都会在这一天曲水流觞,目的在于娱心悦目。当时无论南方还是北方,都将三月三作为一个盛大的节日。社会中的上层和下层都到水边,临水作乐。

社日。魏晋南北朝时,社日的祭祀一般举行两次,也就是春祈秋报,但也有举行三次的。当时国家设置官社、官稷。在社日,朝廷要举行祭社活动,皇帝亲自主祭,重要官员也要参加助祭活动。在民间,社祭活动也很活跃。当时民间社的设置比较普遍,设社的地方一般都植树,有的地方就是以树为社。在祭社日,人们带上祭社的肉食和酒,进行祭祀活动。祭祀完毕,参加者一起享用祭品,共度社日。

五月五。魏晋南北朝时,又称为端午。在这一天,江南地方的人们,一般要划一种称为飞凫的轻船,分为水军、水马两种,展开竞赛。官员和平民都要到水边观看。另外,人们还要吃粽子,以示对屈原的纪念。江南地区的人们所食粽子,一般用五色丝捆扎。在这一天,人们还将艾草做成人形,悬挂在门上,来避瘟禳毒。

七月七。魏晋南北朝时,每到这一天,人们在白天和晚上要进行传统的节日活动。白天要曝晒衣物和书籍。七月七又被认为是牛郎和织女相会的日子。因此在晚上,人们要举行"乞巧"活动,妇女要结彩缕,穿七孔针,将瓜果陈放在庭院中来乞巧。另外,还要进行"守夜"活动,人们在庭院中铺筵设几,摆上水果,祈求牵牛、织女二星降福。

第二十九章 节日与娱乐

九月九。当时又称为"重阳",是比较隆重的节日。每到这一天,皇帝要举行重九宴会,招待群臣。人们还要进行登高野宴的活动。九月正值季秋,菊花开放,所以人们在这一天还有采菊相送的习俗。

腊日。这个节日起源很早,具体时间因朝代不同而异。魏晋南北朝时,一般在五行之终定为腊日,如刘宋以水德自居,因此以十二月辰日为腊日。腊日为一年中的大祭之日,要祭祀先祖和百神。腊日还是家人团聚的日子,人们对此很重视。另外,在腊日要击鼓驱疫。在江南,人们多击细腰鼓,戴胡公头及做金刚力士,驱除病疫。

除夕。当时又将除夕称为"岁暮""岁除"。除夕正当新年和旧岁交替之时,人们在这一天一般要举行送旧迎新和驱邪避厉的活动。在除夕,为迎新年,每家要设宴酣饮,除夕的饭菜要留到新年十二天,再丢到街道上,以示丢故纳新。另外,民间有镇宅的习俗,就是在除夕日挖掘住宅四角,各埋一块石头,以此象征驱邪避厉。北朝,一般将腊月举行的大傩仪式放在岁末举行,使除夕日的活动更为丰富了。

第二节　娱乐活动

魏晋南北朝时期,在人们的社会生活中,娱乐是重要的内容。当然社会上层和下层由于生活条件的差别,采取的娱乐方式存在差异,但人们都会寻找适合自身的娱乐。在当时文献记载中,很流行的娱乐活动主要有属于竞技性质的樗蒲、弹棋、投壶、藏钩、握槊等；属于智力竞争性质的有围棋、猜谜等；还有出游、乐舞欣赏和田猎等。

樗蒲。这项活动至迟在西汉开始出现，魏晋南北朝时期成为非常盛行的活动。西晋时，晋武帝与贵妃胡芳樗蒲，二人争矢，因用力过猛而伤手。南齐明帝平定晋安王叛乱后宴请有功将领，席间便进行樗蒲。北魏张僧皓特别喜欢樗蒲，不论什么人他都喜欢与之较量。樗蒲不仅流行于社会上层，社会下层也有樗蒲活动，只是博具简单，与上层社会博具的豪华差别明显。樗蒲的用具包括枰（棋盘）、杯（投掷五木的容器）、木（棋子）、矢（棋子）、马（棋子）五种，进行活动时，双方各执马、矢两种棋子，以掷五木决定胜负。樗蒲之戏为一种技巧竞赛，但也具有赌博的性质。

弹棋。早在西汉时期，弹棋就已经出现。魏晋南北朝时期，在社会上层比较盛行。魏文帝曹丕为弹棋的高手，南朝的官僚和世家大族喜好弹棋者很多，在北方的宫廷中，也流行弹棋。弹棋具有很强的竞技性，举行弹棋时，双方在棋盘两边将棋摆好，双方争夺激烈，将全部棋子射入对方洞中者为胜。

投壶。这种活动起源很早，春秋战国时期就开始出现。最早具有礼仪活动的性质，到魏晋南北朝时期，进一步向娱乐化方向发展。在当时的南方和北方社会上层中很流行投壶活动，投壶活动的技巧也在发展。除了沿袭传统投箭方式之外，还出现了"莲花骁"，使竞技更加激烈。

藏钩。魏晋南北朝时，这是老少皆宜的竞技活动。进行藏钩活动时，要将人群分成两部分，一部分藏，一部分猜，以猜到所藏钩

图 29-1　魏晋时期类似樗蒲的游戏

为胜，反之则为败。当时一些藏钩者技巧高超，使猜测方经常为假象所迷惑。

握槊。这是从北方少数民族传入中原的竞技活动，流行范围也仅在北方。在当时社会上层中很喜欢进行握槊。这是一种使用棋子的博戏活动。

魏晋南北朝社会中出现一些棋类活动，诸如围棋、象戏、四维等，但围棋在当时占有重要位置。当时下围棋不仅是智力的竞争，也是一种消遣娱乐。无论在南方还是北方，多见不同社会阶层人士参与围棋活动，一些官僚和世家大族尤其重视下围棋，甚至出现按棋艺高低来确定品级的情况。梁武帝知道柳恽喜欢弈棋，便让他品定棋谱，达到入选标准的有二百七十八人。他根据每个人下棋的优劣，刊定《棋品》三卷，这是一部优秀棋手的排名册。不仅成年人喜欢下围棋，在儿童中也出现弈棋的高手，刘宋时吴郡人褚胤七岁就入围棋高手。

魏晋南北朝时期，除了竞技和棋类等娱乐活动外，一些官员和世家大族很喜欢游览山水，以此作为消遣。一些名士放荡不羁，形成魏晋风度。他们将放情于山水之间作为这种风度的一种体现，登山赋诗咏怀，成为他们对生活的一种追求。东晋时，一些大族仍然喜好游览山水。大族名臣谢安刚开始在会稽定居时，就与名士、名僧出游于山水之间，赋诗歌咏，悠然自得，以致朝廷多次征召，他都辞疾不归。当时游览山水只是社会上层人士的休闲活动，社会下层整日为生计奔波，既没有时间，也缺少资财，是很难从事这种活动的。

在社会上层的消遣活动中，还有对乐舞的欣赏。一些官员和世家大族多蓄养家妓，为主人演奏乐器、歌唱和跳舞。西晋时，石崇有一位妓人名绿珠，不仅貌美，还很善吹笛。东晋谢安爱好音乐，就是在服丧期间，也让家妓为他演奏乐曲。北魏时，征南将军、刺史薛真度养女妓数十人为他演奏乐曲，还召集宾客一起欣赏。

一些官僚和大族还有自己演奏乐器来自娱的消遣方式。"竹林七贤"中的嵇康、阮籍善弹琴。东晋时，江南大族顾荣喜欢弹琴，他死后，子孙特别在他的灵位前方置一把琴。这些官员和大族除了操琴之外，还有吹笙、吹笛、弹筝的。一些人的演奏技巧很高，通音律，在私人宴饮时常会一展技艺。南齐刘悛很善弹琴，他在齐竟陵王萧子良私人宴会上，弹一支琴曲，博得萧子良的盛赞。

在北方的官僚和大族中，以音乐自娱的风气也很盛行。北魏中山王元英就喜欢吹笛，河东汉族大族柳远喜欢放情于琴酒之间。足

图 29-2　明代郭诩所绘《东山携妓图》(描绘谢安未出仕前，携妓同游东山的情形)

见当时一些官员和高门大族以音乐自娱，是他们很喜欢采取的一种形式。

魏晋南北朝时期的社会上层，还将打猎作为一种娱乐活动，并且风气很盛行，当时从皇帝到一般官员将打猎作为很快悦的事情。三国时，孙权为了打猎专门制造了射虎车，让自己站在车中央射猎。刘宋时，宣城太守王僧达特别喜欢游猎，有时出去打猎三五天也不返回，受理诉讼之事也要到他田猎的地方进行。

北魏社会上层打猎风气更盛，有专门为皇帝、宗室、贵戚和官员准备的猎场。北魏广平王曾到河北马场射猎，河北马场就是专门的猎场。西魏时，宇文泰经常到甘泉宫打猎，甘泉宫也是专门的猎场。

梁朝将领曹景宗曾说："我昔在乡里，骑快马如龙，与年少辈数十骑，拓弓弦作霹雳声，箭如饿鸱叫，平泽中逐獐，数肋射之，渴饮其血，饥食其肉，甜如甘露浆，觉耳后风生，鼻头出火。此乐使人忘死，不知老之将至。"[2] 他说的话正反映了打猎活动不仅是当时社会上层的一种娱乐方式，而且可以给他们带来很大的生活乐趣。

附录

大事年表

公元	年号	历史事件
184	东汉光和七年 中平元年	二月，黄巾起义 三月，东汉灵帝大赦党人 七月，五斗米道起义
188	东汉中平五年	八月，东汉政府设置西园八校尉
189	东汉中平六年 昭宁元年 永汉元年	四月，灵帝卒，少帝继位，何太后临朝 八月，袁绍等引兵入宫。董卓率兵入洛阳 九月，董卓废少帝，立刘协为帝，即东汉献帝
190	东汉初平元年	正月，关东诸州郡起兵，以袁绍为盟主，讨董卓 二月，董卓挟献帝西迁
192	东汉初平三年	正月，孙坚卒 四月，王允杀董卓 十二月，曹操收降、改编青州黄巾
194	东汉兴平元年	十二月，刘备领徐州牧
196	东汉建安元年	七月，曹操迁献帝于许，屯田许下。刘备投靠曹操，为豫州牧
197	东汉建安二年	正月，袁术称帝于寿春 五月，孙策占据吴郡
198	东汉建安三年	四月，董卓残余势力被消灭 十月，曹操攻克下邳，绞杀吕布
200	东汉建安五年	六月，孙策卒，孙权继承其业 十月，官渡之战，曹操大败袁绍。张鲁占据汉中
202	东汉建安七年	五月，袁绍卒
206	东汉建安十一年	正月，曹操占据冀、青、幽、并四州，统一北方
207	东汉建安十二年	十月，刘备三顾诸葛亮于隆中

(续表)

公元	年号	历史事件
208	东汉建安十三年	六月,东汉政府罢三公官,曹操为丞相 十月,赤壁之战,刘备、孙权联合大败曹操
211	东汉建安十六年	十二月,刘备进入益州
212	东汉建安十七年	九月,孙权于秣陵建石头城,改名建业
214	东汉建安十九年	闰五月,刘备进入成都,自领益州牧
215	东汉建安二十年	五月,刘备、孙权以荆州、湘水划分势力范围
216	东汉建安二十一年	五月,曹操被封为魏王 七月,南匈奴被分为五部
219	东汉建安二十四年	七月,刘备自立为汉中王 十二月,孙权派吕蒙袭杀关羽,尽有荆州之地
220	东汉建安二十五年 延康元年 曹魏黄初元年	正月,曹操卒,曹丕为魏王 二月,曹丕采纳陈群建议,设立九品官人法 十月,曹丕自立为皇帝,东汉灭亡
221	曹魏黄初二年 蜀汉章武元年	四月,刘备在成都称帝,以诸葛亮为丞相
222	曹魏黄初三年 蜀汉章武二年 东吴黄武元年	闰六月,夷陵之战,吴陆逊大败蜀军 十月,孙权自称吴王。三国鼎立局面形成
223	曹魏黄初四年 蜀汉章武三年 建兴元年 东吴黄武二年	四月,刘备卒,刘禅继位
225	曹魏黄初六年 蜀汉建兴三年 东吴黄武四年	七月,诸葛亮平定南中
226	曹魏黄初七年 蜀汉建兴四年 东吴黄武五年	三月,曹丕卒,曹叡继位

(续表)

公元	年号	历史事件
227	曹魏太和元年 蜀汉建兴五年 东吴黄武六年	三月,诸葛亮上《出师表》,北屯汉中
229	曹魏太和三年 蜀汉建兴七年 东吴黄龙元年	四月,孙权称帝
234	曹魏青龙二年 蜀汉建兴十二年 东吴嘉禾三年	二月,诸葛亮伐魏,进兵五丈原。诸葛亮卒
237	曹魏景初元年 蜀汉建兴十五年 东吴嘉禾六年	七月,公孙渊自称燕王
238	曹魏景初二年 蜀汉延熙元年 东吴嘉禾七年 赤乌元年	六月,曹魏派遣司马懿进攻公孙渊
239	曹魏景初三年 蜀汉延熙二年 东吴赤乌二年	正月,曹叡卒,曹芳继位
243	曹魏正始四年 蜀汉延熙六年 东吴赤乌六年	曹魏大规模屯田
245	曹魏正始六年 蜀汉延熙八年 东吴赤乌八年	正月,东吴太子孙和与鲁王孙霸有矛盾,党争因此而起
247	曹魏正始八年 蜀汉延熙十年 东吴赤乌十年	三月,曹爽开始专权

(续表)

公元	年号	历史事件
249	曹魏正始十年 嘉平元年 蜀汉延熙十二年 东吴赤乌十二年	正月，高平陵事变。司马懿杀曹爽及何晏，司马氏开始掌握曹魏政权
250	曹魏嘉平二年 蜀汉延熙十三年 东吴赤乌十三年	八月，孙权废太子孙和，立孙亮为太子
252	曹魏嘉平四年 蜀汉延熙十五年 东吴太元二年 神凤元年 建兴元年	四月，孙权卒，孙亮继位
253	曹魏嘉平五年 蜀汉延熙十六年 东吴建兴二年	四月，诸葛恪率兵攻魏 十月，孙峻杀诸葛恪，为丞相
254	曹魏嘉平六年 正元元年 蜀汉延熙十七年 东吴五凤元年	九月，司马师废曹芳，立高贵乡公曹髦
255	曹魏正元二年 蜀汉延熙十八年 东吴五凤二年	二月，司马师卒，司马昭为大将军
258	曹魏甘露三年 蜀汉延熙二十一年 景耀元年 东吴太平三年 永安元年	正月，宦官黄皓掌管蜀国政权 九月，孙綝废孙亮，立孙休 十二月，孙休杀孙綝
260	曹魏甘露五年 景元元年 蜀汉景耀三年 东吴永安三年	五月，司马昭杀曹髦 六月，司马昭立曹奂

大事年表　475

(续表)

公元	年号	历史事件
262	曹魏景元三年 蜀汉景耀五年 东吴永安五年	十月，"竹林七贤"之一的嵇康被司马昭杀害
263	曹魏景元四年 蜀汉炎兴元年 东吴永安六年	十月，司马昭晋封晋公 十一月，蜀后主刘禅出降，蜀灭亡
264	曹魏景元五年 咸熙元年 东吴永安七年 元兴元年	三月，司马昭称晋王 七月，孙休卒，孙皓立
265	曹魏咸熙二年 西晋泰始元年 东吴元兴二年 甘露元年	八月，司马昭卒，司马炎继承晋王位 十二月，司马炎自立为帝，曹魏灭亡。西晋建立，分封诸侯王
266	西晋泰始二年 东吴宝鼎元年	十二月，晋罢农官为郡县
268	西晋泰始四年 东吴宝鼎三年	正月，晋武帝颁行《晋律》
270	西晋泰始六年 东吴建衡二年	四月，东吴任命陆抗都督信陵等诸军事，防备西晋 十二月，谯周卒
271	西晋泰始七年 东吴建衡三年	三月，裴秀卒 十二月，晋安乐公刘禅卒
272	西晋泰始八年 东吴凤凰元年	夏，王濬大造舰船，准备伐吴
273	西晋泰始九年 东吴凤凰二年	四月，著《国语解》的韦昭被孙皓杀害
274	西晋泰始十年 东吴凤凰三年	四月，孙皓杀孙奋及其五子

(续表)

公元	年号	历史事件
275	西晋咸宁元年 东吴天册元年	正月，晋改元咸宁 五月，吴改元天册 十二月，晋诏奴婢代兵屯田
276	西晋咸宁二年 东吴天册二年 天玺元年	五月，晋立国子学 七月，吴改元天玺 八月，吴改明年为天纪元年
277	西晋咸宁三年 东吴天纪元年	八月，晋武帝使诸侯王就国
280	西晋咸宁六年 太康元年 东吴天纪四年	三月，吴帝孙皓降于西晋，东吴灭亡 十月，晋颁户调、占田及荫客制
281	西晋太康二年	是岁，汲冢书出土
282	西晋太康三年	是岁，著《帝王世纪》的皇甫谧卒
284	西晋太康五年	闰十二月，杜预卒
285	西晋太康六年	是岁，陈寿完成《三国志》
289	西晋太康十年	十一月，遣诸王出镇都督区 是岁，晋武帝封子孙六人为王。晋武帝诏封刘渊为匈奴北部都尉
290	西晋太熙元年 永熙元年	四月，晋武帝卒，司马衷继位，是为晋惠帝。杨骏辅政 十月，晋惠帝命刘渊为匈奴五部大都督
291	西晋永平元年 元康元年	三月，贾后联合楚王司马玮杀杨骏等人，八王之乱开始 五月，诏免户调 六月，贾后命楚王司马玮杀汝南王司马亮、太尉卫瓘，又杀楚王司马玮
295	西晋元康五年	十二月，鲜卑分为三部
296	西晋元康六年	八月，氐人齐万年起兵于关中
298	西晋元康八年	九月，李特率流民入蜀
299	西晋元康九年	十二月，贾后废太子遹为庶人
300	西晋永康元年	四月，赵王司马伦杀贾后专权

(续表)

公元	年号	历史事件
301	西晋永康二年 永宁元年	正月,赵王司马伦称帝 四月,晋惠帝复位 十月,李特在绵竹起义
302	西晋太安元年	正月,李特建立年号
304	西晋永安元年 永兴元年	正月,长沙王司马乂被杀 七月,东海王司马越奉帝讨司马颖 八月,刘渊起兵反晋 十月,李雄称成都王。匈奴刘渊称汉王
306	西晋光熙元年	六月,李雄称帝 十一月,惠帝卒,司马炽继位,是为晋怀帝,八王之乱结束
307	西晋永嘉元年	九月,司马睿移镇建邺
308	西晋永嘉二年	十月,刘渊在平阳称帝
310	西晋永嘉四年	七月,刘渊卒,刘和继位。刘聪杀刘和自立
311	西晋永嘉五年	六月,刘曜攻陷洛阳,俘晋怀帝
313	西晋永嘉七年 建兴元年	四月,司马邺继位,是为愍帝
314	西晋建兴二年	五月,前凉张轨卒,张寔继位
315	西晋建兴三年	二月,拓跋猗卢建代国。
316	西晋建兴四年	十一月,刘曜攻陷长安,俘晋愍帝。西晋灭亡
317	东晋建武元年	三月,琅邪王司马睿在建康称晋王,史称东晋 六月,祖逖北伐
318	东晋大兴元年	三月,司马睿改称皇帝,是为东晋元帝 七月,刘聪卒 十月,刘曜称帝
319	东晋大兴二年	六月,刘曜改国号为赵,史称前赵 十一月,石勒称赵王,史称后赵
322	东晋永昌元年	正月,王敦在武昌起兵 闰十一月,晋元帝卒,司马绍继位,是为明帝

(续表)

公元	年号	历史事件
324	东晋太宁二年	五月，前凉张茂卒，张骏继位 六月，王敦再次反叛，后卒于军
325	东晋太宁三年	闰七月，明帝卒，司马衍继位，是为成帝
327	东晋咸和二年	十月，苏峻、祖约反叛
328	东晋咸和三年	二月，苏峻攻破建康 九月，苏峻卒
329	东晋咸和四年	二月，晋军收复建康 九月，石勒灭前赵
330	东晋咸和五年	二月，石勒自称大赵天王，不久又称皇帝
333	东晋咸和八年	七月，石勒卒，石弘继位，石虎专权
334	东晋咸和九年	十一月，石虎废石弘，自称居摄赵天王
335	东晋咸康元年	九月，石虎自立皇帝，迁都于邺
337	东晋咸康三年	七月，石虎杀太子石邃 十月，慕容皝称燕王，史称前燕
338	东晋咸康四年	四月，李寿废李期，自称皇帝，改国号为汉
339	东晋咸康五年	七月，丞相王导卒
340	东晋咸康六年	正月，庾亮卒
341	东晋咸康七年	四月，晋实行土断
342	东晋咸康八年	六月，成帝卒，司马岳继位，是为康帝 十月，前燕慕容皝迁都龙城
343	东晋建元元年	八月，成汉李寿卒，李势继位
344	东晋建元二年	九月，康帝卒，司马聃继位，是为穆帝。
345	东晋永和元年	八月，桓温为安西将军
346	东晋永和二年	五月，张骏病死，子张重华继位，自称假凉王
347	东晋永和三年	三月，桓温灭成汉
348	东晋永和四年	八月，燕王慕容皝卒，慕容儁继位

(续表)

公元	年号	历史事件
349	东晋永和五年	五月，石虎卒，石世继位。石遵随即废杀石世，自行即帝位 十一月，石闵杀石遵，立石鉴 十二月，石闵杀石鉴，后赵混乱
350	东晋永和六年	九月，冉闵自立，建立魏国，史称冉魏
351	东晋永和七年	正月，苻健即天王、大单于位，国号大秦 四月，后赵灭亡
352	东晋永和八年	正月，苻健称皇帝 四月，前燕灭冉魏 十一月，慕容儁称皇帝
354	东晋永和十年	正月，张祚自称凉王 二月，桓温北伐 九月，桓温率军返回东晋
355	东晋永和十一年	六月，苻健卒，苻生继位 七月，前凉内乱。张玄靓立
356	东晋永和十二年	七月，桓温再次北伐 八月，桓温大破姚襄，占领洛阳
357	东晋升平元年	六月，苻坚杀苻生，自称大秦王
360	东晋升平四年	正月，前燕慕容儁卒，慕容暐继位
361	东晋升平五年	五月，穆帝卒，无后，琅邪王司马丕继位，是为哀帝
362	东晋隆和元年	正月，减田租，亩收二升
363	东晋兴宁元年	八月，前凉张天锡杀张玄靓，自称凉州牧、大将军、西平公
364	东晋兴宁二年	三月，庚戌土断
365	东晋兴宁三年	二月，哀帝卒，无子，琅邪王司马奕继位，是为废帝。慕容恪攻占洛阳
366	东晋太和元年	是岁，前秦在甘肃敦煌东南开凿敦煌石窟
369	东晋太和四年	四月，桓温北伐前燕
370	东晋太和五年	十一月，前秦灭前燕

(续表)

公元	年号	历史事件
371	东晋太和六年 咸安元年	十一月,桓温废晋废帝,立司马昱为帝,是为简文帝
372	东晋咸安二年	六月,苻坚以王猛为丞相 七月,简文帝卒,司马曜继位,是为孝武帝
373	东晋宁康元年	七月,桓温卒,谢安执政 冬,苻坚攻占梁、益二州
375	东晋宁康三年	七月,前秦丞相王猛卒
376	东晋太元元年	八月,前秦灭前凉 十二月,前秦灭代
377	东晋太元二年	十月,东晋建立北府兵
379	东晋太元四年	是岁,大书法家王羲之卒
380	东晋太元五年	七月,苻坚分诸氐,散居方镇
382	东晋太元七年	九月,前秦攻西域
383	东晋太元八年	八月,前秦大举南侵 十一月,淝水之战,东晋大败前秦
384	东晋太元九年	正月,慕容垂称燕王,史称后燕 三月,慕容泓建立西燕 四月,姚苌自称大将军、大单于、万年秦王 七月,吕光降服西域三十六国
385	东晋太元十年	九月,吕光自立为凉州刺史。乞伏国仁建立西秦
386	东晋太元十一年 北魏登国元年	二月,拓跋珪迁都盛乐,后改国号为魏,史称北魏 三月,姚苌称帝,国号大秦 十月,慕容永称帝 十一月,苻登称帝 十二月,吕光建立后凉
388	东晋太元十三年 北魏登国三年	六月,西秦乞伏国仁卒,乞伏乾归继位
389	东晋太元十四年 北魏登国四年	十一月,东晋范宁奏请土断

(续表)

公元	年号	历史事件
392	东晋太元十七年 北魏登国七年	十一月，东晋任命殷仲堪为都督荆、益、宁三州诸军事
393	东晋太元十八年 北魏登国八年	十二月，后秦姚苌卒，姚兴继位
394	东晋太元十九年 北魏登国九年	八月，慕容垂灭西燕 十月，西秦灭前秦
395	东晋太元二十年 北魏登国十年	三月，东晋朋党竞起 十一月，后燕、北魏参合陂之战
396	东晋太元二十一年 北魏皇始元年	四月，后燕慕容垂卒，慕容宝继位 九月，东晋孝武帝卒，司马德宗继位，是为安帝
397	东晋隆安元年 北魏皇始二年	正月，秃发乌孤自称西平王，史称南凉 三月，北魏进军河北，后燕慕容宝弃中山，逃奔龙城 五月，段业自称凉州牧
398	东晋隆安二年 北魏天兴元年	七月，拓跋珪迁都平城 十一月，北魏立官制 十二月，拓跋珪自称皇帝
399	东晋隆安三年 北魏天兴二年	二月，北魏大破高车，段业即凉王位 三月，北魏设置五经博士 十月，东晋孙恩起兵反抗 十二月，法显往天竺求佛经
400	东晋隆安四年 北魏天兴三年	五月，孙恩第二次起兵反抗 十一月，李暠占据敦煌，史称西凉 十二月，慕容德称皇帝，史称南燕
401	东晋隆安五年 北魏天兴四年	二月，孙恩第三次起兵反抗 五月，后凉吕超杀吕纂，拥吕隆为天王 十二月，鸠摩罗什至长安
402	东晋元兴元年 北魏天兴五年	二月，北魏进攻后秦 三月，桓玄入建康。孙恩兵败投海而亡 十月，东晋刘轨、司马休之等投奔北魏

(续表)

公元	年号	历史事件
403	东晋元兴二年 北魏天兴六年	七月，后凉投降后秦 十二月，桓玄称皇帝，国号楚
404	东晋元兴三年 北魏天赐元年	二月，以刘裕为首的北府兵将领起兵讨桓玄 三月，刘裕进入建康 九月，北魏改革官制 十月，卢循攻克番禺
405	东晋义熙元年 北魏天赐二年	正月，鸠摩罗什为后秦国师 三月，东晋安帝复位
407	东晋义熙三年 北魏天赐四年	六月，赫连勃勃称大夏天王 七月，后燕灭亡，北燕建立
409	东晋义熙五年 北魏永兴元年	五月，刘裕北伐南燕 十月，北魏道武帝拓跋珪卒，拓跋嗣继位，是为明元帝
410	东晋义熙六年 北魏永兴二年	二月，刘裕灭南燕 二月，卢循起兵反抗
411	东晋义熙七年 北魏永兴三年	四月，卢循败死
412	东晋义熙八年 北魏永兴四年	九月，刘裕消灭刘毅
413	东晋义熙九年 北魏永兴五年	三月，刘裕进行土断
414	东晋义熙十年 北魏神瑞元年	五月，南凉被西秦所灭
416	东晋义熙十二年 北魏泰常元年	八月，刘裕北伐后秦
417	东晋义熙十三年 北魏泰常二年	八月，后秦灭亡 九月，刘裕进入长安 十二月，刘裕南归
418	东晋义熙十四年 北魏泰常三年	六月，刘裕接受相国、宋公、九锡之命 十二月，刘裕使王韶之缢安帝，立司马德文为帝，是为恭帝

(续表)

公元	年号	历史事件
420	东晋元熙二年 刘宋永初元年 北魏泰常五年	六月,刘裕即皇帝位,是为武帝,国号宋,年号永初,史称刘宋,东晋灭亡
421	刘宋永初二年 北魏泰常六年	三月,北凉灭西凉。 九月,刘裕杀晋恭帝
422	刘宋永初三年 北魏泰常七年	五月,武帝卒,刘义符继位,是为少帝 九月,北魏进攻刘宋
423	刘宋景平元年 北魏泰常八年	闰四月,刘宋与北魏虎牢大战 十一月,明元帝卒,拓跋焘继位,是为太武帝
424	刘宋景平二年 元嘉元年 北魏始光元年	五月,徐羡之等杀少帝 八月,刘义隆继位,是为文帝
425	刘宋元嘉二年 北魏始光二年	八月,夏赫连勃勃卒,赫连昌继位 十月,北魏军队分路进攻柔然
426	刘宋元嘉三年 北魏始光三年	正月,文帝杀徐羡之等 五月,文帝整顿吏治 九月,北魏、刘宋分别进攻大夏
427	刘宋元嘉四年 北魏始光四年	六月,北魏攻占夏统万城 是岁,陶渊明卒
428	刘宋元嘉五年 北魏神䴥元年	二月,赫连定称帝
429	刘宋元嘉六年 北魏神䴥二年	五月,北魏大败柔然。 是岁,文帝命裴松之注《三国志》
431	刘宋元嘉八年 北魏神䴥四年	正月,大夏灭西秦 六月,吐谷浑灭大夏
432	刘宋元嘉九年 北魏延和元年	七月,北魏进攻北燕
433	刘宋元嘉十年 北魏延和二年	二月,北魏封冯崇为辽西王 四月,北凉沮渠蒙逊卒,沮渠牧犍继承王位 十二月,谢灵运被杀

（续表）

公元	年号	历史事件
434	刘宋元嘉十一年 北魏延和三年	二月，北魏与柔然和亲
435	刘宋元嘉十二年 北魏太延元年	正月，北燕向刘宋称藩 十一月，北魏制定三等九品制，作为征收赋税的标准
436	刘宋元嘉十三年 北魏太延二年	四月，北魏灭北燕
437	刘宋元嘉十四年 北魏太延三年	十一月，北魏派遣使者出使西域
438	刘宋元嘉十五年 北魏太延四年	七月，北魏进攻柔然 是岁，刘宋立玄、史、文、儒四学
439	刘宋元嘉十六年 北魏太延五年	九月，北魏灭北凉，统一北方
442	刘宋元嘉十九年 北魏太平真君三年	十二月，刘宋修孔子庙
443	刘宋元嘉二十年 北魏太平真君四年	三月，北魏派遣李敞到嘎仙洞石庙祭祀祖先，并在石壁刻写祝文
444	刘宋元嘉二十一年 北魏太平真君五年	正月，北魏下诏禁止私养沙门
445	刘宋元嘉二十二年 北魏太平真君六年	十二月，《后汉书》的作者范晔被杀
446	刘宋元嘉二十三年 北魏太平真君七年	三月，北魏禁止佛教
449	刘宋元嘉二十六年 北魏太平真君十年	九月，北魏进攻柔然
450	北魏太平真君十一年 刘宋元嘉二十七年	二月，北魏南征刘宋 六月，北魏崔浩因国史案被杀 七月，刘宋分道进攻北魏

(续表)

公元	年号	历史事件
451	刘宋元嘉二十八年 北魏太平真君 十二年 正平元年	是岁，裴松之卒
452	刘宋元嘉二十九年 北魏正平二年 承平元年 兴安元年	二月，太武帝被宦官宗爱杀死，宗爱立拓跋余为帝，改元承平 十月，宗爱弑拓跋余，尚书源贺等诛宗爱，立拓跋濬为帝，是为文成帝 十二月，北魏放宽对佛教的禁令
453	刘宋元嘉三十年 北魏兴安二年	二月，太子刘劭弑文帝自立 三月，刘骏大败刘劭，继位，是为孝武帝
454	刘宋孝建元年 北魏兴安三年 兴光元年	二月，南郡王刘义宣等起兵反叛
457	刘宋大明元年 北魏太安三年	六月，刘宋土断雍州诸侨郡县
458	刘宋大明二年 北魏太安四年	正月，北魏实行酒禁 十一月，北魏进攻柔然
459	刘宋大明三年 北魏太安五年	四月，刘宋竟陵王刘诞反叛
460	刘宋大明四年 北魏和平元年	是岁，北魏开凿云冈石窟
461	刘宋大明五年 北魏和平二年	十二月，刘宋颁布户调制
462	刘宋大明六年 北魏和平三年	十月，祖冲之制定《大明律》
463	刘宋大明七年 北魏和平四年	十二月，北魏禁止贵族与百工为婚
464	刘宋大明八年 北魏和平五年	闰五月，孝武帝卒，刘子业继位，是为前废帝

(续表)

公元	年号	历史事件
465	刘宋永光元年 景和元年 泰始元年 北魏和平六年	五月,文成帝卒,拓跋弘继位,是为献文帝 十一月,刘彧弑前废帝 十二月,刘彧继位,是为明帝
466	刘宋泰始二年 北魏天安元年	正月,晋安王刘子勋即帝位于寻阳,改元义嘉 二月,北魏冯太后临朝称制
469	刘宋泰始五年 北魏皇兴三年	二月,北魏废除三等九品制 五月,北魏开始有僧祇户、佛图户
470	刘宋泰始六年 北魏皇兴四年	九月,北魏大败柔然于女水之滨
471	刘宋泰始七年 北魏皇兴五年 延兴元年	七月,刘宋王室内部互相残杀 八月,献文帝传位于拓跋宏,改元延兴,是为孝文帝
472	刘宋泰豫元年 北魏延兴二年	四月,明帝卒,刘昱继位,是为后废帝 十二月,北魏禁止用牲口祭祀
473	刘宋元徽元年 北魏延兴三年	正月,北魏下诏,令守、令以农事为务 九月,北魏派遣使者巡行州郡,检括户口
476	刘宋元徽四年 北魏延兴六年 承明元年	六月,冯太后毒死献文帝,再次临朝
477	刘宋元徽五年 升明元年 北魏太和元年	七月,萧道成立刘準为帝,是为顺帝 十二月,沈攸之起兵反抗萧道成
478	刘宋升明二年 北魏太和二年	正月,沈攸之兵败自杀
479	刘宋升明三年 南齐建元元年 北魏太和三年	四月,萧道成废刘宋顺帝,自称皇帝,国号齐,改元建元,是为高帝
481	南齐建元三年 北魏太和五年	十二月,北魏中书令高闾制定新律

(续表)

公元	年号	历史事件
482	南齐建元四年 北魏太和六年	三月，高帝卒，萧赜继位，是为武帝
484	南齐永明二年 北魏太和八年	六月，北魏始颁百官俸禄
485	南齐永明三年 北魏太和九年	正月，北魏禁图谶 十月，北魏实行均田制
486	南齐永明四年 北魏太和十年	二月，北魏实行三长制及租庸调制
487	南齐永明五年 北魏太和十一年	八月，柔然南侵北魏，北魏战胜柔然，柔然开始衰弱 十二月，北魏下诏重修国书，改编年为纪、传、表、志
490	南齐永明八年 北魏太和十四年	二月，北魏初定起居注 九月，冯太后卒，孝文帝开始亲政
492	南齐永明十年 北魏太和十六年	八月，孝文帝行养三老五更礼
493	南齐永明十一年 北魏太和十七年	七月，武帝卒，萧昭业继位，是为废帝 九月，孝文帝谋划迁都洛阳
494	南齐隆昌元年 延兴元年 建武元年 北魏太和十八年	三月，北魏君臣于平城议迁都 七月，萧鸾废废帝，立萧昭文为帝 十月，萧鸾废萧昭文，自立为皇帝，改元建武，是为明帝 十二月，北魏改革衣服之制
495	南齐建武二年 北魏太和十九年	六月，北魏下诏改说汉语，禁止在朝廷说鲜卑语 十二月，北魏铸太和五铢钱
496	南齐建武三年 北魏太和二十年	正月，北魏下诏改拓跋氏为元氏。确定流品 八月，太子元恂反对迁都叛逃，被废
498	南齐建武五年 北魏太和二十二年	三月，李冲卒 七月，明帝卒，萧宝卷继位
499	南齐永元元年 北魏太和二十三年	四月，孝文帝卒，元恪继位，是为宣武帝
500	南齐永元二年 北魏景明元年	十一月，祖冲之卒

（续表）

公元	年号	历史事件
501	南齐永元三年 中兴元年 北魏景明二年	三月，萧宝融在江陵即皇帝位，改元中兴，是为和帝 十二月，萧衍率兵进入建康
502	南齐中兴二年 梁天监元年 北魏景明三年	四月，萧衍在建康称帝，是为梁武帝，改元天监，国号梁。南齐灭亡
503	梁天监二年 北魏景明四年	十一月，北魏源怀持节巡行北边六镇
504	梁天监三年 北魏正始元年	十一月，北魏罢郡中正，下诏设置国学 是岁，梁宣布佛教为国教
505	梁天监四年 北魏正始二年	正月，梁设置五经博士
506	梁天监五年 北魏正始三年	正月，仇池杨氏灭亡 四月，北魏罢盐池之禁
507	梁天监六年 北魏正始四年	是岁，范缜著《神灭论》
508	梁天监七年 北魏正始五年 永平元年	二月，梁增置官品 五月，梁设置十二卿 八月，北魏京兆王元愉反叛，兵败，被高肇杀于彭城
509	梁天监八年 北魏永平二年	十一月，北魏宣武帝亲自讲《维摩诘经》。佛教大盛
510	梁天监九年 北魏永平三年	北魏铸五铢钱
511	梁天监十年 北魏永平四年	五月，北魏禁天文学
512	梁天监十一年 北魏永平五年 延昌元年	十月，北魏规定立嗣不杀母
513	梁天监十二年 北魏延昌二年	闰三月，沈约卒

（续表）

公元	年号	历史事件
515	梁天监十四年 北魏延昌四年	正月，北魏宣武帝卒，元诩继位，是为孝明帝 三月，于忠专擅北魏朝政 九月，北魏胡太后临朝称制 是岁，范缜卒
518	梁天监十七年 北魏熙平三年 神龟元年	十月，北魏派遣宋云与僧惠生去西域求佛经
519	梁天监十八年 北魏神龟二年	二月，洛阳虎贲、羽林因不能预流品鼓噪
520	梁普通元年 北魏神龟三年 正光元年	七月，北魏改元正光 九月，柔然发生内讧。可汗阿那瓌投奔北魏 十二月，北魏派精兵护送阿那瓌回柔然 是岁，刘勰卒
521	梁普通二年 北魏正光二年	七月，阿那瓌归国
523	梁普通四年 北魏正光四年	四月，破六韩拔陵起义 十二月，梁铸铁钱
524	梁普通五年 北魏正光五年	五月，破六韩拔陵击败魏军 六月，莫折念生起义
525	梁普通六年 北魏正光六年 孝昌元年	六月，破六韩拔陵起义失败 八月，杜洛周起义
526	梁普通七年 北魏孝昌二年	正月，鲜于修礼起义
527	梁普通八年 大通元年 北魏孝昌三年	三月，梁武帝舍身同泰寺，改元大通 十月，郦道元作《水经注》

(续表)

公元	年号	历史事件
528	梁大通二年 北魏武泰元年 建义元年 永安元年	二月,尔朱荣举兵南下 四月,河阴之变。尔朱荣拥立元子攸为帝,是为北魏孝庄帝 九月,葛荣兵败被俘。北魏改元永安
529	梁大通三年 中大通元年 北魏永安二年	九月,梁武帝舍身同泰寺 十月,梁改元中大通
530	梁中大通二年 北魏永安三年 建明元年	九月,孝庄帝杀尔朱荣等 十二月,尔朱兆杀孝庄帝
531	梁中大通三年 北魏建明二年 普泰元年 中兴元年	二月,尔朱世隆立元恭为帝,是为北魏节闵帝 十月,高欢立元朗为帝,改元中兴,是为北魏后废帝
532	梁中大通四年 北魏中兴二年 太昌元年 永兴元年 永熙元年	四月,高欢废节闵帝、后废帝,立元脩为帝,是为北魏孝武帝,改元太昌 十二月,北魏改元永兴,未几,又改元永熙
534	梁中大通六年 北魏永熙三年 东魏天平元年	七月,高欢进入洛阳,孝武帝逃往长安 十月,高欢立元善见为帝,是为孝静帝,改元天平,史称东魏。北魏分裂为东、西二魏
535	梁大同元年 东魏天平二年 西魏大统元年	正月,元宝炬即皇帝位于长安,是为文帝,改元大统,史称西魏。以宇文泰为大行台 三月,西魏苏绰制定计帐法、户籍法 七月,宇文泰与高欢互相声讨
537	梁大同三年 东魏天平四年 西魏大统三年	八月,宇文泰率兵进攻东魏 十月,沙苑大战,宇文泰大败高欢 是岁,萧子显卒

(续表)

公元	年号	历史事件
538	梁大同四年 东魏元象元年 西魏大统四年	二月，西魏与柔然和亲 十二月，东魏禁止擅立寺
543	梁大同九年 东魏武定元年 西魏大统九年	三月，邙山之战。西魏宇文泰战胜东魏高欢
544	梁大同十年 东魏武定二年 西魏大统十年	十月，东魏检括户口 是岁，西魏苏绰制定六条诏书
545	梁大同十一年 东魏武定三年 西魏大统十一年	十一月，西魏苏绰作《大诰》
547	梁中大同二年 太清元年 东魏武定五年 西魏大统十三年	正月，高欢卒 三月，梁武帝舍身同泰寺 八月，东魏孝静帝被幽禁
548	梁太清二年 东魏武定六年 西魏大统十四年	十月，侯景渡江围台城
549	梁太清三年 东魏武定七年 西魏大统十五年	三月，侯景攻陷台城 五月，梁武帝卒，侯景立萧纲为帝，是为简文帝
550	梁太清四年 大宝元年 东魏武定八年 北齐天保元年 西魏大统十六年	正月，梁改元大宝 五月，高洋废孝静帝，改元天保，国号齐，是为文宣帝，史称北齐。东魏灭亡 十二月，西魏实行府兵制
551	梁大宝二年 天正元年 西魏大统十七年 北齐天保二年	三月，西魏文帝卒，元钦继位，是为废帝

(续表)

公元	年号	历史事件
552	梁承圣元年 西魏废帝元年 北齐天保三年	二月,陈霸先等击败侯景
553	梁承圣二年 西魏废帝二年 北齐天保四年	正月,北齐废魏永安五铢钱,改铸常平五铢钱 十一月,柔然因突厥进攻,举国奔齐
554	梁承圣三年 西魏废帝三年 恭帝元年 北齐天保五年	正月,西魏宇文泰废元钦,立元廓为帝,是为恭帝 三月,北齐魏收撰成《魏书》 十一月,西魏俘梁元帝
555	梁承圣四年 绍泰元年 西魏恭帝二年 北齐天保六年	十月,陈霸先立萧方智为帝,是为敬帝,改元绍泰
556	梁绍泰二年 太平元年 西魏恭帝三年 北齐天保七年	正月,西魏设置六官 十月,宇文泰卒,宇文觉嗣爵,为太师、柱国
557	梁太平二年 陈永定元年 北齐天保八年 北周孝闵帝元年 明帝元年	正月,宇文觉称天王,是为孝闵帝,国号周,史称北周 九月,宇文护废宇文觉,立宇文毓为天王,是为明帝 十月,梁敬帝禅位,陈霸先称帝,国号陈,建元永定,是为武帝。梁灭亡
559	陈永定三年 北齐天保十年 北周武成元年	六月,陈霸先卒,陈蒨继位,是为文帝 八月,北周宇文毓称帝,改元武成 十月,北齐文宣帝卒,高殷继位,是为废帝
560	陈天嘉元年 北齐干明元年 皇建元年 北周武成二年	四月,北周明帝被弑,宇文护立宇文邕为帝,是为武帝 八月,北齐高演称帝,改元皇建,是为孝昭帝

大事年表 493

(续表)

公元	年号	历史事件
561	陈天嘉二年 北齐皇建二年 太宁元年 北周保定元年	十一月，北齐孝昭帝卒，高湛继位，改元太宁，是为武成帝
564	陈天嘉五年 北齐河清三年 北周保定四年	三月，北齐颁布均田令
565	陈天嘉六年 北齐河清四年 天统元年 北周保定五年	四月，北齐高湛禅位于高纬，改元天统，是为后主
566	陈天康元年 北齐天统二年 北周天和元年	四月，陈文帝卒，陈伯宗继位，是为废帝
568	陈光大二年 北齐天统四年 北周天和三年	十一月，陈废帝被废 十一月，北齐武成帝卒
569	陈太建元年 北齐天统五年 北周天和四年	正月，陈顼继位，是为宣帝
572	陈太建四年 北齐武平三年 北周天和七年 建德元年	三月，北周武帝杀宇文护及其诸子，改元建德 是岁，魏收卒。
574	陈太建六年 北齐武平五年 北周建德三年	五月，北周武帝灭佛
575	陈太建七年 北齐武平六年 北周建德四年	七月，北周进攻北齐

(续表)

公元	年号	历史事件
576	陈太建八年 北齐武平七年 隆化元年 北周建德五年	十月，北周武帝发兵进攻北齐
577	陈太建九年 北齐承光元年 北周建德六年	正月，高恒继位，是为北齐幼主，改元承光 正月，北周俘北齐幼主 二月，北周灭北齐
578	陈太建十年 北周建德七年 宣政元年	六月，北周武帝卒，宇文赟继位，是为宣帝
579	陈太建十一年 北周大成元年 大象元年	二月，北周宣帝传位宇文阐，改元大象，是为静帝
580	陈太建十二年 北周大象二年	五月，杨坚摄政 十二月，北周任命杨坚为相国、隋王
581	陈太建十三年 北周大象三年 大定元年 隋开皇元年	二月，杨坚废周静帝。北周灭亡。杨坚称帝，国号隋，建元开皇，是为文帝
582	陈太建十四年 隋开皇二年	正月，陈宣帝卒，陈叔宝继位，是为后主
588	陈祯明二年 隋开皇八年	十月，隋文帝发兵八路攻陈
589	陈祯明三年 隋开皇九年	正月，隋俘陈后主，陈灭亡。南北朝结束，南北统一

帝系表

一、三国帝系

（一）曹魏

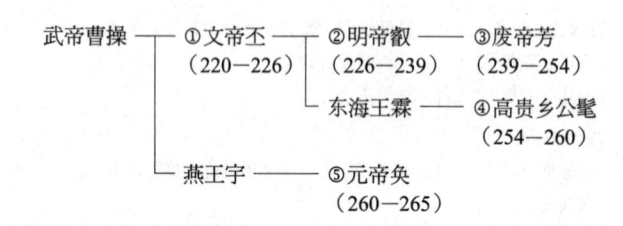

```
武帝曹操 ┬ ①文帝丕 ── ②明帝叡 ── ③废帝芳
         │ （220—226）  （226—239）  （239—254）
         │              └ 东海王霖 ── ④高贵乡公髦
         │                            （254—260）
         └ 燕王宇 ── ⑤元帝奂
                     （260—265）
```

（二）蜀汉

```
①昭烈帝刘备 ── ②后主禅
（221—223）    （223—263）
```

（三）东吴

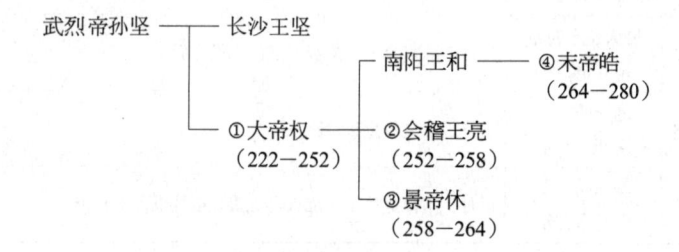

```
武烈帝孙坚 ┬ 长沙王坚
           │                       ┌ 南阳王和 ── ④末帝皓
           │                       │             （264—280）
           └ ①大帝权 ── ②会稽王亮
             （222—252）  （252—258）
                         └ ③景帝休
                           （258—264）
```

二、晋帝系

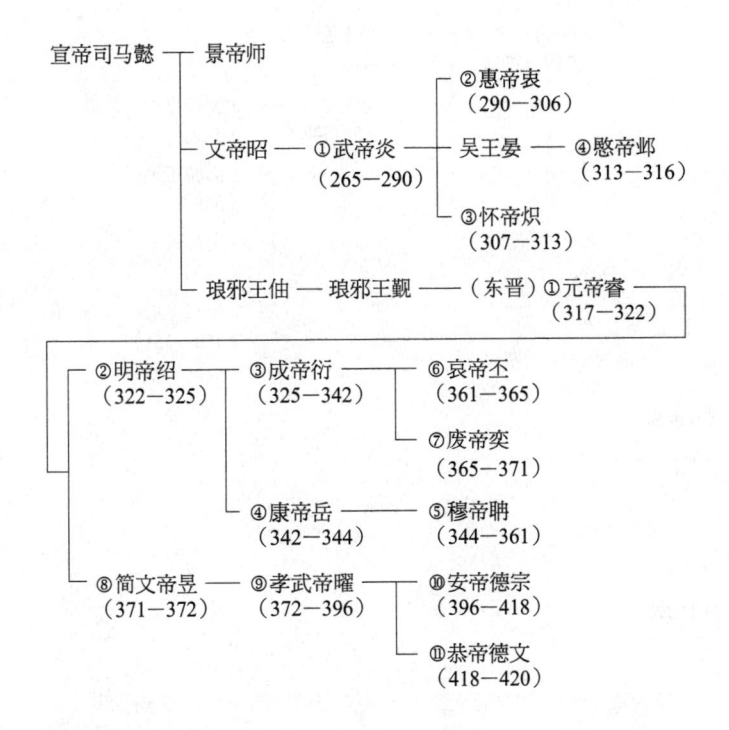

```
宣帝司马懿 ── 景帝师
            │
            ├─ 文帝昭 ── ①武帝炎 ──┬─ ②惠帝衷
            │          (265—290) │   (290—306)
            │                    ├─ 吴王晏 ── ④愍帝邺
            │                    │            (313—316)
            │                    └─ ③怀帝炽
            │                        (307—313)
            └─ 琅邪王伷 ── 琅邪王觐 ── (东晋)①元帝睿
                                              (317—322)

┌─ ②明帝绍 ──┬─ ③成帝衍 ──┬─ ⑥哀帝丕
│  (322—325) │  (325—342)│   (361—365)
│            │            └─ ⑦废帝奕
│            │                (365—371)
│            └─ ④康帝岳 ── ⑤穆帝聃
│                (342—344)   (344—361)
└─ ⑧简文帝昱 ── ⑨孝武帝曜 ──┬─ ⑩安帝德宗
   (371—372)    (372—396)  │   (396—418)
                            └─ ⑪恭帝德文
                                (418—420)
```

三、十六国帝系

(一) 汉、前赵

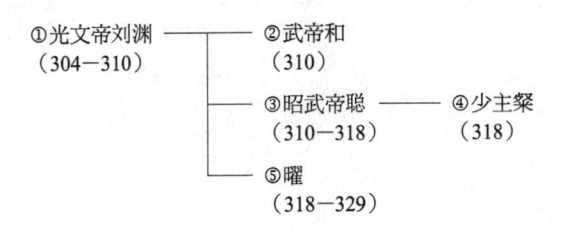

```
①光文帝刘渊 ──┬─ ②武帝和
 (304—310)   │   (310)
              ├─ ③昭武帝聪 ── ④少主粲
              │   (310—318)     (318)
              └─ ⑤曜
                  (318—329)
```

(二)后赵

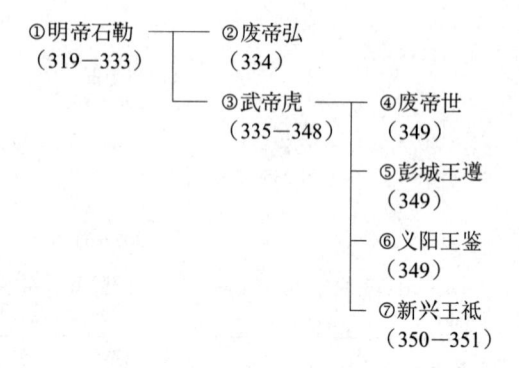

```
①明帝石勒 ┬ ②废帝弘
(319—333) │ (334)
          │
          └ ③武帝虎 ┬ ④废帝世
            (335—348) │ (349)
                      ├ ⑤彭城王遵
                      │ (349)
                      ├ ⑥义阳王鉴
                      │ (349)
                      └ ⑦新兴王祗
                        (350—351)
```

(三)冉魏

```
冉瞻 ── ①冉闵
        (350—352)
```

(四)前燕

```
慕容廆 ── ①文明帝皝 ── ②景昭帝儁 ── ③幽帝暐
          (333—348)    (349—359)    (360—370)
```

(五)后燕

```
慕容廆 ─ 慕容皝 ─ ①成武帝垂 ┬ ②惠闵帝宝 ── ③昭武帝盛
                  (384—395)  │ (396—398)    (398—401)
                             └ ④昭文帝熙
                               (401—407)
```

(六)西燕

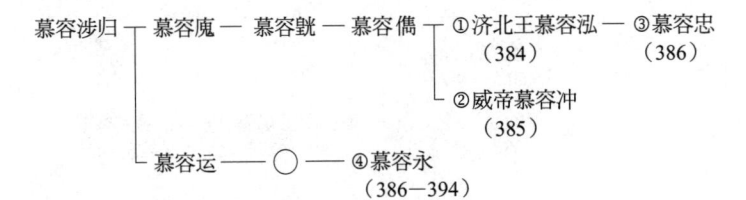

```
慕容涉归┬慕容庼─慕容觊─慕容㒂┬①济北王慕容泓─③慕容忠
        │                      │    (384)              (386)
        │                      └②威帝慕容冲
        │                            (385)
        └慕容运────○────④慕容永
                            (386—394)
```

(七)南燕

```
慕容庼──慕容觊┬①献武帝慕容德
              │     (398—404)
              └慕容纳──────②慕容超
                              (405—410)
```

(八)北燕

```
高云
(407—409)
冯安──────①文成帝跋──────②昭成帝弘
              (409—430)       (431—436)
```

(九)前秦

```
苻洪┬①景明帝健──②越厉王生
    │  (351—355)   (355—357)
    └文桓帝雄──③宣昭帝坚──④哀平帝丕
                  (357—385)   (385—386)
       ┄┄┄┄┄┄苻敞───⑤高帝登───⑥末帝崇
                              (386—394)   (394)
```

(十)后秦

```
姚弋仲──①昭武帝苌──②文桓帝兴──③后主泓
          (384—393)   (393—415)   (416—417)
```

帝系表　499

(十一)西秦

```
乞伏司繁 ─┬─ ①宣烈王国仁
         │    （385—387）
         └─ ②武元王乾归 ── ③文昭王炽磐 ── ④后主暮末
              （388—411）    （412—427）    （428—431）
```

(十二)夏

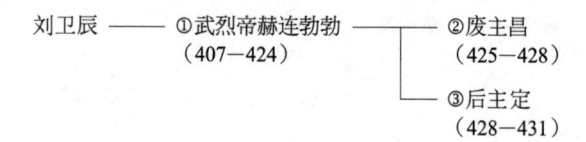

```
刘卫辰 ── ①武烈帝赫连勃勃 ─┬─ ②废主昌
          （407—424）      │    （425—428）
                          └─ ③后主定
                               （428—431）
```

(十三)后凉

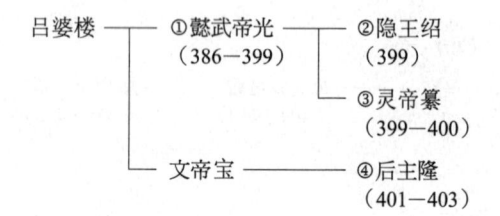

```
吕婆楼 ─┬─ ①懿武帝光 ─┬─ ②隐王绍
        │  （386—399） │    （399）
        │              └─ ③灵帝纂
        │                   （399—400）
        └─ 文帝宝 ──── ④后主隆
                         （401—403）
```

(十四)南凉

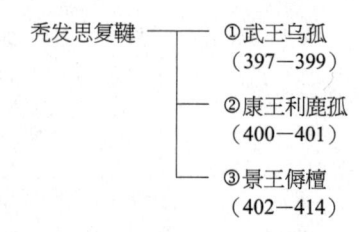

```
秃发思复鞬 ─┬─ ①武王乌孤
            │    （397—399）
            ├─ ②康王利鹿孤
            │    （400—401）
            └─ ③景王傉檀
                 （402—414）
```

(十五) 北凉

① 凉王段业 ……… ② 武宣王沮渠蒙逊 —— ③ 哀王牧犍 —— 无讳 —— 安周
（397—400）　　（401—432）　　　（432—439）

(十六) 西凉

李弇 —— 李昶 —┬— ① 武昭王暠 —┬— ② 后主歆
　　　　　　　　　（400—417）　　（417—420）
　　　　　　　　　　　　　　　　└— ③ 冠军侯恂
　　　　　　　　　　　　　　　　　　（420—421）

四、南朝帝系

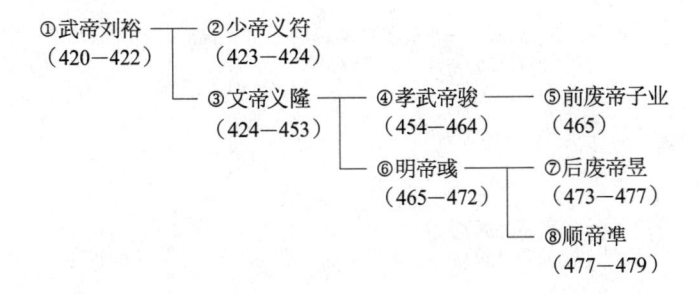

(一) 宋

① 武帝刘裕 —┬— ② 少帝义符
（420—422）　 （423—424）
　　　　　　└— ③ 文帝义隆 —┬— ④ 孝武帝骏 —— ⑤ 前废帝子业
　　　　　　　　（424—453）　　（454—464）　　　（465）
　　　　　　　　　　　　　　└— ⑥ 明帝彧 —┬— ⑦ 后废帝昱
　　　　　　　　　　　　　　　　（465—472）　　（473—477）
　　　　　　　　　　　　　　　　　　　　　└— ⑧ 顺帝準
　　　　　　　　　　　　　　　　　　　　　　　（477—479）

帝系表　501

(二)齐

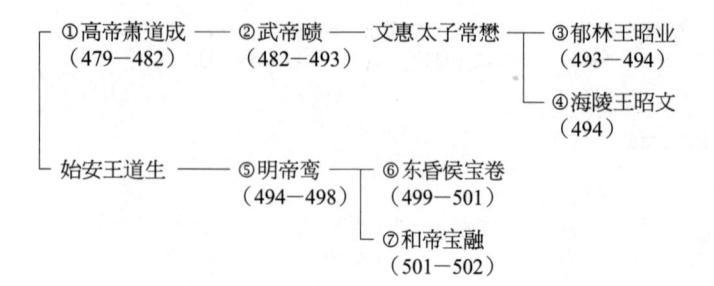

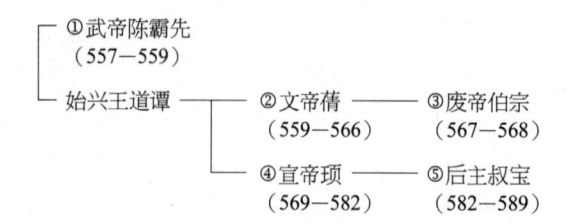

```
     ┌─①高帝萧道成 ── ②武帝赜 ── 文惠太子常懋 ┬─③郁林王昭业
     │  （479—482）   （482—493）              │   （493—494）
     │                                        └─④海陵王昭文
     │                                            （494）
     └─始安王道生 ── ⑤明帝鸾 ┬─⑥东昏侯宝卷
          　　　　　（494—498）│   （499—501）
                              └─⑦和帝宝融
                                  （501—502）
```

(三)梁

```
①武帝萧衍 ┬─昭明太子统 ─(后梁)①宣帝詧 ── ②明帝岿 ── ③后主琮
（502—549）│                    （555—562）（562—585）（586—587）
          ├─②简文帝纲
          │   （549—551）
          └─③元帝绎 ── ④敬帝方智
              （551—555）（555—557）
```

(四)陈

```
  ┌─①武帝陈霸先
  │  （557—559）
  └─始兴王道谭 ┬─②文帝蒨 ── ③废帝伯宗
                │  （559—566）  （567—568）
                └─④宣帝顼 ── ⑤后主叔宝
                    （569—582） （582—589）
```

五、北朝帝系

(一)北魏

①道武帝拓跋珪 —— ②明元帝嗣 —— ③太武帝焘 —— 景穆太子晃 ┬ ④文成帝濬
（386—409）　　（409—423）　（423—452）　　　　　　　│（452—465）
　　　　　　　　　　　　　　　　　　　　　　　　　　　└ 南安王桢

┌ 章武王彬 —— 章武王融 —— ⑪后废帝朗
│　　　　　　　　　　　　　　（531—532）
│
├ ⑤献文帝弘 ┬ ⑥孝文帝宏 ┬ ⑦宣武帝恪 —— ⑧孝明帝诩
│（465—471）│（471—499）│（499—515）　（515—528）
│　　　　　　│　　　　　　├ 广平王怀 —— ⑫孝武帝脩
│　　　　　　│　　　　　　│　　　　　　　（532—534）
│　　　　　　│　　　　　　├ 清河王怿 —— 清河王亶 —— （东魏）①孝静帝善见
│　　　　　　│　　　　　　│　　　　　　　　　　　　　　　　　　（534—550）
│　　　　　　│　　　　　　└ 京兆王愉 —— （西魏）①文帝宝炬 ┬ ②废帝钦
│　　　　　　│　　　　　　　　　　　　　　　（535—551）　　│（552—554）
│　　　　　　│　　　　　　　　　　　　　　　　　　　　　　　└ ③恭帝廓
│　　　　　　│　　　　　　　　　　　　　　　　　　　　　　　　（554—556）
│　　　　　　├ 彭城王勰 —— ⑨孝庄帝子攸
│　　　　　　│　　　　　　（528—530）
│　　　　　　└ 广陵王羽 —— ⑩节闵帝恭
│　　　　　　　　　　　　　（531）

(二)北齐

神武帝高欢 ┬ 文襄帝澄
　　　　　　├ ①文宣帝洋 —— ②废帝殷
　　　　　　│（550—559）　　（560）
　　　　　　├ ③孝昭帝演
　　　　　　│（560—561）
　　　　　　└ ④武成帝湛 —— ⑤后主纬 —— ⑥幼主恒
　　　　　　　（561—565）　（565—576）　（577）

帝系表　503

(三)北周

文帝宇文泰 ──┬── ①孝闵帝觉
　　　　　　　　（557）
　　　　　　├── ②明帝毓
　　　　　　　　（557—560）
　　　　　　└── ③武帝邕 ──── ④宣帝赟 ──── ⑤静帝阐
　　　　　　　　（561—578）　（578—579）　（579—581）

注 释

第一章　董卓之乱与东汉末年割据势力的混战

1　《后汉书》卷七一《皇甫嵩传》。
2　《续汉书·百官志五》注引应劭《汉官仪》。
3　《后汉书》卷七四上《袁绍传》。
4　《三国志》卷六《魏书·袁绍传》。
5　《后汉书》卷七三《公孙瓒传》。

第二章　曹操统一北方

1　《后汉书》卷七四上《袁绍传》。

第四章　曹魏政权的建立及其统治

1　《通典》卷二一《职官三》。
2　《通典》卷三二《职官十四》。
3　《宋书》卷九四《恩幸传》。
4　《三国志》卷一《魏书·武帝纪》注引王沈《魏书》。
5　《三国志》卷四《魏书·陈留王奂纪》。
6　《晋书》卷四六《刘颂传》。
7　《三国志》卷一六《魏书·杜恕传》。
8　《晋书》卷二六《食货志》。
9　《晋书》卷二六《食货志》。
10　《三国志》卷一六《魏书·郑浑传》。
11　《晋书》卷二六《食货志》。
12　《三国志》卷二四《魏书·韩暨传》。

第五章　蜀汉政权的建立及其统治

1　《三国志》卷二《魏书·文帝纪》。
2　《三国志》卷五八《吴书·陆逊传》。
3　《三国志》卷三五《蜀书·诸葛亮传》。
4　《文选》卷四左思《蜀都赋》。
5　《三国志》卷三三《蜀书·后主传》。
6　《水经注》卷三三《江水注》。
7　《文选》卷四左思《蜀都赋》。
8　《三国志》卷三三《蜀书·后主传》注引王隐《蜀记》。
9　《三国志》卷四一《蜀书·王连传》。
10　《三国志》卷三五《蜀书·诸葛亮传》。
11　《三国志》卷三五《蜀书·诸葛亮传》。
12　《三国志》卷三五《蜀书·诸葛亮传》陈寿等言。

13 《华阳国志》卷四《南中志》。
14 《三国志》卷三五《蜀书·诸葛亮传》。
15 《华阳国志》卷四《南中志》。
16 《三国志》卷四四《蜀书·姜维传》。
17 《三国志》卷五三《吴书·薛综传》注引《汉晋春秋》。
18 《资治通鉴》卷七八《魏纪十》。

第六章　吴国的建立及其统治

1 《世说新语》卷中《赏誉》注引《吴录士林》。
2 《三国志》卷二八《魏书·邓艾传》。
3 《三国志》卷六四《吴书·诸葛恪传》。
4 《资治通鉴》卷六四《汉纪五六》。
5 《三国志》卷六四《吴书·诸葛恪传》。
6 《三国志》卷五八《吴书·陆逊传》。
7 《三国志》卷六〇《吴书·贺齐传》。
8 《三国志》卷六〇《吴书·全琮传》。
9 《三国志》卷六〇《吴书·钟离牧传》。
10 《三国志》卷五二《吴书·张昭传》。
11 《三国志》卷六四《吴书·诸葛恪传》。
12 《三国志》卷五八《吴书·陆逊传》。
13 《三国志》卷五六《吴书·朱桓传》。
14 《三国志》卷六一《吴书·陆凯传》。
15 《三国志》卷五四《吴书·吕蒙传》。
16 《三国志》卷四七《吴书·孙权传》。
17 《三国志》卷五二《吴书·诸葛瑾传》注引韦曜《吴书》。
18 《三国志》卷四八《吴书·孙休传》。
19 《三国志》卷六一《吴书·陆凯传》。
20 《三国志》卷四八《吴书·孙休传》。
21 《南齐书》卷一四《州郡上》。
22 《三国志》卷六五《吴书·华核传》。
23 《文选》卷五左思《吴都赋》。
24 《三国志》卷五六《吴书·朱桓传》。
25 《三国志》卷六四《吴书·诸葛恪传》。
26 《三国志》卷五六《吴书·朱桓传附朱异传》注引《文士传》。
27 参看《江苏金坛出土的青瓷》，载《文物》1977年第6期。
28 《三国志》卷四八《吴书·孙皓传》注引《晋阳秋》。
29 《文选》卷五左思《吴都赋》。
30 《文选》卷五左思《吴都赋》。
31 《三国志》卷四七《吴书·孙权传》注引《江表传》。
32 《三国志》卷四七《吴书·孙权传》注引《吴历》。
33 《梁书》卷五四《扶南传》。
34 《扶南土俗》为康泰《吴时外国传》的一部分。《吴时外国传》是研究中国与南海诸国初期经济文化交流的宝贵资料，可惜已经散佚，只在《太平御览》《艺文类聚》《通典》《水经注》等书中见到散佚的条文。

35 《梁书》卷五四《中天竺国传》。
36 《梁书》卷五四《中天竺国传》。
37 《史记》卷一二三《大宛列传》张守节《正义》引。
38 《太平御览》卷七七一《舟部四》引。
39 《三国志》卷四七《吴书·孙权传》。
40 《太平御览》卷七八〇引。
41 《太平御览》卷七八〇引《临海水土志》。
42 《太平御览》卷七八〇引《临海水土志》。
43 《太平御览》卷七八〇引。
44 《三国志》卷五四《吴书·周瑜传》。
45 《三国志》卷五四《吴书·吕蒙传》。
46 《三国志》卷五五《吴书·潘璋传》。
47 《三国志》卷五五《吴书·蒋钦传》。
48 《三国志》卷五五《吴书·陈武传附陈表传》。
49 《三国志》卷五四《吴书·鲁肃传》。
50 《三国志》卷五六《吴书·朱桓传》。
51 《文选》卷四四陈琳《檄吴将校部曲文》。
52 《三国志》卷六一《吴书·陆凯传》。
53 《三国志》卷五八《吴书·陆逊传》。
54 《文选》卷二八陆机《吴趋行》。
55 《文选》卷二八陆机《吴趋行》注引张勃《吴录》。
56 《三国志》卷五七《吴书·虞翻传》注引韦昭《吴书》。
57 葛洪:《抱朴子·外篇·吴失篇》。
58 《三国志》卷六四《吴书·诸葛恪传》。
59 《三国志》卷六四《吴书·诸葛恪传》。
60 《三国志》卷六四《吴书·诸葛恪传》。
61 《三国志》卷六四《吴书·诸葛恪传》。
62 《三国志》卷四八《吴书·孙皓传》。
63 《三国志》卷六五《吴书·韦曜传》。
64 《三国志》卷六五《吴书·王蕃传》。
65 《三国志》卷四八《吴书·孙皓传》。
66 《三国志》卷五三《吴书·薛综传》注引干宝《晋纪》。
67 《三国志》卷六五《吴书·贺邵传》。
68 《三国志》卷六一《吴书·陆凯传》。

第七章 西晋的统一及其统治

1 《晋书》卷三四《羊祜传》。
2 《晋书》卷三四《羊祜传》。
3 《晋书》卷四二《王濬传》。
4 《晋书》卷三八《宣五王·琅邪王伷传》。
5 《晋书》卷三四《羊祜传》。
6 《晋书》卷三九《荀勖传》。
7 《晋书》卷三六《张华传》。
8 《文馆词林》卷六六二引《晋武帝伐吴诏》。

9 《晋书》卷四〇《贾充传》。
10 《晋书》卷四二《王浑传》。
11 《晋书》卷四二《王濬传》。
12 《晋书》卷四二《王濬传》。
13 《晋书》卷三《武帝纪》。
14 《晋书》卷二四《职官志》。
15 《文选》卷四九干宝《晋纪总论》六臣注。
16 《通典》卷二一《职官三》。
17 《通典》卷二二《职官四》。
18 《晋书》卷二四《职官志》。
19 《晋书》卷二四《职官志》。
20 《晋书》卷二四《职官志》。
21 《晋书》卷二四《职官志》。
22 《晋书》卷二四《职官志》。
23 《晋书》卷二四《职官志》。
24 《晋书》卷二四《职官志》。
25 《通典》卷三二《职官十四》。
26 《晋书》卷二四《职官志》。
27 《晋书》卷一四《地理志上》。
28 《晋书》卷一四《地理志上》。
29 《晋书》卷二四《职官志》。
30 《晋书》卷四六《刘颂传》。
31 《晋书》卷四六《刘颂传》。
32 《资治通鉴》卷八〇《晋纪二》咸宁三年条。
33 《三国志》卷一五《魏书·司马朗传》。
34 《北堂书钞》卷七二引王隐《晋书》。
35 《南齐书》卷一六《百官志》。
36 《金石录》卷二〇《晋护羌校尉彭祈碑》。
37 《续汉书·郡国志三》刘昭注引《晋太康初武帝诏》。
38 《晋书》卷三〇《刑法志》。
39 "故事"这种法律形式只存在于魏晋间，南朝宋、齐时称为"簿状"，梁时改称为"科"，隋唐以后并入"式"中。

第八章 户调式的实施与世家大族经济势力的发展

1 《三国志》卷四《魏书·陈留王奂纪》。
2 《晋书》卷三《武帝纪》。
3 《晋书》卷三八《齐王攸传》。
4 《晋书》卷五一《束晳传》。
5 《晋书》卷九〇《王宏传》。
6 《晋书》卷三四《羊祜传》。
7 《三国志》卷一六《魏书·仓慈传》。
8 《晋书》卷三七《高阳王睦传》。
9 《初学记》卷二七《绢九》引。
10 《晋书》卷二六《食货志》。

11　《全晋文》卷五二《奏劾夏侯承》。
12　《晋书》卷六〇《张辅传》。
13　《全晋文》卷一二七引干宝《晋纪总论》。
14　《晋书》卷二六《食货志》。
15　《晋书》卷三五《陈骞传》。
16　《晋书》卷三六《卫瓘传》。
17　《晋书》卷三三《石苞传附石崇传》。
18　《晋书》卷三九《王沈传附王濬传》。
19　《晋书》卷三五《裴秀传》。
20　《晋书》卷四一《李憙传》。
21　《世说新语》卷中《品藻》注引石崇《金谷诗序》。
22　《晋书》卷四三《王戎传》。

第九章　西晋的衰亡

1　《晋书》卷四五《刘毅传》。
2　《晋书》卷三《武帝纪》。
3　《晋书》卷三一《后妃上·胡贵嫔传》。
4　《晋书》卷三三《何曾传》。
5　《晋书》卷九四《鲁褒传》。
6　《晋书》卷四七《傅玄传附傅咸传》。
7　《世说新语》卷下《轻诋》刘注引《八王故事》。
8　《晋书》卷四《惠帝纪》。
9　《晋书》卷五九《赵王伦传》。
10　《晋书》卷五四《陆机传》。
11　《晋书》卷四《惠帝纪》。

第十章　东晋建国与偏安江南

1　《晋书》卷一〇〇《陈敏传》。
2　《晋书》卷六五《王导传》。
3　《晋书》卷六五《王导传》。
4　《晋书》卷九八《王敦传》。
5　《晋书》卷六五《王导传》。
6　《晋书》卷六五《王导传》。
7　《晋书》卷六《元帝纪》。
8　《晋书》卷五八《周处传附周玘传》。
9　《晋书》卷九八《王敦传》。

第十一章　东晋北伐与淝水之战

1　《晋书》卷六二《祖逖传》。
2　《晋书》卷六二《祖逖传》。
3　《晋书》卷九八《桓温传》。
4　《晋书》卷一一四《苻坚载记》。

5 《晋书》卷一一四《苻坚载记》。

第十二章　北方人民的南迁与社会经济的发展

1　《晋书》卷七《成帝纪》。
2　《晋书》卷三七《宗室·彭城穆王权传附司马纮传》。
3　《晋书》卷七六《王廙传附王彪之传》。
4　《宋书》卷二《武帝纪中》。
5　《宋书》卷二《武帝纪中》。
6　《宋书》卷二《武帝纪中》。
7　《宋书》卷二《武帝纪中》。
8　《宋书》卷二《武帝纪中》。
9　所谓区种法，就是在耕作时要作区深耕，等距离点播，还要集中进行施肥、灌溉和中耕除草。这都要在区中进行。
10　《晋书》卷二六《食货志》。
11　《晋书》卷七〇《应詹传》。
12　《晋书》卷二六《食货志》。
13　《晋书》卷二六《食货志》。
14　《晋书》卷七六《张闿传》。
15　《晋书》卷七八《孔愉传》。
16　《南齐书》卷一四《州郡志上》。
17　《南齐书》卷一五《州郡志下》。
18　《晋书》卷七七《诸葛恢传》。
19　《晋书》卷二六《食货志》。
20　《宋书》卷五四《孔季恭、羊玄保、沈昙庆传》史臣语。
21　《太平御览》卷七七〇《舟部》引李轨《晋义熙起居注》。
22　《太平御览》卷七七〇《舟部》引《荆州土地记》。
23　《太平御览》卷六〇五引《桓玄伪事》。
24　《隋书》卷二四《食货志》。
25　《隋书》卷二四《食货志》。

第十三章　东晋的衰亡

1　《晋书》卷六四《简文三王·会稽文孝王道子传》。
2　《晋书》卷六四《简文三王·会稽文孝王道子传》。
3　《晋书》卷六四《简文三王·会稽文孝王道子传》。
4　《晋书》卷六四《简文三王·会稽文孝王道子传》。
5　《晋书》卷七五《王湛传附王国宝传》。
6　《晋书》卷六四《简文三王·会稽文孝王道子传》。
7　《晋书》卷一〇《安帝纪》。
8　《晋书》卷六四《简文三王·会稽文孝王道子传》。
9　《晋书》卷一〇〇《孙恩传》。
10　《晋书》卷一〇〇《孙恩传》。
11　《晋书》卷一〇〇《孙恩传》。
12　《晋书》卷一〇〇《孙恩传》。

13 《晋书》卷一○○《孙恩传》。
14 《宋书》卷五四《沈昙庆传》。
15 《晋书》卷九九《桓玄传》。
16 《晋书》卷九九《桓玄传》。
17 《晋书》卷九九《桓玄传》。
18 《晋书》卷九九《桓玄传》。
19 《宋书》卷二《武帝纪中》。

第十四章　五胡十六国在北方的统治

1 《晋书》卷一○二《刘聪载记》。
2 《晋书》卷一○五《石勒载记下》。
3 《晋书》卷一○五《石勒载记下》。
4 《晋书》卷一○六《石季龙载记上》。
5 《晋书》卷一○七《石季龙载记下》。
6 《晋书》卷一○七《石季龙载记下》。
7 《晋书》卷一○七《石季龙载记下附冉闵载记》。
8 《晋书》卷九三《外戚・褚裒传》。
9 《晋书》卷一一一《慕容暐载记》。
10 《晋书》卷一一一《慕容暐载记》。
11 《资治通鉴》卷一○一《晋纪二十三》。
12 《晋书》卷一一二《苻健载记》。
13 《晋书》卷一一三《苻坚载记》。
14 《高僧传》卷五《释道安传》。
15 《资治通鉴》卷一○三《晋纪二十五》。
16 《晋书》卷一一四《苻坚载记下》。
17 《晋书》卷一二四《慕容宝载记》。
18 《晋书》卷一二七《慕容德载记》。
19 《晋书》卷一一七《姚兴载记上》。
20 《晋书》卷一三○《赫连勃勃载记》。
21 《晋书》卷一三○《赫连勃勃载记》。
22 《晋书》卷一一八《姚兴载记下》。
23 《晋书》卷一○五《石勒载记下》。
24 《晋书》卷一○五《石勒载记下》。
25 《晋书》卷一○八《慕容廆载记》。
26 《晋书》卷一一二《苻健载记》。

第十六章　南朝的政治统治

1 《宋书》卷五四《孔季恭、羊玄保、沈昙庆传论》。
2 《南史》卷七七《吕文显传》。
3 《南史》卷四四《巴陵王子伦传》。
4 《隋书》卷二五《刑法志》。
5 《南史》卷七七《刘系宗传》。
6 《南史》卷七七《茹法亮传》。

第十七章 社会等级结构、寺院经济与社会经济

1 《梁书》卷一《梁武帝纪上》。
2 《南齐书》卷二《高帝纪下》。
3 《隋书》卷二四《食货志》。
4 《隋书》卷二四《食货志》。
5 《广弘明集》卷七《辩惑篇》。
6 《陈书》卷五《宣帝纪》。
7 《宋书》卷四六《张邵传》。
8 《隋书》卷三一《地理志》。
9 《颜氏家训》卷五《归心篇》。
10 《梁书》卷四五《王僧辩传》。
11 《梁书》卷一《武帝纪上》。
12 《隋书》卷三一《地理志》。
13 《南齐书》卷二五《张敬儿传》。

第十八章 南朝的户籍检括与赋役制度

1 《宋书》卷九《后废帝纪》。
2 《南齐书》卷三四《虞玩之传》。
3 《陈书》卷三《世祖纪》。
4 《南齐书》卷四〇《竟陵文宣王子良传》。
5 《南史》卷七〇《循吏传序》。
6 《南齐书》卷二《豫章文献王传》。
7 《隋书》卷二四《食货志》。

第二十章 孝文帝迁都洛阳与改制

1 《魏书》卷一九中《任城王云传》。
2 《魏书》卷七下《高祖孝文帝纪下》。

第二十一章 均田制度与赋役制度

1 《洛阳伽蓝记》卷四。
2 《魏书》卷五三《李冲传》。
3 《魏书》卷一一〇《食货志》。
4 《魏书》卷一九中《任城王云传附元澄传》。

第二十二章 社会经济与寺院经济的发展

1 《颜氏家训》卷一《治家篇》。
2 《北齐书》卷四九《方伎·綦母怀文传》。
3 《魏书》卷九四《刘腾传》。
4 《魏书》卷一一四《释老志》。

第二十三章　职官的设置与社会等级结构

1　《魏书》卷一一三《官氏志》。
2　《魏书》卷七七《高谦之传》。
3　《晋书》卷一二七《慕容德载记》。

第二十四章　北魏的分裂与衰亡

1　《北齐书》卷二三《魏兰根传》。
2　《洛阳伽蓝记》卷二《城东》。
3　《魏书》卷六九《袁翻传》。

第二十五章　北齐、北周的对峙与北周统一北方

1　《隋书》卷二四《食货志》。

第二十六章　玄学的发展与佛教、道教的传播

1　僧佑：《出三藏记集》卷八释慧观《法华宗要序》。
2　《魏书》卷一一四《释老志》。
3　《南史》卷七〇《郭祖深传》。
4　范缜：《神灭论》。
5　《魏书》卷一一四《释老志》。
6　葛洪：《抱朴子·明本篇》。
7　葛洪：《抱朴子·道意篇》。

第二十七章　史学、文学与艺术的发展

1　（唐）张彦远：《历代名画记》卷五。
2　《世说新语》卷下《巧艺》。
3　（唐）张彦远：《历代名画记》卷五。

第二十八章　服饰、饮食、居室与交通工具

1　《三国志》卷九《魏书·夏侯尚附子夏侯玄传》注引《魏略》。
2　《晋书》卷六四《简文三子·会稽文孝王道子传》。
3　《洛阳伽蓝记》卷四《城西》。
4　《隋书》卷四一《高颎传》。
5　《颜氏家训》卷五《归心篇》。
6　《晋书》卷二五《舆服志》。
7　《北齐书》卷一二《武成十二王·琅邪王俨传》。
8　严可均辑：《全上古三代秦汉三国六朝文》引《傅子》。
9　《颜氏家训》卷四《涉务篇》。
10　《北齐书》卷四四《儒林·权会传》。
11　《宋书》卷七四《臧质传》。

注释

第二十九章　节日与娱乐

1　《太平御览》卷二九引《荆楚岁时记》。
2　《梁书》卷九《曹景宗传》。

参考书目

方北辰:《魏晋南朝江东世家大族述论》,文津出版社,1991年。
毛汉光:《中国中古社会史论》,上海书店出版社,2002年。
毛汉光:《中国中古政治史论》,上海书店出版社,2002年。
毛汉光:《两晋南北朝士族政治之研究》,台湾商务印书馆,1966年。
王伊同:《五朝门第》,香港中文大学出版社,1978年。
王仲荦:《北周六典》,中华书局,1979年。
王仲荦:《北周地理志》,中华书局,1980年。
王仲荦:《魏晋南北朝史》,上海人民出版社,2003年。
王素:《敦煌吐鲁番文献》,文物出版社,2002年。
王素、李方:《魏晋南北朝敦煌文献编年》,新文丰出版公司,1997年。
王瑶:《中古文学史论》,北京大学出版社,1986年。
甘怀真:《皇权、礼仪与经典诠释:中国古代政治史研究》,台北财团法人喜玛拉雅研究发展基金会,2003年。
田余庆:《拓跋史探》,生活·读书·新知三联书店,2003年。
田余庆:《东晋门阀政治》,北京大学出版社,2005年。
田余庆:《秦汉魏晋史探微》,中华书局,1993年。
白寿彝主编:《中国通史第五卷中古时代·三国两晋南北朝时期(上、下)》,上海人民出版社,1995年。
全汉升:《中国经济史研究》,香港新亚研究所出版,稻乡出版社印行,1991年。
朱大渭:《六朝史论》,中华书局,1998年。
朱大渭等:《魏晋南北朝社会生活史》,中国社会科学出版社,1998年。
朱绍侯:《魏晋南北朝土地制度与阶级关系》,中州古籍出版社,1988年。
何兹全:《魏晋南北朝史略》,上海人民出版社,1958年。
何兹全:《读史集》,上海人民出版社,1982年。
何启民:《中古门第论集》,学生书局,1978年。
吴慧莲:《东晋刘宋时之北府》,台湾大学出版委员会,1974年(影印本)。
吕思勉:《两晋南北朝史(上、下)》,上海古籍出版社,1983年。
吕春盛:《北齐政治史研究——北齐衰亡原因之考察》,台湾大学出版委员会,1987年(影印本)。
吕春盛:《陈朝的政治结构与族群问题》,稻乡出版社,2001年。
吕春盛:《关陇集团的权力结构演变——西魏北周政治史研究》,稻乡出版社,2002年。

岑仲勉：《府兵制度研究》，上海人民出版社，1957年。
李书吉：《北朝礼制法系研究》，人民出版社，2002年。
李万生：《侯景之乱与北朝政局》，中国社会科学出版社，2003年。
李凭：《北魏平城时代》，社会科学文献出版社，2000年。
杜士铎主编：《北魏史》，山西高校联合出版社，1992年。
谷霁光：《府兵制度考释》，上海人民出版社，1962年。
周一良：《魏晋南北朝史论集》，中华书局，1963年。
周一良：《魏晋南北朝史论集续编》，北京大学出版社，1991年。
周一良：《魏晋南北朝史札记》，中华书局，1985年。
周伟洲：《中国中世西北民族关系研究》，西北大学出版社，1992年。
周伟洲：《吐谷浑史》，广西师范大学出版社，2006年。
周伟洲：《南凉与西秦》，广西师范大学出版社，2006年。
周伟洲：《敕勒与柔然》，广西师范大学出版社，2006年。
周伟洲：《汉赵国史》，广西师范大学出版社，2006年。
林瑞翰：《魏晋南北朝史》，五南图书出版公司，1990年。
金发根：《永嘉乱后的北方豪族》，中国学术著作奖助委员会，1964年。
侯旭东：《五、六世纪北方民众佛教信仰》，中国社会科学出版社，1998年。
侯旭东：《北朝村民的生活世界——朝廷、州县与村里》，商务印书馆，2005年。
姚薇元：《北朝胡姓考》，科学出版社，1962年。
胡阿祥：《六朝疆域与六朝政区》，南京大学出版社，2001年。
胡阿祥：《六朝疆域与政区研究》（修订本），学苑出版社，2005年。
唐长孺：《山居存稿》，中华书局，1989年。
唐长孺：《唐长孺社会文化史论丛》，武汉大学出版社，2001年。
唐长孺：《魏晋南北朝史论拾遗》，中华书局，1983年。
唐长孺：《魏晋南北朝史论丛》，生活·读书·新知三联书店，1955年。
唐长孺：《魏晋南北朝史论丛续编》，生活·读书·新知三联书店，1957年。
唐长孺：《魏晋南北朝隋唐史三论》，武汉大学出版社，1993年。
孙同勋：《拓跋氏的汉化》，台湾大学文学院，1965年。
祝总斌：《两汉魏晋南北朝宰相制度研究》，中国社会科学出版社，1998年。
马长寿：《突厥人与突厥汗国》，广西师范大学出版社，2006年。
马长寿：《乌桓与鲜卑》，广西师范大学出版社，2006年。
马长寿：《碑铭所见前秦至隋初的关中部族》，广西师范大学出版社，2006年。
马长寿遗著，周伟洲整理：《氐与羌》，广西师范大学出版社，2006年。
马植杰：《三国史》，人民出版社，1997年。
高明士：《中国中古政治的探求》，五南图书出版公司，2006年。

高敏：《魏晋南北朝兵制研究》，大象出版社，1998年。
高敏主编：《魏晋南北朝土地制度研究》，中州古籍出版社，1986年。
高敏主编：《魏晋南北朝经济史》，上海人民出版社，1996年。
国家文物局古文献研究室等编：《吐鲁番出土文书》，文物出版社，1981—1991年。
国家图书馆善本金石组：《先秦秦汉魏晋南北朝石刻文献全编》，北京图书馆出版社，2003年。
康乐：《从西郊到南郊：国家祭典与北魏政治》，稻禾出版社，1995年。
张大可：《三国史研究》，华文出版社，2003年。
张旭华：《九品中正制略论稿》，中州古籍出版社，2004年。
张金龙：《北魏政治史研究》，甘肃教育出版社，1996年。
张金龙：《北魏政治与制度论稿》，甘肃教育出版社，2003年。
张金龙：《魏晋南北朝禁卫武官制度研究（上、下）》，中华书局，2004年。
张厌弓：《汉传佛教与中古社会》，五南图书出版公司，2005年。
张继昊：《从拓跋到北魏：北魏王朝创建历史的考察》，稻乡出版社，2003年。
张鹤泉：《魏晋南北朝都督制度研究》，吉林文史出版社，2007年。
梁满仓：《汉唐间政治与文化探索》，贵州人民出版社，2000年。
陈明：《中古士族现象研究》，文津出版社，1962年。
陈长琦：《两晋南朝政治史稿》，河南大学出版社，1992年。
陈寅恪：《金明馆丛稿初编》，上海古籍出版社，1980年。
陈寅恪：《金明馆丛稿二编》，上海古籍出版社，1980年。
陈寅恪：《唐代政治史述论稿》，上海古籍出版社，1982年。
陈寅恪：《隋唐制度渊源略论稿》，中华书局，1963年。
陈爽：《世家大族与北朝政治》，中国社会科学出版社，1998年。
陈连庆：《中国古代少数民族姓氏研究》，吉林文史出版社，1992年。
陈连庆：《晋书·食货志》校注、《魏书·食货志》校注，东北师范大学出版社，1999年。
章义和：《地域集团与南朝政治》，华东师范大学出版社，2002年。
傅乐成：《汉唐史论集》，台北联经出版社，1977年。
劳榦：《魏晋南北朝史》，中国文化大学出版社，1991年。
汤用彤：《汉魏两晋南北朝佛教史》，中华书局，1983年。
汤用彤：《魏晋玄学论稿》，上海古籍出版社，2001年。
程树德：《九朝律考》，中华书局，1963年。
黄炽霖：《曹魏时期中央政务机关之研究兼论曹操与司马氏对政制之影响》，文史哲出版社，2002年版。
杨光辉：《汉唐封爵制度》，学苑出版社，2002年。

杨际平：《北朝隋唐均田制度新探》，岳麓书社，2003年。
杨鸿年：《汉魏制度丛考》，武汉大学出版社，1985年。
万绳楠：《魏晋南北朝文化史》，黄山书社，1989年。
万绳楠整理：《陈寅恪魏晋南北朝史讲演录》，黄山书社，1987年。
雷依群：《北周史稿》，陕西人民教育出版社，1999年。
荣新江：《中古中国与外来文明》，生活·读书·新知三联书店，2001年。
熊德基：《六朝史考实》，中华书局，2000年。
赵超：《汉魏南北朝墓志汇编》，天津古籍出版社，1992年。
赵万里：《汉魏南北朝墓志集释》，科学出版社，1956年。
齐涛：《魏晋隋唐乡村社会研究》，山东人民出版社，1994年。
刘俊文主编：《日本中青年学者论中国史（六朝隋唐）》，上海古籍出版社，1995年。
刘俊文主编：《日本学者研究中国史论著选译（六朝隋唐）》，中华书局，1992年。
刘淑芬：《六朝的城市与社会》，学生书局，1992年。
刘淑芬：《慈悲清净——佛教与中古社会生活》，三民书局，2001年。
刘驰：《六朝士族探析》，中央广播电视大学出版社，2000年。
蒋福亚：《魏晋南北朝社会经济史》，天津古籍出版社，2004年。
蒋福亚：《魏晋南北朝经济史探》，甘肃人民出版社，2003年。
郑欣：《魏晋南北朝史探索》，山东大学出版社，1989年。
郑钦仁：《北魏官僚机构研究》，牧童出版社，1976年。
郑钦仁：《北魏官僚机构研究续篇》，稻禾出版社，1995年。
黎虎：《魏晋南北朝史论》，学苑出版社，1999年。
阎步克：《士大夫政治演生史稿》，北京大学出版社，1998年。
阎步克：《品位与职位——秦汉魏晋南北朝官阶制度研究》，中华书局，2002年。
阎步克：《察举制度变迁史稿》，辽宁大学出版社，1997年。
缪钺：《读史存稿》，生活·读书·新知三联书店，1963年。
韩国盘：《魏晋南北朝史纲》，人民出版社，1983年。
罗新、叶炜：《新出魏晋南北朝墓志疏证》，中华书局，2004年。
严耕望：《中国地方行政制度史（乙部）魏晋南北朝地方行政制度》，中研院历史语言研究所专刊之45B，1997年。
严耕望：《唐代交通图考》，上海古籍出版社，2007年。
严耕望遗著，李启文整理：《魏晋南北朝佛教地理稿》，上海古籍出版社，2007年。
严耀中：《北魏前期政治制度》，吉林教育出版社，1990年。
苏绍兴：《两晋南朝的士族》，联经出版社，1987年。
逯耀东：《从平城到洛阳——拓跋魏文化转变的历程》，中华书局，2006年。
逯耀东：《魏晋史学的思想与社会基础》，中华书局，2006年。

［日］三崎良章：《五胡十六国——中国史上の民族大移動》，东方书店，2002年。
［日］三崎良章：《五胡十六国の基础的研究》，汲古书院，2006年。
［日］小尾孟夫：《六朝都督制研究》，溪水社，2001年。
［日］川本芳昭：《中国の历史中华の崩坏と扩大（魏晋南北朝）》，讲谈社，2005年。
［日］川本芳昭：《魏晋南北朝时代の民族问题》，汲古书院，1998年。
［日］川胜义雄：《六朝贵族制社会の研究》，岩波书店，1982年。
［日］川胜义雄、砺波护编：《中国贵族制社会の研究》，同朋舍，1987年。
［日］中村圭尔：《六朝贵族制研究》，风间书房，1987年。
［日］中国中世史研究会编：《中国中世史研究——六朝隋唐的社会与文化》，东海大学出版会，1970年。
［日］内田吟风：《北アジア史研究——鲜卑柔然突厥篇》，同朋舍，1988年。
［日］矢野主税：《门阀社会成立史》，国书刊行会，1976年。
［日］吉川忠夫：《六朝精神史研究》，同朋舍，1986年。
［日］宇都宫清吉：《中国古代中世史研究》，创文社，1977年。
［日］谷川道雄著，李济沧译：《隋唐帝国形成史论》，上海古籍出版社，2004年。
［日］谷川道雄著，耿立群译：《世界帝国的形成：后汉隋唐》，稻乡出版社，1998年。
［日］谷川道雄著，马彪译：《中国中世社会与共同体》，中华书局，2002年。
［日］谷川道雄编：《日中国际共同研究——地域社会在六朝政治文化上所起的作用》，玄文社，1989年。
［日］冈崎文夫：《魏晋南北朝通史》，弘文堂，1932年。
［日］宫川尚志：《六朝史研究　政治·社会篇》，平乐寺书店，1964年。
［日］宫崎市定：《九品官人法の研究——科举前史》，同朋舍，1956年。
［日］越智重明：《魏晋南朝の贵族制》，研文社，1982年。
［日］洼添庆文：《魏晋南北朝官僚制研究》，汲古书院，2003年。
［日］滨口重国：《秦汉隋唐史の研究》，东京大学出版会，1966年。
［日］堀敏一著，韩国盘等译：《均田制研究》，福建人民出版社，1984年。
［法］童丕著，余欣、陈建伟译：《敦煌的借贷：中国中古时代的物质生活与社会》，中华书局，2003年。
［法］谢和耐：《中国5—10世纪的寺院经济》，上海古籍出版社，2004年。
［荷］许理和著，李四龙、裴勇译：《佛教征服中国》，江苏人民出版社，1998年。